语文

——课程与教学论

第2版

主 编　薛晓嫘　唐 旭　刘晓秋

副主编　王 博　陈庆江　陈 巧

　　　　刘川江　董其璨

重庆大学出版社

图书在版编目（CIP）数据

语文课程与教学论 / 薛晓嫘, 唐旭, 刘晓秋主编 .
2 版 . -- 重庆：重庆大学出版社, 2025.7. -- ISBN
978-7-5689-5179-1

Ⅰ . G623.202

中国国家版本馆 CIP 数据核字第 2025UF0677 号

语文课程与教学论

（第 2 版）

YUWEN KECHENG YU JIAOXUE LUN

主　编　薛晓嫘　唐　旭　刘晓秋

策划编辑：唐启秀

责任编辑：李桂英　　　版式设计：唐启秀
责任校对：王　倩　　　责任印制：张　策

*

重庆大学出版社出版发行

社址：重庆市沙坪坝区大学城西路 21 号

邮编：401331

电话：(023) 88617190　　88617185(中小学)

传真：(023) 88617186　　88617166

网址：http://www.cqup.com.cn

邮箱：fxk@ cqup.com.cn (营销中心)

全国新华书店经销

重庆华林天美印务有限公司印刷

*

开本：787mm×1092mm　1/16　印张：19.75　字数：491 千
2025 年 7 月第 2 版　　2025 年 7 月第 1 次印刷（总第 5 次印刷）
ISBN 978-7-5689-5179-1　　定价：58.00 元

|||| 修订前言

　　《语文课程与教学论(第2版)》是重庆市2022年度高等教育教学改革研究项目"高中语文教育共同体构建研究"的研究成果之一,是为高等师范院校汉语言文学(师范)专业本科学生编写的必修课教材,以习近平新时代中国特色社会主义思想和党的二十大精神为引领,以"培养德智体美劳全面发展的社会主义建设者和接班人"为导向,学术上注重提供框架性的知识结构,实践应用上注重提供程序性知识和教学策略。

一、修订说明

　　《语文课程与教学论(第2版)》充分反映习近平新时代中国特色社会主义思想,引导学生坚定理想信念,厚植爱国主义情怀,加强品德修养,培养奋斗精神,增强综合素质。坚持反映时代要求,引导学生形成正确的世界观、人生观、价值观。发展社会主义先进文化,弘扬革命文化,传承中华优秀传统文化,培养学生形成良好的政治素质、道德品质和健全人格,把立德树人融入思想道德教育、文化知识教育、社会实践教育各环节。反映先进的教育思想和理念,关注信息化环境下的教学改革,关注学生个性化、多样化的学习和发展需求,着力发展大学生的核心素养。坚持继承发展、总结提炼第1版教材的已有经验和成功案例,引进主编团队最新研究成果,确保教材内容的稳定性、连续性和时代性。

二、修订特色与创新

(一)编写团队特色

　　呈现东西部联手、老中青结合的主编团队特色。本书编写注重高校引领、行业加盟,编写团队以高等师范院校教师为主,覆盖中职、中学、小学教师。主编团队的高校作者有重庆师范大学、长江师范学院、内江师范学院的教研室主任和系主任;基础教育作者有上海市七宝中学附属鑫都实验中学语文备课组长、上海市莘光学校语文教研组长和重庆两江新区人民小学的一线教师;还有国内资深服务设计专家。其他作者来自重庆科学城实验一小西丰小学校、重庆市潼南区潼南小学校、四川绵阳一中、重庆市医药学校、四川省宜宾市职业技术学校、朝阳师范学院。

(二)修订内容特色

1. 思政性。作为立德树人的课程思政示范教材,每一章都新增了课程思政提要。

2. 学术性。以语文课程性质和核心素养剖析语文课程品质,提炼"语文味儿"的学科特征;从语文教学目标到语文教学设计,从学生主体到教师主体,从语文服务设计到语文教育共同体,都有严谨的学术理论基础。

3. 前沿性。首次发布主编团队最新研究成果,语文服务设计助学案、语文课堂共同体主体互动模式、语文社团共同体活动模式等最新成果居于国内外同类教材领先水平,引领语文教育科研新方向。

4. 知识性。框架性知识结构,按照语文课程论、语文教学论、语文评价论和语文主体论四个模块建构教材的内容框架,每一编既各自独立又相互关联,助力师范生掌握应用语文课程知识并有效迁移。

5. 范例性。提供了课程思政示范课案例。提供了语文教学目标设计案例、小学语文单元练习设计案例、中职语文单元练习设计案例、中学语文大单元教学案例、跨媒介阅读教学案例、作文能力训练案例、跨媒介阅读真实任务评价方案案例、语文审美体验评价方案案例。示范案例可操作、可复制、可推广。

6. 训练性。可操作的程序性知识,助力师范生提升语文备课与上课的专业技能。

(三)修订创新

创新1:首次发布语文服务设计最新研究成果,突破性地开发出可操作、可复制、可推广的语文服务设计助学工具,从用户体验的视角破解"学生是主体,教师是主导"的教学难题。在国内外同类教材中,居于领先水平。

创新2:首次引进编写团队关于语文教育共同体研究的最新成果,独创性地提供了语文课堂共同体活动模式和语文社团共同体活动模式。在国内外同类教材中,居于领先水平。

创新3:首次剥离"语文味儿"的学科特征,开创性地提出"言味儿、美味儿、知味儿"单元备课框架,助力语文新课程改革落地生根。在国内同类教材中,居于领先水平。

创新4:率先整理归纳高考作文命题类型,针对性提供高考作文备考指导策略,不仅有利于本科师范生提升语文教师专业技能,还有利于广大一线语文教师提升语文教学效率。在同行研究中,具有引领价值。

三、教材撰写分工

《语文课程与教学论(第2版)》由主编薛晓嫘牵头组织编写团队,统筹书稿编写框架与各章撰写任务并最后统稿。主编团队多次线下线上沟通探讨《语文课程与教学论(第2版)》的内容框架和分工任务,各位主编结合自身专业特点和研究兴趣与特长撰写书稿。主编薛晓嫘分享了市级线上线下混合式一流课程(培育课程)"语文课程与教学论"学习指南与建设框架。主编唐旭分享了"语文课程与教学论"市级课程思政示范案例建设框架。主编刘晓秋分享了语文大单元教学案例、跨媒介阅读教学案例、跨媒介阅读真实任务评价方案案例、议论文阅读能力核对清单应用案例、中考文言文字词句考点归类简表。副主编陈巧分享了小学单元作业设计案例、2024年重庆中考语文试卷（A卷）试卷分析案例，以及语文单元"言味儿""美味儿""知味儿"的语文服务设计方案。副主编董其璨多次线上线下为写作团队普及服务设计知识，设计"语文服务设计"书稿框架并撰写相关内容，审核和修改书稿。主编薛晓嫘、副主编陈巧、作者周圣姣共同讨论并分工撰写各章导读提要和课程思政提要。各章撰写分工如下：

薛晓嫘：绪论、第1章、第2章、第7章、第15章、第17章、第18章；刘应芬、陈巧：第3章；唐旭：第4章、第20章；汪艳波：第5章；周圣姣、薛兰：第6章；陈巧、邓肖蓉、刘晓秋：第8章；游泽生、薛晓嫘：第9章；陈发明、刘晓秋：第10章；刘晓秋：第11章；王博、刘晓秋：第12章；王要飞、刘晓秋、于海燕：第13章；刘川江：第14章；陈庆江：第16章；薛晓嫘、陈巧：第19章；董其璨、薛晓嫘、陈巧：第21章；李丽：第22章；王道春、梁旭娇、伍芳：第23章。

薛晓嫘

2024年9月

目录

第一编　语文课程论

第二编　语文教学论

第三编　语文评价论

绪　论

◎ **导读提要** ◎

　　语文课程与教学论是教育学的分支学科,是教学论与语言学相联结的学科,研究语言教学的基本规律和有效途径,具有应用理论性质。语文课程与教学论的研究对象是有关语文课程"教—学—评"的系列问题。绪论所讨论的内容与后面各章所讨论的内容不同,绪论主要介绍语文课程与教学论课程本身的相关问题,绪论以后的各章节内容,都是语文课程与教学论的研究对象。

◎ **课程思政提要** ◎

　　1.坚持立德树人、教育强国的教育理念。

　　2.师德师风建设:品德润身、公德善心、大德铸魂,踏踏实实修好品德。

　　3.要增强学生的中国特色社会主义道路自信、理论自信、制度自信、文化自信,立志肩负起民族复兴的时代重任。

　　4.要教育引导学生树立高远志向,历练敢于担当、不懈奋斗的精神,具有勇于奋斗的精神状态、乐观向上的人生态度,真正做到知行合一,做到刚健有为、自强不息。

▶▶ 第一节　语文课程与教学论概述

▶ 语文课程与教学论的性质

　　语文课程与教学论是教育学的分支学科,具有应用理论性质。语文课程与教学论是教学论与语言学相联结的学科,研究语言教学的基本规律和有效途径,既包含对教育规律与法则的理论探讨,也包含教学经验与技能积累层面的实践操作与训练。

二、语文课程与教学论的任务

（1）研究语文教学规律。包括语文课程的性质、教学目标、教学原则、教学内容、教学过程、教学方法等系列内容。它是认识语文教学规律的基本内容。

（2）传授语文教学技能。语文教学基本技能以理论知识为前提，以课文处理为内容，以学生语文能力和核心素养提升为归宿。

三、语文课程与教学论的研究对象

语文课程与教学论以一切语文教育教学现象为研究对象，小学、中学、职业中学的语文教育教学现象都属于语文课程与教学论的研究范围。语文课程"教—学—评"的相关问题，都属于语文课程与教学论的研究对象。例如：语文教育的主体，不仅仅局限于教师主体和学生主体，家长、专家、社区义工、场馆职员等参与语文教育的有关人员，可以广义地视为语文教育主体，都可以纳入语文教育研究范围，这些都是语文课程与教学论的研究对象。"面向学生主体的语文服务设计"和"语文教育共同体"这两章，探讨了这些问题。

四、语文课程与教学论的研究方法

（1）历史文献研究法。语文教育历史悠久，积淀深厚，运用历史文献研究法梳理、总结语文教育的有益经验与案例，可以达到古为今用的目的。

（2）田野研究法。通过对教育现场的调查研究，搜集整理教育数据，分析因果关系，总结语文教育规律，可以提高语文教学效率。

（3）比较分析研究法。同类比较或者相异比较，在比较中寻找共同点；还可以进行定性比较和定量比较，在比较中判断语文教学的发展规律，可以提升语文教师的教研水平，提升学生的语言应用能力。

（4）推理演绎研究法。通过对语文教育现象与事实的分析、整理、归类以及推理、演绎等思维加工过程，使感性认识上升为理性认识，可以把教育中普遍发生的现象上升为教育规律，可以预测语文教育发展的方向。

（5）实验验证研究法。用于检验和证明某一假说或理论的实际效果，或者探寻研究对象发生某些现象的原因；分为实验室实验和自然实验。可以避免调查、观察等研究方法的被动性，发挥研究者主体的研究精神和研究智慧，扩大研究范围；同时，能重复验证，便于测量，取得可靠的研究成果。

▶▶ 第二节　语文课程与教学论的内容与体系

◤ 语文课程与教学论的内容

《语文课程与教学论(第2版)》以语文课程论、语文教学论、语文评价论、语文主体论四个模块作为内容结构线索,旨在展示语文课程内容、课程实施、课程评价和课程主体的知识框架以及相互关系。

(一)语文课程论

探讨语文课程"教什么",共六章:语文课程简介、语文课程目标、语文课程教材、语文课程的学习特征、语文课程美育和中职语文课程。语文课程论的亮点是提取了"语文味儿"的学科特征;创新点是探讨了中职语文课程的知识类型,提供了基于"九大教学事件"的中职语文教学案例;学习重点是编制具体行为目标。

(二)语文教学论

探讨语文教学"怎么教",共十章:语文教学设计、语文大单元教学、识字与写字教学、阅读教学、朗读教学、文言文阅读教学、作文教学、高考作文命题类型与备考指导、梳理与探究指导、语文板书设计。语文教学论的亮点是跨媒介阅读教学案例和作文能力训练序列,创新点是语文单元学历案操作框架和高考作文备考指导,学习重点是怎样分解语文学科的核心素养。

(三)语文评价论

探讨语文教学"怎样评",共三章:语文课程评价、语文学业评价方案、语文考试。语文评价论的亮点是跨媒介阅读真实任务评价方案案例,创新点是议论文阅读核对清单(一种学生自评工具),学习重点是编制语文试卷双向细目表。

(四)语文主体论

探讨"哪些人"参与语文教学,共四章:学生主体的非智力因素、面向学生主体的语文服务设计、教师主体、语文教育共同体。语文主体论的亮点是语文教育共同体,创新点是语文服务设计,学习重点是编制语文服务设计产品——语文单元助学方案。

◤ 语文课程与教学论的课程体系

本科课程"语文课程与教学论"于2020年立项建设重庆师范大学线下一流课程,验收合格;2022年入选重庆师范大学线上线下混合式市级一流课程培育课程;2023年入选重庆师范大学课程思政市级示范课程案例库。分享线上线下混合式一流课程"语文课程与教学论"的"学习指南"和"语文课程与教学论"课程思政示范教学案例,供兄弟院校同行备课参考,供广大师范生学习参考。

(一)"语文课程与教学论"线上线下混合式一流课程框架

"语文课程与教学论"是为高等师范院校汉语言文学(师范)专业本科学生开设的教师教育必修课,在学术上注重提供框架性的知识结构,在实践应用上注重提供程序性知识和教学策略。它以语文课程标准的课程理念、课程目标和课程内容及教学建议和评价建议为基本编写参照,旨在为高等师范院校汉语言文学(师范)专业本科学生提供学习语文新课程和实施语文新课程的知识框架,发展其语文教师专业技能,提高其就业核心竞争力。该课程提供了可操作、可借鉴的语文课程与教学的程序性知识,能够批量化提高在岗语文教师非学历研修的培训水平。

"语文课程与教学论"的课程体系由语文课程论、语文教学论、语文评价论、语文主体论四个部分构成。教学内容与两条课程主线和两次教学论坛相关联,以两个训练系统展开训练。两条课程主线分别是"语文教学目标"和"语文教学过程",分别关联"语文课程论"和"语文教学论"的教学内容,重点探讨语文教学"教什么"和"怎么教",训练汉语言文学师范生习得语文教师的基本技能;两次教学论坛分别是"语文课程论坛"和"语文教学论坛",分别关联语文教学"教什么"和"怎么教"的教学内容,帮助汉语言文学师范生搭建语文课程与教学的知识框架;两个训练系统分别是常规训练和随堂训练,具体落实培养汉语言文学师范生语文教学能力。

语文课程与教学论
学习指南

(二)"语文课程与教学论"课程思政示范教学案例框架

"语文课程与教学论"是依据《教师教育课程标准(试行)》开设的教师教育必修课程。课程采用线上线下混合式教学,帮助汉语言文学师范生在实践中建构语文学科教学知识(PCK),提升教案编写、分文体教学设计、分课型教学实施等胜任职业需要的关键能力,形成做"四有"好老师的必备品格,以及"以生为本""献身教育""终身学习"等价值观念。

课程的育人目标是在理论学习、实践体验、教师示范、朋辈研讨、教育名家精神的引领下,帮助师范生逐步形成新时代课程观、以生为本的教学观、终身学习的教师观、献身教育的敬业观、促进学生发展的评价观,树立学为人师、行为世范的职业理想,养成"爱生敬业""艰苦奋斗"的职业品格,坚定服务母语教育的爱国情怀,自觉把对家国的爱、对教育的爱、对学生的爱融为一体,具有做"四有"好老师的价值观念、关键能力和必备品格。

课程思政
示范教学大纲

第一编

语文课程论

探讨语文课程"教什么",共六章:语文课程简介、语文课程目标、语文课程教材、语文课程的学习特征、语文课程美育和中职语文课程。

语文课程论的亮点是提取了"语文味儿"的学科特征,创新点是探讨了中职语文课程的知识类型,提供了基于"九大教学事件"的中职语文教学案例。

◎**学习重点**◎

1."语文味儿"的学科特征。

2.语文课程目标的实施步骤(编写具体行为目标是教师资格考试的必考题)。

3.课堂教学的九大教学事件。

4.中职语文跨学科言语实践活动。

第一章
语文课程简介

◎导读提要◎

语文课程是发展学生言语经验的育人方案,具有言语实践、审美体验和主体参与的学科品质。分析提炼语文课程"语文味儿"的学科特征,可以梳理出"语文言味儿""语文美味儿""语文知味儿"三个维度。"语文味儿"的三个维度对应不同的语文学科核心素养,可以帮助师范生完成单元备课。

◎课程思政提要◎

1.在新课程改革背景下,注重当代文化的参与,发挥语文课程的德育功能。
2.在言语实践中培养家国情怀,提升社会责任感;提升人文素养,促进健全人格发展。
3.在不同学段培养中华文化传承与创新精神,提升思维品质和审美意识。

▶▶ 第一节 语文课程与新课程改革

◤ 语文课程概念的界定

语文课程是发展学生言语经验的学校育人方案。目前国内公认的关于语文的定义源于叶圣陶对"语文"的解释。即"语文"是口头语言和书面语言的合称。

《普通高中语文课程标准(2017年版2020年修订)》指出:语文课程是一门学习祖国语言文字运用的综合性、实践性课程。工具性与人文性的统一,是语文课程的基本特点。语文课程应引导学生在真实的语言运用情境中,通过自主的语言实践活动,积累语言经验,把握祖国语言文字的特点和运用规律,加深对祖国语言文字的理解与热爱,培养运用祖国语言文字的能力;同时,发展思辨能力,提升思维品质,培育社会主义核心价值观,培养高尚的审美情趣,积累丰厚的文化底蕴,理解文化多样性。

二、语文新课程改革

新课程改革是指中华人民共和国成立后的第八次课程改革，以2001年6月教育部颁布的《基础教育课程改革纲要（试行）》为标志。新课程实施的显著特征是以国家"课程标准"替代"教学大纲"，以多元化的学业评价替代单一的纸笔考试，强调从"知识与技能、过程与方法、情感态度与价值观"三个维度发展学生综合性的实践能力。新课程改革源于中华人民共和国成立后的七次课程改革。这七次课程改革的大致线索如下：

第一次课程改革启动于1950年，以1952年教育部颁布的《小学暂行规程（草案）》和《中学暂行规程（草案）》为标志，初步奠定了我国中小学课程设置的基本框架。这两份文件是中华人民共和国成立后首次颁发的全面规范中小学课程设置的政府文件，明确了中小学的性质、任务及培养目标，规定了学校的课程设置、组织管理体制、教学计划、教学原则和教材、升级与留级制度等，可概括为"统一教学计划课程改革"。

第二次课程改革始于1953年，主要针对学制和学科教学内容进行改革。例如，关于语文课程的语言和文学分编教材的问题；历史课程的中国历史分期问题；由于当时社会政治和经济形势的变化，政治课教材和外语课教材在这一时期不断变换教材内容。这次课程改革于1954年开始编写新教材，但1957年又对教材内容进行了部分精简，因此，这次课程改革可以概括为"调整教学计划课程改革"。

第三次课程改革始于1959年，以中共中央转发的教育部党组《关于编写普通中小学和师范学校教材的意见》为标志。这次课程改革的重点是缩短学制、提高难度，可以概括为"精简教学计划课程改革"。

第四次课程改革始于1963年，以教育部颁发的《全日制中小学暂行工作条例（草案）》为标志。这次课程改革确立了以"双基"为重点的课程模式，可以概括为"双基教学课程改革"。

第五次课程改革以1978年教育部制定的《全日制十年制中小学教学计划试行草案》为标志，规定中小学实行十年制，小学和中学各五年。这个试行草案以及相配套的教学大纲和教材，吸取了国际中小学课程改革的经验和教训，进行了教学内容现代化的改革，可以概括为"十年制课程改革"。

第六次课程改革始于1981年，以1984年教育部颁布的《全日制六年制城市小学教学计划（草案）》和《全日制六年制农村小学教学计划（草案）》为标志，对教学时间和课程设置都进行了相应的调整。由于1981年教育部颁发了《全日制六年制重点中学教学计划（试行草案）》，规定从高中二年级起开设选修课，并首次提出分科性选修，分为侧重于文科和理科的两类教学计划，高二分流，这次课程改革可以概括为"重点与分流课程改革"。

第七次课程改革始于1986年，以1988年国家教委颁发的《义务教育全日制小学、初级中学教学计划（试行草案）》为标志。1986年全国人大通过了《中华人民共和国义务教育法》，规定全国分期、分批普及义务教育。根据1988年颁发的教学计划，国家教委组织编订了各学科的教学大纲（初审稿），于1992年和1996年又作了修订。这次课程改革可以概括为"义务教育课程改革"。

第八次课程改革启动于1999年,是继前七次课程改革后的新一轮基础教育课程改革,称为"新课程改革"。新课程改革的显著特征是改革原有的单一评价体系,以多元化的学业成就评价方式替代单一的纸笔考试评价方式。多元化评价,具体指评价目标多元、评价方式多元、评价工具多元、评价主体多元。在原有的评价体系中,习惯以单一的考试成绩衡量学生的学习结果,最终演化出应试教育的诸多弊端。新课程改革倡导多元化的学业评价,强调从知识与技能、过程与方法、情感态度与价值观等不同维度考查学生的学习收获,可以有效降低教师、家长和学生只关注考试成绩所带来的危害。特别是让学生成为评价主体,通过学生的自我评价,有效改进他人评价的不足。在自我评价中,学生可以清晰看到自己在学习中的进步,提高学习的自信心,最终达到提高学习效率的目的。

▶▶ 第二节 语文课程品质与"语文味儿"

语文课程的品质是语文课程区别于其他课程的个性标志。语文课程性质和语文学科核心素养,共同构成了语文课程品质。

◤ 语文课程品质

(一)语文课程的言语实践品质

语文课程的言语实践品质源自语文课程性质和语文学科核心素养。"语文课程是一门学习国家通用语言文字运用的综合性、实践性课程。""语文应用"列为义务教育阶段的语文学科核心素养;"语言建构与应用"列为普通高中阶段的语文学科核心素养。具体说来,语文课程的言语实践品质既表现为《全日制义务教育语文课程标准(实验稿)》所规定的"识字与写字、阅读、写作、口语交际、综合性学习"五个模块的课程内容,也表现为《义务教育语文课程标准(2022年版)》所规定的"识字与写字、阅读与鉴赏、表达与交流、梳理与探究"四个模块的课程内容。**语文课程工具性的言语实践品质**是指学生在语文学习过程中具体的言语实践活动,这些言语实践活动具体表现为听、说、读、写各个方面。换句话说,语文课程的言语实践品质就是学生在语文课程学习中和日常生活中的听、说、读、写行为。**语文课程人文性的言语实践品质**是指学生在语文学习过程中的言语审美实践活动。这些言语审美实践活动具体表现为学生在课文学习和课外阅读活动中,对课文(文本)语言形式美和内容美的鉴赏,对课文(文本)中的人性美和思想美的感悟。学生在获得理解语言与运用语言能力的同时,也能实现智慧的启迪、道德的教化、情感的培养、习惯的养成等多方面发展。

(二)语文课程的审美体验品质

语文课程的审美体验品质,源自语文课程目标。《普通高中语文课程标准(2017年版2022年修订)》在课程目标中明确提出"审美鉴赏与创造"核心素养,《义务教育语文课程标准(2022年版)》在课程目标中明确提出"审美创造"核心素养。现代阅读观认为,一般意义上的阅读,是搜集处理信息、认识世界、发展思维、获得审美体验的重要途径,语文课程的阅读也应该这样理解。语文课程的审美体验品质表现在课程内容的审美品质和课程实施的审美品质两个方面。

(三)语文课程的主体参与品质

无论言语实践还是审美体验,都是学生主体的学习行为,他人不可替代。特别是在实施语文课程的评价时,要尊重学生的评价主体地位,重视学生的自我反思与价值判断,不要以单一的评价标准和评价工具来判断学生语文学习的结果。以师生"协商"的质性描述来统整考试与测验的分数等量化指标,从而形成对学生语文学业成就的综合判断。

二 语文课程的"语文味儿"

语文课程的"语文味儿",源自语文课程品质的"本味儿"。语文课程的言语实践品质,可以提炼出"言味儿";语文课程的审美体验品质,可以提炼出"美味儿";语文课程的主体参与品质,可以提炼出"知味儿"。"语文味儿"直接关联与规范语文教学过程。设计语文教学目标时,要落实"言味儿";课堂教学过程中,要落实"美味儿";随堂检测时,要落实"知味儿"。

(一)编写教学目标要落实"语文言味儿"

设计语文课程目标,要以语文课程的学科品质为出发点,以学生的言语实践能力的发展为重点。语文教师在进行教学设计时,教学目标不能偏离学生的言语实践活动。例如,《孔雀、八哥和母鸡》这篇课文,设计其课堂教学的具体行为目标如下:

目标1:学生(行为主体)自读课文后(行为情境),**找出**(行为动词)孔雀、八哥、母鸡想搬进这所房子和农夫一起住的理由(行为对象)各一个(行为标准)。

目标2:课堂讨论中(行为情境),学生(行为主体)在五分钟(行为标准)内**陈述**(行为动词)农夫选择与母鸡同住的理由(行为对象)。

目标3:讨论结束后(行为情境),学生(行为主体)三分钟内(行为标准)用"踏踏实实"和"垂头丧气"(行为对象)各**造一个句子**(行为动词)。

上述例子中,加粗字体的文字是含义明确的行为动词,括号内的文字是具体行为目标的五个要素。这三个例子分别是这篇课文在记忆、理解、应用这三级认知水平层面的预期学习结果。这样设计的教学目标,能够促使学生在课堂上的学习通过具体的言语实践活动外显出来,并且可以量化,从而使学生在语文教学中的言语实践行为在课堂上得到落实,避免教师教学行为的盲目性和随意性。

备课时选择使用含义明确的行为动词,是落实"语文言味儿"的上课秘诀。

(二)实施教学过程要体现"语文美味儿"

立足语文课程的审美体验品质,在教学过程中要设计有效的课堂提问,引导学生体验和感悟课文的内容美、语言美、思想美。从辨析词语的基本含义入手,引导学生思考作者选词用句的基本用意,引导学生在感受语言和品味语言的过程中,去体验课文的词句美、思想美、感情美,去感悟课文的情感态度与价值观。

依旧以《孔雀、八哥和母鸡》这篇课文为例,农夫为什么要选择与母鸡共同居住,其实反映了课文的中心思想,代表了作者的价值观。在课堂教学中,要从引导学生辨析"踏踏实实"和"垂头丧气"这两个词语的含义入手,要从课文中所选用的描述三种动物各自特征的文字入手,从对"我的外表十分漂亮""我的嘴十分灵巧""我只会每天下一只蛋"这些话语的分析入手,去探讨农夫选择母鸡与自己同住的原因,从而探讨出课文的中心思想。可以设计以下问题:

问题1:如果你是农夫,你的选择与农夫的选择一致吗? 为什么?

问题2:"踏踏实实"这个词语,反映出农夫具有什么样的价值观呢?

问题3:"垂头丧气"这个词语给了你哪些启发?

(三)执行教学评价要注重"语文知味儿"

语文课程的"知味儿",有两层含义。"知味儿"的第一层含义是"认知",指学生主体的认知水平;第二层含义是"知识",指学生主体所习得的语文知识体系。语文课程的"知味儿",既规范着教师的评价设计,又指导着教师的评价实施;既要尊重学生主体参与的课程品质,依据学生的不同认知水平设计语文评价的多元检测题型与方式,又要依据课文内容所涉及的语文知识体系设计评价检测内容。

语文教学要重视课堂评价,立足语文课程的主体参与品质,实施多元化的课堂评价。课堂评价既包含学生的语文学习结果评价,又包含学生的语文学习过程评价,以学生在课堂上的言语实践行为为主线,及时反馈与更正学生的言语实践行为。评价学生的语文学习成果,不应当只是关注学生记忆了多少词汇和语句,更应该考查其学习过程中的行为表现。以《孔雀、八哥和母鸡》这篇课文为例。从学习结果评价来看,可以采用听写生字词、解释词语、造句等方式检查课文的知识内容,同时在记忆、理解与应用这三级认知水平上检测学生对词汇与句式掌握的程度。

第二章
语文课程目标

◎**导读提要**◎

　　语文课程目标是对语文课程在各个教育阶段课程任务的具体界定。新修订的语文课程标准新增语文学科核心素养,并位列语文课程目标之首。修订后的学段目标中,"识字与写字、阅读与鉴赏、表达与交流"目标是"知识与能力"目标的具体化,"梳理与探究"目标是"过程与方法"目标的具体化,"总目标"是"情感态度与价值观"目标的具体化。设计语文教学目标有四个步骤:分解单元核心素养,确定教学目标的维度,分析教学目标的水平,编写具体行为目标。本章提供了设计语文教学目标的操作案例。

◎**课程思政提要**◎

　　1.在知识与能力目标维度,领略祖国语言文字之美,以社会主义核心价值观为准绳,去观察、思考社会现象和表达人生感悟。

　　2.在过程与方法目标维度,形成自己的见解和判断,提升批判性思维。

　　3.在情感态度与价值观目标维度,启发学生对生活、社会、价值进行深刻思考,形成积极向上的人生态度和价值取向。

▶▶ 第一节　布卢姆教育目标分类理论

▶ 布卢姆教育目标分类理论

　　1956年,布卢姆主编的《教育目标分类学(第一分册:认知领域)》问世,后来陆续发表情感领域和动作技能领域的研究成果。布卢姆将学习结果分为认知领域、情感领域和动作技能领域三个大类,每一领域又分为由低到高的各级水平。不同领域教育目标的各级水平,如表2-1所示。

表2-1 布卢姆不同领域教学目标的各级水平

认知领域	情感领域	动作领域
1.知识	1.接受(注意)	1.知觉能力
2.理解	2.反应	2.生理能力
3.应用	3.价值化	3.技能动作
4.分析	4.组织	4.有意活动
5.综合	5.价值体系的个性化	
6.评价		

(一)认知领域目标

认知领域的学习结果主要涉及知识和技能的传递,它是学校教育的主要任务之一。

1.知识

"知识"水平的目标注重对有关信息的储存和回忆。这一水平涉及的目标包括:特定知识,如术语和事实;处理特殊问题的方法或途径的知识,如序列、分类、标准和方法等;一般或抽象的知识,如原理、理论或知识框架等。其学习的特征是记忆,包括再现和再认,这两个过程都涉及对储存在大脑中的有关信息或事实的回忆,在语文教学中,具体表现为生字、生词的认读和课文基本事实的获取等学习行为。一般说来,在感知性认读阶段即课文预习阶段实施知识水平的教学目标。

2.理解

"理解"水平的目标强调对已经储存的信息进行整理,即通过对学习材料的重新组合,把握材料的意义,使已经记忆的信息变成更容易理解的形式。其学习的特征是转换、解释或推断。转换是指用自己的话或用与原先的表达方式不同的方式表达自己的思想。例如,"《家园落日》的作者是莫怀戚"可以转换成"《家园落日》是莫怀戚写的",或"莫怀戚写了《家园落日》"。解释是指能独立地用有意义的方式说明或概述信息(有意义的方式可以是文字、符号、图像、图表等)。它强调准确地"释意",不拘泥于"陈述",也不等同于"再现"。例如,用示意图画出《荷塘月色》中作者的行踪,以及院子与荷塘的方位。推断是指根据某一陈述进行推理,得出结论,或预测变化的趋势(即预期后果)。例如,给未讲完的故事续写结尾。能根据信息的组成要素、结构(要素的组成关系)及功能(结构与环境的相互作用)等进行分析,例如分析句子的主干和枝叶;或进行综合,例如将顺序错乱的若干句子排列成合乎逻辑的一段话。

理解超越了单纯的记忆,代表最低水平的理解,在回答理解层次的问题时,要求学生对学过的知识进行加工或变换,以证明对知识的理解。因此,理解水平要高于知识水平。理解在语文教学中具体表现为释词析句、划分段落、概括段意、归纳中心等学习行为。理解水平的教学目标,主要落实在分析研讨课文(理解性研讨)阶段。

3. 应用

"应用"水平的目标强调在新的情境中使用学习过的知识解决特定问题。解决问题的情境可能与原有习得情境略有不同或差别较大。其学习特征主要表现在问题的新颖性和独特性。它代表较高水平的理解，包括概念、规则、方法、规律和理论的应用，例如各种模仿练习和作文。如有可能，尽量要求学生创造性地解决某一特定问题。

在检查学生是否达到运用水平时，通常可以给他们一个新的、从没见过的问题，学生必须在没有提示的情况下，选择适当的解决问题的方法。如果问题是学生以前遇见过的，那么这只是回忆，属于知识水平。

学生在解答应用水平的问题时，可以分为两个步骤：第一步，确认以前是否遇到过相似的问题；第二步，选择合适的解决方法并解决问题。以作文练习为例，运用象征的修辞手法写一段短文。第一步，确认以前是否学习过象征的修辞手法。《白杨礼赞》运用了象征的修辞手法。第二步，选择一种具体的事物来表现抽象的意义。椰子树这一具体事物可以表现南海前哨的边防军民守卫海疆的精神和意志。因此，可以完成作文《椰子树赞》。

应用水平的目标在语文教学中，具体表现为组词造句、短文写作、口头或书面作文等学习行为。一般说来，主要在运用性迁移（课堂模仿练习）阶段落实应用水平的目标。

4. 分析

"分析"水平的目标注重把整体材料分解成各个构成部分，并清楚地理解其构成方式以及各部分之间的相互关系。这包括对部分的鉴别，剖析部分之间的关系并认识其中的组织原理。分析代表了比理解更高的认知水平，因为它既要理解材料的内容，又要理解材料的结构，是比理解更深入的学习。分析常常要求学生解释各部分的复杂关系，或一些部分被组合在一起时，能产生什么特定的效果。例如，《白杨礼赞》中描绘北方军民的部分是否多余（或是否可以省略）？又如《小桔灯》全文主要写的是小姑娘，是否可以将题目改为《小姑娘》？这类问题其实都是在探讨课文局部与局部之间的关系，属于分析水平的教学行为。

分析包括要素分析、关系分析和组织原理分析。在教学过程中可以向学生提出一个例子，要求他们回答事物内部是否具有某种逻辑关系。

分析水平的目标在语文教学中，具体表现为结构探讨、形象分析、意境品味、主题揭示、方法辨析等学习行为。分析水平的教学目标，主要落实在理解研讨课文阶段和评价鉴赏课文阶段。

5. 综合

"综合"水平的目标是指创造性地将各种要素和组成部分组合起来，形成一个新的独特整体的过程。其学习的特征主要表现为思维的流畅性和敏捷性。可以将它视为更高水平的运用。综合包括进行独特的交流，如改写课文；制订计划或操作程序；推导出一套抽象关系；等等。例如，《群英会蒋干中计》，可以提出问题"如果你是蒋干，你怎样回答周瑜的各种问题？"又如，《为了忘却的记念》，可以要求学生完成作文《柔石小传》。在课文研讨过程中常常可以运用一些创造性问题训练学生的综合能力。

综合水平的目标在语文教学中，具体表现为各种思维训练和综合训练等学习行为。一般说来，主要在应用性迁移（迁移练习）阶段落实综合水平的目标。

6.评价

"评价"水平的目标是指根据一定的准则,对有关信息(观点、作品、方法、程序等)作出合理的判断。其学习的特征是价值判断。它要求学生阐述其思考的过程、观点的依据以及判断的标准。因此,学生首先要建立一套合适的标准或价值体系,然后考察观点、思想或事件是否与判断标准相符合。这一水平是前面五种能力水平的组合,是最高水平的认知学习结果。

评价水平的目标在语文教学中,具体表现为选择判断练习和心得体会交流等学习行为。一般说来,主要在评价性鉴赏(迁移练习)阶段落实评价水平的目标。

认知领域各级水平相对应的行为动词,如表2-2所示。

表2-2　布卢姆认知领域教学目标分类及其应用说明表(1956年)

学习水平层次	一般目标范围	行为动词
1.知识(knowledge) 个别事物和共同事物的记忆,方法和过程的记忆,或对形式、结构、背景的记忆。	• 知道普通名词 • 知道具体事实 • 知道方法与过程 • 知道基本概念与原则	界定、描述、指出、标明、列举、选择、说明、配合、背诵
2.理解(comprehension) 指一种了解或领悟,个人因此知道沟通的内容,能够利用所沟通的材料或观念,而不需联系其他材料或实际见到其他材料才能理解。	• 了解事实与原理 • 解释文字资料 • 解释图或表 • 转译文字资料为另一资料形式 • 估计资料中可能获取的结果 • 验证方法与过程	转换、辩护、区别、估计、解释、引申、归纳、举例说明、猜测、摘要、预估、重写
3.应用(application) 应用抽象思维于特殊和具体的情境中,抽象思维的形式可能是一般观念、程序的法则或综合的方法等,也可能是必须加以记忆和应用的专门原理、观念和理论等。	• 应用原理于新情况 • 应用定律及学说于实际情况 • 解答数学应用问题 • 制作图或表 • 正确使用表现方法或操作过程	改变、计算、示范、发现、操纵、修饰、操作、预估、准备、产生、关联、解答、运用
4.分析(analysis) 剖析一项信息,找出其构成的要素或部分,使观念中相关的层次更为清楚,并且使观念与观念的关系更为明白。	• 认出未说明的假说 • 认出在推理上的逻辑谬误 • 区别事实与推论意见 • 评鉴资料的相关性 • 分析一项作品(音乐、美术)的组成结构	细列、图示、细述理由、分辨好坏、区别、指明、猜测、关联、选择、分开
5.综合(synthesis) 将许多元素或部分加以组合以形成一个整体,包括安排和结合各个片段、部分或元素以构成一种更为清楚的形式或结构。	• 写一份完善的论文纲要 • 做一次组织严密的讲演 • 写一部富有创作意义的作品 • 提出一个实验方案 • 统整来自各方面的资料以完成计划并解决问题 • 从分类事物中形成一个新方案	联合、编撰、组成、创造、计划、归纳、重新安排、修饰、重建、重组、重改、重写、总结

续表

学习水平层次	一般目标范围	行为动词
6.评价(evaluation) 能对用来达到特定目的的材料和方法进行价值判断,或能对材料和方法满足标准的程度进行质和量的判断。	• 判定所写材料逻辑的一贯性 • 判断资料支持结论的正确性 • 运用内在标准评判某一作品的价值(音乐、文学) • 运用外在标准评判某一作品的价值(音乐、文学)	鉴别、比较、分辨好坏、解释、指明、阐释、关联、总结、证明

一般来说,在上述六级水平中,语文课堂教学中运用最多的是知识、理解和应用三级水平。以《春》为例,学生能够陈述比喻、排比、拟人三种修辞手法的定义(再现)或在文中分别找出(再认)这三种修辞手法,属于知识水平的学习行为;学生能够指出三种修辞手法在文中的不同作用属于理解水平的学习行为;学生能够运用三种修辞手法完成一段短文写作则属于应用水平的学习行为。分析和综合水平的学习行为往往分解并贯穿于理解和应用两级水平中。学生能够对课文的优劣好坏作出价值判断或选择则属于评价水平的学习行为。

(二)情感领域目标

情感领域的目标主要是发展学生的态度和价值观。态度是指个体对人、事和周围世界所持有的一种持久性与一致性倾向。态度的形成与文化传统、家庭环境和学校教育等因素有关。价值观则更具有综合性,涉及人的生活方式和生存目的,并不针对特定的事物和现象。价值观的形成是一个长期的过程,受到社会、家庭的影响。价值观比态度更难测量。这是因为态度可以通过学生对事物或现象接受或拒绝的反应来测量,而学生对诚实、自尊、宽容等价值观往往不会公开拒绝。情感领域的目标可分为以下五级水平。

(1)接受。学生对一种观点或事物表现出宽容的态度,不拒绝"接受"有关的信息,了解教师所介绍材料的意义,但并不因此而改变自己的行为。

(2)反应。学生越来越表现出一种积极的态度,不仅接受了有关信息,并表示愿意采取相应的行为,但实际上这种行为并没有表现出来。

(3)价值评价。学生理解一种态度或价值观念,认为它是有意义的,同时已将这种观念内化为自己的行为准则。在这一级水平,学生能主动表明对问题的态度或观点,并公开讨论或支持某种态度。

(4)组织。学生已经形成了抽象概念,并意识到价值与价值之间的相互关系,形成了价值观念体系。

(5)个性化。个体的各种价值观已经被组合成内部一致的体系,个体的行为受内部价值体系的控制,价值体系已经成为个体性格特征的稳定组成部分。

情感领域目标在基础教育阶段的各学科教育中不太受重视,正成为实施素质教育改革的重点之一。

(三)动作技能领域目标

动作技能领域的目标主要是发展学生的肌肉力量和动作协调性,是三大领域中最不受教师重视的领域。对动作技能领域目标的重视程度与教育的阶段和培养目标有关,不同阶段、不同学校对这一领域的重视程度有所不同。例如,小学阶段比中学阶段和大学阶段更重视动作技能领域目标,培养特殊人才的学校(如体育学校)比普通中小学校更重视动作技能领域目标。动作技能领域目标可分为四级水平。

(1)知觉能力。指对所处环境中的刺激的观察和理解,并做出相应调节动作的能力,包括动觉、视觉、听觉、触觉和协调能力等,如平衡、旋转、踢球、舞蹈等。

(2)生理能力。包括动作的耐力、力量、灵活性和敏捷性。这些是学习高难度技术动作的基础,构成体育的基本功训练,如长时间运动的耐力训练。

(3)技能动作。指训练完成复杂动作的能力,例如,弹奏乐器、调整机器等。

(4)有意活动。指传递感情的体态动作,亦称身体语言,涉及姿势、手势、面部表情和即时活动等,如舞蹈或通过动作改变面部表情等。

布卢姆提出教育目标分类的目的主要是指导教学结果的测量与评价。测量与评价必须以教育目标为依据,有了可以操作的水平不同的具体目标,测量与评价就有了可靠的标准。但是,由于该分类系统中没有涉及知识的本质,没有阐明知识、智慧和技能是怎样习得的,简单地用它来指导学习和教学有一定的困难。

二 布卢姆认知目标二维新分类

2001年,课程理论与教育研究专家安德森领衔的研究团队出版了《面向学习、教学和评价的分类学——布卢姆教育目标分类学的修订》一书,将布卢姆的认知目标分解为"知识维度"和"认知过程维度"。知识维度分为事实性知识、概念性知识、程序性知识、元认知知识四个类别;认知过程维度分为记忆、理解、应用、分析、评价、创造六级水平。

(一)知识维度分类

修订后的布卢姆认知目标分类,将原有认知目标中的"知识"目标,修订为事实性知识、概念性知识、程序性知识和元认知知识四个类别。

1.事实性知识

事实性知识是关于基本要素的知识,具体包括术语知识和细节要素知识。术语知识是人们在沟通交流时必须用到的知识与符号(如语词、数字、信号与图片等)。细节要素知识指事件、地点、人物、日期、信息源等知识。

2.概念性知识

概念性知识是关于类别与原理的知识。类别知识具体指一个整体结构中的各个基本要素,例如名词、动词,主语、谓语。原理知识具体展现某一个学科领域的知识是如何组织,如何发生内在联系,如何体现出系统一致的方式,例如语法知识、修辞知识、记叙文、说明文、议论文等。概念性知识又可分为以下三个类别。

(1)类别与分类的知识。这类知识同术语与事实在具体要素的数量及联系上有明显区别。作为类别的"情节"和作为具体故事中的"情节",其含义是不一样的。作为类别的"情节",其含义更加概括;具体故事中的"情节",则具有其特殊性。类别与分类构成了原理与概括的基础,同样也构成了理论、模式和结构的基础。

(2)原理与概括的知识。这类知识是在大量的事实和事件集合的基础上,对类别和分类的内在过程与关系进行说明,对各种所观察的现象进行抽象和总结,十分有助于描述、预测、说明或确定最适宜的、最相关的行动及其方向。

(3)理论、模式与结构的知识。这类知识将原理与概括的知识用有意义的方式加以整合,以体现某一现象、问题或学科内在一致的联系。它们是最抽象的知识。例如,不同的文学流派形成了不同的文学创作理论。

3.程序性知识

程序性知识是关于方法和操作步骤的知识。它可以表现为形成一个简单易行的常规程序,也可以表现为解答一个新颖别致的问题,一般都与具体学科挂钩,反映具体学科的思维方式。例如,编写语文教学目标的基本步骤、作文审题的基本步骤等。通常包含一组有序的步骤、解决问题的技能技巧和方式方法。我们统称这些方法和步骤为"程序"。程序性知识还包括了运用标准来确定何时何地运用何种程序的知识。

4.元认知知识

元认知知识是关于一般的认知知识和自我认知的知识。元认知知识具体包括以下三种类型。

(1)策略知识。这是有关一般学习、思考和问题解决策略的知识,涉及不同的学科。具体策略可以分为复诵策略、组织策略和精细加工策略。另外还有问题解决和思考的一般策略,特别对非良构问题来说有启发作用的策略,如手段—目的分析法、倒退法、爬山法等。

(2)认知任务知识。不同的认知任务要求不同的认知方式,也要求不同的认知策略。例如,再现任务比再认任务更难。背诵是再现认知任务,朗读是再认认知任务,背诵任务比朗读任务难。认知任务既要培养学生的学习策略,又要培养学生关于相关条件的知识,也就是在何种条件下使用何种策略的知识。例如,整体感知课文时(条件),朗读课文(认知任务);阅读积累时(条件),背诵课文(认知任务)。

(3)自我知识。包括了解自己在认知活动中的优势与不足,也包括了解自己什么时候不知道什么,以及采用什么样的一般策略去发现必要的信息。除了认知上的自知以外,还有动机与情感的自知,例如,自我效能感、对完成任务与达成目标之间关系的感知、个人的兴趣、价值观与完成任务的关系等。

(二)认知过程维度分类

修订方案提出了从记忆到创造六个层级共19种具体的认知过程。

1.记忆

指从长时记忆库中提取相关知识。这一认知过程包括回忆和识别两种形式。

(1)识别。这是从长时记忆库中找到相关的知识与当前呈现的信息进行比较,看其是否一致或相似。识别的替换说法可以是"确认"。

(2)回忆。这是指当给予某个指令或提示时,学习者能从长时记忆库中提取相关的信息。回忆的替换说法可以是"提取"。

2.理解

指学习者能够从教学内容中建构意义。"理解"具体包括以下认知行为。

(1)解释。指学习者能够将信息的一种表征方式转换成另一种表征方式,如不同语词之间的转换、图表转换成语词或反之、数字转换成语词或反之、乐谱转换成乐音等。解释的替换说法可以是"转换""释义""表征"和"澄清"。

(2)举例。指学习者能指出某一概念或原理的特定事例,它同确定其特征以及运用该特征选择或建构具体事例有关。举例的替换说法可以是"例证"和"示例"。

(3)分类。指学习者能够识别某些事物(如某一事例)是否属于某一类别(如概念或原理)。分类能够查明既适合具体事例,又适合概念或原理的相关特征或范型。分类的替换说法可以是"归类"和"包摄"。

举例与分类的区别:举例,要求学习者找到相应的具体事例;分类,要求学习者从具体事例出发,找到相应的概念或原理。

(4)总结。指学习者能提出一个陈述,这个陈述可以代表已呈现的信息,或者可以抽象出相关的中心思想。总结与构建信息的一种表征方式有关。总结的替换说法可以是"概括"和"抽象"。

(5)推断。指学习者能够在一组事例中发现范型。当学习者能够从一组事例中发现特征及其相互联系从而抽象出一个概念或原理时,这就表明其能作出推断。推断过程涉及在一个整体情境中对各个事例作出比较、发现范型并创造出一个新的事例。推断同"应用"中的一个具体认知过程——"归属"也不完全一样。例如,在阅读一篇故事时,归属带有查明"言下之意"的味道;而推断则带有找出"言外之意"的性质。推断的替换说法可以是"外推""添加""预测"和"断定"。

(6)比较。指查明两个或两个以上的客体、事件、观念、问题和情境等之间的异同。比较包括了发现要素或范型之间的意义对应性。比较的替换说法可以是"对照""匹配"和"映射"。

(7)说明。指学习者能够建构或运用因果模式。这一模式可以从正规的理论中推演,也可以依据经验或研究得出。一个完整的说明包括阐明某一系统中的主要部分是什么,它们之间如何发生变化等内容。说明的替换说法可以是"建构一个模型"。

3.应用

应用是指运用不同的程序去完成操练或解决问题。应用,与程序性知识有密切关联,涉及两个认知过程:执行和实施。执行,指具体操练某项任务;实施,指具体完成某项任务。

(1)执行。学习者面对的是一个熟悉的任务,所做的是执行某一程序,执行的替换说法可以是"完成"。

(2)实施。实施常常与其他认知过程(如理解和创造)综合使用。实施的替换说法可以是"使用"。

4.分析

分析是指将材料分解为其组成部分,并且确定这些部分是如何相互关联的。这一过程包括了区分、组织和归属。

(1)区分。指学习者能够按照恰当性或重要性来辨析某一整体结构中的各个部分。区分的替换说法可以是"辨别""选择""区别"和"聚焦"。

(2)组织。组织的替换说法可以是"形成结构""整合内容""寻求一致""明确要义"和"语义分析"。

(3)归属。归属是解构的过程,在解构过程中,学习者要确定作者的意图。归属的替换说法可以是"解构"。

5.评价

评价是依据准则和标准来作出判断。评价包括了核查(有关内在一致性的判断)和评判(基于外部准则给出的判断)。

(1)核查。指检查某一操作或产品是否具有内在一致性。核查的替换说法可以是"检验""查明""监控"和"协调"。

(2)评判。指基于外部准则或标准来判断某一操作或产品。评判是批判性思维的核心。评判的替换说法可以是"判断"。

6.创造

创造是将要素整合为一个内在一致或功能统一的整体,这一整体往往是新的"产品"。创造的过程可以分解为三个阶段:始于提出多种解决方案的"生成",然后是论证一种解决方案并制订行动"计划",最后是计划的"贯彻"。

(1)生成。指学习者能够表征问题和得出符合某些标准的不同选择路径或假设。这里的"生成"同"理解"过程中各个认知子过程不完全一样。生成的替换说法可以是"提出假设"。

(2)计划。指策划一种解决方案以符合某个问题的标准,形成一种解决问题的计划。计划的替换说法可以是"设计"。

(3)贯彻。指执行计划以解决既定的问题。贯彻要求协调事实性知识、概念性知识、程序性知识、元认知知识四种类型的知识,同时不强制要求原创性和独特性。贯彻的替换说法可以是"构建"。

▶▶ 第二节 语文课程目标分析

按照谁定目标与谁用目标的划分,教育目标分为教育目的、课程目标和教学目标三个层级。教育目的由国家或政府制定,课程目标由学科专家制定,教学目标由任课教师制定。2020年修订的《普通高中语文课程标准》和2022年修订的《义务教育语文课程标准》都把语文学科核心素养排列在语文课程目标之首,共同组成语文课程目标。

■ 语文课程目标层级

(一)语文课程目标

课程目标,是社会对学校教育的宏观计划,是对学校各科课程教育结果的总体描述,居于教育目的和教学目标这两个层级之间。教育目的则是国家对教育的基本要求,是教育完成特定的社会要求的基本原则。它涉及教育理念、哲学观点、学校角色与学习任务,规定了学校办学的方向和教书育人的基本要求;教育目的通常由教育专门委员会、专家小组或社会决策者制定完成;教育目的的陈述语言往往呈描述性或含糊不清,例如"为国家培养有用之才""训练学生的社会适应能力""应强调全民的终身教育"等。课程目标的制定工作则通常由教育专门小组、教材编写组或地区教育行政部门等完成。其陈述语言通常表现出不可操作性,如"发展学生阅读技能""提高艺术欣赏水平""掌握数学概念"等。课程目标比教育目的明确,但不如教学目标那样具体。

教学目标是预期的学习结果,是课堂教学的灵魂,它支配、调节、控制着整个教学过程,是教学活动的出发点和归宿,是教师选择教学内容、运用教学方法、教学策略、教学媒体,以及调控教学环境的基本依据,也是评价教学效果的基本依据,同时还是学生自我激励、自我评估、自我调控的重要手段。其陈述的内容大多是学生学习的认知任务、具体技能和情感态度。语文学科核心素养,是语文课程目标的具体体现。

语文课程标准中的语文目标属于课程目标层级,是学生语文学习的结果,是学生言语经验发展的结果描述,由直接经验和间接经验两个部分构成,具体表现为认知领域和情感领域。认知领域的间接经验以系统学习言语知识为主,直接经验以学生的言语活动为主,具体表现为语言运用过程与语言运用的方法,侧重于外部的言语知识对学生言语经验发展的影响;情感态度领域的学习结果以学生的内部心理变化(如兴趣、态度和习惯)为主,侧重于发展学生言语经验中的情感体验和对祖国语言文字价值的认识。在这两大领域中,外部经验与内部经验、间接经验与直接经验既各自独立,又彼此交叉,共同构成了语文课程目标的终极结果,课程目标根据知识和能力、过程和方法、情感态度和价值观三个维度设计。三个方面相互渗透,融为一体,注重语文素养的整体提高。各个学段相互联系,螺旋上升,最终全面达成总目标。语文课程目标不仅对语文课程实施具有指导性,也使语文课程实施更具操作性。课程目标九年一贯整体设计。课程标准在"总目标"之下,按1~2年级、3~4年级、5~6年级、7~9年级这四个学段,分别提出"阶段目标",体现语文课程的整体性和阶段性。阶段目标从"识字与写字、阅读与鉴赏、表达与交流、梳理与探究"四个方面提出要求,促进学生语文素养的整体推进和协调发展。

《义务教育语文课程标准(2022年版)》语文课程目标围绕核心素养,体现课程性质,反映课程理念,确立课程目标,分为三部分阐述:核心素养内涵、总目标、学段目标。学段目标属于教学目标层级。

(二)语文教学目标

教学目标是课程目标的具体化,它与课程目标在方向性质上具有一致性。课程目标具有终极意义,是教学的方向目标;教学目标具有程段意义,是教学阶段与教学过程的具体目标。经过几个连续的程段教学目标,才能实现最终的课程目标。课程目标是对教学的总体要求,对各类学校的所有教学活动都起着指导作用;教学目标是对教学的具体要求,只对特定范围(如某学科、某单元、某课时)的教学活动起规范作用。课程目标体现着社会的意志和要求,具有主观性和指令性,在某一历史时期相对稳定;教学目标则更多地体现教学活动主体的要求,具有客观性和自主性,在具体教学活动中可根据需要进行调整。

语文教学目标是语文课程目标的具体化,由语文教师编制实施。编制语文教学目标是实现语文课程目标的重要环节,也是实施语文学业成就评价的重要环节。编写语文教学目标,首先要分解落实语文学科核心素养。

二、语文课程目标系统

新课程改革将课程目标确定为知识与能力、过程与方法、情感态度与价值观三个维度,语文课程目标也应当进行相应调整。《义务教育语文课程标准(2022年版)》的语文课程目标由核心素养、总目标、学段目标构成。学段目标分为四个部分:识字与写字、阅读与鉴赏、表达与交流、梳理与探究。本章将学段目标分解到三维目标中阐述。

(一)语文学科核心素养

语文学科核心素养是学生在积极的语言实践活动中积累与建构起来,并在真实的语言运用情境中表现出来的语言能力及其品质;是学生在语文学习中获得的语言知识与语言能力,思维方法与思维品质,情感、态度与价值观的综合体现;对知识与技能、过程与方法、情感态度与价值观三维目标进行了整合。高中阶段的语文学科核心素养包括"语言建构与运用、思维发展与提升、审美鉴赏与创造、文化传承与理解"四个方面。义务教育阶段语文学科核心素养包括"文化自信、语言应用、思维能力、审美创造"四个方面。语文学科核心素养的四个方面是一个整体,通过学生个体言语经验发展得以实现。

(二)语文知识与能力目标

语文知识与能力目标是语文课程标准中关于语文知识学习与语言能力实践的内容,具体包含"识字与写字""阅读与鉴赏""表达与交流"知识与能力。它既涵盖"双基教育"目标,又包含语文智育目标中知识发展目标、能力发展目标和智力发展目标,主要包括语文基础知识(文字知识、语法知识、修辞知识、读写知识、文言文基础知识、文学常识、古代文化常识、工具书使用常识)、语文基本技能(听知技能、阅读技能、说话技能、写作技能)和语文智力技能(注意技能、记忆技能、观察技能、思维技能、联想技能、想象技能)。

编制语文知识与能力的教学目标,要以结果性目标为主。这种目标具体说明学生的学习结果是什么,要求用含义明确的行为动词陈述学习结果,因而又叫具体行为目标,具有可操作、可观察、可测量的特点。所涉及的行为动词主要有:说出、背诵、辨认、回忆、选出、识别、勾画、圈点;解释、说明、比较、分析、概括、归纳、区别、判断、转换、猜测、整理;撰写、总结、应用、设计、使用等。每一个行为动词,都归属于特定的认知水平层级,可以更加准确地描述"知识与能力"这一维度的语文学习结果。

(三)语文过程与方法目标

语文过程与方法目标是语文课程标准中关于语文知识学习的具体方法规定。"梳理与探究"目标具体规定了各学段梳理与探究的方法与内容,体现了过程与方法目标的阶段性和连续性。

编制语文过程与方法的教学目标,要以表现性目标为主,需要具体表明语文学习方法,要求使用含义明确的行为动词陈述具体的语文学习方法。例如,说出、背诵、辨认、回忆、选出、识别、勾画、圈点;解释、说明、比较、分析、概括、归纳、区别、判断、转换、猜测、整理;撰写、总结、应用、设计、使用等。

(四)语文情感态度与价值观目标

语文情感态度与价值观目标是语文课程标准中关于语文学习情感体验与价值认同的内容。由于语文美育目标(审美知识、审美能力)主要在于引导学生感受美与体验(理解)美,本章将语文审美教育的内容归入语文情感态度与价值观目标的领域。由于语文德育目标(政治品质、思想品质、道德品质)主要在于引导学生的价值观,实现价值认同,也将它并入到语文情感态度与价值观目标领域。语文个性教育目标(情感、态度、心理品质)本身就是情感态度与价值观领域的内容。因此,语文情感态度与价值观目标由语文美育目标、语文德育目标和语文个性教育目标组成。

《义务教育语文课程标准(2022年版)》描述的总目标就是情感态度与价值观维度的目标内容:①在语文学习过程中,培养爱国主义、集体主义、社会主义思想道德,逐步形成正确的世界观、人生观、价值观。②热爱国家通用语言文字,感受语言文字及作品的独特价值,认识中华文化的丰厚博大,汲取智慧,弘扬社会主义先进文化、革命文化、中华优秀传统文化,建立文化自信。③关心社会文化生活,积极参与和组织校园、社区等文化活动,发展交流、合作、探究等实践能力,增强社会责任意识。感受多样文化,吸收人类优秀文化的精华……⑦乐于探索,勤于思考,初步掌握比较、分析、概括、推理等思维方法,辩证地思考问题,有理有据、负责任地表达自己的观点,养成实事求是、崇尚真知的态度。⑧感受语言文字的美,感悟作品的思想内涵和艺术价值,能结合自己的经验,理解、欣赏和初步评价语言文字作品,丰富自己的情感体验和精神世界。⑨能借助不同媒介表达自己的见闻和感受,学习发现美、表现美和创造美,形成健康的审美情趣。"

编制语文情感态度与价值观的教学目标,要以体验性目标为主。它具体描述学生的心理感受与情绪体验,采用的动词往往是历时性的与过程性的,将难以量化的学习结果用行为动词来描述。所涉及的行为动词主要有:寻找、考查、感受、交流、讨论、分享;认同、承认、接受、同意、欣赏、喜欢、拒绝、讨厌、反对;形成、具有、热爱、坚持、确立、追求;等等。

▶▶ 第三节　语文课程目标实施

语文课程目标的实施,由语文教师完成,具体表现为语文教学目标设计。在设计教学目标时,可以遵循四个步骤:分解语文学科核心素养、确定教学目标的维度、分析教学目标的水平和陈述具体行为的结果。

◤ 一 ◤ 分解语文学科核心素养

编写语文课程目标,应当以单元为单位,在备课时首先分解单元课文的核心素养分配任务。一般情况下,第一篇课文以语言应用核心素养为主,第二篇或第三篇课文以审美鉴赏和文化自信为主,第三篇或第四篇课文以思维训练为主。

(一)分解单元核心素养

依据课文在单元中的位置,分解确定课文所对应的核心素养。初中课文,依次分解"文化自信和语言应用、审美创造、思维能力"核心素养。高中课文,依次分解"语言建构与运用、思维发展与提升、审美鉴赏与创造、文化传承与理解"核心素养。

(二)落实单元语言任务

确定课文的核心素养以后,联系课文文本内容,提炼出与课文的情感态度与价值观目标一致的训练任务。

◤ 二 ◤ 确定教学目标的维度

任何一篇课文教学都会涉及语文教育目标系统中的各个维度。例如,学生能够认识生字词并解释其含义,或能运用在课文中所学知识解答问题或表达思想(如作文练习),属于知识与能力目标维度的学习;能熟练地朗读、书写这些生字词,能够运用勾画、圈点、解释、说明等具体方法来学习语文,属于过程与方法目标维度的学习;能够注意、感受课文中的情感态度,或者能够生成、欣赏课文中相应的情感态度,或者拒绝、反对课文中的价值倾向等,属于情感态度与价值观目标维度的学习结果。

可以将这一环节概括为"文道统一",即"知识与能力"目标和"情感态度与价值观"目标的学习内容要兼顾,并以此确定课文教学重点与难点。

值得注意的是,语文教师在设计教学目标时,应注意不要片面地把"文道统一"理解成"课文语言形式与思想道德内容的统一"。根据本章前面的分析,这里的所谓"文道统一"其实就是语文课程"言语性"与"人文性"的统一。语文教师的作用在于通过课文这一例子,引导学生获得言语知识和情感熏陶,在发展学生语言能力的同时,发展学生的健全人格。

◤ 三 ◤ 分析教学目标的水平

教学目标的水平是指学生在学习过程中处理学习材料时的不同能力表现,如表2-3所示。

表2-3　语文教学目标的维度与水平(修订,由低到高)

教学目标维度　学习结果水平	知识与能力	过程与方法	情感态度与价值观
创造	评价能力(改写与赏析)	结束环节(练习与检测)	生成(感悟)
评价			
分析	运用能力(仿写与分享)	展开环节(研讨)	认同(观点)
运用			
理解	积累能力(摘录与抄写)	启动环节(导入)	注意(事实)
记忆			

记忆和理解水平表现为学生对课文意义的建构,以记忆为基础,融分析与综合于一体,学生能够运用与课文的表达方式不同的方式来表达课文的意义,例如,在课文《绿》的学习中,学生能够陈述比喻、排比、拟人三种修辞手法的定义(再现),或以分别找出(再认)这三种修辞手法为基础,辨析文中三种修辞手法的不同作用。运用和分析水平表现为学生将课堂所习得的知识运用于相似或不同的情境中,例如,学生能够运用三种修辞手法完成一段短文写作。评价和创造水平表现为学生能够对课文的优劣好坏作出价值判断或选择,例如,"课文《绿》属于抒情散文还是叙事散文(组织的形式)?""你更喜欢课文《绿》还是更喜欢课文《春》(目的的适应性)?"

启动环节,指课文教学的导入过程。展开环节指课文教学的研讨过程。结束环节指课文教学的总结过程。每篇课文不同的教学过程都有相应的教学方法与学习方法。以课文《绿》为例,在导入过程中,学生的学习方法可以是朗读或辨认;在研讨过程中,学生的学习方法可以是分析或转换;在总结过程中,学生的学习方法可以是改写或赏析。

注意层级,是指学生能从课文中找出作者所表达的情感态度或价值观,例如,课文《绿》中所表达的对梅雨潭的赞美之情。认同层级是指与作者的情感产生共鸣,例如,唤起自己对课文中所赞美事物的相应情感。生成层级是指激发出比课文所表达的情感更多的相应的情感,例如,对自然界中别的事物的赞美之情,或对另外的季节的赞美之情。

分析教学目标的水平,可以运用层级分析的方法。它以语文教学目标为起点,用反向推导的方式来分析学习需要,通常以"为了掌握这一学习目标,学生必须先知道什么?"这个问题作为引导,一层一层地推演下去,一直到找到适当的基础水平为止。它以加涅信息加工理论为背景,结合布卢姆的教学目标分类理论,能够有效寻找出实现教学目标的各级水平(使能目标)。

这一环节可以概括为"层次分明",即每一级水平的学习行为都应当找出相对应的行为动词。

四、陈述具体行为目标

陈述教学目标是指用书面语言明确指出课堂教学中学生具体的学习结果。陈述具体行为目标是指在某一教学事件终了时对学生确定的学习行为作出具体说明。这种教学目标的表述方式又叫具体行为目标,具有可操作、可观察和可测量的特点,能够避免课堂教学行为的盲目性和随意性。一般来说,规范、明确的具体行为目标应该包含行为主体、行为动词、行为对象、行为情境、行为标准五个部分,即具体行为目标的五个要素。规范而完整地陈述具体行为目标,应该五个要素完整,例如:

在课堂讨论中(行为情境),学生(行为主体)能够比较(行为动词)两种(行为标准)修辞手法(行为对象)的异同。

行为主体是指实现教学目标时学习行为的执行者,它应该是学生而不是教师,因为学生的学习行为才是具体行为目标陈述的内容。许多教学参考资料中的目标陈述通常表现为"教给学生……"或"培养学生……"的范式,这种陈述方式描述的是教师的行为,但教师并不是学习行为的执行者,而是教学行为的实施者。具体行为目标的规范表达应该是"学生应该……"。

行为动词用来描述学生在实现教学目标时的确定行为,它可以分为含义明确的动词和含义含糊的动词两种。含义明确的动词如写出、背出、列出、辨别、比较等,具有可操作、可观察、可检测的特点;含义含糊的动词如知道、了解、欣赏、喜欢等,较前者难于操作和评价。为了有效提高教学目标的客观性和操作性,应尽可能选用那些意义确定、易于观察的行为动词,避免使用"懂得""了解"等难以观察的行为动词。

行为对象是指确定的学习行为所涉及的内容,相当于行为动词的宾语,主要具体说明教学过程中确定的学习事件。例如,"找出文中所用的修辞手法"。

行为情境指影响学生产生学习结果的特定限制或范围,主要说明学生在何种情境下完成指定的学习行为,例如,"读完全文后""新课学习前""课堂讨论中"等。

行为标准指学生对教学目标所达到的最低表现水准,标准的说明可以定量或定性,也可以二者都有。界定行为标准通常可以采用以下三种方式:①用完成行为的时间来衡量行为的表现,例如"三分钟内完成";②用完成行为的准确率来衡量行为的表现,例如"完全无误";③用完成行为的成功特征来衡量行为的表现,例如"80%的学生"。

设计案例·散步

这一环节可以概括为"行为确定",即用含义明确的行为动词陈述学生学习的结果。

第三章
语文课程教材

◎ **导读提要** ◎

　　语文课程教材是语文课程内容的载体，是实现语文课程目标、发挥语文教育功能的物质基础。广义的语文课程教材是一个系列，狭义的语文课程教材特指语文教科书。语文教科书具有范例功能、训练功能、德育功能、美育功能。使用语文教科书，应当明确教科书的编写理念，在通读教科书的基础上，结合学生的学习基础，合理开发课外语文资源。

◎ **课程思政提要** ◎

　　1.聚焦课标，深挖梳理语文课程教材中的育人资源，关注学生思想品德培育和价值观塑造。

　　2.根据教材内容体系，开展热爱祖国、热爱家乡、关爱他人、敬畏自然、勤劳勇敢等主题性教学。

　　3.以材料为本，拓展当下社会热点事件，强化学生德育体验。

▶▶ 第一节　语文教材的功能与类型

　　语文教材是实施语文课程的凭借，既是"教本"又是"学本"。语文教材的功能是指在语文教学过程中所起的作用。它是构成师生双边活动的纽带，以分模块的形式承载规范性、科学性的基础知识，启迪教师教和引导学生学，使学生在获得语文基础知识的同时，获得语文能力训练，获得人生观、价值观的建构，并获得支撑终身可持续发展的方法。

➡ 语文教材的功能

(一)范例功能

叶圣陶先生曾指出:"语文教材无非是个例子,凭这个例子要使学生能够举一反三,练成阅读和作文的熟练技能。"语文教材为学生的口语和书面语表达提供了规范性、科学性的案例。教材中课文的编排、练习的设计、口语表达技能的训练,基本上都是根据学生身心发展特点,按照由浅入深,由低级向高级,由简单到复杂的顺序设计的。只要教师能深入钻研教材,把握教材内容、体例,因材施教,循序渐进,让学生掌握学习语文的基本方法,养成自主学习的方法和良好习惯,切实提高语文素养,就能逐步培养学生的听说读写能力,为终身可持续发展奠定基础。

(二)训练功能

语文教材是学生开启人类知识大门的"钥匙",承载了丰富广博的汉语基础知识、自然科学知识、社会科学知识等。就增强智慧、强化能力的功能而言,语文教材承载着古今中外的文学名著,展现了不同地域、不同民族的社会生活、人生世相、自然景色,更表现了对人生哲理的探讨,对人与自然、社会、环境的科学关注。通过这些内容的学习,可以开阔眼界,增长知识,并受到感染和熏陶。教材编写的汉语基础知识(即字、词、句、段、篇及其听说读写知识)是语文教材的重要组成部分,可以提高学生的语文素养,提高其语言运用能力。就引航功能而言,指的是教材中的知识短文、附录、单元提示、编辑说明、练习中的提示、范文的注释,还包括配套的录音资料和视频资料,它们对学生自主学习文本,养成自学习惯起了重大的引航作用。尤其是每篇课文后面的"练习",从理解思想内容、进行语言文字规范性训练、整合与运用三个方面对教师的教和学生的学进行了提示,可以避免教学过程中的盲目性,使教学过程有的放矢。

(三)德育功能

学生良好道德观、价值观、人生观、责任感的形成,是构成和谐社会的基础,能实现教育"以人为本"的目的。

语文教材中的课文是严格按照课程标准规定的培养目标精选的古今中外优秀作品及适用文章,是作家对现实生活的集中反映,蕴含和承载着作家高尚的人格、深沉的情感。在教师利用教材组织学生进行科学文化知识学习、基本能力训练时,学生会受到热爱祖国、人民、科学事业,对抗挫折、逆境,团结协作,尊老爱幼等精神感化;学生良好的行为习惯会在有目的、有计划地探索训练中自然形成,多元审美方式会在对不同民族文学、文化的审美鉴赏中得到培养,从而让学生自主地构建积极的人生观、价值观。

(四)美育功能

教材文本汇编了不同民族文化的精华,倾注了作家对现实生活的审美观照,凝聚着作家深沉的审美意识、审美情趣、审美创造、审美批评。简而言之,教材中蕴含着十分丰富的审美教育资源。教师利用课堂教学组织学生自主、合作、探究性学习,可以让学生感受作家所展示的社会美、自然美、人性美、艺术美。通过对文章内容与形式的分析鉴赏,可以让学生获得审美感受能力,并陶冶高尚审美情操,净化审美心理。在一系列有目的的审美实践中,促使学生将审美体验内化与迁移,最终获得在现实生活中感受美、鉴赏美、创造美的能力。

◤二、语文教材的类型

语文教材所承载的知识、能力、人文目标必须主动适应社会的发展,为此教材编写专家不断寻求与探索合理的教材结构。目前来看,教材的编写呈现两种模式:分编型和综合型。

(一)分编型教材

按照语文学科教学内容的不同类型而分编成自成体系的多种并行教材,供教学时配套使用。由于它是将独立的语文内容自成体系,呈纵向结构,其优点是头绪简明、线索清楚,可以形成由浅入深、由简到繁的语文教育训练序列,展现出很强的知识教学、能力训练的系统性、计划性,有利于循序渐进地培养学生的单项语文能力;缺点是单科独进,不利于语文综合能力的培养。

(二)综合型教材

综合型教材又称合编型语文学科教科书,是将语文学科多方面的内容综合编排在一起的教材。优点是能兼顾语文知识和语文能力训练的各个方面,有利于听说读写的相互促进,全面提高学生的语文能力。但教材中呈现的头绪繁杂,可能难以真正兼顾各个单项能力训练的内容,听说读写训练可能难以均衡进行。

根据现代教材论的观点,衡量教材体系优劣的标准主要有两条:一是看是否促进了学生的全面发展;二是看是否被师生们的现实实践所接受。因此,只有辩证地处理分编与合编的关系,才能使语文教材呈现出蓬勃发展的局面。

▶▶ 第二节　语文教材的内容与使用

◤一、语文教材的内容

语文教材的内容主要包括范文系统、知识系统、助学系统、训练系统(综合性学习、写作、口语交际系统)等要素。

(一)范文系统

范文是构成教材的主体。在阅读教学中,精选古今中外文学名著及大量实用文,构成了九年义务教育、高中学段教材的范文系统。作为教材主体的范文,是作家语言运用的典范。范文主要是提供示范。教师组织学生习得范文,可以逐步培养他们理解语言和运用语言的能力,同时受到情感的熏陶和感染,构建正确的人生观与价值观。作为配套的语文读本也是教材范文系统的必要组成部分。教师如果指导学生主要在课外阅读,就可以形成课外文本阅读与课内文本阅读适当配合的模式,让学生"得法于课内,得益于课外",举一反三,全面提高语文水平。

(二)知识系统

知识系统是语文教材的基本组成部分,是前人在总结语文实践经验基础上形成的运用语言的方法和技巧,具有很强的科学性、规律性、规范性。

这个系统包括汉语语音、汉字、语汇知识;语法、修辞、逻辑的基本知识;文言文基础知识、文学及文章章法知识;各类文体的鉴赏方法性知识。引导学生学好这些知识,有助于在具体的语文实践中正确使用祖国的语言文字,规范言语表达技能,提高听说读写能力,提高阅读文言文的能力。

语文知识的设计编排遵循了学生的认知心理规律,精选陈述性知识,并精心地安排将知识转化为能力的操作方法、步骤,合理地安排知识的呈现方式,做到精要、好懂、适用;对文体章法知识、文言文基础知识、文学鉴赏方法知识,在了解的基础上,引导学生结合范文学习加深印象,突出其实践性;语言和逻辑知识的编撰重在要言简明,突出运用性;将程序性知识安排于具体的实践活动中学习,重在方法指导,突出让学生学会语文学习的宗旨。

(三)助学系统

助学系统是为帮助学生初步读懂文本,培养学生的预习能力,养成课前学习习惯而设计的一系列材料。其内容囊括:

(1)注释系统。包括课后注释、选文出处、文本背景及相关知识介绍。

(2)提示系统。包括整册教材前言中的教学总说明、单元提示、预习提示、导读提示等,其作用在于进行总体性、指向性说明。阅读提示系统能帮助师生从整体上明白教材的编排意图、能力训练重点、教法与学法。新编小学语文教材在目录中配图画来显示单元主题,每篇课文都配有图画对文本作提示,每单元前用导语来揭示单元教学重点。

(3)目标系统。包括知识目标、能力目标、人文目标,是课程标准的具体化。了解它有助于明确学习过程中的重点、难点,明确教材中各知识点的分配情况等。

(4)图像系统。包括课文插图、图表、多媒体课件等。图像系统在新编小学语文教材中使用频率高,初、高中教材也不少。

助学系统是语文教材中不可缺少的重要组成部分。其功能在于多角度地为学生初步理解课文提供帮助。借助这些资料,有助于学生自主预习文本,促进教师引导学生对文本进行深层理解、探究性阅读。助学系统所提示的阅读方法,有利于促进学生独立应用语文知识,分析阅读材料,质疑思辨,形成自己独立的情感体验,提高自学能力,养成自学习惯。课文中设计的与文本内容相关的图像系统,包括插图、图表、音像系统、多媒体课件等,能起到渲染氛围、唤醒学生阅读意识的作用。文字类助学系统还常常提供有丰富启发性的问题,有助于激发学生的求知欲望,尤其是小学语文教材中的单元导语,语气亲切、活泼,有很强的亲和力与感染力,容易使学生产生认同感。

(四)训练系统

语文实践是语文课程教学的基本特点。在具体的语文实践中学会语文学习,提高多方面的语文素养,这些都必须通过一定的语文训练来实现。

语文训练的类型:按照训练的时间设计,包括课前预习作业,课中配合训练作业,课后巩固性作业、深化与拓展性作业;按照适宜学生身心发展状况、知识技能发展的层级设计,包括基础知识训练题、基本技能训练题、提高技能技巧题、课后拓展题、综合性实践训练等题型。按照训练的形式设计,包括记忆、理解、应用性练习以及评价、迁移、创造等开放性练习。

特别要指出,教材增设了综合性练习系统,是语文实践中的新内容,是对新课程标准的反映。它是附在单元学习后的综合性练习,具有开放性、延展性、整合性的特点。其内容围绕语言、文学、文化三方面设计,是对单元文本习得的语文基础知识、基本技能、学习方法的综合实践反映,是由课内向课外的延伸与拓展,将听说读写训练融为一体,目的是让学生在综合性语文实践活动中提高听说读写能力,整合知识能力模块,为形成一册教材知识与能力的模块进行横向的单元集合建模,为纵向递进打基础。综合性练习的设计应注意学生的知识水平、兴趣爱好、认知发展水平,注意体现"知识与能力、过程与方法、情感态度与价值观"的重组与构建。重在突出学习过程中的探究性,重点培养学生搜集资料、筛选信息和研究问题的能力,提高学生的综合性探究精神。

二、使用语文教材

(一)钻研教材

语文教师必须钻研全套教材、一册教材、一单元的教材,乃至一篇课文。熟读、体悟、把握语文课程标准,明确教材编写理念,为制订学年教学计划、课程计划,制订学期、单元、课时教学计划获得理论支持。一套教材的培养目标常在"编辑说明"这类文段中进行综合说明,分散承载于教材体系、结构、练习、实践活动、综合训练、教法提示里,教师应仔细研读之,认真分析、探究、领悟,甚至列表呈现,以便为学年教学、学期教学、单元教学、一篇课文教学、课时教学计划的预设打下基础,在课堂教学过程中做到有的放矢、重难点突出。

(二)加工教材

根据教学需要增删调整教材。任何一科教材在面对学生的实际状况时,总会有它的不足。教师在教学中,对教材中的不合理处,应适当调整;对学生接受起来有困难之处或根本脱离学生实际之处应删除;对教材中出现的错误应予以修正;对信息量不足之处应适当补充,如作家的生平事迹、作品产生的时代背景,或与文本的主题思想、抒情结构、艺术特色等有诸多相似之处的作品。增加的目的是有利于理解文本内容,并在比较赏析中拓宽学生的阅读视野,丰富文本内涵,培养学生多元审美思维。

(三)开发教材

根据教学需要,开发补充新的教材资源。例如,开发电视、电影、广播、网络资源,组织学生进图书馆有目的地学习语文等。总之,凡有言语之处,皆能学语文,只不过要教会学生善于去粗取精、去伪存真,继承人类文化的精华。以教材为核心,联系学生的生活环境、实践活动、课外活动,从报刊、电视、广播、互联网中寻找适合学生学习的语文素材。如案例3-1所示,开发语文教材作业资源,设计小学语文单元作业。

设计案例·
四年级上册五单元

第四章
语文课程的学习特征

◎导读提要◎

　　语文教育的特点可以概括为三个方面：一是语文课程的人文性和学生反应的多元性；二是语文课程的实践性和学生的语文实践能力；三是汉语言文字的特点和学生良好的语感以及整体把握的能力。因此，不管是语文学习者，还是语文教学工作者，在进行语文学习和课堂教学时，不仅要理性地认识语文课程学习内容的丰富人文内涵和语文课程学习重实践、重感悟、重体验的特点，更应主动、大胆地实践和探索。

◎课程思政提要◎

1.把握文本丰富的人文内涵，培养善于合作、富有爱心、尊重他人和有共情能力的人。
2.关注学习者特征，加强生命教育以健全学生的人格。
3.注重学生的实践能力培养，使其在学习中深切感悟、勇于探索。

▶▶ 第一节　语文课程内容具有人文与审美特征

◣ 语文课程内容的人文与审美内涵

　　《基础教育课程改革纲要(试行)》指出："改变课程过于注重知识传授的倾向，强调形成积极主动的学习态度，使获得基础知识与基本技能的过程同时成为学会学习和形成正确价值观的过程。"它强调课程的功能要从单纯注重传授知识转变为引导学生学会学习，学会生存，学会做人。尤为突出的是强调要在学习知识的过程中潜移默化地培养学生正确的价值观，也就是要培养学生正确的人生观和世界观，引导学生形成正确的价值选择，具有对自然和社会的责任感。这种过程将深刻地影响他们思想道德的形成，影响他们人生的抉择。由此可知，加强课程与教学的人文教育色彩,是当前基础教育课程与教学改革的一大特色和要求。

语文课程的人文性多是强调语文学习的文学熏陶、文化价值、审美价值、情感培养、人格完善,注重人的个性的发展、情感的和谐、环境的感染、内心的体验。语文课程的人文内涵包含两个方面:一是指语文课程的一篇篇文章、一首首诗词包含着人类社会发展中的种种文化现象,带有鲜明的时代特征;二是指语文课程的内容由人不断创作、传承下来,烙上了深深的个性印记,体现了人复杂的情感世界。另外,语文教学还是语言文字的教学,而语言文字是反映人思想、意识、感情的工具,饱含着人的感情、体验,因此,语文课程和语文教学都应该是充满人文精神,富有人文内涵的。

具体而言,语文课程的学习内容主要指语文教材,而语文课程学习内容的人文内涵则主要通过语文教材包含的人文素材来具体体现。语文教材如同一部百科全书,涉及政治、经济、军事、教育、伦理、文学、艺术、美学,乃至自然界的各个领域,承载着人们的思想、认识和情感,包含了人类的观念体系、认识体系和行为方式体系,既反映了民族文化的传统,又体现了现代文化的要求。可见,语文教材本身便包含了丰富的人文素材。语文教材中的人文素材包含了人与人、人与社会、人与自然的关系,包含了人自身发展不断完善的问题。

语文教材通过丰满的人物形象、真实的生活情景抒发人间真情,折射出崇高的人性美。例如,《我与地坛》抒写伟大而坚韧的母爱;《背影》表达质朴而深沉的父爱;《刑场上的婚礼》再现革命战友纯洁真挚的爱情;等等。在教学过程中引导学生体验亲情、友情、爱情,让学生学会关心、学会关爱,这样就可以陶冶学生的性情,营造融洽的人际关系,最终实现人与人关系的和谐。

社会是决定人发展的客观条件和环境,人依赖社会存在,同时社会又靠人支撑,因此,教育既要让学生学会依赖社会生存,又要让学生学会在奉献社会中不断发展。语文教材中的许多课文展示了广阔的社会背景,反映了纷繁复杂的社会现象,为学生了解社会、正确认识历史、辩证看待文化提供了一个窗口。例如,《岳阳楼记》可以让学生感受到中华民族骨髓里流淌的"先天下之忧而忧,后天下之乐而乐"的崇高精神;《包身工》可以使学生看到19世纪末、20世纪初在"三座大山"压迫下的国人的苦难生活;而《神奇的极光》可以带领学生走进科学的海洋,激发他们的求知欲望和探索精神。学生学习这样的作品,可以涤荡心中的私欲,开启爱国爱民的心扉,激发强烈的社会责任感,将自己融入社会,进而形成人与社会相融相洽的关系。

语文课程标准第一次明确提出了"全面提高学生的语文素养"这一目标理念。语文素养是一个复合型概念,不但包括文化素养,还包括心理素养。这就要求语文教学既要尊重个体的精神自由,发展人的个性,又要强调个性的发展与社会的要求相统一,使学生在知、情、意各方面都得到充分的、和谐的发展。语文是一门综合性基础学科,首先,它担当了文化知识教育的角色;其次,课文都是作者感受生活、感悟人生、抒发情感的佳作,能够引起学生的情感共鸣,有利于他们情感素质的培养;最后,意志是促进人不断完善自我的动因,语文教材中丰富的人文素材,在归纳正面人物的高贵品质和坚强意志,批判反面人物的丑恶心灵和险恶行径时,能让学生在潜移默化、熏陶感染中形成积极的人生志向,不断追求自身的完善。

总之,语文教学和学习必须充分发掘和利用这些丰富的人文内涵,注重熏陶感染和价值引导,以真正对学生的精神领域产生深远的影响。

二、语文课程的人文与审美内涵以及学生的多元性反应

语文课程对人的影响是深远而全面的,一篇优秀的课文,很可能让学生受益终身;一次精彩的作文讲评,很可能影响或改变学生的命运。也就是说,语文课程对人的影响不只在语言文字方面,也不只在读书时期,它具有广泛、长久的魅力。由于家庭背景、自身经历、知识结构及性格特质等方面的不同,学生对语文材料的理解往往会产生多样化的认识和体验,必然会出现对文本的多种解读。当代建构主义和接受美学理论都认为,每一个人在解读文本、同文本对话时,都会进行一次再创造,都会参与到个人"心理图式"的建构中去。可以说,由于学习内容人文内涵的丰富性、多元性,由于学生个体的差异性和独特性,在语文学习中,学生对语文材料的反应必然是多元的,而这种多元反应更多地表现在对文本的多元解读甚至误读上。在语文教学中注意这一点,对教师来说十分重要。

学生多元化反应的特点,要求教师在具体的教学实践中必须努力做到:

(1)重视语文的人文内涵。语文课程不仅要重视语文知识的传授和语文能力的培养,更要重视对学生精神的熏陶和感染。在这个过程中,除了强调教师的积极引导之外,还应尊重学生对教学内容独特和多元的反应。语文教师与其他学科教师相比,应该更富有情感。在教学过程中,不能只冷冰冰地传授语文知识和技能,而是要尽量挖掘材料所包含的人文内涵,注重道德与情感的熏陶。

(2)尊重个性化的理解。教育学家加德纳的多元智力理论认为,每个人都有多种智力,而每种智力的发展也有差异,每个人都是独特、个性的存在。因此,学生对语文素材的反应以及表现出的语文素养,必然会"个性化"地呈现。情感的陶冶,价值观的形成,需要通过学生独特多元的精神折射来逐步生成,这要求教师要有开阔的视野和豁达的胸怀。开阔的视野是针对语文课程丰富的人文内涵而言的,没有开阔的视野,就不可能看到课程中丰富的内涵,就无法开掘出教材的潜在价值;豁达的胸怀是针对尊重学生的独特体验而言的,心胸狭窄,缺乏民主意识,不允许学生提出不同的意见,就会打击学生的积极性,阻碍学生的全面发展。

(3)注重学生自主性学习。语文素养绝不可能是由教师"讲"出来的,语文课程的人文内涵更不是教师去挖掘出来填塞给学生的,它强调学生自己的感受和体会,强调潜移默化中一次又一次的顿悟。语文学习和教学,绝不能将学生关在教室和封闭的书本里,期待他们在老师的宣讲中提高素养,而应充分肯定学生自主学习的方式,倡导在生活中学习语文,在语文学习中学会生活。

(4)激励创造性学习。语文课程标准指出,阅读教学是学生、教师、文本之间对话的过程。三者之间的对话关系是多重的,即学生与作者(文本)的对话,教师与学生的对话,学生与学生的对话,教师与作者(文本)的对话。接受美学理论把对文本的"理解"看成一种再创造的重构,如果把语文运用和人文关怀视为表现个性和独特性的一种创作,那么学生对文本的解读就必然会绽放创新的智慧之花。如果不断激励这种创新行为,就可以使之积淀为学生的人文内涵。

三 案例分析及教学建议

我们常常看到一些"表演"的公开课,其原因就在于教师忽视了学生语文学习的"多元"表现和创造特征。营建自由和谐的课堂氛围,善待课堂上"插嘴"的学生,设计开放问题等措施,可以帮助教师改善语文教学效果。教学案例"花儿为什么会开",那些"插嘴"的学生的答案远超标准答案,教师似乎在不经意间便播撒下了学生创新思维的种子。教学案例"长城",教师设计了一个开放问题,开启了学生的创造想象力。

设计案例教学建议

▶▶ 第二节 语文课程学习具有言语实践特征

语文课程学习的言语实践特征包含两层意思:第一,语文课程要培养的是言语实践能力;第二,培养言语实践能力的基本途径是言语实践。从语言的本质作用来看,语言是人们交际和交流思想的工具。学校语文教育,就是让学生掌握和使用语言这一重要工具,在实践生活中学会学习、学会生存、学会发展。从语言的心理特点来看,语言是进行思维的工具,语言必须通过言语活动才能发挥它的交际、工具作用。从语言的基础作用来看,语言是学习知识和增长才干的工具,不管是知识的建构还是能力的提高,都是在分析问题和解决问题的实践中不断进行的。

▶ 语文课程学习言语实践的重要地位

突出语文课程学习言语实践的重要地位,不但有利于语文课程学习与生活中的沟通,有利于学生以自己的经验和体验为基础去建构语文的意义,还有利于学生在真实任务情境中培养分析问题和解决问题的能力。

第一,语文素养不能"教授",只能"建构"。语文素养是一个动态实施的过程,是一个逐渐养成和持续作用的过程,语文素养诸要素的形成都不是一蹴而就的,需要有一个逐渐培育、逐渐养成的过程。当代建构主义也认为素养之类的内在品质及其发展,只能在人与人的交往对话(即社会性相互作用)中,通过经验共享和经验改组,在主体积极的意义建构(顺应和同化)中才能获得。对语文素养而言,言语实践为其形成和发展提供了与现实生活、与他人交往对话的情境,让学生在实践中积累经验和体验,提高其在真实环境下解决问题的能力。可以说,没有言语实践就没有语文课程学习,就不能形成和发展学生的语文素养。

第二,从语文课程实施的途径和策略来讲,加强语文言语实践,意义更为重要。著名心理学家皮亚杰将活动分为"经验-操作"和"语言-逻辑运算",认为意识、交往、语言统一于活动,是活动的不同侧面。学生无论是参与交往、操作或者"言说"的活动,他们的意识、思维、情感态度、言语行为都将全面"介入",而只有在社会性交互作用的情境里,在听说读写言语实践活动中,学生的能力才能发展。在语文课程标准中,还特别提出"综合性学习"这种新的学习方式。这种学习方式有利于学生在实践中学语文,在实践中运用语文;有利于学生个性的张扬;有利于加强语文课程与学生生活的联系,与社会生活的联系。这种开放的学习方式,能更好地发挥学生的创造才能。可见,加强语文的实践性,对语文课程学习至关重要。

第三,从母语学习的特点来讲,也应把语文课程的言语实践性放在重要的位置。语文课程标准提出,语文课程是母语课程,学习资源和实践机会无处不在、无时不有。母语这一学习资源使语文实践占有"时空"之利,学生完全可以融合"语文学习"和"语文习得",在反复的言语实践中获得语言材料,语言经验越丰富,理解语言和运用语言的能力也就越强。从母语学习的情况看,言语实践比语言知识的学习更为重要。

第四,从汉语言文字特点出发,"在教学中尤其要重视培养良好的语感和整体把握的能力"。基本的言语能力表现为语感,所以语感的生成是语文素质教育的核心。语感的主要特征是直觉的自动化,就是能在不知不觉之中进行活动。要达到如此熟练的程度,就要增加语言的积累,就要更多地直接接触语文材料,丰富语文的实践经验。语言积累是基础,语感领悟是中介,语感积淀是归宿。这里语言积累也好,语言感悟也好,语感的积淀也好,都离不开大量的语言实践行为。

因此,无论是语文学科的性质特点、语文课程的目标、汉语言文字的特点,实施语文教育的途径和策略,还是学生学习语文的规律,语文课程都离不开语文的实践活动。言语实践是语文课程的本质特征,也是落实语文教育的根本途径。

二、注重语文教学中学生言语实践能力的培养

语文课程的主要任务是"培养学生的言语实践能力"。语文教育的根本任务就是培养学生对话语、文章的传达与接收,"言"与"意"的内化与外化的能力,也就是听、读、说、写的能力。培养语文能力的根本途径也是实践。语文能力的形成有两种途径:一是"习得",一是"学得"。无论"习得"还是"学得",都是一个将外在语言转化为自己的语言的内化生成过程,都需要经历实践的历练。学习语文的最终目的是能运用语文在日常生活和社会交往中解决实际问题。要把围着考试指挥棒转的应试型、习题化的作业,改造成从生活实际需要出发的实用型、活化的作业。课外要帮助学生开展丰富多彩的语文活动,充分利用学校、家庭和社区等教育资源,拓宽语文学习和运用的领域,让他们将课内学到的语文知识与能力不停地投入生活,通过实际运用,不断淬炼提高。

这就要求语文教师转变教学观念,树立突出实践能力的语文能力观,树立大语文教育观,引导学生向生活学习语文,向社会学习语文。语文教师不再只是语文知识的传授者和管理者,而是学生语文能力培养的促进者和引导者;不再是课堂的主宰者和领导者,而是平等的交流者和互动的合作者;不再是呆板的经验者,而是教学的创新者。教师自身还应该是学习语文的积极实践者。在课堂上,教师退出教学主体地位,这并不意味着教师责任的减轻,恰恰相反,教师的责任更重了,因为教师还有一个点拨和引导学生实践的任务。这是一项非常关键

的工作,如果点拨不到位,就会给学生的实践带来方向性的错误;如果点拨不及时,就会错过学生的"最近发展区",失去启发学生创新的最佳时机。因此,要想使自己的引导及时而到位,教师自己要先行一步,积极参加语文学习的实践,在教学实践中不断学习,不断提高自己的语文素养和综合能力,以满足和适应自我发展和学生发展的需要。

▶▶ 第三节　语文课程学习具有感悟与体验特征

语文课程标准指出,语文课程还应考虑汉语言文字的特点对识字写字、阅读、写作、口语交际和学生思维发展等方面的影响,在教学中尤其要重视培养良好的语感和整体把握的能力。这从汉语言文字本身所具有的特点的角度强调了语文教育的感悟性和整体性特点。汉语言文字最大的特点是形、音、义三者浑然一体,词汇非常丰富,而且许多词语意蕴浑厚、形象感强。汉语言文字的这个特点决定了语文教育和语文课程学习应该而且必须注重整体感知和整体把握。

▶ 一　"整体感知(把握)"的含义

"整体感知"和"整体把握"关注的重点是阅读的"整"。可以从以下几方面来理解:

(1)学习语文要从相对宏观的角度理解和把握语文材料,即主要着眼于立意、情感、价值取向、动机等大的方面,不能只着眼于只言片语,过分地强调遣词造句,特别是对高年级的学生和文学性较强的课文。

(2)要全面而完整地把握语文材料所包含的内涵。语文是一门综合性学科,语文教材的内容往往是多元的。在教学过程中,不能只抽取语文方面的内容,而回避或拒绝其他内容,尤其是与语文学科交叉的其他人文科学方面的内容,诸如历史学、美学、逻辑学、心理学、音乐和美术等。

(3)在阅读教学层面,"整体感知(把握)",实际上是教师如何使课堂教学情景中的学生在阅读中进入"整体感知",并达到"整体感知"的目的。从方法论上讲,具体的"整体感知(把握)"方法,是个案问题,应根据不同的教学内容进行最优的选择。例如,诵读法、情景教学法、思路教学法和多媒体辅助教学法等,它们在不同的文体教学中有各自的优势和不足,教师不能千篇一律地套用,而应适时选用。

(4)对学生语文能力的评价要有全面和发展的观点。语文能力除基本技能以外,还有更高层次的能力,比如对文学的敏感性、对情感体验的独特性、对语文材料和事实材料认识的新颖性及想象的丰富性等。这些都应该包含在语文能力的范畴之中,不能因为出现了一些错别字或病句,或者某一方面比较薄弱就完全否定学生的整体语文能力。

语文教育整体感知(把握)的特点是由学科内容的形象性和丰富性决定的,语文课程学习主要是从感悟性和体验性来体现这个特点的,这就要求在教学过程中,教师要注重培养学生的语感,尊重学生的独特体验,在对话与交流中提高学生的感悟能力。

二　重视语感培养,倡导"感受性阅读",培养学生的感悟能力

当前,我们的语文教学较为突出的弊端是重分析,轻诵读;重理性,轻感悟;重知识,轻情感体验。然而,语文教学一旦缺乏对语言运用经验的感悟,缺乏深刻的情感体验,就难以全面提高学生的语文素养。语言是思想和情感的载体,凝聚着丰厚的人文精神,它使人物形象生动,使中心思想得到升华。教学应引导学生通过对文本反复地诵读,培养语感,在诵读中感受和欣赏各式各样的情感,从而逐步受到人文思想的浸润。

要提高学生对语言感知能力的敏锐度,需要在语文课程学习中不断培养学生的感悟能力。语文学习是以感知形象为主要内容的。学习主体的亲身感悟、积累是语文学习的根本要求。只有亲身经历和体验,丰富情感生活,才能使语文学习变得生动活泼,而教师可以很好地利用文本材料,创设种种情境与机会,鼓励学生探索、实践,寻找知识、情感与个体心灵的契合点,将生活与生命融入课堂,让学生在探索、实践中不断丰富精神生活,感悟生命活力,寻求对自然、社会的共鸣。文本材料中的名篇佳作无一不是作者情感和智慧的结晶,学生可从中深刻感悟生活中的真善美。例如,读《背影》,则感受到父爱的浓郁和深厚;读《米洛斯的维纳斯》,则感受到美的朦胧与神秘;读《我与地坛》,则感受到对生命的执着与热爱。另外,语文学习有其本身的内在规律,没有亲身揣摩、体味,就很难触发生活的感悟和心灵的交流。用语文点点滴滴的美去感染自己,学会用一颗爱心去关心别人,用一份责任来审视自己,我们的精神定会因为善于感悟而变得更加丰富和美丽。

语文课程标准指出,阅读教学是学生、教师、文本之间对话的过程。这一理念包含两层含义:阅读是读者与文本作者间对话的过程;教学是教师与学生以及学生与学生之间对话的过程。在此基础上,有人提出了"感受性阅读"取向。我们认为"感受性阅读"对于提高学生感悟能力有着积极的作用。

作为对课程标准这一理念的延伸,"感受性阅读"混合了"阅读对话"和"教学对话"两个命题。不管是接受美学理论还是西方阐释学理论,都确认了读者与文本(作者)之间双向、互动、互为依存的关系。也就是说,阅读是一个读者与文本相互作用、建构意义的动态过程。在"阅读对话"中强调的是读者与文本之间的交流和沟通,突出的是读者阅读的主体地位。文学作品的意义不再只是作者创作的意义,而是学生直接面对作品,用他们的眼睛去触及作品,用他们的心去感悟作品,在阅读中学习阅读,在阅读中建构文本的意义。学生"具有独立阅读能力","不应以教师的分析来代替学生的阅读实践"。这就导致在"教学对话"中,教师主讲、学生"倾听"的教学形式被完全颠覆,师生一起站在"文本"面前解读、交流、建构意义,学生与文本、学生与教师、学生与学生之间的对话构成了一个多维、立体的阅读空间。在这个空间里,学生可以利用教师、同学的不同体验和感受积极建构自己的文本意义,既有利于课堂资源的充分共享,又有利于学生多元智力的培养。

虽然"感受性阅读"重视学生的阅读主体地位,强调学生阅读的自主性和独立性,尊重学生的独特感受和体验,反对教师的"权威地位",反对以教师的理解代替学生的思维,但是它不是放任学生大讲"个人的理解"而忽略"阅读对话"另一主体——文本,不是简单地废除教师的

"讲"而换成学生的"说"，教师也不是甘当学生的"伙伴"而忘记自己教师的专业角色。在"感受性阅读"中，教师不仅是课堂阅读活动的组织者、学生阅读的促进者，也是阅读中的对话者之一。一般来说，教师作为文本与学生的中介，他的思想深度、文化水准、人生经验、审美水平要高于学生，他可以起到向导的作用，但绝不能取代学生在阅读中的主体地位。过去流行一种"谈话法"教学，是先由教师预设好结论，然后千方百计引导学生猜测，这其实仍是一方强行灌输、一方消极接受的方式，与阅读作为一种对话的本质背道而驰。此外，课堂阅读教学在一个集体中实施，与完全个人化的阅读不同，这里还有学生与学生之间的对话，因此营造良好的课堂氛围也十分重要。在一个刻板呆滞的课堂氛围中，富有活力和创意的对话是难以实现的。轻松、活跃、和谐的环境气氛，才有利于激活学生的思维和想象力。

三　体验与感悟的语文课程

语文课程丰富的人文内涵对人们精神领域的影响是深广的。因此，应该重视语文的熏陶感染作用，注重教学内容的价值取向，同时也应尊重学生在学习过程中的独特体验。在整个课程标准里，从教学理念、教学目标、教学过程、教学建议到教学评价，都提出了教学中要注重、珍视学生的"体验"，表明"体验"是语文课程改革中阅读教学必须关注的一个焦点，阅读课必须注重让学生体验课文。

长期以来，我们的语文教学在总体上缺少学生个体的自我体验，缺少对学生自我体验和独特见解的尊重。这反映出课程观没有落实以人的发展为本位。那么什么是体验？体验具有两个明显的特征：一是亲历性；二是实践性。重视学生在语文课程中的体验是对语文课程具有的人文性、实践性特点和新主体性教育观的确立，是在片面强调工具理性，忽视学生主体感受、主动实践的背景之下的一种明智抉择。

阅读的本质虽有多种说法，但归根结底是阅读主体生活体验的体现。生活体验越多，对阅读的理解就越深。任何文章都是作者在某个方面生活体验的表述，诉诸文字，抒发的是作者对人生与世界的看法。阅读要提取读物的意义，读者必须有所支付，支付自己的经验、阅历、情感和态度，因此阅读就是生活体验的汇兑。如果不带着体验去阅读文章，就会像曹雪芹所担心的那样："满纸荒唐言，一把辛酸泪！都云作者痴，谁解其中味？"读者的体验越多，对文章的理解就越深。

语文教科书是由一篇篇独立的文章组成的，文章是以符号性的抽象的语言文字来反映作者彼时彼地的生活，与绘画、摄影、雕塑、建筑、电影、电视、舞蹈等艺术门类比较起来，它是语言的艺术，具有独特的观念性、间接性、想象性和超越时空的自由性。因而只能通过语言符号的解码，用体验去还原语言文字所反映的生活，拉近读者与作者的距离，理解文章的种种意义。事实上，读者不是以空白的头脑去阅读，而是带着自己的经验、积累，与文章进行交流，阅读的过程就是与文章、作者对话的过程。且作者的表情达意是在特定环境中感物触怀的某种体验，读者只有用自己的体验去触摸作者的体验，才能去掉隔膜，较为准确地理解文章的意义。

（一）尊重体验的主体，在课堂中体验

语文课程标准指出，学生是语文学习的主人。课堂上，他们可以质疑问难，可以用自己喜欢的方式学习，做他们愿意尝试的实验等。在学习化的社会中，以人为本的教学活动的重心在于"学习"，而不是传统意义的"接受"，人不再是纯粹的教育客体，而是学习的主人。因而我们要充分相信学生、尊重学生，营造出足够宽广的空间，让学生"自由"地翱翔。要多给学生一些时间，让他们自己去安排；要多给学生一些问题，让他们去探索；要多给学生一些权利，让他们自己去选择……在《学会合作》一文的教学中，学生读过课文后，老师没有急着去讲解，而是问问他们读懂了什么？还想知道些什么？在讲解如何进行合作时，为让学生感受阅读的兴趣，教师对学生提问：你认为怎样进行卓有成效的合作？通过对这部分内容的重组，学生在读、想、问、说的过程中，产生阅读的兴趣，主动参与，体验到一种自主学习的喜悦。这样，营造出一种平等、和谐、轻松的学习氛围，学生的个性得到张扬，课堂也会充满生命的活力。

（二）拓展体验的情境，在生活中体验

语文课程标准指出，语文课程应植根于现实。长期以来，语文教学受"应试"的束缚，教学内容局限于书本、课堂，没有融进鲜活、丰富的社会生活，造成教学内容单调、乏味，学生也失去体验的情境和乐趣。

在新课改中，教师的主要任务就是创设适合学生学习课文所需要的情境，变课文的此情此境为现实学习的"我情我境"，让学生置身于具体的情境中去学习，触发包括情感、道德感、理智感、美感、语感等在内的种种体验。只有在特定的课文情境中去切实地体验，才能有所感悟，进而理解课文。例如，有位教师教海伦·凯勒《我的老师》一文时，创设了这样的情境：要求学生闭上眼睛，什么也看不到；用手堵住两耳，什么声音也听不到；闭上嘴，不能发出任何声响。时间长达2分钟，然后让学生谈体验。学生纷纷发言，有的说，"我快晕了，憋得我好难受，我好像脱离了地球，真可怕！"有的说，"我快要崩溃了，真想大哭一场，真压抑！这样活着还不如死了好呢！"有的说，"这种在黑暗中生存的滋味以前从未体验过，怎么这么难受，真想大喊大叫发泄一下。"学生在体验中感受到了瞎、聋、哑的痛苦，对海伦·凯勒集瞎、聋、哑于一身，坚持学习，终成世界著名的教育家和作家，以及安妮·莎利文老师对海伦·凯勒成功的教育，分外崇敬。于是，自然激起学生的崇敬感、仰慕感，为课文的学习打下了良好的基础。此外，还可创设认知情境、思辨情境、想象情境等，使学生的思维走向具体，走向灵活，走向创造。

另外，还可以在"大语文"教育观念下，以课堂教学为轴心，向学生生活的各个领域开拓延展，全方位地把学生的语文学习同他们的学校生活、家庭生活和社会生活有机结合起来。也就是说，语文就是生活，老师不止一个。这就要做到语文生活化（例如，课堂中凭借生活创设问题情境，联系生活实际进行语文实践、思考感悟等）和生活语文化（例如，在看电视、看报纸、听广播、阅读产品说明时学用语文，在办文学社、出黑板报、参加演讲比赛、读书时学用语文，在社会调查、参观访问、社区服务时学用语文，等等）。让学生向生活学习，在生活中学习，从而体验到生活的乐趣。

（三）创设体验的方式，在活动中体验

在语文实践活动中，要突出学生的主体性和自主地位，尽可能让学生自己去设计活动和组织活动，自己去评价活动效果。例如，在阅读实践类活动中，可以让学生自己阅读报刊搜集资料、阅读名篇摘录名句、交流读书心得，组织读书报告会、古诗文背诵比赛等；口语交际类活动中，可以让学生自己组织模拟新闻发布会、热门话题讨论会、故事会、专题辩论会、即兴对话表演、生活见闻交流等；听说训练类活动中，可以让学生自己组织听故事后复述、听广播后想象作文、听录音辨别正误、听记比赛等；作文类活动中，可以让学生自己组织班级日记接力、故事接龙，展览观察日记，组办小小编辑部、采访广播稿等；游戏表演类活动中，可以让学生自己编演课本剧，组办语文游艺宫、会话表演等；社会实践类活动中，可以让学生自己参观调查、设计广告词、写春联等。

综上所述，语文课程学习具有丰富的人文内涵，有很强的实践性，富有感悟性和体验性。在语文教学和语文学习中，教师和学习者都要认识到语文课程学习的这些特点，改变应试环境下不良的语文教学和学习方式。教师尤其要注重语文学习中学生独特的感悟和体验，为学生的学习提供帮助和向导，全面提高他们的语文素养。

第五章
语文课程美育

◎导读提要◎

　　语文课程美育是语文教学中的审美教育。语文课程美育具有体验性、形象性、情感性、个体性、愉悦性、默化性等特点。语文课程的美育因素包含教材因素和教学因素。实施语文课程美育的方法有文本对话法、表情朗读法、情境体验法、言语体验法。

◎课程思政提要◎

　　1.感悟和传承中华优秀传统文化，体会艺术美、意境美等，增强文化自信。
　　2.以"美"养"美"，挖掘"榜样美""人情美""心灵美"等品质，涵养学生"真善美"的优秀品质。

▶▶ 第一节　语文课程美育简介

　　美育是施教者以培养受教者的美感与全面发展为目的而采取的教育活动，它以情感体验活动为本体，通过审美媒介，在情感活动的理解、体验、感悟、思辨中提升审美境界，从而实现情感升华、精神陶冶和生命内化。

　　语文课程美育，即语文教学中的审美教育，指语文教育主体在语文教育的实施过程中，通过发掘语文教育媒介与师生双方的审美因素，在言语实践的情感活动中感受、体验、感悟、思辨美，受到美的熏陶和情感的启迪，从而实现人格的完善与全面发展。

▶ 语文课程的美育特征

(一)体验性

　　"体验"一词，指"亲自处于某种环境而产生认识"，在《现代汉语词典》中解释为"通过实践来认识周围的事物;亲身经历";在心理学中作为重要概念,通常表示人们在经验获得及行为变化过程中的心理感受、情感体验、认知顿悟、反省内化等心理活动。我国一些教育专家认为:体验是以亲身经历、实践活动为基础,又是对经历、实践和感受、认知与经验的升华,这种升华是对感受的再感受,对认知的再认知,对经验的再经验。可见,体验既有审美情感的刻骨铭心,又是一个渐进的过程。

(二)形象性

美育是形象可感的,它总是通过美好事物的具体鲜明形象来感染人,引起人的美感。语文美育之所以具有形象性的特点,源于美育对象和美育方法的形象性。以语文教材为例,一篇篇优美的文章无不由鲜活的人物、事物、景物组成。它们的美正是以形象为依托呈现出来的,从而使美成为具体的、可感的。与此同时,语文美育的各种方法,如创设情境、经验再现、体验感悟等,无不具有强烈的形象性。这对于培养学生的审美感知、想象、鉴赏、形象思维等能力具有很大的作用。

(三)情感性

从本质上说,审美教育是一种审美情感教育活动。审美教育的整个过程自始至终都有着强烈的情感色彩。这是因为在语文美育活动中,学生、老师、教材、环境这些因素本身都包含着情感因素,它们在教育活动中,相互影响、相互作用,使学生体验态度,从而产生情感——语文美育活动中最强烈的心理因素。情感性使语文美育活动成为巨大的情感场,成为审美情感的源点。

(四)个体性

个体性是针对不同学生的特点而预设的。共性和个性体现了统一性和多样性的辩证关系。语文美育培养的不是一个"模子"的学生,在大力倡导注重个性培养的新课程理念下,为了有效地实现共性与个性的结合,在进行审美教育时,无论是目标的设计,还是教学活动的开展及教学方法的采用,都要注重个体性,从而极大地发展学生的个性。

(五)愉悦性

美的事物总是让人赏心悦目,产生愉悦的情感体验。语文美育可谓集美的内容与美的形式于一身。教材的美、教学过程的美、教师的美、学生的美,通过音乐、绘画等艺术手段在和谐的氛围中呈现,其乐融融。

(六)默化性

语文美育的默化性包含两层含义:一层表现为渗透性。语文美育重视熏陶感染作用,塑造学生的灵魂,纯化学生的感情,主要不能靠说服,而要靠感染;不能靠讲理,而要靠熏陶;不能靠灌输,而要靠潜移默化。知、情、意在"润物细无声"中点点滴滴地浸润学生的心灵,使其在生命、人格、个性、情感、才智等方面得到提升。另一层表现为语文美育结果的内隐性。众所周知,语文美育无论是作为语文教育的手段,还是作为语文教育的目标,其对学生产生的影响都是内隐的,具有模糊性,无法进行精确的测量,也就是所谓的默化。

二、语文教材的美育因素

语文是一门人文性很强的学科课程,饱含着丰富的思想文化内涵,凝结着文化的结晶。语文教材范文的一个重要意义和价值在于通过阅读、鉴赏文本,使学生充分体验蕴含于其中的美和丰富的情感,为文章所表达的真、善、美的理想境界所吸引、陶醉,与之产生强烈的情感共鸣,从而在潜移默化中提升生命的本质,展现生命的价值。

对于语文教材中丰富的美育因素,可以从不同角度进行分类。

(1)从美的形态分析语文教材中的美育因素,分为自然美、社会美、艺术美等。

(2)从美的范畴分析语文教材中的美育因素,分为优美、崇高、悲剧、喜剧等。

(3)从美的风格分析语文教材中的美育因素,分为淡雅、朴素、典雅、豪放、婉约、和谐、含蓄等。

(4)从美的显现形式分析语文教材中的美育因素,可分为显性美、隐性美、中性美、悟性美。

本章侧重于从美的内涵的角度对语文教材中的美育因素进行归纳,可从感知形象美、体会意境美、揣摩构思美、品味语言美几个方面发掘语文美育因素。

(一)美的形象

语文教学中的美育主要诉诸形象,因而要力求借助形象来唤起学生的美感,去感知美、理解美、体验美、鉴赏美。无论是美的制造者还是美的欣赏者都离不开形象。美育的这个特点是与美本身的特点相联系的,因为美好的事物都具有具体可感性。人们在欣赏美的时候都是以其鲜明生动的形象诉诸人的感官,影响人的思想感情的。因此,在教学中要力求准确地理解作品的内涵,把握住作者情感跳动的脉搏,并把作者创作时那种激奋的情感表现出来,使学生感受到课文中表现出的丰富、优美的情感,产生思想感情上的共鸣,从而理解课文的美,获得启迪和教益。

1.自然形象之美

语文教材中有不少关于自然景物的生动描绘,向我们展现了一幅幅五彩缤纷的美丽画卷。纵观语文教材中旖旎动人、美不胜收的自然形象,山可谓千姿百态,水又是各具风姿,至于树木、草原、日月、风云等也是卓绝动人。它们或奇特,或雄壮,或俊秀,或伟丽,或妖娆,或绚烂,或清纯。这些无一不是作者在对大自然景物产生独特感受后,用绮丽秀美的文字、逼真形象的描绘,向读者展示的一幅又一幅绚丽的画卷,字里行间倾注了作者热爱祖国、热爱生活的真挚感情。同时,我们应该注意到:进入教材的自然形象并非现实的形态,而是经过了作家的审美创造,显得更加精致、细腻、完美,更富有感染力。

除了自然景观,语文教材中还包含大量具有精神美、品格美的动植物形象。例如,《白蝴蝶之恋》中战胜死亡的小蝴蝶,《斑羚飞渡》中为了种群的延续而牺牲自己的老斑羚,《鹤群翔空》中互相救助、互相保护的鹤群:这些都是美的化身。《敬畏生命》中的湖边树对生命的那种豪华的、奢侈的、不计成本的投资,使人诧异和震撼;《紫藤萝瀑布》里的紫藤萝在遇到各种不幸后,仍然保持生命的尊严与蓬勃:这些植物形象,都能给人以强烈的美感。

2.人物形象之美

人物形象之美又可进一步分为人体美、服饰美、语言美、行为美、才能美、性格美和心灵美等方面。心灵美作为人物美的高级范畴,是美育中最重要的内容,往往通过语言和行为得以展现。相比较而言,人物的形象美,更能拨动学生的心弦。语文教材中塑造的人物形象美俯拾即是:《散步》中的三代人,《背影》中的父亲,《从百草园到三味书屋》中的长妈妈,《最后一课》中的小弗郎士和韩麦尔先生……人物形象美,能触发学生审美情趣的共振。在语文教材中,大量的人物形象,表现了一种永恒的人性魅力,值得玩味。

(二)美的意境

作品的意境,是指作者的思想、感情和描写对象融为一体而产生的一种艺术境界。它不只是自然状态的景物,更是作者的思想、感情与客观景象交融所形成的结晶。意境能够使读者通过作品中有限的形象捕捉和领会到某种深远的东西,从而获得美感,也就是说能以少胜多,由此及彼,言有尽而意无穷。

文学作品中的意境,不仅有鲜明的艺术形象,发人深思的思想,而且有令人激奋的感情。例如,王之涣的《登鹳雀楼》一诗,以饱满的激情勾勒出一幅祖国壮丽河山的自然图画。画面上有如玉盘的白日,有绵亘千里的中条山,有滔滔东去的黄河,有想象中浩瀚无际的大海,又有面山临水、引颈远眺、游兴未尽的诗人形象。从诗中,人们感受到诗人对祖国山河的热爱。尤其动人的是,诗人由东去的河水想到了它的归宿,想到了大海,凭借经验,引出了"欲穷千里目,更上一层楼"这样的至理名言,激励人们登高望远、昂扬向上。讲读这首诗,首先应调动各种手段,创造一种与诗歌画面、情调相适应的课堂气氛,然后用生动贴切的语言展示诗人所描绘的形象与画面,启发学生利用熟知的事物、已有的知识,沿着诗人感情发展的线索,展开丰富的联想,从而领会丰富的内容与深刻的含义,进入诗的意境,最后统揽全诗,对其思想意义与艺术手法作出恰当的评价。这样,学生不仅看得见这令人心旷神怡的画面,感受得到诗人对祖国河山的饱满激情,而且能被诗中所表达的哲理所激励。如此,此诗的美育作用便可想而知了。

(三)美的构思

优秀作品的构思往往别具一格。作家通过多方面的精心设计,使作品描写的形象栩栩如生,结构跌宕起伏,语言委婉动人,风格清新隽永。有的运用点睛之笔,一笔得意;有的意在言外,蕴藉深厚。古人云:"文似看山不喜平"。语文教材中不少文章力避平直,以其巧妙的构思给人以美感,或先抑后扬,欲扬故抑;或起伏多变,斗折弯转,曲径通幽。例如,杨朔的《茶花赋》,意在表现作者思念祖国、赞颂祖国之情,然而,他却以清新明丽的笔调赞美茶花,赞美园丁,产生了象征祖国的构思,行文曲折、自然。通过阅读,我们发现作者是成竹在胸,在引导读者欣赏胜景之时,使读者感受到文中蕴含的深情。教学时应引导学生心驰神往,鉴赏这种构思的艺术之美,体会作家的匠心独运。

1.结构的整体美

结构是文章内容的组织形式和构造方式,是文章美的"骨架",它依据作者的表意和审美目的对材料进行有机的组合编排,反映客观事物的内在联系。结构要求均衡、对称、和谐、统一。文章各部分只有按照形式美的法则和谐匀称地组合在一起,达到目的性与规律性的统一,才能使文章的思想感情得到充分的表达。例如,茅盾的《白杨礼赞》,其结构布局如同一幅层次清晰的风景画。开篇一个峻拔有力的赞美句独立成段,如同风景画一眼可感的基调,接下来描绘的黄土高原是风景画的背景,挺拔向上的白杨树是风景画的主体。背景渲染得越鲜明,主体刻画得越细致,画的主题就越突出。

2.内容的章法美

文意是指作品行文的意思,文意的章法包括行文的承接和转换。文意的章法美在《范进中举》一文中体现得尤为明显。范进中举后在家应酬,由于张乡绅来访,便截住了范进应酬乡邻的情节发展,而转向范进与张乡绅的攀谈和张乡绅送银赠房的情节,采用的是转换方法中的截法。这种方法是指在叙述一件事的过程中,由于其他因素的介入,情节发展到别的事情上去。这种方法可以使情节发生变化,产生新的情节,丰富作品的思想内容。

3.布局的技巧美

优美的篇章都很讲究精美的结构布局。例如,朱自清的写景散文《春》,描绘了春回大地、春草柔绿、春花迷人、春风动人、春雨喜人、景色宜人等一系列画面,描写之中蕴含作者的喜爱之情。这里采用的是以作者情思为脉络的结构方法,即意脉法;而《背影》中选取父亲一生中的几个生活片段,却又把聚光点放在父亲的背影上,使用的是聚焦法,这些方法都表现了布局的技巧美。

语文教材中的构思美当然不止这些,那些优秀的作品,或用对比手法,或用象征手法,或以小见大,或由生活现象生发开去,等等,都能做到构思巧妙、独具匠心,具有很高的审美价值。

(四)美的语言

具有艺术美的语言是作者凝练的、融情的,经过加工的主客观有机统一的艺术精品。这种语言不仅散发着种种情味,而且描绘出众多的审美意象,具有极强的韵律感。语文课本中的文章皆是语言美的典范,主要体现在语言的风格美、含蓄美、音乐美等方面。

举凡写人、叙事、写景、状物,无论诗歌、散文、说明文、议论文,无一不以其独特的美的语言而征服读者。人物形象美也好,自然景物美也罢,都是由语言来表述的,遣词造句精当,修辞手法恰当,本身就是一种美。美的语言表现风格多样,或凝练,或形象,或优雅,或豪迈,或讽刺,或幽默,声情并茂,变化万千。无论何种风格,都能让学生在阅读欣赏的过程中感知美、感受美,受到美的熏陶和感染!《荷塘月色》自然新颖的语言让人如醉如痴;《背影》朴实无华的语言令我们对父亲肃然起敬;《祖国啊,我亲爱的祖国》隽永的语言让我们对祖国的热爱之情油然而生;纪伯伦的说理散文又以其富于哲理的话语激活我们理性的思考。诸如此类的例子,都通过独具魅力的语言来表现意境的优美、父爱的深沉、爱国情感的真挚和理性美。

三 语文教学过程的美育因素

语文教学过程是一个综合性、动态性、生成性的过程,是一片洋溢着美的天地:教学结构的统一、和谐、变化之美;教学方法的多样、灵活、生动、形象之美;教学氛围的和谐、民主、快乐、对话之美;教学双主体的形象、行为、智慧、想象、语言、情感之美。以下简略介绍教学结构与教学方法之美。

(一)教学结构美

语文课堂教学结构如同音乐中的七个基本音符,七个音符不同的排列组合,会形成在情调、风格等方面千差万别的音乐乐曲。语文课堂教学结构的美是统一、和谐而又变化的。一堂课在教学结构上要做到详与略、深与浅、密与疏、浓与淡、断与续、展与收等方面的恰切配合,使之在大密度的讲授、议论、练习之后,在浓烈的感情抒发和理论性的阐述之后,有着小的舒疏和淡化。教师要控制好课堂教学时间,抓住重点,发挥课堂教学机智,适时调节教学内容,变换教法,使学生学得轻松愉快,显示出教学活动的节奏美。

一堂课的教学结构美体现在教学全过程中。教学内容的详略得当、重难点突出,教学环节衔接自然、起伏和谐及精湛的语言,都会令学生或流连忘返,或遐想联翩,或如沐春风,或如临大海。因此,课堂结构上的开收、疏密、浓淡、断续的和谐配合,可以使整个教学过程呈现出一种波澜起伏、婀娜多姿的曲线美,使学生乐而忘返。

(二)教学方法美

语文教学中的教学方法是多种多样的,对于教学方法的选择要考虑教学目的、学生特点和教材特点,要使学生获得知识、技能,更主要的是能引发他们探索求知,受到美的熏陶与感染,激发创造的欲望。

语文教学中的诸多方法,如美读法、提纲法、评点法、比较阅读法、情境教学法、体验法、感悟法、对话法、讨论法等,无一不生动、形象,开启学生心灵之窗,使其在情绪勃发中,享受美感,怡情养性,活跃思维、记忆、想象诸功能。美读法化无声为有声,能够唤起学生内心视像,使学生领会文章的气势和情意,反复朗读可以使学生的情感和文章表现的意境浑然一体,让学生进入情境,产生共鸣,受到感染,怡情养性。提纲法可以使学生将感性的获得加以理论化,具有一种概括抽象的美。评点法是我国语文教学的一种传统教学方法,是欣赏评价文章的一种方式,在评点之中,可以领会作者的审美观念、审美情趣和审美理想,提高审美的感知、判断、鉴别能力,审美教育自然而然蕴含其中。

▶▶ 第二节　语文课程美育实施与评价

◤ 一、语文课程美育实施方法

(一)文本对话法

语文美育是一个对话的过程。它由多个对话者(教师、学生、课文等)的多重对话(教师和学生之间、学生和课文之间、学生和教材编写者之间、学生和学生之间、教师和课文之间、教师和教材编写者之间的对话)相互交织而成。多个对话者、多重对话之间相互碰撞、相互推动、相互补充、相互促进,不断进入新的精神境界。

在对话过程中,要重视学生独特的理解、感悟,这是他的生命活动、精神追求。师生应该凭借自己的生活阅历和社会经验去感悟文本,学生在教师的参与引导下、在与教师对话的过程中超越自我认识的局限。对话是生命的创造过程,在对话的过程中,不仅学生,教师也能体验到生命的美感带来的愉悦,感受生命、体验生命,最终提升生命的价值。这样的对话不仅使教育充满着流动的变化美,而且由于师生的视界从外部转向内在、转向双边的心灵互动,感悟得以在更高层面实现。

(二)表情朗读法

语文课程标准强调,"阅读是学生的个性化行为。阅读教学应引导学生钻研文本,在主动积极的思维和情感活动中,加深理解和体验,有所感悟和思考,受到情感熏陶,获得思想启迪,享受审美乐趣","有些诗文应要求学生诵读,以有利于丰富积累、增强体验、培养语感"。这就是说,要真正领悟文本,关键性的方法在于朗读,特别是有表情地朗读,是获得文章美感的重要途径。在教学中,可以引导学生通过表情朗读课文,感受作者遣词造句的准确、鲜明、简练、生动、形象,进而掌握语言的结构美、色彩美、音韵美、节奏美等。

在朗读的过程中,要求学生联系自己的生活经验和阅读经验,用心灵去感受、体验作品中的人、情、理,把表情朗读的过程当成自己生命体验的过程,在朗读中真正融入作者的感情世界,与作者进行心灵的沟通,进行情感的碰撞,进行生命的对话。这样的情感体验与审美体验是自主的、独立的、独特的、个性化的,更是创造性的。

(三)情境体验法

阅读文本,通常能激发学生获得审美期待。要将这种内在的审美期待外化为审美体验,需要教师为学生创设一定的与文本相关的情境。这样,师生双方在情境中获得情感上的共鸣,从而进入作品的审美世界,产生心灵的顿悟。

要创设情境,需要教师联系文章背景,从语言入手,抓住作者倾注思想感情的传神之笔,通过对环境和人物的肖像、言行、心理活动等具体描写的分析,把完整的人物形象、优美的意境再现出来。这样,学生便可进入作者写作的情境中,体会到深寓其中的情感,从而忘掉"自我",与作者产生感情共鸣——高兴时心旷神怡,激动时意气昂扬,悲痛时潸然泪下,进而欣赏美,鉴别美,受到情感陶冶。最后再从语言与内容的结合上,体会语言运用上的奥妙与匠心,感受语言之美。

(四)言语体验法

语文任何美都是通过语言传达和表现的,任何审美能力都是借助语言的感知、理解培养起来的,因此应从语言入手进行语文美育。言语体验要从文字的形象美、语音的音乐美、词语的丰富美、句式的变化美和语言的总体风格美五个方面进行。当然在具体操作过程中,要从课文的实际出发,有的放矢。

阅读要像吃东西一样,细细咀嚼,把它的滋味辨出来。在教学过程中,教师要引导学生细细品味课文的语言,使学生陶醉在美的享受之中。教学中要抓住某一语言风格的审美价值,让学生感受到这种语言风格的美好,不能因偏爱某一语言风格而放弃对另外的语言风格的审美,更不能因偏爱某一语言风格而盲目地去套用这种风格。

◣二 语文美育评价案例

汪艳波老师设计并实施的语文课程美育评价方案《在散步中感悟生命》,以初中课文《散步》为阅读对象,以学生的阅读表现为评价对象,采用非纸笔测试的方式,实施课文阅读审美体验评价,实现了新课程"以评价促进学生发展"、提升学生"审美创造"核心素养的教学目标。

案例分为四个部分:第一部分,设计评价方案;第二部分,实施评价过程;第三部分,学生作业展示;第四部分,案例评析。

在散步中感悟生命

第六章
中职语文课程

◎**导读提要**◎

　　中职语文作为职业教育的重要组成部分,旨在通过多元化的教学活动,全面提升学生的语言文字运用能力、人文素养及职业沟通能力,为学生未来的职业生涯和终身学习奠定坚实的基础。中等职业学校语文课程有其特殊性和适用性。教材包括基础模块、职业模块、拓展模块。在教学实施过程中应基于学生个性发展和专业特点深入挖掘教材内容,注重基础性与专业性的结合。

◎**课程思政提要**◎

　　1.引导学生提升语文学科核心素养的同时,学习大国工匠精神,以行业榜样为引领,弘扬传承工匠精神。

　　2.注重与专业素养相结合,培养学生爱岗敬业、守正创新的职业精神和劳动精神等。

　　3.在语文综合实践中"习德",学习吃苦耐劳、严谨务实、传承创新等精神品质,并做到知行合一、内化于行,注重德行修养。

▶▶ 第一节　中职语文课程概述

　　在立德树人的大背景下,中职语文课程作为一门基础学科,应在教学中注重有机融入工匠精神、劳模精神、职业道德、劳动精神等教育,涵养创新务实的职业精神,提高就业创业能力和终身发展能力。教学中依据专业特点深挖思政元素,制定思政目标,将教学内容与思政元素有机结合,实现寓思政于课程,实现润物细无声的教育。

一 中职语文课程的特殊性与适用性

(一)学生来源的特殊性

家庭环境特殊性。有关调查与分析显示,中等职业学校学生的家庭环境具有特殊性,具体表现在以下几个方面:一是父母的受教育水平普遍不高,无法对学生的学习进行及时有效的辅导;二是父母的教育观念落后,对学生学习重视程度不够;三是部分学生的父母在学生幼时外出打工,学生由祖辈抚养;四是学生成长的周边环境复杂、喧闹,学习环境不佳。

学习背景特殊性。从中职学校学生入学前的学习背景来看,学生就读的小学与初中的师资力量与教学水平有限。学生的学习能力不足,认知水平多停留在记忆水平、理解水平等较低层级上,只有少数学生的认知水平能达到评价水平、创造水平等较高层级。学生所掌握的知识多属于事实性知识与概念性知识等较低层次的知识。

(二)毕业去向的特殊性

与普通高中学生的毕业去向相比,中等职业学校学生的毕业去向具有特殊性,这种特殊性主要表现在:少部分学生希望能进入高职院校或者大学而选择升学,大部分学生毕业之后选择就业或者创业。中职学校学生的就业率高,且专业对口率高,特别是护理、汽修、旅游等专业的学生多能找到与专业对口的工作。

(三)课程内容的实用性

教学目标的实用性直接决定了中职语文课程内容的实用性。《中等职业学校语文课程标准(2020年版)》强调,中等职业学校语文课程要适应学生就业和创业的需要,指导学生学习必需的语文基础知识,掌握日常生活和职业岗位需要的现代文阅读能力、写作能力、口语交际能力,具有初步的文学作品欣赏能力和浅易文言文阅读能力。以中职写作教学为例,人教版中职语文基础模块下册第四单元的"表达与交流"板块,将"记录"教学作为该单元的应用文写作内容,语文教师设置的教学目标为:运用会议记录的写作格式和记录的技巧,写出一篇完整的会议记录。

二 中职学生的认知特征

(一)自我认知迅速发展

自我认知是个体对自我各方面的认知,包括对自我外在形象、自我在他人眼中的形象、自我学业成绩、自我行为表现等的认知。中职学生基本处于14~18岁年龄段,正是自我认知迅速发展的阶段。自我认知迅速发展在中职学生中有具体的体现,例如,学生特别注意自己的穿着,不喜欢穿校服,喜欢穿体现个性的服装,大多数学生开始关注自己的发型是否新潮,是否吸引他人,此外,还有部分学生突然对自己的学业成绩特别关注,希望能通过自己的努力取得好成绩,赢得他人的赞赏。不管是外在还是内在,学生都希望得到认同,这也是学生自我认知迅速发展的主要表现。

(二)社会认知初步形成

社会认知是主体对客体与客体在社会中的相互关系的认知,包括对人际关系的认知,对自我与社会关系的认知,对自我和他人的社会角色的认知,还有对社会规则的认知。处于青春期的中职学生初步形成了社会认知,由于他们的毕业去向与普通高中学生的毕业去向有显著差别,相较初中和普通高中的学生来说,中职学生的社会认知更强。中职语文教材中,应用型知识较多,这在一定程度上对学生的社会认知形成起到了引导作用。

(三)道德认知起伏不定

道德认知是主体对客体的道德水平、道德映像作出独立判断的能力。随着中职学生的学习面不断扩大,学习知识的不断深入,他们对于自身周围所存在的现象越来越有自己的判断标准,但是由于年龄的限制,学生自我形成的道德判定标准有待商讨,不能作为最终的判断标准。此外,该年龄阶段的中职学生在思想、道德等方面容易受到外界的影响,他们的道德认知是起伏不定的。

▶▶ 第二节 中职语文课程内容

主要介绍中职语文课程的知识框架、知识类型和知识分类以及练习设计。

◢ 一 中职语文课程知识框架

(一)词汇知识

词汇知识是学习语言的基础知识,从构成语言的单位看,词汇知识包括语素、词和熟语,其核心部分是常用的、有活力的词汇。

(二)语法知识

语法知识是组织语言的规则知识。在中职语文中,词、短语、句子、标点符号是语法教学实践的主要内容,是提升学生语言理解与运用能力的重要载体。

(三)修辞知识

修辞知识,就是修饰言论的知识,可以在使用语言的过程中,利用多种语言手段修饰文字词句,运用各种表现方式使语言表达得准确、鲜明而生动有力。中职语文教学中重点介绍常用的修辞手段、方法,加强范例的分析,提高对汉语修辞的鉴赏以及运用能力。

(四)口语交际知识

口语交际知识,是听话、说话能力在实际交往情境中的应用,听和说是口语交际的重要组成部分,但不能把口语交际简单地等同于听话、说话,它包括交际过程中分析、综合、判断、推理、概括、归纳等思维能力,分析问题和解决问题的能力,实际操作能力,创造能力等。

(五)文学文化常识

文学文化常识,指涵盖文学文化的各种知识,包括作家、年代、作品、文学中的地理和历史等典故,也包括人们众所周知的文学习惯、古代文化常识(天文、历法、地理、官职、科举礼仪、称谓名号等)。例如,中国古代作家的姓名、字、号、谥号、朝代、作品及作品集、作品的体例、在文学史上的地位;中国现当代作家的姓名、籍贯、时代、成名作、代表作、对作者及作品的评价;外国作家的姓名、国籍、时代、成名作、代表作、文学流派、对作者及作品的评价;等等。

(六)文言文基础知识

文言文基础知识,指阅读和理解文言文必备的知识,包括通假字、古今异义、词类活用、文言句式等内容。

二 中职语文课程知识分类

(一)中职语文课程知识的类型

依据布卢姆认知目标二维新分类理论对知识的分类,中职语文知识可以分为事实性知识、概念性知识、程序性知识、元认知知识四个类别,如表6-1所示。

表6-1　中职语文知识类型

知识类型	中职语文知识
A.事实性知识 A1.术语知识 A2.具体细节和要素的知识	• 词汇知识:生字词,重要字词的字音、字形、字义 • 文言文基础知识:古今字、通假字、特殊句式、文言实词和虚词 • 文学文化常识:作家简介、作品简介、背景知识
B.概念性知识 B1.类别与分类的知识 B2.原理与概括的知识 B3.理论、模式与结构的知识	• 修辞知识:象征、排比、比喻、反复、反问、夸张、引用、用典 • 语法知识:偏正结构的短语知识、并列结构的短语知识、句法成分知识和短句知识
C.程序性知识 C1.具体学科技能和算法的知识 C2.具体学科技巧和方法的知识 C3.确定何时运用适当程序的知识	• 逻辑知识:概括知识、归纳知识、筛选知识、行文思路技巧、辨析文章观点技巧 • 读写知识:记叙文写作知识、应用文写作知识、人物描写方法知识、环境描写方法知识、议论文阅读方法知识 • 口语表达知识:演讲的技巧知识、调解矛盾的技巧知识、说话文明得体的知识、推销的知识 • 文体鉴赏知识:小说鉴赏知识、散文鉴赏知识、说明文鉴赏知识、议论文鉴赏知识、记叙文鉴赏知识

知识类型	中职语文知识
D.元认知知识 D1.策略知识 D2.关于认知任务的知识,包括适当的情境性和条件性知识 D3.自我知识	• 树立职业素养知识、情感与价值观知识 • 适时运用口语交际知识、应用性文体知识

(二)中职语文教材中的知识分布

人教版中职语文教材将语文知识类型细化为词汇知识、语法知识、修辞知识、逻辑知识、读写知识、口语表达知识、文言文基础知识、文学文化常识和各类文体鉴赏方法知识,如表6-2所示。

表6-2 中职语文教材知识分布

	第一单元	第二单元	第三单元	第四单元	第五单元	第六单元
词汇知识	凤缘、耿介、前仆后继、阻扼、迫在眉睫、掂量、龇牙、惊慌失措、鬼斧神工、相濡以沫	撑持、款待、门当户对、装裱、无动于衷、不迭、打烊、抚恤金	出乎意料、随机应变、望尘莫及、忠心耿耿、盲区、操纵、绚丽多彩	格格不入、安分守己、雄心勃勃、边际效用、志气、平庸、心急如焚、鞭长莫及	将、恣、谴、扁、渚、繁、肯、飧、纶、酹、簪、暧、樊笼、浣	寒寒窣窣、整进、搭讪、悚然、汗涔涔、惊愕、敲诈、卑鄙无赖、面面相觑
语法知识	偏正结构短语、并列结构短语	—	—	—	—	—
修辞知识	象征、排比、比喻、反复、反问、夸张		—	词语的感情色彩、比喻、排比	夸张、比喻、引用	象征
逻辑知识	概括方法知识、归纳	概括方法知识、概括	由远及近、由易到难	概括方法知识	—	小说情节发展逻辑
读写知识	阅读技巧知识、记叙文写作中选择材料的技巧、朗读技巧知识、文章多种表达技巧、解说词写作知识、说明文字写作知识	阅读方法知识、记叙文写作中叙述和描写的技巧、细节描写的技巧、自然环境描写、场景描写、朗读技巧知识	说明方法技巧、常用的说明方法、说明性文字写作知识	应用文写作技巧/主持技巧/文章大意的阐述知识/应用文写作知识/主持知识/采访笔记整理知识/职业生涯规划写作	诵读技巧知识/应用文写作技巧/烘托映衬的写作手法/应用文写作技巧/诗歌写作知识	塑造人物的方法/应用文写作技巧/春联写作技巧/语言描写/读后感写作知识/分角色朗读技巧知识/朗读技巧知识/呼应

续表

	第一单元	第二单元	第三单元	第四单元	第五单元	第六单元
口语表达知识	自我介绍技巧	复述方法知识	沟通交流的技巧知识	采访知识/介绍知识	即兴演讲技巧	演讲技巧知识
文言文基础知识	—	—	—	—	古今字、异体字、多变的句式、通假字	—
文学文化常识	作者谢冕简介/作者拉索尔·贝克简介/作者毕淑敏简介、作者张永胜简介	作者老舍及其作品简介/作者粟良平简介	—	—	汉乐府/建安七子/李白、杜甫、苏轼、李清照、辛弃疾、马致远、陶渊明、杜牧、李商隐、王维简介、"一剪梅"词牌名	作者鲁迅及其代表作简介、背景知识,作者曹禺及其代表作简介,作者莫泊桑简介,春联的起源和演变
各类文体鉴赏方法知识	小说的特点/哲理思辨散文的特点	小说主题	说明文的特点/说明文的写作特色	—	诗歌特点/浪漫主义诗风、诗歌的艺术特点/近体诗特点、杜诗的沉郁风格/词曲的艺术风格	小说的特征、戏剧的特征

三、中职语文课程的练习设计

中职语文练习多以模仿、积累、运用语言文字为基本内容,以提升学生语言文字的运用能力,从而提升语文素养。根据中职语文教材中知识的分布,教材中的练习设计可分为词汇知识练习设计、语法知识练习设计、修辞知识练习设计、逻辑知识练习设计、读写知识练习设计、口语表达知识练习设计、文言文基础知识练习设计、文学文化常识练习设计等。

(一)语文事实性知识练习设计

事实性知识是某一学科的基本要素或者解决问题时必须知道的基本要素,包括术语知识和具体细节知识,如关键字词、生字词等词汇知识,通假字、古今字等文言文基础知识,作家和作品简介等文学文化常识。在教学中事实性知识是基础性知识。

语文事实性知识练习设计,参见《中职语文练习设计案例》。

(二)语文概念性知识练习设计

概念性知识是指结构化的知识形式,包括"分类和类型的知识""原理和通则的知识"和"理论、模型和结构的知识"。在教学中可以运用归纳和辨别等方法,提升语言理解与运用的能力。通感、比喻等修辞知识,句子结构与虚字用法等语法知识都属于概念性知识。例如,在《荷塘月色》教学中,利用微课"感觉的转移"将通感的知识点形象化,帮助学生理解和运用这一修辞手法;在《咬文嚼字》一文中,作者提到了语法知识点,教师应在课堂上讲解语法知识,让学生对语法有基本的了解。

语文概念性知识练习设计,参见《中职语文练习设计案例》。

(三)语文程序性知识练习设计

程序性知识是关于完成某项任务的行为或操作步骤的知识,或者说是关于"如何做"的知识,它包括一切为了进行信息转换而采取的具体操作程序。在程序性知识练习中,学生可以通过辨识、比较、分析、归纳语言现象,筛选、加工文章信息,品味语言艺术,感受和体验作品的语言美、形象美和情感美。在语文教学中,运用思维导图等方法,提升逻辑思维能力。例如,在赏析《青玉案·元夕》时,运用思维导图,引导学生深入挖掘词的内涵,从而培养学生的诗词鉴赏能力,提升逻辑思维能力;在古诗单元教学中,循序渐进教授"知人论世""抓意象""析手法"等诗歌赏析手法,培养学生赏析能力,提升学生思维能力以及审美鉴赏能力,强化文化传承。

语文程序性知识练习设计,参见《中职语文练习设计案例》。

(四)语文元认知知识练习设计

元认知知识是关于一般认知的知识和自我认知的知识,强调学习者的成长以及发挥其主动性。不同的认知任务要求不同的认知方式和不同的认知策略。再现任务比再认任务更难。认知任务培养学生的学习策略与思维策略,同时还要培养学生相关的条件性知识,也就是知道什么时候及为什么运用这些策略的知识。在教学中,思辨性的提问能触发学生自我认识的发展,可多用启发性提问、辩论等教学方法。例如,在《人生三步骤》的教学中以"在物质文明高度发展的现代社会,我们是不是应该轻视物质追求而重视精神追求"为题进行辩论。

中职语文
练习设计案例

▶▶ 第三节　中职语文课程实施

▶ 中职语文课程实施的理论依据

职业教育正经历深刻变革,中职语文课程标准要求注重培养学生的学科核心素养,促进学生的全面发展。课程实施要依据学生的学情和专业特点确定目标,构建有效的课堂教学模式,使语文课堂教学走向更为真实的生活,让个体生命健康成长。

(一)课堂教学结构与教学事件

语文课堂教学过程是语文课堂的基本框架,只有将框架搭建完整,才能顺利进行语文教学。美国教育心理学家通过广泛探索与深入研究,将课堂教学的过程分为三个阶段,分别是启动阶段、展开阶段和结束阶段。

启动阶段是一堂课的开始,即课堂的导入阶段。中职语文是一门公共课程。在以学好专业技能为主的思想下,学生可能将语文学科"边缘化",不注重语文知识的学习。在此背景下,做好语文课堂的启动阶段显得尤为重要。良好的课堂启动阶段设计有利于激发学生学习语文的兴趣。

展开阶段是一堂课的主体,在学生明确教学目标后,教师引导学生学习新知。要使课堂成为一个有效课堂,在这个阶段要注意教师的示范讲解和学生的模仿练习。教师应根据学生的实际情况、专业特点以及课题类型,合理设计课堂展开方式,以有效达成教学目标。

结束阶段是课堂教学的最后环节,是一堂课的评价阶段,对学习是否有意义作出总结性评价,其目的是及时向教师和学生提供反馈信息,促进学生发展。结束阶段所占时间不宜过长,5~8分钟为宜。

(二)中职语文课堂教学事件

课堂教学事件的安排是决定一堂课是否成功的重要因素之一,加涅将课堂事件细分为九项,称为"九大教学事件"。"九大教学事件"是加涅对教学设计理论的重大贡献,分别是:①引起学习注意(保持警觉);②交代学习目标(建立预期);③回忆相关旧知(呈现教学内容);④呈现教学内容(选择性知觉);⑤提供学习指导(编码);⑥引发行为表现(反应);⑦给予信息反馈(强化);⑧评估行为表现(再强化);⑨强化保持与迁移(提示提取)。

九大教学事件案例

二 中职语文课程实施过程

中职语文课程的实施主要表现为课堂教学。课堂教学分为三个阶段:启动、展开、结束。

(一)课堂启动(新课导入)

1.引起学生注意

教师应该在一堂课的启动阶段设计能引起学生注意的环节。根据加涅"变换刺激"的要求,教师可以设计刺激学生不同感官的活动,例如,通过播放音乐刺激学生的听觉,通过播放图片刺激学生的视觉,或通过播放电影片段同时刺激学生的听觉和视觉。除了单纯地刺激学生的感官,还可以通过提问、做游戏、讲故事等方式引导学生参与、体验和思考。在此环节,教师设计的活动应该与教学内容相结合,设计的活动应能使教学活动顺利地过渡到下一环节,帮助学生快速进入课堂学习状态。

2.交代学习目标

交代学习目标即在导入阶段将本堂课的教学目标呈现给学生。在以往的课堂中教师不呈现教学目标,只顾自己讲解,让学生埋头练习,一堂课下来学生不知自己学到了什么,这样不便于学生的自我评价和对教师教学目标达成度的评估。交代学习目标这个环节在于使学生在一堂课开始时清楚从本堂课中自己能够学到什么,并且能够用学到的知识完成老师设计的练习。

3.回忆旧知

对相关旧知进行回忆以引导学生进入新课。对旧知的回忆能引起学生的共鸣,快速吸引学生的注意力。同时,回忆旧知是对旧知识的复习和巩固,达到"温故而知新"的效果。在这个环节,教师可以直接展示与新课相关的旧知,也可以通过提问的方式,让学生回忆旧知,并在课堂上与老师和同学分享。

(二)课堂展开

1.呈现教学内容

教师在课堂教学中,应该清晰地呈现出教学内容,包括本堂课学生学习的语文知识、运用的技能技巧等。学生可以根据教师呈现出的内容,有目的性和针对性地进行知识积累和技能训练,并能据此对自己在本堂课中学习的知识和技能进行自我核对。教师除了呈现课堂本身的知识,还应该呈现"添加材料",即帮助学生快速、深入理解并掌握课堂所学知识的课外材料。

2.提供学习指导

学生是语文学习的主体,教师是学习活动的组织者和引导者,因此教师"导"的作用是不容忽视的。教师在提供学习指导的环节可先向学生讲解具体知识,讲解之后通过举例的方式让学生加深印象,使学生能够运用知识。在此环节,教师应该明确知识的具体内容,特别是指导学生学习文体知识时,应该提出具体的文体知识。

3.引发行为表现

语文课堂不是教师一个人的课堂,而是师生共同参与的课堂。作为"活动引导者"的教师,要运用恰当的方法引发学生的行为表现,激励学生积极参与课堂活动。教师可以通过提问的方式引发学生思考并回答问题,也可以通过教师自身的行为表现感染学生,使学生自愿、主动、积极地参与课堂活动,还可以通过设计模仿练习(教师发出指令,学生则根据本堂课中某一环节中学到的知识进行模仿)激发学生参与课堂活动。

4.给予信息反馈

在语文课堂中,当学生回答问题或完成模仿练习后,教师应该对学生的回答情况或完成情况给予及时的反馈。对于需要判断正误的回答,教师应在学生回答完后作出评判,并对学生的回答作出相应的分析。对于谈观点或谈感想的回答,教师应给予学生肯定性的评价,并在肯定时给予鼓励。对于学生完成的模仿练习,教师同样应以鼓励为主,但要指出学生在练习中出现的用词不当、语句不通等问题,并帮助学生及时纠正问题。

(三)课堂结束

1.强化习得保持

在一堂语文课中,学生能够在老师引导下,在每一个学习环节中学到语文知识或认同情感,但是在课堂结束时,多数学生没有形成对课堂的整体印象,所学知识和情感认同仍是零碎的。因此,需要教师在课堂结束时,通过总结等方式对课堂内容进行再现,强化学生的学习印象,使学生对课堂内容形成整体印象。

2.迁移概括运用

学生学习知识固然重要,但学习之后要学会将这些知识加以应用。一堂语文课从学生的记忆水平出发,到理解水平、应用水平、分析水平等逐步深入,在课堂结束时,学生应该达到评价水平或创造水平等较高层级。在课堂结束环节,教师应该设计课堂练习,检查学生是否达到了评价水平或创造水平。这些练习可以是学生赏析某一句子,可以是学生写一段自己的感想,可以是学生对某一观点进行评价,也可以是有创造性地设计广告词。

三、中职语文课程实施方法

(一)朗读与复述

1.朗读

朗读是用有声语言与朗读技巧正确再现文本内容,是一种重要的语文教学方式。学生可以通过朗读体悟文本的滋味,这是获得语感最直接的途径。

根据阅读水平的不同,朗读可以分为视读、畅读、诵读。视读是对课文的整体感知,其行为表现特征为发音正确、清晰、不添、不漏、不错、不重、不换、不口吃。畅读是对课文的阅读理解,其行为表现特征为正确处理语流中的变读、轻声、儿化。诵读是对课文的阅读练习,是在理解课文的基础上,调用情感来读课文,其行为表现特征为正确传达思想感情,注意逻辑重音、逻辑停顿、语气、语调、语速。

在中职语文教育中朗读的主要作用有:帮助学生集中注意力,识记、理解文本内容,体悟文本情感,培养阅读兴趣,养成良好的阅读习惯。

例如,《再别康桥》这篇课文在中职语文课堂中,可以除去形式上的教学内容,注重对学生的朗读训练。启动阶段听名家朗读,扫清字词障碍、注意朗读节奏、把握情感基调、体会名家艺术。这个阶段的朗读是对文章的整体感知,是视读。展开阶段可以设计多种朗读方式:一是学生自我设计,老师点评、学生点评或师生共同点评;二是根据老师提供的背景音乐深化朗读,读出音乐美、形式美、画面美。通过这种朗读训练,学生不仅能收获到语文知识,还能提高综合素质。

朗读不仅可以运用到诗歌、散文教学中,中职教材中的实用文教学也可以采取朗读教学方式,通过读来把握实用文文体,通过读音来修改错误的实用文。例如,在应用文"欠条"的教学中,如果欠条当中书写"还欠款多少",就会产生歧义,因为"还"字是一个多音字,说不清楚是"归还欠款多少"还是"仍欠款多少"。针对这种情况,就可以要求学生大声朗读,引起学生对"还"字的注意,及时强调知识点。

2.复述

《中等职业学校语文课程标准(2020年版)》要求学生在阅读现代文时整体把握课文的内容,理清写作思路,概括要点。复述,即在阅读并理解课文内容的基础上,选取文本中的观点、思想或情节,重新组织语言口述主要内容。复述是一项语言综合训练,能训练学生的语言表达能力,锻炼学生的逻辑思维能力,培养学生的阅读概括能力。

复述多用于记叙类文章的教学,可以分为详细复述、简要复述、创造复述。详细复述是学生把原文的内容详细地叙述出来。简要复述是学生在理解原文的基础上抓住文章的中心和重点内容,对细节性的内容删减后进行简明、扼要、提纲挈领的讲述。创造复述是学生对作品的内容和形式进行较多的加工和创造,通过联想和想象对作品内容进行补充。

复述能力最低的表现是详细复述,最高级的表现为创造复述。按照中职学生的认识水平,能做到创造复述的很少,在设计教学时,教师可以明确要求进行简要复述或详细复述。

(二)演讲与辩论

1.演讲

演讲又叫讲演或演说,是指在公众场所,以有声语言为主要手段,以体态语言为辅助手段,针对某个具体问题,鲜明、完整地发表自己的见解和主张,阐明事理或抒发情感,进行宣传鼓动的一种语言交际活动。演讲具有鼓动性、针对性、适应性、艺术性、感情性等特点。大多数人认为,演讲就是站在台上,拿着话筒,面对着观众表达自己,但是,这样的认识是片面的,不完整的。其实,在生活中,人们时时处处都在演讲。

语文课堂教学中的演讲和教师平时所说的演讲实质是一样的,但它们又有一定的区别。语文课堂中的演讲在语文教学这个特殊的节点开展,它有时间、空间、内容的限制,演讲内容应该和语文课堂内容有关。演讲是中职语文教学的重要方法,运用演讲进行教学,有利于培养学生的语言表达能力,帮助学生树立自信,并能鼓励学生勇于表达自己独到的见解和思想。除此之外,在学习课文时运用演讲法,还能调节课堂氛围,激发学生的学习兴趣。

语文课堂演讲练习设计形式有三种:自由评点式演讲练习、课文复述式演讲练习、即兴式演讲练习。

(1)自由评点式演讲练习。自由评点式演讲练习是一种以口头评点为手段,以巩固学生在课堂上所学知识为出发点,以加快学生灵活运用知识为目的,同时融入德育和美育的言语实践活动的练习形式。例如,在课文《我有一个梦想》的教学中,可以直接采用呈现演讲知识与技巧,要求学生运用技巧来再现作者当时的演讲场景,再进一步,则要求学生用这样的句式来谈自己的梦想,发表自己的演讲。

(2)课文复述式演讲练习。课文复述式演讲要区别于课文复述,课文复述是要求学生将课文内容进行口头缩写、提炼,是一种以识记、转换为目的的使课文内容装入大脑的"存储"活动。课文复述式演讲要求学生活用语言知识,用自己独到的口头表达对课文内容情节进行重新整理、归纳、加工,或在教师给定的假设情景下进行大胆的想象和续写。这是一种创造性的演讲实践活动,适用于新课教学结束以后,它要求学生在对课文内容比较熟悉了解的情况下,融入演讲的技巧。例如,在课文《雷雨》结束后,可以让学生把话剧情节重新整理、归纳、加工,通过小组演讲来体会课文中各个角色的心理及性格。

(3)即兴式自由演讲练习。即兴式自由演讲是一种就课文教学中的某一主题、某一观点或某一现象当即发表自己的看法的言语实践活动,是一种高层次的课堂演讲。在中职语文课堂中,这种演讲方式可以和语文课堂德育实践相结合。例如,在课文《致橡树》结束后,可以针对"爱情观"设计即兴式自由演讲,让学生畅谈自己的爱情观,教师给予正确的引导。

在中职语文教材中,口语交际的内容多涉及演讲技巧,应用文写作也需要与演讲结合起来,例如,应聘信的教学,学生在应聘时需要自我介绍,这也会运用到演讲技巧,教师应多设计演讲活动来锻炼学生这方面的能力。

2.辩论

人教版中职语文教材(拓展模块)详细介绍了辩论的有关内容。辩论,也称论辩,是交际双方围绕同一问题,力求证明自己的观点和见解正确,指出对方的观点和见解错误,以期获得共识的一种口语交际活动。

中职语文教学可在合适的教学时间和教学场景选择辩论作为教学方法,以锻炼学生灵活敏捷的反应能力、清晰流畅的口语表达能力、系统严谨的思维能力。教师在选取辩论主题时一定要切合学生的热点话题,让学生有话可说,有理可依,有例可举。

例如,在《将进酒》的教学中,组织学生辩论"人生得意时是否要尽欢"。对这种辩论主题,学生有话可说,能让诗歌教学的课堂变得生机勃勃。再如,在《致橡树》的教学中,教师抛出主题"爱情是理想的还是现实的",组织学生进行辩论。

(三)改错与改编

1.改错

改错即是改正错误。在中职语文教学中有许多能运用改错教学方法的地方,最常见的就是应用文改错。通过改错来掌握应用文的写作,做到格式规范、文字简洁,例如请假条的改错。

改错还可以运用到诗歌默写教学中,教师故意展示有错别字的诗句,学生纠错。

2.改编

改编指在原有作品的基础上,通过改变作品的表现形式或者用途,创作新的作品。在中职语文教学中可把小说、诗歌、寓言故事、职场故事等课文改编成剧本,并排演成话剧,让学生表演。

例如,课文《一碗清汤荞麦面》就可改编为多幕剧。课文先后写了三次母子三人进入面馆吃面的场景,每次进入面馆时,三人的外貌、神态、对话都有不同之处。学生可以据此进行改编。此外,面馆内与面馆外场景的描写,老板在厨房的表现都可以通过学生的改编和表演充分展现出来。

▶▶第四节 中职语文跨学科言语实践

依据中职语文课程实用性特征,在课程实施时,紧密联系其他课程内容开展跨学科言语实践应用训练,以提升中职学生的语言表达能力。以中职学校信息工程课为例,Photoshop课主要训练学生应用Photoshop软件生成特定图案以表达思想观点的技能。我们可以要求学生用语言文字表达作品的创意。在这个过程中,学生必须整理自己的思路,选择相应的语言文字组织语句,表达思想观点。可以从提炼主题和发挥联想与想象两个维度展开语言文字应用训练。

一　用文字提炼创意主题

任何广告图片都必须凭借思想内容才能彰显其价值。以"反对校园暴力"为例,学生必须先确立主题,才能够构思并创造出具体画面,如案例6-1所示。

案例6-1　Photoshop作品《反对校园暴力》创意说明

> "校园暴力"是一种严重的社会问题,它不仅影响着青少年的健康成长,还可能对学校的教学质量和声誉造成损害。校园暴力包括身体上的伤害,如打斗、被欺负,也包括言语上的伤害,如恶意嘲笑、恶意评论等。
>
> 为突出反对校园暴力主题,"反对校园暴力"突出了"反对"二字,强调了面对校园暴力我们应当学会反抗,数个感叹号强调其重要性。文字采用了斜面与浮雕、外发光、投影效果。
>
> 图中左边男孩对右边男孩的殴打,就属于一种校园暴力。这个素材也采用了斜面与浮雕、外发光、投影效果。
>
> 在"反对校园暴力"前面,用钢笔工具画了一个拳头,它代表了正义击碎校园暴力,共建和谐校园。

又比如"保护水资源"这一主题,学生可以生成哪些图片画面呢? 其图片所表达的意思与文字是否匹配呢? 如案例6-2所示。这些内容与过程,都可以与语文课程紧密关联,在新的情境中迁移应用语文知识。

案例6-2　Photoshop作品"保护水资源"创意说明

> 水资源是人类生存必不可少的一项资源,本次大赛我选择以节约用水为主题,呼吁大家珍惜来之不易的水资源。作品中心的水滴代表日渐匮乏的水资源;而滴下去的水滴在半程之后变为干枯的土地,在水资源匮乏之际连维持土地的基本状态都做不到。
>
> "节约用水"采用华文彩云空心字体,中空部分用干涸开裂的土地替代介绍字幕,突出节约用水的重要性,其中"水"字下方的竖钩改为一滴从干涸土地中滴出的水,更加突出节约用水的重要性,剩余字体均用白色鲜明醒目突出主要强调思想。
>
> 以上就是我本次的作品以及创意说明。

二　用构图表达创意主题

学生必须发挥联想与想象来展现主题内容,在作品中利用语言文字强调主题。如图6-1所示,作品"反对校园暴力"的文字说明——"起外号、威胁、孤立、殴打、歧视、语言暴力、求助电话",如图6-2所示,作品"节约用水"的文字说明——"保护水资源,共建和平生态,共享绿色生活""水是生命的起源,也是生命延续的必要;请珍惜我们的每一滴水资源",语言文字内容丰富,文字与构图相辅相成,生动形象地表达了作品的创意和主题。

图6-1 "反对校园暴力"海报

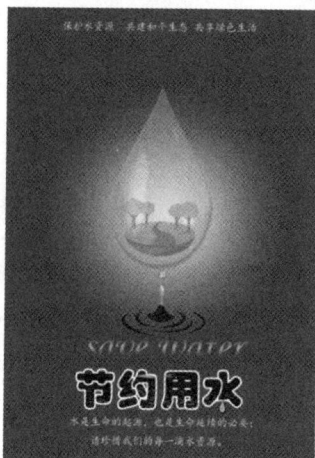

图6-2 "节约用水"海报

以上两幅中职学生完成的Photoshop作品,充分展示了中职语文跨学科言语实践的实用性和迁移性。

第二编

语文教学论

语文教学论,探讨语文教学"怎么教",共十章:语文教学设计、语文大单元教学、识字与写字教学、阅读教学、朗读教学、文言文阅读教学、作文教学、高考作文命题类型与备考指导、梳理与探究指导、语文板书设计。

语文教学论的亮点是跨媒介阅读教学案例、文言文"三读三养"教学模式和作文能力训练序列,创新点是语文单元学历案操作框架和高考作文备考指导。

◎学习重点◎

1.语文教学设计。
2.语文大单元教学。
3.文言文阅读教学。
4.高考作文备考指导。

第七章
语文教学设计

◎**导读提要**◎

> 　　本章从语文教学设计简介入手,依次介绍了设计课堂教学目标,设计先行组织者,设计课堂提问,制订教学策略,设计课堂教学结构,编写教案等内容。语文教学设计的操作要点:依据不同的认知水平层级,设计对应的语文教学目标和课堂提问问题;依据课堂上师生互动环节的学习材料和内容,设计不同的语文课堂教学结构活动形态。

◎**课程思政提要**◎

　　1.教学内容选择上,深挖教材思政元素,同时拓展国家历史、民族英雄、现代化建设成就等内容,培养学生家国情怀,传承革命优秀品质,树立正确的价值观。

　　2.在教学设计中注重整体与序列,创造思政教育契机,融入爱党、爱国等教育,培养学生的使命担当。

　　3.在语文教学中设置开放性问题,鼓励学生从多角度、多层次进行思考,培养其创新思维能力。

▶▶ 第一节　语文教学设计简介

▶ 教学设计与语文教学设计

(一)教学设计

　　教学设计是关于提出最优教学方法的一门学科,这些最优的教学方法能使学生的知识和技能发生预期的变化。教学的目的是帮助学生获得知识技能,教学设计的目的是开发促使学生获得这些知识技能的经验环境。教学设计就是教育实践工作者(主要指教师)为达成一定的教学目标,对教学活动进行的系统规划、安排与决策。具体说来,这是指以现代教学理论为基础,依据教学对象的特点和教师自己的教学观念与方法,分析教学中的问题和需要,确定教学目标,建立解决问题的步骤,合理组合和安排各种教学要素,从而制订实施方案的系统的计划过程。教学设计是20世纪50年代以后逐渐发展成熟的一门综合性学科。

当代著名教学设计专家盛群力在2005年出版的《教学设计》中指出:教学设计实质上是对教师课堂教学行为的预先筹划,是对学生达成教学目标、表现出学业进步的条件和情境作出的精心安排。教学设计的根本特征在于如何创设一个有效的教学系统。

(二)语文教学设计

语文教学设计是探讨最优的语文教学途径,以促使学生的语文认知结构和语文行为技能产生预期变化的系统工程。语文教学设计是20世纪90年代发展起来的学科,旨在开发与总结有效的语文教学理论与经验,促进中学生在语文认知结构和语文行为技能方面实现预期变化。它从分析学生语文学习需要入手,由确定学生语文课堂学习的起点行为,到分析学生语文课堂学习的任务,最后落脚于用学生语文学习行为的改变来描述语文课堂教学目标,目的在于使语文课堂教学过程中学生的学习行为具有可操作性、可观察性和可检测性,从而有利于中学生在语文认知结构和语文行为技能方面实现预期变化。为了提高课堂教学效率,语文教学设计还着力于语文课堂教学策略的开发研究,从教学媒体、教学方法与课堂结构等方面作出全面规划,并且对学生的学习业绩评价作出前瞻性预测。

语文教学设计以当代行为科学、系统科学、教育学、心理学的研究成果为理论基础,如奥苏贝尔的"先行组织者"理论、维果茨基的"最近发展区"理论、巴班斯基的"教学过程最优化"理论、布鲁姆的"掌握学习"理论、加涅的"为学习设计教学"理论等,以中小学语文教学为主要研究方向,通过理论开发与调研分析,总结出能有效提高语文教学质量的范式,不仅有益于高等师范院校汉语言文学教育专业学生教师职业技能培养,对于广大在岗语文教师也具有重要的指导意义。

二、语文教学设计的特征

语文教学设计是语文教师在上课前所做的准备工作,它把教学视为一个过程,注重对构成这个过程的各个环节(导入、展开、结束)进行基本预设,把教学视为由环境、教材、教师、学生等诸多因素相互发生联系的双边或多边活动,并注重对参与这个活动的各个因素进行基本考察,注重教学内容和方法的选择,关心教学效果等等。其特征主要表现在以下几个方面。

(一)合理看待学与教之间的关系

语文教学设计依据加涅"为学习设计教学"的理论,把语文教学过程分解为学习事件和教学事件两个部分,注重对语文学习事件(学习的内部过程)和语文学习结果的分析,将教师授课视为语文学习的外部条件(教学事件),对学生语文认知结构和语文行为技能的改变起支持和推动作用。一切教学事件都围绕学习事件展开,避免了教学的盲目性和随意性,也能有效避免"一言堂"现象的产生。

(二)确立教学目标并加以具体化

语文教学设计强调用含义明确的行为动词表述教学目标,避免使用含义模糊的行为动词,如"学习、了解、体会"等。以《故乡》为例,其教学目标"学习对比手法"应该表述为:"在教师分析课文前/后(条件)分别找出/说出(行为)课文中运用对比的地方,至少找对2处(标准)"或"通读全文后(条件),找出(行为)文中2处(标准)采用对比手法的地方"。这样的教学目标可以使学生语文学习的过程更具有可操作性,也易于观察和检测。同时,这还有利于教师对学习的内部事件与外部事件进行核对。

(三)注重教学活动的循序操作

注重周密分析语文教学任务,仔细确定学习任务的类型,要求教学目标与检测项目相对应,以达标度作为评估教学效果的主要依据,强调遵循学习的性质展开教学活动,并且拟定教学活动的展开程序,从引起注意、引发动机,到告知目标、回忆相关知识技能,再到呈现新任务、提供学习指导,从而引发学习行为并提供反馈和作出评估,最终精心安排课后作业以促使学习的巩固与迁移。

这一程序犹如为教师的授课行为拟定了一份核对清单,虽然并非每一堂课都要完全机械遵守,但对教师的教学确实具有行为指南的作用。

▶▶ 第二节　设计语文课堂教学目标

课堂教学目标是预期的学生学习结果,是课堂教学的灵魂,在教学活动中发挥着指向、评价和激励等多方面作用。教学目标是教学活动的出发点和归宿,也是教师选择教学内容,运用教学方法、教学策略、教学媒体以及调控教学环境的基本依据,还是评价教学效果的基本依据,同时又是学生自我激励、自我评估、自我调控的重要手段。本小节内容与第二章"语文课程目标"内容重叠,参阅第二章"语文课程目标实施"相关内容与案例。

▶▶ 第三节　设计语文先行组织者

先行组织者是学习新知识前呈现给学生的引导性材料。运用先行组织者的目的在于从外部影响学生的认知结构,帮助学生在原有的认知结构与新知识之间建立起一座学习的桥梁,顺利完成学习任务。它可以是一条定律、一个概念、一则故事、一首诗歌、一份图表,或者一段说明性文字,甚至可以是学生的一次言语活动行为。先行组织者的主要功能就是在学习者能够有意义地学习目前的课题之前,在已经知道的东西和将要知道的东西之间,建立起一座沟通的桥梁。

一 陈述性组织者

陈述性组织者是学习新知识时的引导性材料,一般在学生不太熟悉学习材料的情况下使用。通过使用组织者,用学生比较熟悉的术语来提供观念的固着点,也就是说通过这个组织者,学生可以获得能够同化新知识的认知框架。例如,《拿来主义》这篇课文,文中作者对待中外文化遗产的正确态度,对学生来说比较陌生,有一位老师设计了这样一个组织者:春天是万物复苏的季节,每当我们推开窗户,都会有清新而又温暖的气息迎面扑来;但是随之而来的并不只是阳光与空气,还有苍蝇、蚊虫与细菌、病毒等有害物质。那么我们应该怎么办呢?是关闭门窗隔离苍蝇、蚊虫的侵害,同时也拒绝阳光和空气,还是敞开门窗让有益的阳光、空气和有害的苍蝇、蚊虫全部都进来呢?经过讨论后,学生们想到的办法是:打开门窗,再安装一个纱窗,阳光和空气可以进屋,苍蝇和蚊虫被隔断在外;或打开门窗,再喷洒杀虫剂,杀死苍蝇和蚊虫。在这个案例中,教师提供了一个组织者:面对春天的阳光、空气和苍蝇、蚊虫、细菌、病毒,我们的态度和方法。学生的态度和方法是:留下我们需要的有益的阳光和空气,隔离我们不需要的苍蝇和蚊虫。"先占有,然后批判地吸收",这正是课文《拿来主义》的中心思想。安装纱窗这个先行组织者,为学生学习《拿来主义》提供了同化新知识的认知框架,有利于学生顺利完成学习任务。

二 比较性组织者

比较性组织者是学习新知识时的引导性材料,一般用于对学习材料比较熟悉的情况,可以帮助学生辨析新旧知识的异同。例如,课文《景泰蓝的制作》,文中关于详写与略写的知识点,教学时就需要设计比较性组织者。有一位老师在课堂教学前设计了一个比较性组织者,要求学生口述包饺子的经过。这个组织者不仅能够训练学生的口头表达能力,更主要的在于通过学生自己的口头描述,揭示出口头表达过程中详与略的关系,从感性经验入手,帮助学生了解内容决定形式(景泰蓝的制作工序决定了课文写作过程中的详略安排)的道理,从而顺利解决新课学习中详写与略写的安排问题。包饺子这个组织者,为学生提供了一个辨析新旧知识异同的认知框架,有利于学生顺利完成学习任务。

通过使用组织者,不仅能够帮助学生提取旧知识,建立有利于同化新知识的认知框架,实现语文认知行为或技能的有效改变,同时,它又能帮助教师确定语文新课教学的切入点。

▶▶ 第四节 设计语文课堂提问

课堂提问是促进学生理解课文和推进课堂教学进程的有效手段。根据回答问题时不同的智力过程,可以设计出不同认知水平的问题。

▶ 事实性问题

事实性问题是指简单回忆所学知识或在课文里能直接找到答案的问题,例如,"母亲选择走大路还是小路?""孔乙己的手有哪些作用?""聪明这个词语在课文中出现了几次?"等等。学生只需要熟记课文内容或者回忆所学知识就能回答这类问题,其答案是唯一不变的。回答这类问题的主要智力过程是死记硬背,这也是最容易回答的问题。事实性问题有利于培养学生的记忆力,帮助学生速记课文内容。这类问题不仅可以培养学生认真读书的习惯,而且任何一个学生都能回答得出来,可以使学生从中获得成就感,有利于调动全班学生积极参与到教学过程中。

▶ 经验性问题

经验性问题是指需要学生通过对课文内容或所学知识加以整理才能得出答案的问题,例如,"从母亲选择走小路,可以看出这一家人的什么特征?""从孔乙己手的作用能看出他命运的变化吗?""课文多次使用聪明这个词语,是要表明作者很优秀吗?"等等。回答这类问题必须经过积极的思维活动,主要智力过程是综合与分析,也就是通过对课文内容和所学知识的归类整理,寻找出一个符合逻辑的结论。经验性的问题能促使学生认真思考,激发学生主动探索的兴趣,有利于培养学生的思考力,帮助学生理解课文。运用经验性问题,要注意发挥分析能力较强的学生的主体性,因为回答这类问题能够让这些学生获得成就感,同时,这些答案又能带动其他学生积极思考问题和理解课文。

▶ 创造性问题

创造性问题是需要学生发挥想象力才能得出独特答案的问题,例如,"如果作者选择走大路,他们会遇见什么?""小伙计终于再次看到孔乙己来到店里,将会是怎样的情形?""你还知道哪些关于背影的故事?"等等。回答创造性问题必须运用想象力和联想力,通过创造性的思考才能得出答案,主要智力过程是求异创新。这类问题的答案是开放性的,正确答案不止一个,也不大可能事先预知正确答案,但其答案必须要顾及事实之间的基本联系,摆脱简单回忆所学知识的束缚。创造性问题有利于培养学生的求异思维能力,帮助学生创造性地思考课文。这类问题也是全班任何一个学生都能回答的问题,在课堂教学中经常运用,能够促使每一个学生都积极参与到学习过程中。运用创造性问题,要特别注意发挥那些平时不喜欢主动回答问题的学生的主体性,因为独特的答案能使这些学生获得成就感,激发他们学习的主动性。

四、评价性问题

评价性问题是要求学生作出判断或赋予价值的问题。例如,"孔乙己是悲剧人物还是喜剧人物?""你最喜欢朱自清的哪一篇课文?""你认为中年人的妻子是一个什么样的人?""在散步的一家四口中,你更喜欢文中的哪一个人物?"回答评价性问题的主要智力过程是选择与评判,必须预先设立评价标准。评价性问题是四类问题中最难回答的问题。有的评价性问题与创造性问题一样,答案是不确定的,在回答问题时需要限制选择的数量,例如,"两篇课文中哪一篇更好?"将答案限制在两个选择内;"当代最好的小说是哪一部?"这个问题的答案就可以有多种选择,没有标准答案。评价性问题有利于培养学生的判断力,帮助学生更加深入地理解课文。运用评价性问题,同样需要注意用学生的答案带动学生的思考。易于回答的问题让学习成绩稍差的学生完成,较难的问题则让学习成绩较好的学生完成,这样有利于促使每一个学生获得成就感,积极参与到课堂教学中。

▶▶ 第五节　制订语文教学策略

教学策略是对为完成特定的教学目标而采用的教学活动的程序、方法、形式和媒体等因素的总体考虑。它具有指示性和灵活性,而不具有规定性和刻板性,可以较好地发挥教学理论具体化和教学活动方式概括化的作用。

▶ 一　确定教学策略

坦尼森提出了与认知系统教学目标类别和教学时间分配相对应的五种教学策略。

(一)讲解策略

适用于陈述性知识的学习环境的各种教学变量。这些基本的教学变量为将要学习的信息建立了一种上下文关系,即通过建立一种特定领域的抽象结构的心理框架,同时建立有意义的信息的上下文关系,扩展了"先行组织者"这一概念。除了建立信息的上下文关系,还要使这种上下文关系适应每个学习者的背景知识,从而进一步增强将要学习的信息的意义。

(二)练习策略

包括改善程序性知识的各种教学变量和条件,其目的是使学生学会如何正确运用知识。这要求学生的学习和教师的检查督促之间建立经常联系。练习策略努力创造环境,以使学生能将所学知识应用于新情境之中,同时还要检查督促学生的学业情况,以防止和纠正可能出现的程序性知识错误。

(三)专题研讨策略

要求学生在解决领域专门化的问题中,尝试运用他们已有的陈述性知识和程序性知识。这种问题情境要求学生在专门领域的各种事实、概念、规则和原理之间建立联系,并做到:分析问题;努力将问题概念化;确定解决这一问题的专门目标;提出解决的办法或作出决定。

(四)综合能动性策略

主要是提供领域专门化的情境,这种情境允许学习者通过运用储存在记忆中的该领域的知识发展思维能力。这不仅体现了决策的先后序列,同时也更新了情境条件,并使得下一轮重复在高水平的层次上进行。这种策略提供的情境是纵向展开的,除了允许增删及改变变量和条件,还允许增加难度水平。其主要特征是:提供情境的初始变量和条件;评估学习者提出的解决办法;根据学习者不断做出的努力提出下一轮重复的变量和条件。

(五)自我指导性策略

这是一种允许学习者有机会在特定领域的上下文关系内创造知识的教学方法。这种策略提供一种方便处置新信息的环境,能增加学习者从事这种创造活动的学习时间。其主要特征是提供学习者在特定的活动中体验创造过程的环境,如作文练习、情境教学等。

在语文教学设计过程中,制订教学策略主要可以从以下几个方面考虑:确定教学组织形式,设计课堂教学结构,确定语文教学媒体,选择语文教学方法,设计课文板书,编写语文教案。

二、确定教学组织形式

教学的组织形式,就是根据教学的主观和客观条件,从时间、空间、人员组合等方面考虑安排教学活动的方式。教学的组织形式大致可以分为三类:第一类是集体授课,这是目前学校教育中最通用的教学形式,即通过教师讲授、板书等向一个班级或一组学生传递教学信息;第二类是个别化教学,通常由学生自己通过阅读教材,观看或聆听视频、音像教材,做笔记等获得教学信息;第三类是小组互助作用教学,主要通过讨论、问答、交流等在师生之间和学生之间分享教学信息。

(一)集体授课

适用于教室、大厅,教师站在讲台上面对学生讲授,也可以通过无线电广播、电视广播等间接传播,还可以面授与多媒体传播相结合。其特征是教师对一个班级或一组学生,在一定时间间隔内单向传递教学信息。在较小的班级中师生可能有一定程度的双向交流,但通常都是学生被动接受信息。

其优点是教师备课容易,能在规定时间内传达较多信息,授课过程中可以随机增删教学内容和调整教学节奏。这是一种传统的教学形式,师生在习惯上都易于接受,但不足是教师管理教学活动的精确度较低,难以获得反馈信息,不适合传授动作技能,学生学习较为被动,注意力难以持久集中。

(二)个别化教学

这是一种必须由学生自己来完成学习任务的教学组织形式,能获得最大化的学习成果。认知领域和动作技能领域的大多数层次的学习目标,如学习事实信息、掌握概念和原理、应用信息、形成动作技能和培养解决问题的能力等,都可以通过这种形式来达到。

其优点是有利于学生学习能力的培养,让每个学生都能最大限度获得学习效应,并可减少差等生,有助于学生在其教育活动、工作职责和个人行为等方面形成良好习惯。教师可以花更多时间去关注个别学生和学生之间的相互作用。学习时间和空间的灵活性大,特别适用于成年的在职学生。不足是备课复杂、要求较高,并非对所有的学生和教师都适用。若长期把它作为唯一的教学形式,可能会缺少师生之间与学生之间的相互作用,如果学生缺乏应有的自觉性,可能会拖延学业。

(三)小组互助作用教学

这种形式给予教师和学生面对面密切接触和相互了解的机会。现代教学论越来越重视教学中的这种人际交互作用。这是各类教学目标得以实现,培养学生健全人格,促使个体社会化的有效途径。

其优点是有助于提高学生组织和表达自己见解的能力,有利于情感目标的实现,教师能及时了解学生的学习情况,全面了解教学过程中各个阶段的成效和缺陷,从学生方面获取改进教学的意见。不足是教学进度不易控制,难以要求每一个小组成员都积极参与活动。

这三种教学组织形式的更多信息可参阅第二十三章第二节中"语文课堂共同体主体互动模式"的相关内容。

三 选择语文教学方法

语文课堂教学的常规方法可以分为以语言传递信息为主的方法和以训练为主的方法。前者指教师运用口头语言向学生传授语文知识、技能,以及学生独立阅读获取知识、技能为主的方法;后者指通过练习、实习等实践活动,使学生巩固所学知识,熟练掌握和提高听、说、读、写的技能和技巧的方法。语文课堂教学的常规方法又可以分为一般方法和特殊方法。前者是其他学科也使用的教学方法,后者是只有语文学科才使用的教学方法。在制订教学策略时,应根据需要选择教学方法。

(一)讲授法

讲授法是指教师通过口头语言系统地向学生讲述教材、描绘事例、传授知识的教学方法。教师可采用叙述、描绘、说明、解释、分析、串讲、评说等多种形式。适合用于介绍或传授新知识,培养新技能。

(二)情境教学法

情境教学法是指通过一定的教学手段再现教材提供的情境(人、事、物、场面),使学生对课文中所描述的情境有感性认识,进入到课文的情境,产生共鸣,受到感染、启发,进行联想、思索,使学生的知识、能力、个性诸方面都得到发展的教学方法。适合用于文学作品和写真人真事的叙事性作品的教学。

(三)讨论法

讨论法是指把阅读、思考、语言表达融为一体的教学方法,主要通过学生讨论的方式实现教学目标。一般由教师提出需要讨论的问题,也可以由学生口头或书面提出希望讨论的问题,由教师归纳总结后再交给学生讨论。适合用于揭示课文的主题思想和对作家作品进行评价的教学,有利于学生创造思维的发展。

(四)诵读法

诵读法是指在学生初步领会课文的基础上,反复朗读课文以求加深理解,并通过背诵积累语文知识和典范文章的教学方法。可集体诵读、小组诵读、个人诵读,也可以全文诵读或部分诵读。适合用于古文、诗歌、散文、小说等文体教学。

(五)练习法

练习法是指通过学生的反复练习掌握知识、培养技能的教学方法。主要有录写、复述、编写提纲、做读书笔记等形式。适合用于课文研讨阶段的各环节。

▶▶ 第六节　设计语文课堂教学结构

课堂教学结构是教学事件(活动)的组成、排序及其时间安排。一般来说,每一堂课都包含启动、展开、结束这几个环节。但怎样启动与展开,又怎样结束,则决定了课堂教学结构的不同。大致来说,课堂教学结构主要可以分为指导教学课堂结构、引导教学课堂结构、自导教学课堂结构三种类型。

▶ 一　指导教学课堂结构

指导教学课堂结构是一种以教师为中心的教学活动形态,教师的主要作用是将事实、规则、行为结果或程序以尽可能直接的方式传递给学生,也叫讲解式教学。这不仅需要教师进行大量口头讲述,同时也需要师生双方在一系列活动过程中的相互作用,因而常常会采用讲解、举例、辨析和反馈等形式,也包含了提问与回答、复习与练习、反馈与更正等一系列教学现象。

指导教学是由教师将学生注意力集中于专业知识方面,并且课堂结构严谨有序的教学行为。其教学目标清晰,教学时间充分而持续,可涵盖范围极广。在整个教学过程中,学生的学业成绩始终受到教师的监控。这种教学方式不仅要求学生快速反馈,而且要求反馈限定在专业知识方面。在指导教学课堂结构中,教师控制教学目标,选择适合学生能力水平的学习材料,安排好每一个教学步骤。这是以教师为中心的教学行为,但其教学过程又是互动的,并不是教师一个人决定的。

指导教学课堂结构适合于学习内容具体、课堂结构程序性强的知识与技能方面的教学,例如语文知识方面的教学。指导教学课堂结构的主要模式是:教师示范讲解—教师举例—学生练习—教师反馈。教师是教学活动中主要的信息提供者。

二、引导教学课堂结构

引导教学课堂结构是以学生为中心的课堂结构形式。在这一结构形态中,学生不必通过对教师行为的直接模仿来获得学习结果,而主要是在教师的点拨引导下,通过主动探索和分析评判获得学习结果,类似于发现教学策略。教师引导的过程,相当于学生发现学习的过程,教师的主要作用在于提出思考题,引发学习行为,促使学生思考、探究,而不是直接将材料呈现给学生。在学习过程中,学生可以自己添加材料,重新安排材料,使学习材料呈现出更多意义,也可以用不同的形式得出学习结果。这种课堂结构侧重于学习的过程,学习结果主要表现在认知领域的分析、综合、评价,情感领域的气质与性格,动作领域的连接与顺化等方面,更侧重在概念、方式和抽象这些较高级水平知识的教学,或者说更适合于要求学生在这类高级水平上回答问题。其学习过程是探究,学习结果是发现,而学习的内容则是问题。这种模式要求学生分析、综合知识,讨论各种问题,解决各种问题,因此教学过程中几乎没有单一的、最优的答案,学生的答案通常会超越所重现的学习材料。对于语文教学而言,这更适合用于各类讲读课文中课文分析与课文欣赏方面的教学。

引导教学课堂结构的主要模式是:教师呈现学习材料—学生分析探究—学生练习迁移。教师的作用主要表现在组织课堂教学和监控教学行为,如运用先行组织者,使用问题指导探究和发现等,具体表现为引发矛盾,指导学生探索对问题的进一步回答,扩展讨论和向每一个学生传达学习任务。

三、自导教学课堂结构

自导教学课堂结构是一种强调学生自我学习的课堂教学结构模式,更注重学生学习的主动性和自我发现,促使学生在学习过程中获得高水平的行为结果。其目的在于帮助学生超越教师所提供的教学内容,进行独立思考、推理以及解决问题。其教学内容主要涉及策略性知识的学习,有助于学生对教科书内容产生独到的理解,并帮助学生构建起独特的批判思维体系,帮助学生了解有关教科书的各种背景知识以及帮助他们解决问题。

自导教学课堂结构的主要模式是:学生呈现学习材料—学生探究分析—学生迁移创造。教师的作用是中介,教师通过课堂提问调整教学内容,以此帮助学生重新构建学习方向,并顺利实现最终学习目标。因此,这更适合用于语文教材中各类自读课文的教学。

设计课堂教学结构的重要依据是课堂教学目标。在三种课堂结构形态中,如果教学目标是获得事实(例如作者简介,或者作品的名称与写作日期)、规则(例如记叙的要素)或者行为结果(例如学习书法),就可以设计为包含提问、澄清与讲解等方式的指导教学课堂结构;如果教学目标是学习概念(例如什么是象征)、模式(例如联想的方式)或抽象(例如环境责任)等,就可以设计为引导教学课堂结构;如果教学目标是传授学习策略,那么就应该选择结合元认知技能、默读与背诵、指导与练习、自我评价等形式的自导教学课堂结构。

这三种课堂结构的应用案例可参阅第二十三章第二节"语文课堂共同体主体互动模式"的相关内容。

▶▶ 第七节　编写语文教案

教案是教学设计的书面表现形式,不仅是教学设计的书面结晶,还是课堂教学的主要依据。语文教案通常分为课题教案和课时教案两大部分。课题教案是一个单元或一篇课文的整体教案,一般应包含课题、课型、重点难点、教学方法、教具、课时安排等内容。课时教案是一节课的完整教案,一般包含课时、教学要求、教学要点、教学进程、板书设计、作业布置、教学后记等内容。

◢ 一、编写教案的要求

编写语文教案要求科学、独特、实用。所谓科学,就是正确反映语文知识及其内在联系的规律,正确反映语文教育及其内在联系的规律,准确地传授知识、培养能力、开发智力、陶冶情操。所谓独特,就是反映语文教师在备课活动中创造性的思维和实践活动,反映教师教学思想的个性和教学艺术的风格。所谓实用,就是反映学生的实际,在课堂教学中切实可行。科学、独特、实用是语文教案编写的总体要求,与语文教学备课的几项原则相辅相成。

另外,根据语文学科自身的特点,在编写语文教案时,还要求达到五条标准。一是教学目标准确具体。所谓准确,就是所确定的教学目标必须切合语文学科核心素养,切合语文教材的实际,适合学生的需要,不能主观随意、粗制滥造。所谓具体,就是紧扣课文,运用含义明确的行为动词,具体描述学生的课堂行为,不能笼统抽象,大而化之。二是教学内容充实恰当。既要安排充实的内容,又要恰如其分地对教材进行取舍;既不能华而不实,又不能眉毛胡子一把抓。特别是要做到重点突出,难点分散,疑点明确。三是教学过程紧凑有序。课堂结构完整,教学设计无闲话、不冷场,45分钟充分利用,孰先孰后、孰详孰略了然纸上,节奏紧凑而不松弛,条理清晰而不凌乱。与此同时,教学步骤既要保持较快节奏,又要注意松紧适度、张弛有致。四是教学方法灵活有效。既要灵活多样,不能呆板,又要注重实效,不要花枪。五是教学时数分配得当。既不过多、过松,也不过少、过紧。

◢ 二、语文教案的类型

语文教案的类型可以从内容和形式两个维度来划分。

(一)内容维度教案

按内容划分,语文教案可分为知识型教案、教法型教案和综合型教案三种类型。

1.知识型教案

这种教案的内容或是语文知识的汇集,或是教学参考资料的摘录,包括题解、作者简介、时代背景、生字新词、层次结构、段落大意、逐段分析、全文总括、中心思想、写作特点等。如果是文言文,还有串讲和译注等内容。逐字逐句地写成讲稿。这类教案,资料性、文献性强,是一种静态的教案,又称为资料教案。其优点是知识相对稳定,便于长期保存,反复使用;缺点是只写了教什么,没有写出怎么教,缺乏个性。

2.教法型教案

这种教案的内容注重教学过程的设计和教学方法的运用,包括简述教学目标、教学过程,确定教学重点、难点,设计提问、点拨、解难,注重板书,补充练习和检测题目等。这类教案针对性强,是根据教师和学生的实际情况编写的,具有较强的教学个性,是一种动态的教案。其优点是注重怎么教,便于施教过程中师生互动的实际操作;缺点是知识性不强。

3.综合型教案

这是一种知识、教法互补,静态、动态结合的教案。内容上既有一定的资料汇集,又有一定的教法设计,力求做到教什么和怎么教的有机结合、语文知识共性和教学特点个性的有机结合。优秀的语文教师大多采用这类教案。无论对于新教师,还是对于老教师,这种类型的教案都是值得提倡的。

(二)形式维度教案

按形式划分,语文教案又可分为详细教案、简明教案和微型教案三种类型。

1.详细教案

这种教案内容周详全面,介绍作者、交代背景、正音正字、分析结构、讲解内容、归纳中心、总结写作特点、安排课后作业等等,一应俱全。其中,教学过程的编写尤其仔细,不仅有教学环节,而且有每一个重要提问,甚至对每一环节所需时间也作了大体安排,常用圈、点、横线、浪线、方框等标识重点内容,用不同颜色的笔书写关键词语,专门写出板书内容,等等。详细教案编写起来较费时间和精力,但便于系统记载教学内容,全面把握教学进程,适合经验不足的新教师。

2.简明教案

又称简案或教学提要。这种教案文字精练、篇幅短小,只写出最基本的内容。例如,只写出教学过程的主要环节,教材分析只写梗概或几个要点,作家作品及背景知识都尽可能压缩。它是对详细教案的简化,编写时需要有驾驭教学的能力和较强的概括能力。简案虽短,但难于设计,上课时也难以把握,因而只适合经验丰富的老教师。有时,备课的相关内容批注在课文中,与简案配合使用。

3.微型教案

也称卡片教案。把教学内容尽量简化,只保留最基本的教学步骤和必要的板书,写在卡片纸上,每课时写一张卡片,或每课时写一面。上课时,将教案卡片放置于讲台醒目处,或夹在教本里,可以同时看到教材和教案要点,教学时不至于临场慌乱、丢三落四。微型教案可以与详细教案或简明教案配套编写、协同使用。对于新教师来说,微型教案只能作为课堂教案操作的补充;对于经验丰富的老教师来说,配合课本上的批注运用微型教案,教学能得心应手。

第八章
语文大单元教学

◎**导读提要**◎

> 大单元教学是以单元为学习单位,依据学科课程标准,聚焦学科课程核心素养,围绕某一主题或活动(大概念、大任务、大项目),对教学内容进行整体思考、设计和组织实施的教学过程。大单元教学旨在促进教学内容结构化,增强教学内容整体性,以达到"整体大于部分之和"的效果,在提升教学效益、落实课程核心素养的同时,达成培养学生核心素养的目的。

◎**课程思政提要**◎

1.在语文学习的过程中树立正确的世界观、人生观和价值观,培养社会责任感。
2.开展以"爱国情怀"为主题的大单元教学,激发学生的爱国热情。
3.以大单元教学为背景,开展多元的教学活动,让学生在实践中提升综合素养。

▶▶ 第一节　大单元教学简介

◤ 一　大单元与大单元教学

　　大单元教学是实现培育学生核心素养目标的一种微型课程计划。在新课程理念下,大单元可以是单元教材中呈现的单元,也可以是视实际情况依据课程标准对教材重组形成的新的单元。崔允漷教授认为:大单元是一种学习单位,一个单元就是一个学习事件、一个完整的学习故事,因此一个单元就是一个微课程。或者说,一个单元就是一个指向素养的、相对独立的、体现完整教学过程的课程细胞。

　　大单元教学有四层含义。首先是素养目标,即解决真实情境问题,以产品或作品为导向。

其次,一个大单元是多课时的集合,多个课时构成一个教学单位。然后是微课程建设,将目标、情境、知识点、课时、教案、作业、展示、评估等建设成一个微课程,即有组织的学习项目。最后,大单元教学必须有组织者来作为单元的"骨架"统摄所有学习活动,主要有三类——大概念,即知识整合、内化后的想法或观念;大任务,即制品、作品或产品;大情境,即真实情境中的问题。

大单元教学是大概念、大任务、大情境统领下教学活动的结构化。大单元教学着眼于"大"字,从"大处"着眼,进而从"大处"着手。大单元的结构化,不仅是知识、技能的结构化,更是教学活动的结构化、问题的结构化。这里的结构化,是基于深度学习的理念,在大概念、大任务、大情境的统领下,整个大单元教学活动的整合化、条理化、纲领化。在教学活动中,教师不再只盯着知识点、考点,而应"左顾右盼、上挂下连",从课内课外到校内校外,视野从学习领域扩大至生活领域,真正实现陶行知先生"学习即生活"的教育观。

当前,课堂教学最大的问题是缺乏与学生真实发生有关、有趣、有用的连接,而大单元不再是原有知识点的简单相加,而是最小的课程单元,能够满足不同学生素养发展的要求,是落实学科核心素养、实现学科育人的基本单位和重要路径。需要注意的是,大单元教学不等于不要一节课的教学设计。基本的教学单位还是一节课、一节课地来实现的,但是,教师在思考每节课的教学目标、教学方法前,要按单元来思考和设计教学,避免将教学设计分割成一截一截的,或者是一篇一篇的,把教学内容分割得过于零散。

二、大概念、大任务与大情境

大概念是一种高阶思维的呈现样态,所折射的是一种整体层面的、系统科学的认知方式。一个概念、主题或问题,能够使离散的事实和技能相互联系并具有一定意义。在一个大单元中,没有大概念的统领,一篇篇文本就可能只是浅显地关联,不能被深度组织起来,教学的内容只是碎片化知识,学生不能深度迁移和运用。大任务是把学习内容安排在典型的学习场景之中,由一个贯穿始终的大任务来统领、驱动,围绕目标、内容、实施与评价进行的"完整的学习事件",而不再是按照一个一个知识点来组织教学。大情境是指整个单元的教学情境,即整个单元的教学都发生在同一个真实的生活大情境之中,并将学生暴露于自然的问题情境中,完全区别于用来导入新课的碎片化情境。通过创设真实的生活情境,激活学生的生活经验,激发他们学习的动机和兴趣,让他们能够围绕生活中真实的问题、真实的任务去学习和探究。

在大单元教学中,要基于课程核心素养的目标,用大概念去统筹单元学习内容,用大任务、大情境去启动单元学习,为学生提供充分的探究体验的过程,培养其正确价值观、必备品格和关键能力,形成良好的核心素养。发展学生核心素养,需要给学生一段时间去探究体验,经历完整的学习过程。完整的学习过程,需要依托一组性质相同、互相关联,并能体现学科主要概念、原理或思维方式的内容。因此,教师在备课时,要依据学科课程标准和学科核心素养来设计单元目标和分配单元教学任务,把核心素养分解到单元的课文中,让课文内容服务于单元教学,从而实现通过大单元教学培养学生学科核心素养的课程目标。

三 大单元学历案

(一)大单元学历案定义

大单元学历案是一种与教材配套的助学方案。这是以学生为中心的教学设计模式,由教师编制,学生使用;强调学生主动学习和发展,通过明确的学习目标、评价任务和学习过程来帮助学生获得良好的学习体验,帮助学生更好地理解教材内容,提高教学质量。大单元学历案是认知地图,拥有明确的目标和达成目标的学习路径;是学习档案,能够完整地记录学生的学习过程,可反复查阅;是活动载体,是师与师、师与生、生与生互动的文本;也是检测依据,按照规则抽样,可以了解学科学业质量情况。大单元学历案注重学习过程的分析和反思,有目前的学习任务和评价任务,可以帮助教师更好地指导学生学习,以提高教学质量。

(二)大单元学历案要素

大单元学历案的要素包括单元名称与课时、学习目标、评价任务、学习过程、作业与检测、学后反思等六部分。如果是超过三课时的单元,大单元学历案设计模板需调整为单元概览、课时设计、作业检测与学后反思三个部分。

(1)单元概览:在教师指导下,让学生先了解单元全貌,从整体感知进入单元学习。

(2)课时设计:强调分课时书写学生的学习任务与学习过程。

(3)作业检测与学后反思:分课时书写课堂作业和随堂检测的内容,以及随堂检测的题目与题型。

如有需要,还可增加设计意图部分,如教学设计依据、创意与使用建议等,供教师自己使用,或留给校本教研使用。

(三)编写大单元学历案

采用"五步列举三次提问"法编写大单元学历案,编写大单元学历案的五个步骤如下:

第一步,梳理和列举单元大主题;

第二步,列举单元学习表现;

第三步,列举单元核心素养要求;

第四步,列举单元思考问题;

第五步,叙写和列举单元评估方式。

编写大单元学历案的三次提问:问学习结果、问学习过程、问学习表现。

大单元教学的实施与评价要体现总—分—总的教学安排。倡导基于大单元学历案的教学,注重"异学习",强化学习的差异性、积累性、系统性、学科性;立足单元,丰富各课时的教学形态,实现学习方式的变革;注重学科实践,将所学知识条件化、情境化与结构化;强化促进学习的形成性评价,实现教学评相统一,探索表现评价,加强过程评价,重视综合评价。

大单元教学可参考以下模型:第一课时进行单元导学,中间每个单元进行子问题、子任务、子观念的落实,最后一个课时进行单元的总结及评估。处理教材时依据单元目标、课时、资源(校情、师情、生情等),进行增(增加内容,补充材料主题活动、实验操作等)、删(删除重复的、不符合标准的、不必要的内容）、换（更换不合适或不合理的内容）、合（整合不同知识点或不同学科的内容）、立（打破原来学科内容的排序，重新组织内容）。

▶▶ 第二节　小学语文大单元教学

一 小学语文大单元教学的内涵

小学语文大单元教学是指以一个主题、一个话题或一篇文章为核心整合课文，对相应的语文知识点展开教学活动。其中，主题或话题要根据学生的年级特点和生活实际选择，通常是人们关心和热爱的事物，如节日、动物、自然等；文章则是通过几篇文章来让学生了解相关的知识点，因此需要选择与学生水平相符的篇目。

二 小学语文大单元教学的意义

有利于知识的系统化学习。小学语文大单元教学以主题为核心，将相关知识点贯穿在一起，有助于学生对知识的系统化学习。培养学生运用系统思维深入思考和解决问题的能力。帮助学生建立全面、科学的知识结构。

有利于课堂教学的重点突出。小学语文大单元教学以主题为线索，可以突出课堂教学的重点，使学生能够集中注意力，更深入、更有针对性地学习与主题相关的内容，提高学习效率。

有利于学生综合运用语文知识。小学语文大单元教学融合阅读、写作、口语交际等语文基本功训练，以提高学生的语文能力为目标，实现学生多方面的发展，提高学生语文素养和综合运用能力。

有利于培养学生自主学习与合作学习的能力。小学语文大单元教学不仅注重知识的传授，还注重培养学生的思维能力、创造能力、表达能力、合作能力等。以兴趣为导向，通过学生自主探索和学习，激发学生的学习兴趣，培养其自主学习能力。

三 课文大单元教学的核心素养分解

（一）核心素养在大单元教学中的实施路径

一是语言应用在大单元教学中的实施路径。语文学习就是学习语言的应用，语言的听、说、读、写能力是学生的基本素质，在教学中通过识字与写字教学、阅读教学、口语交际教学、习作教学和综合性活动来培养学生的语言应用能力。掌握汉语拼音字母表、拼音规则、读音规则;提高学生的识字能力,正确书写汉字,增加识字量,学会查字典;多种方法理解词语,在不同的情境中感受词语特点;了解句子类型,建立句子的概念,掌握句式变换,理解句子在不同语境中的意义,正确使用标点符号;理解课文内容,了解各种文体特点,掌握不同的阅读方法;学会多样化阅读课文,复述课文;根据不同场景使用正确合适的表达用语。

二是思维能力在大单元教学中的实施路径。在小学语文的教学中,学生的思维能力与语言表达息息相关,培养学生的思维能力要从思维方法和思维品质两方面出发,通过阅读、习作、口语交际、综合性活动,培养学生思维的整体性、多元性、开放性,训练学生的形象思维、抽象思维和创造性思维,关注思维品质,着眼思维的灵活性、逻辑性、批判性。学会预测课文内容;理解重点词句;理清文章的主要内容,体会作者的思想感情;用生动形象的语言表现人物形象;利用想象对课文进行学习、探究;能够联系生活情境表达自己的体验;分析、归纳资料,有理有据地表达自己的看法;准确、有逻辑地进行书面表达和口头表达;对于课文等内容有批判性的见解。

三是文化自信在大单元教学中的实施路径。中国文化博大精深,在小学语文中,如寓言故事、古诗词、汉字等都是中国传统文化的组成部分,体现了民族的智慧,是中华文化的思想精华。在语文学习中进行文化传承,激发学生的情感认同和价值认同。理解古诗词、文言文中所表达的精神和品质;了解中华优秀传统文化,激发学生的兴趣;学习外国文学作品,理解其内容,尊重文学的多样性;主动阅读课外优秀文学作品,树立正确的世界观、人生观、价值观,增强自身的使命感和责任感。

四是审美鉴赏在大单元教学中的实施路径。语文教学不仅要传授知识,还要培养学生的审美能力、鉴赏能力、创造能力,在学习和阅读课文中感受文字和艺术的美感。了解汉字的结构,掌握汉字形态的演变,通过欣赏书法作品感受汉字之美;了解形声字,掌握歇后语、对联等传统文化形式;对不同时代的文学作品能有自己的独特感受,保持批判性评价,有正确的价值观和审美观;运用准确的口语或书面表达,创造美好的形象,表达自己的情感;阅读文章内容,并能进行赏析,说出自己的见解;主动了解作品的背景知识等,提高鉴赏能力;结合生活经验,对阅读文本作出合理的评价。

(二)语文大单元核心素养分解

语文大单元备课的第一步,是分解语文学科核心素养。参见语文大单元核心素养分解。

四、语文单元的情境教学设计

语文大单元
核心素养分解案例

小学情境教学与发展核心素养之间存在着密切的联系,主要表现在以下几个方面。

小学情境教学可以为学生创造一种"沉浸式"的体验,让学生全身心参与真实的情境,提高学生的学习积极性和提升学习效果,使学生较快获得知识和技能。以三年级下册第三单元第九课"古诗三首"中《元日》为例,这首诗描写了春节除旧迎新的景象,学生在生活中有真实的体验,教师在课堂上通过情境教学链接古诗内容与真实生活体验。

小学情境教学注重让学生在实际情境中学习和实践,促进学生发展语言、阅读、思维、创新、习作等核心素养和综合能力。以三年级下册第三单元第11课《赵州桥》为例,这篇课文不但写明了赵州桥的位置、设计者、建造年代,还清楚地展现了赵州桥的外形特点,并具体介绍了其设计的美观性和优势,进而赞扬了古代劳动人民的智慧和才干。教师设置了"我当小导游"这一情境,将学生带入真实的讲解情境中。在当一名成功的小导游之前,学生会大量地搜集素材,进行广泛阅读,还需要在自己的讲解词中有所创新,再运用于实践中。

培养学生的情感认知能力,加强情感体验和提升情感价值。以三年级下册第三单元第12课《一幅名扬中外的画》为例,这篇课文介绍了北宋画家张择端的《清明上河图》,通过对画中人物、场景等细节的介绍,诠释了《清明上河图》名扬中外的原因。学习这篇课文时,教师创设的情境是"听到外国朋友夸赞《清明上河图》,你有什么感受?"这一情境能够激发学生的情感认知体验,生发出民族自豪感。

小学情境教学注重激发学生的学习兴趣和自主学习能力,让学生在真实的情境中自主探索和学习,提高自主学习能力和合作学习能力。以三年级下册第三单元第10课《纸的发明》为例,这篇课文叙述了没有纸之前人们用文字记录事件的不便以及纸的发明过程,说明中国造纸术极大地促进了人类社会的进步和文化的发展,是中国对世界文明的伟大贡献之一。学习这篇课文时,教师设置的情境为"我当蔡伦的助理",这一情境能够激发学生的热情和兴趣,让他们在自主学习与合作学习中明白"为什么只有蔡伦改进的造纸术传承下来了"。

总之,小学情境教学是发展核心素养的重要途径之一。可以通过创造具体的情境和环境,帮助学生更好地理解和运用所学知识,加强学生的综合能力,提升情感认知,培养自主学习能力,从而实现核心素养的发展。

大单元情境教学案例

▶▶ 第三节　中学语文大单元教学

中学语文大单元教学设计一共分为三个部分:第一部分为基本信息;第二部分为单元教学设计,包含单元分析和单元目标;第三部分为课时教学设计。

▶ 语文大单元教学基本信息

大单元教学基本信息,是有关教师、教材和学生基本情况的大致说明,包括教师姓名、教师任职学校、学生所在年级、教材版本及具体单元。

第一部分：基本信息			
姓　名	×××	学　校	×××
学　科	语文	联系电话及邮箱	×××
年　级	八年级	教科书版本及章节	部编版八年级下册第三单元
备注说明			

二、语文大单元教学分析说明

　　主要分析单元课文的学习主题和学习任务，分析课文特点，分解单元训练任务，确立单元学习目标，落实核心素养，设计单元教学思路。

第二部分：单元教学设计	
单元学习主题	探寻游记游踪，传承文化经典
1.单元教学设计说明	

　　本单元是古诗文阅读单元，入选的文言文篇目为《桃花源记》《小石潭记》《核舟记》，三篇均为经典篇目，属古代的"记"文体。在古代文体中，"记"最为灵活多变，可叙事，可写景，可状物。

　　《桃花源记》记事，《小石潭记》记游，《核舟记》状物。

　　《桃花源记》是《桃花源诗》的序文。作者写虚构的桃花源中的故事，借此来阐述自己理想中的社会，表达对美好生活的向往。在学习这篇文章时，教师要引导学生注意一词多义、古今异义等文言现象，读懂作者借桃花源寄托的社会理想，同时体会文章笔法简洁但内涵丰富的语言特色。

　　《小石潭记》是柳宗元"永州八记"的第四篇，作者对小石潭秀丽景色的描写细腻生动，表达了被贬流放的忧伤怨愤，将自我和山水融为一体，借以求人生真谛。学习时重在理清游记的线索，把握游记的特点；深入理解文章的情感变化，了解作者寓情于景的写法。

　　《核舟记》也是记，但它记的是一件工艺品，从中可以看到我国古代优秀工匠的聪明才智。教师除了引导学生积累文言词语，还要让学生体会雕刻者高超的技艺，品味文章简洁生动的语言。

2.单元学习目标

(1)了解"记"这种古文体裁。

(2)借助注释和工具书读懂课文，积累常用的文言词语。

(3)通过反复诵读，感受诗文的语言之美。

(4)通过阅读古文名篇，了解古人的思想、情趣，体会作者笔下的景物之美，从而陶冶自身的情操，提高对中华优秀传统文化的热爱之情以及增强民族自信心。

3.单元整体教学思路(教学结构图或表)

　　吟咏古韵(第一课时)→说文解字(第二课时)→梳理情节(第三课时)→悟旨品道(第四课时)

三 语文大单元教学课时分解

　　大单元教学课时分解包括课题、课型、课时分配等内容。每一个课题都有一个主题,每一个单元都有不同的课型:新授课、继授课、单元复习课、专题复习课、习题/试卷讲评课、学科实践活动课等课型。单元课时分解包含:①教学内容分析;②学习者分析;③确定教学目标;④确定学习重点(难点);⑤学习评价设计;⑥教学活动设计;⑦学生活动设计;⑧提供服务设计;⑨设计思维导图(板书);⑩分享特色学习资源;⑪说明技术应用手段;⑫提供参考文献。

第一课时学历案

第三部分:课时教学设计	
课　题	吟咏古韵(第一课时)
课型 (勾选√)	新授课√　继授课□　　单元复习课□　　专题复习课□ 习题/试卷讲评课□　　学科实践活动□　　其他□

1.教学内容分析
本单元入选的三篇文言文篇目《桃花源记》《小石潭记》《核舟记》,是古文中的经典篇目,要求学生背默。背默需建立在熟读成诵的基础上。能够准确、流畅、有节奏感地诵读,是古文学习的第一步,因此我们把本单元的第一课时确定为吟咏古韵。三篇文章里《桃花源记》吟诵的难度不大,基本没有生僻字,只需提醒学生记准"髫""阡陌""骥"等字的字音并能正确书写。《小石潭记》的难度相对较大,既要注意"篁""珮环""清冽""坻""屿""嵁""翠蔓""蒙络摇缀,参差披拂"的准确读音,还要注意这些字的准确书写。

2.学习者分析
八年级的学生对古文已经有了一定的积累,对三篇古文的诵读基本没有困难,《桃花源记》诵读应该是没难度的,《核舟记》应该难度也不大,困难较大的就是《小石潭记》,生僻字多,学生默写的时候易错字也多,所以在学习的时候,要记准、记实。可以用字义法、联想法等方法突破这些难点。

3.学习目标确定
(1)反复诵读三篇课文,读准字音,掌握字形。 (2)设计朗读脚本,读清节奏,读出情感。 (3)在熟读成诵的基础上能背默三篇古文。

4.学习重点(或难点)
(1)反复诵读三篇课文,读准字音,掌握字形。 (2)设计《小石潭记》朗读脚本,读清节奏,读出情感。

5.学习(学业)评价设计概述
(1)完成课堂任务一,读准字音,掌握字形,落实学习目标一。 (2)完成课堂任务二,设计朗读脚本,落实学习目标二。 (3)完成课堂任务三,落实学习目标二、学习目标三。

续表

第三部分:课时教学设计	
课　题	吟咏古韵(第一课时)

6.教学活动设计

任务一:反复诵读三篇课文,读准字音,读清节奏,读出情感。

学生活动	语文服务支持
(1)旧书不厌百回读,熟读深思子自知。徜徉于经典名篇当中,你是否想像古人那样吟诵一番,感受其中的深意? 请同学们自行大声朗读,并完成朗读记录。 表格见下 (2)学生自评。 表格见下	(1)提供朗读记录表。 (2)提供学生自评量表。

篇　目	朗读计时	朗读感受
《桃花源记》		
《小石潭记》		
《核舟记》		

评价标准	自　评		
	优	良	及格
读准字音,语句通顺,语言流畅。			

活动意图说明:

　　通过两份量表让学生计时朗读,并记录朗读感受,为后面的学习做好铺垫,读准字音,掌握字形,积累文言文字词,落实学习目标。

任务二:设计朗读脚本。

学生活动	语文服务支持
(1)朗诵脚本是指朗诵时所依据的底本,需要包含朗诵时的停顿、连接、重音、节奏等。为了提高咱们的朗读水平,请同学们以小组为单位,任选本单元三篇古文中的一篇,设计朗诵脚本。 表格见下 (2)学生吟诵展示。	教师巡堂指导。

朗诵符号	意　义
·	重音
/	短停顿
//	长停顿或句群停顿
↗	升调
↘	降调
——	尾音拖长
⌒	连续

第三部分:课时教学设计	
课　题	吟咏古韵(第一课时)

活动意图说明:

在吟诵中体会文言古韵的魅力,落实语文学科素养,传承文化经典,为后面的学习做好铺垫。

任务三:我声飞扬。

学生活动	语文服务支持
(1)请同学们以小组为单位,以读准字音为基点,读清节奏,以读出情感为目标,选择一篇文言文和合适的配乐进行诵读比赛。 (2)学生采用"_____句读来应该更加(急促/舒缓),是因为此句写出了_____;_____句读来应该相对_____(急促/舒缓),是因为此句写出了_____。"的句式进行点评。 (3)填写互评表,并选出"最美声音"。 表格见下 (4)全班齐读。	(1)指导学生朗读。 (2)提供评价量表。 (3)对学生的吟诵进行点评并指导。

评价标准	互　评		
	优	良	及　格
读准字音,语句通顺,语言流畅。			
读清节奏,读出情感。			
配乐选择,文本合适。			

活动意图说明:

在前面练习的基础上,进一步朗读课文,通过学生自己揣摩、实践读出学生自己对课文的理解和体会,也为后面的背诵打下基础。在诵读中领略体会传统文字的魅力。

7.教学思维导图(板书)设计

8.作业与拓展学习设计

9.特色学习资源分析、技术手段应用说明(结合教学特色和实际撰写)

(有数字化赋能设计的课,本项必填)

续表

第三部分:课时教学设计	
课　题	吟咏古韵(第一课时)
10.设计参考文献	

第二课时学历案

课　题	说文解字(第二课时)			
课型 (勾选√)	新授课□　　继授课√　　单元复习课□　　专题复习课□ 习题/试卷讲评课□　　学科实践活动□　　其他□			

1.教学内容分析

　　本单元入选的三篇文言文有各自的文言知识侧重点,《桃花源记》古今异义的现象比较典型;《小石潭记》里名词做状语的现象比较典型;《核舟记》是一篇说明文,数词做定语后置的语法现象很典型。除此之外,每篇课文还各自有一些比较典型的特殊文言句式,需要帮助学生掌握清楚,这对学生阅读其他的文言篇目有很大的帮助。

2.学习者分析

　　八年级的学生对文言文的知识点有一定的积累,一些简单的语法现象能够看出来,比如古今异义、名词做状语,但是一些没有见过的语法现象未必能知道;还有名词做状语的语法现象之前没有专门学习过,在讲这些知识点的时候要细致一些,帮助学习熟悉这些语法现象;对定语后置、状语后置这些特殊文言句式,学生应该能够分析出来;几篇课文里典型的句子翻译,对于程度好的学生应该没有问题,但是对于少数基础不太好的孩子翻译起来是有难度的,老师需要对这部分学生予以关注。

3.学习目标确定

(1)梳理通假字、一词多义、古今异义、词类活用等文言现象。
(2)准确翻译文中的典型句式,理解句子的含义。

4.学习重点(或难点)

(1)《桃花源记》中古今异义的现象。
(2)《小石潭记》里名词做状语的现象。
(3)《核舟记》里数词做定语后置的语法现象。

5.学习(学业)评价设计概述

(1)完成课堂任务一,梳理通假字、一词多义、古今异义、词类活用等文言现象,落实学习目标一。
(2)完成课堂任务二,翻译重点句子,落实学习目标二。

6.教学活动设计

任务一:梳理通假字、一词多义、古今异义、词类活用等文言现象。

续表

课　题	说文解字(第二课时)

学生活动	语文服务支持
完成字词梳理表格。 	篇　目	通假字	一词多义	古今异义	词类活用	疑难句子
---	---	---	---	---	---
《桃花源记》					
《小石潭记》					
《核舟记》							(1)帮助学生梳理文言字词。 (2)讲解语法现象。

活动意图说明:

通过学生自己梳理和积累,可以加深他们的印象。积累字词,丰富学生的词汇和语法积累,提升学生阅读文言文的能力。

任务二:完成难点句子的翻译。

学生活动	语文服务支持
翻译句子,并掌握其中的语法现象: (1)黄发垂髫,并怡然自乐。 (2)见渔人,乃大惊,问所从来。具答之。 (3)便要还家,设酒杀鸡作食。 (4)村中闻有此人,咸来问讯。 (5)自云先世避秦时乱,率妻子邑人来此绝境,不复出焉,遂与外人间隔。 (6)问今是何世,乃不知有汉,无论魏晋。 (7)此人一一为具言所闻,皆叹惋。 (8)青树翠蔓,蒙络摇缀,参差披拂。 (9)潭中鱼可百许头,皆若空游无所依。 (10)日光下澈,影布石上。 (11)怡然不动,俶尔远逝,往来翕忽,似与游者相乐。 (12)潭西南而望,斗折蛇行,明灭可见。 (13)其岸势犬牙差互,不可知其源。 (14)寂寥无人,凄神寒骨,悄怆幽邃。	(1)讲解和归纳文言文特殊句式。 (2)指导学生翻译难点和典型的文言文句子。

活动意图说明:

掌握文言文的特殊句式,帮助学生阅读其他的文言文语段,提升学生文言文阅读的能力和水平,为后面的学习奠定基础。

7.教学思维导图(板书)设计

续表

课 题	说文解字(第二课时)
8.作业与拓展学习设计	
9.特色学习资源分析、技术手段应用说明(结合教学特色和实际撰写)	
(有数字化赋能设计的课,本项必填)	
10.设计参考文献	

第三课时学历案

课 题	梳理情节(第三课时)
课型 (勾选√)	新授课□　　继授课√　　单元复习课□　　专题复习课□ 习题/试卷讲评课□　　学科实践活动□　　其他□
1.教学内容分析	

　　本单元入选的三篇文言文中的前两篇是游记,都是以游踪为线索贯穿全文,通过写景寄寓作者的理想和情感。《核舟记》是一篇说明文,按照逻辑顺序介绍了核舟的精巧,赞扬了古代劳动人民高超的技巧和超凡的智慧。学习前两篇课文的时候,可以按照作者的游踪带领学生分析文章,《核舟记》可以按照说明的顺序分析作者的思路。

2.学习者分析

　　对于八年级的学生,这是第一次正式接触游记类文言文,之前做课外的文言文阅读时遇到过几篇,但是并不系统。通过这一单元的学习,可以让学生系统地学习游记类文言文的学习方法,借助游踪理清文章的结构脉络,从而理解文意。

3.学习目标确定

(1)把握文章内容,梳理文章脉络。
(2)感受桃花源的自然环境、社会生活特点和小石潭的景物特点,体悟核舟之美和匠人构思之妙。
(3)总结"记"这种古文体裁的特征。

4.学习重点(或难点)

(1)重点:掌握古文"记"的文体特征。
(2)难点:感悟古文"记"类体裁在记事、记游、状物中的文体美和语言美。

5.学习(学业)评价设计概述

(1)完成课堂任务一,寻找游踪,梳理情节,落实学习目标一、学习目标三。
(2)完成课堂任务二,总结"记"这一文体特点,落实学习目标三。
(3)完成课堂任务三,赏美景,落实学习目标二。

课 题	梳理情节(第三课时)

6.教学活动设计

任务一:寻找游踪,梳理情节。

学生活动	语文服务支持

速读三篇课文,填写以下思维导图,并试着用简要的语言概括三篇课文的主要内容。

明确:

《桃花源记》

学生端:发现桃花林 → ○ → ○ → 辞别桃花源 → ○

明确端:发现桃花林 → 进入桃花源 → 做客桃花源 → 辞别桃花源 → 再寻桃花源

《小石潭记》

学生端:发现小石潭 → ○ → ○ → ○ → 交代同游者

明确端:发现小石潭 → 赏景小石潭 → 探源小石潭 → 惜别小石潭 → 交代同游者

《核舟记》

学生端:
结构示例 →
- 介绍王叔远的高超技艺,点明"_____"的主题
- 详细介绍核舟 → 船舱 → □□□□
- 赞扬王叔远的精巧技艺

明确端:
结构示例 →
- 介绍王叔远的高超技艺,点明"大苏泛赤壁"的主题
- 详细介绍核舟 →
  - 船舱 → 篛篷覆之,旁开小窗
  - 船头 → 苏、黄、佛印
  - 船尾 → 横卧一楫、横卧舟子
  - 船背 → 题名、篆章
- 赞扬王叔远的精巧技艺

篇 目	主要内容
《桃花源记》	
《小石潭记》	
《核舟记》	

活动意图说明:
通过完成思维导图,梳理文章的情节,把握作者的写作内容,为后面的学习做好铺垫。

续表

课　题	梳理情节(第三课时)

任务二:思考小结"记"与"记"不同。

学生活动	语文服务支持
(1)根据文章内容,各小组探究"记"这种文体的特点。 | 篇目	"记"的对象
《桃花源记》	
《小石潭记》	
《核舟记》	| (2)请试着为"记"这种文体下一个定义: 记,又称杂记,是古代一种_____的文体。	(1)明确:《桃花源记》记事,《小石潭记》记游,《核舟记》状物。 (2)明确:叙事、写景、状物,题材多样,形式灵活。

活动意图说明:
　　"记"是文言文中很重要的一种文体,以本单元的几篇课文为抓手,让学生对比分析,从中总结出"记"这种文体的分类及特点。

任务三:赏美景。

学生活动	语文服务支持
(1)以小组为单位,根据课文描写桃花源和小石潭环境的句子,填写下列表格,并展开丰富的想象设计一段导游词。 要求:导游词要紧扣经典的独特之处,以一定的顺序,用生动凝练的语言撰写。 	推荐 景点	原文 依据	主打特点 (一个字 概括)	导游词 (格式:称谓+问 候语+景点介绍)
---	---	---	---
			| (2)小组派代表分享导游词,展示美景。 任务要求:以"我推荐的景点是_____,该景点的主打特点是_____,从_____一句中,可以看出这里_____,针对这个特点,我设计的导游词如下_____。"的句式来进行分享。 (3)小明提议要为核舟这类微雕艺术品设展览馆,请仿照以上所学,为该馆设计一段导游词。 任务要求:以"我推荐的景点是微雕馆,该景点的主打特点是_____,从_____一句中,可以看出这里_____,针对这个特点,我设计的导游词如下_____。"的句式来进行分享。	明确: 《桃花源记》 例:从"土地平旷,屋舍俨然"中,可以看出这是一个生活有保障的桃源之境。这里土地平坦开阔,房屋整整齐齐。有屋住,有田耕,生活有保障。 《小石潭记》 例:观树之乐——"青树翠蔓,蒙络摇缀,参差披拂"——青青的树和翠绿的藤蔓缠绕在一起,组成一个绿色的网,点缀在小潭的四周,参差不齐的枝条,随风摆动,舞姿翩翩。

续表

课　题	梳理情节(第三课时)
活动意图说明: 　　感受作者笔下桃花源的自然环境、社会生活特点和小石潭的景物特点,体悟核舟之美和匠人构思之妙,落实学习目标二。	
7.教学思维导图(板书)设计	
8.作业与拓展学习设计	
9.特色学习资源分析、技术手段应用说明(结合教学特色和实际撰写)	
(有数字化赋能设计的课,本项必填)	
10.设计参考文献	

第四课时学历案

课　题	悟旨品道(第四课时)
课型 (勾选√)	新授课□　继授课√　单元复习课□　专题复习课□ 习题/试卷讲评课□　学科实践活动□　其他□
1.教学内容分析	

　　本单元所选古诗文,或记事,或记游,或状物,或抒情,语言优美凝练,闪烁着古人的思想、智慧,内涵丰富,给人以美的熏陶和感染。

　　《桃花源记》以武陵渔人行踪为线索,描绘了一个景色优美、生活和谐、民风淳朴的世外桃源,表达了作者对黑暗现实的不满和对和平生活的向往。

　　《小石潭记》记叙了作者游玩的整个过程,以优美的语言描写了"小石潭"的景色,含蓄地抒发了作者被贬后无法排遣的忧伤凄苦之情。

　　《核舟记》用生动简洁的语言描写了"核舟"上栩栩如生的人物形象和景物特点,赞美了刻舟者的精巧技艺,同时也高度赞扬了古代劳动人民的勤劳与智慧。

| 2.学习者分析 |

　　在前面几个课时的基础上,学生对本单元的几篇课文应该有了基本的了解,这节课就是在前面几节课的铺垫下,深入地对本单元的课文进行分析。《桃花源记》,学生应该能够读懂,但为何要虚构一个这样的世外桃源,学生不一定会清楚,所以老师在教学的时候要结合背景帮助学生去理解这个问题。《小石潭记》的景物描写比较清晰,但是要深入地理解也需要结合作者本人的经历。《核舟记》这篇说明文,学生理解起来难度不大,情感学生也能够读出来,所以重点是让学生体会作者用说明的表达方式把事物描述清楚的方法。

续表

课　题	悟旨品道(第四课时)

3.学习目标确定

(1)把握作品内容,体会写作技巧,理解作者的思想感情。

(2)了解古人的思想、情趣,感受他们的智慧,受到美的熏陶和感染。

4.学习重点(或难点)

把握作品内容,体会写作技巧,感悟作者的思想感情。

5.学习(学业)评价设计概述

(1)完成课堂任务一,"名人访谈",落实学习目标二。

(2)完成课堂任务二,落实学习目标一。

6.教学活动设计

任务一:"名人访谈"。

学生活动	语文服务支持
"名人访谈"节目将对陶渊明、柳宗元、魏学洢进行采访,请你围绕本单元几篇文章的写作背景、写作手法、主题思想,拟定采访问题,与课文中的人物或作者进行一场穿越时空的访谈。 表格:篇目／采访对象／文章摘要／采访问题／预设人物回答。篇目包括《桃花源记》《小石潭记》《核舟记》。	[示例] 采访对象:柳宗元 (1)你是在什么样的心境下写的《小石潭记》? (2)你游览了小石潭后是按照怎样的顺序组织材料的? (3)外界评论你的这篇小散文写景很有特色,你能否谈一谈这篇文章的写作特色? (4)文章前面写"心乐之",后面又写"悄怆幽邃",一乐一忧似难相容,读者该如何理解?

活动意图说明:

　　了解古人的思想、情趣,感受他们的智慧,受到美的熏陶和感染,落实学习目标二。

任务二:思考小结。

学生活动	语文服务支持
(1)讨论总结抒情方式。 表格:抒情方式／课文／举例。课文包括《桃花源记》《小石潭记》《核舟记》。	(1)出示每篇课文作者的相关经历、写作背景。

课　题	悟旨品道(第四课时)

| (2)讨论总结表现手法。 | (2)帮助学生整理归纳写作手法和思想感情。 |

(2)讨论总结表现手法。

篇　　目	表现手法
《桃花源记》	
《小石潭记》	
《核舟记》	

(3)讨论总结思想感情。

篇　　目	思想感情
《桃花源记》	
《小石潭记》	
《核舟记》	

活动意图说明:

　　通过学生自己归纳整理,进一步明确本单元几篇课文的写作手法、作者想要传达的思想感情,进一步理解"记"这种文体,深入理解文本。

7.教学思维导图(板书)设计

8.作业与拓展学习设计

9.特色学习资源分析、技术手段应用说明(结合教学特色和实际撰写)

(有数字化赋能设计的课,本项必填)

10.设计参考文献

第九章
识字与写字教学

◎**导读提要**◎

　　识字与写字教学的内容包括字音教学、字形教学和字义教学。识字教学要遵循儿童识字的心理规律，多认少写，整合各种识字方法。写字教学可以培养学生的审美情趣，提高学生的人文素养。写字教学策略有情感驱动策略、形象直观策略、分类指导策略。

◎**课程思政提要**◎

　　1.讲解文字背后的历史故事和文化背景，传承中华美德，培养爱国情怀。
　　2.从汉字具有的独特魅力以及近年来汉字文化的国际影响出发，让学生了解中华民族的创造力和智慧，增强学生的文化自信。
　　3.通过汉字教学，引导学生使用规范、文明的语言进行交流，树立良好的语言风尚。

▶▶ 第一节　汉字的知识类型

　　汉字是传承中华文化的主要载体，是培养学生汉语能力的基本保障。分析汉字知识类型，探讨汉字知识教学规律，有利于提高学生汉语学习水平。根据2001年修订后的布卢姆认知学习结果二维新分类理论，可以将汉字学习结果分为四种知识类型，分别是事实性汉字知识、概念性汉字知识、程序性汉字知识、元认知汉字知识。

▶ 事实性汉字知识

　　事实性知识是关于某一学科基本要素的知识，是解决问题时必须知道的基本要素，具体包括术语知识和具体细节的要素知识。术语知识指言语和非言语的知识与符号，例如：语词、数字、信号、图片等，是人们在日常生活中沟通交流时必须用到的知识。具体细节的要素知识是指可以从一个更大的情境中分离出来的信息,例如事件、地点、人物、日期、信息源等。

事实性汉字知识在字音知识中有拼音术语知识,例如声母、韵母、声调;在字形知识中有笔画、偏旁、部首知识;在字义知识中有本义、转义、引申义、比喻义知识。

二、概念性汉字知识

概念性知识是关于类别与原理的知识。类别知识具体指一个整体结构中的各个基本要素,例如人名、地名等。原理知识具体表明某一个学科领域的知识是如何组织,如何发生内在联系,如何体现出系统一致的方式,例如语法知识、修辞知识等。

概念性知识具体包括类别与分类的知识、原理与概括的知识、理论模式与结构的知识三个类别。类别与分类的知识强调类的划分,在具体要素的数量及联系上与事实性知识中的术语知识表现出明显区别。类别与分类的知识比术语和事实更加概括,它既是原理与概括知识的基础,同时也是理论模式与结构知识的基础。

概念性汉字知识在字音知识中有鼻音、边音知识,在字形知识中有偏旁、部首知识,在字义知识中有指事、象形、会意、形声知识。类别与分类的知识比事实性知识更概括。例如,"山、川、日、月"等汉字是象形字,它是事实性知识。

三、程序性汉字知识

程序性知识是关于方法和操作步骤的知识,是"如何做的知识"。"做"的表现形式多种多样,可以表现为形成一个简单易行的常规联系,也可以表现为解答一个新颖别致的问题。程序性知识一般都与具体学科挂钩,也反映了具体学科的思维方式。程序性知识包括以下三种知识形态:具体学科技能和算法的知识、具体学科技巧和方法的知识、确定何时运用适当程序的知识。

程序性汉字知识主要包含汉字书写笔顺与笔画知识,相同的汉字部件、不同的组合方式会产生新的汉字。

四、元认知汉字知识

元认知知识是关于一般的认知知识和自我认知的知识。它在学生成长过程中具有发挥学习主动性的作用。元认知知识包括策略知识、认知任务知识、自我认知知识。

元认知汉字知识主要包括汉字学习任务知识、汉字学习策略知识。要求学生了解汉字学习任务,寻找恰当的汉字学习策略。例如汉字再认任务,只要求学生记住读音,而汉字再现任务,则要求学生不仅能够读准字音,还要能够写对字形。

根据布卢姆认知目标二维新分类理论,分析整理汉字知识类型,按照字音知识、字形知识、字义知识分类,分别整理事实性汉字知识、概念性汉字知识、程序性汉字知识、元认知汉字知识，如表9-1所示。

表9-1　汉字知识类型分析表

汉字知识类型	汉字字音知识	汉字字形知识	汉字字义知识
事实性汉字知识 A.术语的知识 B.具体细节和要素的知识	拼音名称知识 字母、声母、韵母、声调 汉字音节拼写细节知识	汉字笔画名称知识 汉字偏旁名称知识 汉字部首名称知识 单音节汉字知识	汉字本义知识 一音多义知识 多音同义字知识
概念性汉字知识 A.类别与分类知识 B.理论模式与结构知识	拼音类别知识 同音字知识 多音字知识	偏旁类别知识 部首类别知识	汉字字源知识 指事、象形、会意、形声 汉字词性知识 名词、动词、代词、数词、量词、形容词、副词
程序性汉字知识 A.具体学科技能的知识 B.具体学科技巧和方法的知识	拼音发音技巧知识 鼻音、边音 普通话音变技巧知识 轻声、儿化、变调 普通话朗读技巧知识 重音、停顿、语气、语调、语速	汉字笔顺书写规则 汉字间架结构书写规则	句读方法知识 属对技巧知识
元认知汉字知识 关于一般的认知知识和自我认知知识 A.策略知识 B.认知任务知识 C.自我认知知识	汉字名称的复诵策略	何时何处按照笔顺规则书写汉字 何时何处练习汉字间架结构	怎样断句 是否具备属对知识

▶▶ 第二节　识字教学

▬ 识字教学的主要内容

（一）字音教学

字音教学的关键是教会学生运用汉语拼音认读汉字。汉字的读音和形体之间没有必然联系，字形的构造不能把读音直接标示出来，需要通过汉语拼音标示读音。小学生首先要掌握好汉语拼音这套识字工具。教学汉语拼音要借助情境、语境学习声母、韵母,通过示范教读,让学生掌握要领,正确发音,为准确拼读音节打好基础,最后能熟练地拼读音节。学好汉语拼音,学生就能凭借汉语拼音这一工具帮助识字、正音。在字音教学中要恰当利用汉字字音的特点进行教学,引导学生仔细分辨同音字和多音字。

1.同音字归类比较

由于普通话的基本音节只有400个,而汉字数量上万,这就产生了大量的同音字。如"工、公、功、攻、宫、弓"等字都读gōng,但它们的字形、字义和用法都不相同。学生对字形,尤其是字义把握不准确,往往容易混用,要解决这个问题,关键是要准确理解字义,根据语境正确进行鉴选。

2.多音字据义定音

多音字只有放在具体的词句中才能根据语境意义确定其读音。例如,"盛"字有两个读音(shèng和chéng),什么时候读shèng,什么时候读chéng,必须据义定音。当其组成"盛饭"一词时,"盛"就表示动作行为,应该读作chéng;而在"盛情""昌盛"等词中,则读作shèng,作为形容修饰语,表示深厚、兴旺等意思。此外,为了使学生灵活掌握多音字的多种读音和用法,还可以把多音字编入同一句话或同一段话里,让学生分辨音和义。

3.形声字利用声旁记音

汉字中部分形声字的读音和声旁作为独体字时的读音相同或相近,知道作为声旁的独体字读音,有助于学生找到形声字的读音。例如,学了"青"字,再学"请、清、情、晴"时,引导学生注意它们的声母、韵母和"青"相同,只是声调不同,这样能使学生逐步了解形声字的特点,掌握识字方法。当然,由于语音的古今变化,很多形声字已经不能靠声旁来确定字音,告诉学生切忌盲目地据此判断字的读音,否则会闹出笑话来。

(二)字形教学

字形教学是低年级识字教学的重点,主要有两种教学方法:分析字形结构和比较字形差异。

1.分析字形结构

学生对汉字字形的认识分析能力是逐渐形成的。最初需要了解汉字基本笔画、笔顺、间架结构,学习偏旁部首之后,对汉字的分析就由笔画分析过渡到部件分析。这里需要强调的是,部件分析单位的数量要小,这样可以使分析综合的过程缩短,从而简化识字的心理过程,提高识字教学的效率。教师要引导学生尽快由笔画书空的方法向字形分析的方法过渡,变机械识记为意义识记。一般来说,教学中采取这样的方法:(1)什么结构的字;(2)是由什么加或减什么,或换成什么等组成。例如,"借"字,生甲:左边一个单人旁,右边是个昔日的"昔";生乙:"错"字去掉"金"字旁,换上单人旁就是借字;生丙:左边一个单人旁,右上是"共"字的上半部,右下是个"日"字。

学生主动分析字形,老师要注意引导、点拨、优化,学生的分析只要合情合理都是可以的,不一定非要符合文字学的规律。只要有助于记忆字形和字义,学生可以采取笔画分析、部件分析的方法。

2.比较字形差异

有些汉字在形体上很相似,差别很微小。随着学生识字数量的增多,形近字不断出现,学生在识字和写字时常常由于形近字而写错别字。在比较形近字时,要根据学生知觉的选择性规律,用彩色粉笔标示出容易混淆或忽略的部分,增强知觉的明晰性。这样有利于提高学生精细辨认和识记字形的能力。例如,"末"与"未"、"派"与"旅"、"敞"与"敝"、"崇"与"祟"等字的比较辨析。

(三)字义教学

字义教学有以下几种方式,可在课堂教学中灵活运用。

(1)运用直观教具或体态语言帮助学生理解字义。如"珊瑚、眺望、饱满"等。

(2)指导学生联系生活实际理解字义(抽象难理解的)。如"骄傲、团结、友谊、取乐"等。学生联系生活经验就能知道"取乐"一词的意思是"寻开心,在别人身上找乐趣"。

(3)指导学生联系上下文理解字义。如"鲜艳"(《翠鸟》)、"洒脱"(《草原》)。

(4)充分利用汉字的构字特点,形象地进行字义教学。

■ 识字教学过程

(一)各学段识字教学过程

根据语文课程标准规定的各个学段识字的不同要求,小学阶段识字教学的过程要注意体现识字的阶段性和连续性,以突出识字教学的侧重点。

第一学段的识字教学要为整个小学阶段识字教学打下坚实的基础。识字与写字是低年级的教学重点,要认识1600～1800个汉字。低年级的识字教学首先要花6～8周时间完成汉语拼音的教学,为解决字音问题打下基础,接着主要解决字形问题,认识汉字的特点,掌握汉字的基本笔画、笔顺规则和偏旁部首、间架结构等知识,教会学生用音序和部首检字两种方法查字典,逐步培养学生独立分析字形的能力,学习独立识字。在这一阶段的识字教学过程中,每一项训练都要落实到位,以使学生形成独立识字的能力。要采取灵活多样的方式激发学生学习汉字的兴趣,养成主动识字的习惯,广开识字渠道,巩固识字成果,鼓励学生在生活中识字,在阅读和习作中识字。

第二学段的识字教学要使学生能比较熟练地运用字典、词典学习生字新词,具备初步的独立识字的能力。在这一学段的识字教学过程中,由于学生已具备一定的识字能力,教师采取的方法更多的是检查学生对生字词的预习掌握情况,以学生自学为主,交流汇报,教师有针对性地指导理解重难点字词,总结识字方法,进一步培养学生独立识字的能力。另外,还要注重培养学生联系上下文和实际生活灵活理解字(词)义的能力,注意纠正错别字。

第三学段的识字教学要在前面两个学段识字教学的基础上,指导学生运用已有的识字能力自学生字,在运用中巩固和提高独立识字的能力。此学段,识字任务基本放在课外,让学生通过预习自己解决,一般不再占用课堂教学时间。随着学生课外阅读的拓展,他们在阅读和习作中自然增加识字量。

通过以上分析可以看出,在整个小学阶段的识字教学过程中,每个学段的识字教学目标是相互联系、螺旋上升的,每个年级又有所侧重,识字教学的方法也各不相同。

(二)识字教材的教学过程

识字教材主要的目的就是识字。使用识字教材的教学过程一般是:提出生字—教学生字(音形义)—复习巩固。

1.提出生字

提出生字的方法灵活多样,可以通过教师的导语、看图、读文勾画等方式引出生字,也可以通过生字卡片、小黑板、多媒体向学生展示生字。例如,人教版语文实验教材第二册《在家里》一课,就可以先采取看图的方式,让学生观察图上都画了些什么,从而引出"沙发、报纸、电视"等词语,带出其中的生字。

2.教学生字

教学生字一般是先正音,次析形释义,最后综合运用。例如,教学"喝"字,教师先教读,把声韵调读准确,或请学生中发音较好的学生当小老师领读;接着析形,或老师引导学生分析,或学生主动分析识记,教师可以这样引导,"你是怎样记住这个字的?"或"这是一个什么结构的字?"引出这个字的结构是左右结构,左边是一个"口"字,表示喝水要用口,是一个"口"字旁;然后综合、组词运用;最后指导学生书写(入田字格),在书写时教师通过示范,强调笔画、间架结构、位置。在字音教学中还可采取抽读、开火车读、去掉拼音读等多种方法。通过多种方法的综合运用,让学生牢固建立起音形义三者的联系。

3.复习巩固

巩固识字的方法很多,如组词、造句、归类、比较、听写等。识字的复习巩固要防止把音形义割裂开来。注意从生字的特点出发,加强对字形的分析与综合,加强对字音形义的整体认识,把生字的复习巩固放到具体的语言环境之中,与读写结合。

这个教学流程体现了"综合—分析—综合"的思维模式,从整体入手提出识字任务,教字又分别从音形义三个方面具体分析,注重联系,突出重点,解决难点,复习巩固又进行综合运用。

三 识字方法

老师们总结了许多行之有效的识字教学方法。

(1)加一加。就是把两个或几个已经学过的熟字,拼凑在一起,成为新的字。例如,门+耳=闻;八+刀=分;一+大=天;父+巴=爸;等等。

(2)减一减。与加一加的方法类似,不同点是从一个熟字去掉某一部件,变成新的字。例如,闻-门=耳;分-八=刀;等等。

(3)换一换。依据形声字的特点,通过换熟字的部首来变成生字。例如,"闻",换耳为口,为"问"。

(4)说一说。就是让学生用自己的话来理解字的意思。例如,"尘",小土为尘;"众",三人为众;"劣",少力,没有力量;等等。

（5）演一演。就是学生用动作、表情等体态语言直观形象地表达字的意思。例如，"看"，用手放在眼睛上就是向前方看，学生做出动作形象表示；"叼"，学生用嘴做叼着状；"吮吸"，联系生活经验，让学生表演含着吸管用劲喝饮料的情状；等等。

（6）画一画。汉字源于图画，与图画有着不解之缘，教学时如果能引导学生一起复原文字的象形原貌，稍加点拨，就会变得生动有趣，必定给学生以深刻的印象。例如"牛、鸟、爪"等。

（7）比一比。对于同音字、形近字或意义上有某种关联的字，可以采取比较识字法。例如"人与入""出与山""拨与泼""辩、辨、辫、瓣"等。另外就是正误对比。需要强调的是，正误对比要把握好比较的时机，一般是把学生容易忽视的细微处用彩色加以凸显即可，没有必要把学生可能要写错的地方加以强调。例如，"染"字，教师就不要强调"染"不能在"九"上加一点，写成"丸"，尤其不能板书错字。

（8）猜一猜。猜谜语是学生最喜欢的，根据生字的结构和意思，编成谜语，能满足学生的好奇心，激起学生认读汉字的积极性，同时也可以让学生自编谜语。例如，"千字插中间，北字分两边"，这是"乖"字。

▶▶ 第三节　写字教学

▶ 一　写字教学的意义

写字是小学语文教学中重要的语文技能训练，也是素质教育的一项重要内容，写字教学愈来愈受到重视。语文课程标准凸显了"认写分开，多认少写，降低难度，加强写字"的精神，为学生掌握书写技能，写出"规范、端正、整洁"的汉字打下基础。写字与识字关系密切，相互促进，识写结合、识用结合才能达到及时有效巩固识字的目的，提高识字效率。

（一）培养学生的审美情趣

写字更是有助于学生养成良好的心理品质，接受民族文化精神的熏陶，培养审美情趣。写字是一项十分精细的活动，手眼脑并用，它要求学生必须全神专注，认真观察，这无疑是培养小学生持久的注意力、细致敏锐的观察力的有效途径，也有助于学生养成静心、专心、细心的良好习惯。

（二）提高学生的人文素养

汉字本身就是一种文化，让学生写汉字，就是让学生接受民族文化的熏陶。汉字有其独特的构造方式，它来源于象形文字，经过数千年的演变，逐渐从具体的想象中抽象出来，演化出变化多端而又简约精致的造型，它本身蕴含民族的睿智和丰富的文化信息。教学生写汉字，就是要让他们认真观察方块汉字的独特结构和线条造型，揣摩笔画的呼应、避让、穿插，行笔的轻重缓急，结构的稳重与匀称，从中感悟汉字抒发的情感和描写的意趣，从而使学生潜移默化地接受民族文化的陶冶，增长灵性，初步形成对汉字的审美感受能力，提高人文素养。

■二　写字教学的过程

(一)九年义务教育学段的写字教学过程

写字教学的程序安排应该遵循学生的年龄和心理特点,依据汉字的规律及学生书写技能形成的客观阶段性,循序渐进,逐步提高要求。写字教学从用硬笔(铅笔、钢笔)练习写字到用软笔(毛笔)练习写字,从基本的笔画到独体字、合体字,从正楷字到行楷字,课程标准都作出了明确具体的规定。低年级主要使用铅笔写字,注重打好写字基础,养成正确的写字姿势和良好的写字习惯。三年级起用钢笔写字,并且开始练习用毛笔写字,从描红、仿影到临帖。七年级学写通行、规范的行楷字,临摹名家书法,体会书法的审美价值。

(二)一节写字课的教学程序

一节写字课教学的一般程序是:出示范字—讲解与示范—练习书写—批改与讲评。

(1)出示范字。教师可以直接提出写字内容,明确写字要求,也可以制作多媒体课件并放大予以展示,便于学生观察其在田字格中结构笔画的位置。初次临帖,可以通过对书法家练字轶事及碑帖特点的介绍引出教学内容,激发学生的临写兴趣。

(2)讲解与示范。首先指导学生仔细观察字的结构特点及笔画的细微变化。汉字笔画表面看来只有六种基本笔画和二十多种复合笔画,但是同种笔画在不同的汉字中写法不尽相同,尤其要注意独体字作为部件组合到合体字中时其笔画的变化,如"牛、月、车"等字。还要观察分析部件、笔画在田字格中的占位、比例以及部件笔画之间的穿插挪让等,并且要给学生示范,一边书写一边讲解,突出重点和难点。需要强调的是学生在书写练习之前,一定要做到成"字"在胸,意在笔先,否则,就会形成写一笔看一笔的不良习惯,这样就不可能把字写好、写快。

(3)练习书写。学生练习书写时教师可以巡视指导,发现问题及时纠正,也可以对个别学生作指导、示范、评价。

(4)批改与讲评。其目的是找出问题,肯定优点与进步。这是提高学生写字水平的重要一环。讲评可以是在下一堂写字课开始的时候,对上次练习的分析与评价,也可以在写字课过程中择机进行。教师批改的方法应该多样,传统的"圈红圈"的评价方法仍然可以采用,作文中的"眉批""总批"也是可行的。例如,"这一行写得比前两行好多了""有进步""这一捺再写平一点就更好了"等等。对于低年级学生,还可采用图案评价的方式,在字上印上不同的图案表示不同的意义,例如,笑脸表示优秀,五角星表示良好,三角形表示一般。

■三　写字教学的策略

(一)情感驱动策略

在写字教学中一定要关注学生的情感态度与兴趣,如果能在写字中让学生的情感参与进来,使写字的信息刻录在情绪记忆的底片上,学生就会积极主动地进行写字活动。一旦让他们形成喜欢学习汉字、喜欢写字的情感态度,写字也就不再是单调枯燥的练习,而是充满情趣的、愉快的活动。

培养学生的情感兴趣,让他们感受汉字的形体美,要注重以下几个方面:①教师要善于创设宽松和谐的写字氛围,教室的布置要充满书香氤氲,可以张贴名家字画或学生自己的书法作品,也可以让学生在轻松愉快的民族音乐、古典音乐中练习写字,让学生静心、专心,增强学生的审美能力和审美表现力。②要让学生在写字过程中体验到成功的快乐。例如,通过对比学生前后作业,展示写字的进步,或把优秀作业张贴在展示栏中,从而激发学生写字的欲望、兴趣,增添他们练习写字的动力。③引导学生在书写实践中自我感悟、品味汉字笔画形状的变化之美、灵动之美,使书写汉字成为富有情趣的生命活动。教学中,教师要注重指导学生观察汉字笔画的长短参差、呼应避让,结构的疏密匀称等,启发学生展开想象,调动已有的生活经验进行情感体验,使学生在欣赏汉字的同时,受到人文情怀的滋养。④通过游戏、竞赛等方法激发学生写字的兴趣。例如,"背写猜字法",即学生甲用食指在学生乙的背上写字,然后让学生乙猜一猜是什么字。学生相互竞猜,饶有兴味,乐此不疲。

(二)形象直观策略

小学生的思维发展处于由形象思维向抽象思维过渡的阶段,但形象思维仍然占优势,因而写字教学中要多采用形象直观的手段,给学生一个可视、可感的形象,让学生明白怎样的字才算好字,怎样写才能把字写好。教师在讲解笔画运行线路及运笔中的起、停、转、收时,要用投影仪形象展示,尤其要把过程演示出来让学生看,以使学生掌握运笔要领。如果只是在黑板上画出笔画运行路线图,而不让他们动态感知行笔过程,学生是不可能真正掌握书写要领,学会书写技能的。

(三)分类指导策略

学生写字技能的形成与发展有其客观的阶段性。写字技能的形成是一个长期积累、逐步提高的过程,不能一蹴而就、一步到位,必须扎扎实实、一步步地积累和提高。不能超越学生的身心发展水平和客观阶段性拔高写字要求。写字教学要由少到多地增加练字量,由慢到快地提高写字速度。低年级重在打好写字基础,尤其要注重养成正确的写字姿势和良好的书写习惯,把字写规范、端正、整洁。

第十章
阅读教学

◎导读提要◎

> 阅读教学是培养学生书面理解能力的重要环节。阅读能力可以分为阅读认知能力、阅读筛选能力、阅读阐释能力、阅读组合能力和阅读鉴赏与评价能力。文学作品教学的重点是分析文学形象的特点，常用文体教学的重点是抓住各类文体的特征。

◎课程思政提要◎

1.在阅读教学中，注重挖掘文本中人物形象的道德光辉、故事情节的社会意义等，在潜移默化中弘扬传统文化、培养爱国情怀、强化社会责任。

2.创设阅读情境，引导学生思辨讨论，促进学生的全面发展。

3.在阅读教学中，通过跨学科融合的方式，融入历史、政治、哲学等学科，增强思政教育的针对性和实效性。

▶▶ 第一节　阅读教学理念

▶ 阅读教学的价值取向

(一)以品味文本的文化内涵为目标，构建阅读的文化视角

传统教学过分关注字词句、段落大意、主题思想、写作特点的教学内容，无法满足学生对阅读的兴趣。构建阅读的文化视角就是要引导学生观照和感受文本中的"文化内涵"，这是教育传承文化的需要，也是新课标提高学生"文化品位"的需要。文化的核心，就是文化现象下所隐含的价值观。教师在教学准备中要努力挖掘教材中的"文化点"，在教学中适时地引导学生去发现、归类。例如，《卫风·氓》，我们固然可以从女主人公的婚姻爱情宣言入手，但也可以

从文化视角去观照,会发现很多的文化现象:①"媒妁之言"对古代婚姻的重要性——"匪我愆期,子无良媒",反映了西周时期"不媒不妁不为婚"的习俗。②婚辰吉日的选择——"尔卜尔筮""秋以为期",反映了当时人们对待婚姻的神圣感和多子多福的生育观(以仲春"桃花夭夭"和初秋"春花秋实"寄托对后代繁衍的重视)。③婚嫁的形式——"以尔车来,以我贿迁",反映出"女随男居"的习俗已经形成。对文化的探寻,既要注意学生的接受能力,又要同当下的文化现象进行对比,以启发学生思考并在课外阅读中形成一种自觉。通过文本阅读进行个体文化建构,既是文本阅读教学的追求,也是社会期望视野下文化教育的追求。

我们强调:教育的本质是主体之间的文化传承,教师和学生都是文化吸收、传播、创造的主体。主体间的文化传承和课堂教学中的文化辐射,主要指以教师为主体,以课文内容为基点而进行的相关文化知识与经验(包括生活经验、认识经验、审美经验等)的传递、辐射、交流、启迪,而不是像所谓"知识型"教学那样,以教师传授理性文化知识和学生无条件地接受、重述为主要或唯一目的。语文课不应仅是文学课、语言课、技能课、思维课,而应是以语言文学教育为主体的综合型的文化课。

(二)以情感体验为目标,构建阅读的美学视角

文学作品阅读的一个最根本所在就是对文本的审美观照,即对有意味的形式和对有形式的意味的观照。一定程度上来说,学生审美能力提高的快慢是阅读教学成败的标尺。审美能力的提高是一个感悟、体验和积累"美感"的过程。教学中应努力用形象的语言还原历史中的"意境",让学生对有"意味"的"形式"(物象、人物、事件、场景)进行"意味"的琢磨体悟,从只可意会上升到可以言说的审美形态。例如,《锦瑟》中"沧海月明珠有泪,蓝田日暖玉生烟"两句,借沧海遗珠、蓝玉生烟指人生理想、抱负成空。月明宵静,海中的蚌向月张开,以养其珠,珠得月华,始极光莹……诗人利用明月之珠与眼泪之珠(南海鲛人泣泪成珠)的相同意象,将原典故改造增值,天上明珠之月,落于沧海,变成海蚌鲛人之泪珠,这里暗指圆满的东西或抱负成空。美玉,乃人生理想、至爱之象征。这种人生至爱之境,如同蓝田之玉,日光煦照,玉气冉冉上腾,似烟非烟,远观却有,近观却无,即可望而不可置于眉睫之下,这里暗喻理想之空。

(三)以关注人生为目标,构建阅读的人文视角

文化的吸收与传播是历史赋予教育职业的价值所在,而人文主义情怀的培养则是人文学科文化教育的价值取向。人文主义情怀,就是理解人、尊重人、宽容人,注重人性的完善和对自由精神、自由意志、自我实现的追求,注重人与人、人与社会、人与自然的沟通,并致力于对真、善、美的人类终极理想的追求。这种情怀正如钱理群先生所说的"青春的精神"。有了这种精神,"以后无论遇到什么艰难曲折,经历怎样的人生的、精神的危机,都能从容面对,坚守住基本的精神防线,始终保持积极向上的精神态势"。这种情怀不是靠知识的灌输,而是需要长期的语文教育,尤其是文学教育。

对人的培养是教育的根本目的,培养学生的健全个性和健康人格是教育的根本所在。阅读教学中,欲在学生心中播下"精神的种子",就需要将作品的分析同"人的存在""人的价值"结合起来,这不仅会使学生对作品有更深层次的认识,而且可以在客观上引导学生对自身价值和社会现实的关注。例如,《我与地坛》写出了残疾人的痛苦,写出了对生命和健康的珍爱,

写出了人生应有所作为的信念,也写出了对母亲深厚的爱和关怀,如果再与现实生活中所存在的消极颓废现象进行对比,定能产生强烈的心灵震撼。

(四)走进文本的语言深处,构建阅读的细节视角

哲学家维特根斯坦说过一句话,"我贴在地面行走,不在空中飞行",陈钟梁先生说经典作品阅读就应该"贴在地面行走,不在空中飞行",应该在文本语言深处,也就是语文内部学语文。语文教学没有那么多理念,关键在于引导学生以安逸、平和、宁静的心态去读。小学一年级有篇课文《小壁虎借尾巴》,小壁虎的尾巴被蛇咬了,他爬呀爬,爬到小河边向鱼借,爬呀爬,爬到屋檐下向燕子借,最后爬呀爬,爬回家告诉妈妈。斯霞老师说,一定要强调爬呀爬,因为当小壁虎回到家里时,一条新尾巴已经长出来了。生物体的任何一次变化,都需要一段时间。叶圣陶曾经说过,小学语文最难教,难就难在它的不难上。陈钟梁说"走进文本的语言深处",小到一个词、一个句子,大到一篇文章、一本书,甚至一种文化,都应该在语言的深处仔细琢磨,囫囵吞枣,或者不懂装懂,这样是学不好语文的。

二　阅读教学理念

语文阅读教学应该树立三种阅读教学观,即拓展性阅读观、创造性阅读观和体验性阅读观。

(一)拓展性阅读观

所谓拓展性阅读,即让学生有更多机会直接接触语文材料,在大量的语文实践活动中掌握运用语文的规律。要让学生养成读书看报的习惯,让他们收藏并与同学交流图书资料,利用图书馆、网络等信息渠道尝试探究性阅读。学生应该拓展自己的阅读面,广泛阅读各种类型的读物,第一学段阅读总量不少于5万字,第二学段不少于50万字,第三学段不少于100万字。

(二)创造性阅读观

所谓创造性阅读,是指学生在教师的引导下,积极主动地在阅读教材中质疑、解疑,通过多角度思考,独立地感受语言,提高理解、运用语言的能力。它强调个性化的鉴赏、体验、感悟、表达与交流,培养学生的批判意识和怀疑精神。因此,教学中要鼓励学生对书本的质疑和对教师的超越,赞赏学生独特化和富有个性的理解与表达。

实施创造性阅读教学应该考虑以下策略:

(1)挖掘教材资源,树立新型的"范例式"的教材观,发挥教材在师生对话中的"中介和话题"功能。在教材中的关键点、模糊点、闪光点、空白点、高潮点、情感点处启发引导学生质疑问难,展开想象,进行创造性思维。

(2)组织生动有效的课堂教学形式。丰富、生动、有效的课堂教学形式能满足学生的心理感受需要。生动有效的课堂教学形式应该做到:"创",创设情景,包括创设问题情景、游戏情景、活动情景等,使人的情绪和情感相互受到感染;"增",增加探索性和创造性活动。"组",重组教学内容和学习方式,根据需要插入一些探究性、综合性的学习方式。

(3)尝试错误,使学生创造性地思考。这种阅读,可利用阅读期待、阅读反思和批判等环节,拓展学生的思维空间,提高他们的阅读能力。

(三)体验性阅读观

新课标反复强调"体验"式教学。体验是人类的一种心理感受,它是个体对与原有经验有关的类似情景的一种感受和再认。体验性阅读是指阅读主体对文本相似经验的一种体味式感受和再认,由于个体经历和经验的多样性与不一致性,阅读所产生的效果也就不一样。阅读教学的任务之一就是老师帮助学生创设相似的经验平台,让学生去体味和建构文本意义,并通过不断地归纳、提取、概括,从意会的感性阶段上升到可以言传的高级阅读状态。

实施体验性阅读教学应该考虑以下教学策略:

(1)引导学生有创意、多角度地体验性朗读。语文教学要根植于情感,而朗读是加深学生情感体验的最好方法。《全日制义务教育语文课程标准(实验稿)》指出,"提倡多角度的、有创意的阅读,利用阅读期待、阅读反思和批判等环节,拓展思维空间,提高阅读质量。各个学段的阅读教学都要重视朗读和默读"。朗读的时候可以更换叙述的角度,将第三人称的"他"换成第一人称的"我",例如,将《月光曲》中的"贝多芬"换成"我",边读边把自己的所思所感尽情地表现出来。在朗读指导中,应充分尊重学生,应该允许并鼓励学生通过各自独特的视角去体会、解读。

(2)创设情景,把画、唱、演等活动引入课堂。儿童心理研究表明,儿童主要运用形象思维,对直观事物感兴趣,喜欢游戏、唱歌、绘画、表演等活动形式,因此教师要利用教材中具有生动故事情节的童话寓言以及韵律感强的诗歌等文学体裁,将学生带入意境中扮演角色,化抽象为形象,使学生在语言上得到感染,情感上得到熏陶,加深他们对课文内容的理解和体验。

(3)带领学生走出课堂,体验丰富多彩的教学内容。在阅读教学中,合理开发课外学习资源,勇于冲破教室的局限,带领学生走出教材,走进社会生活,参与实践活动,获得更多的生活体验和情感体验。例如,教学《秋天》一文时,可以带领学生到郊外、公园、田野感受秋天的景象。

(4)引导学生充分想象,丰富他们的体验。教师要善于抓住教材关键处的拓展空间,在已知内容的基础上,对课文进行合理的联想,拓展学生的思维,产生更有诗意的、更独特的语言。

▶▶ 第二节 阅读能力

▶ 一、阅读能力

阅读能力由阅读认知能力、阅读筛选能力、阅读阐释能力、阅读组合能力、阅读鉴赏与评价能力五项能力构成。

(一)阅读认知能力

阅读认知能力指对词、句语义的辨析能力,包括具备基本的识字量和词汇量——这是阅读认知的基础。阅读认知能力包含以下行为表现:

(1)能了解词语在特定语境中的特定语义。特定语境既指上下文语境,也指情境语境。要求读者能辨析词语之间在语义方面的内在联系,这种能力也是理解字里行间隐含信息的前提。

(2)能推断陌生词语的近似语义。推断的依据来自上下文和词语中所含的语素。对陌生的词语或概念进行推断,把握其近似意义,这是消遣性阅读和自学中的常见现象,也是独立阅读中一种积极、能动的因素。

(3)能辨析结构复杂的长句。对于一般句式,阅读时是没有困难的,阅读时析句能力的高低,主要表现在辨析结构复杂的长句方面。

(4)能迅速、准确地理解图表和其他常用非文字符号。图、表可以将大量信息压缩在较小的篇幅之内,是现代读物中一种常用的形式,其他非文字符号(包括标点)是传递信息的重要辅助手段,一个现代学生应该具备这些方面的能力。

(二)阅读筛选能力

阅读筛选能力指从文字材料中迅速捕捉关键性字词、语句、段落的能力,它是阅读能力趋向成熟的标志,也是提高阅读效率的必要条件。

阅读筛选又可分为理解性筛选和检索性筛选。理解性筛选,是日常阅读的常见方式,为正确地把握文字材料的内容,读者的着眼点往往在于各层或各段的中心句、关键词语、与全篇主旨密切相关的语段等。检索性筛选,就是通常说的带着问题读书,根据特定的要求从书面材料中找出所需要的内容,寻找答案。读者甚至不一定了解所阅读材料的全貌,例如,到图书馆查阅索引,从参考书中寻找所需要的资料等。

(三)阅读阐释能力

阅读阐释能力指把读物中的词语转化成自己的语言的能力。这种语言的转化,阅读心理学上常常称之为"解码"。作为信息传递的一种形式,写作可以看作文字符号的"编码",阅读则是对这种文字编码的解析。这种解析,往往要转化成读者自己的语言形态,也往往只有从这种语言的转化中,才能看出读者理解是否正确,以及理解的深浅。对阅读内容阐释的正误和深浅,是阅读理解的重要质量指标。

阅读中的阐释能力有三种:

(1)概括。把具体的材料抽象化,这是阅读教学中最常见的方式。例如,对全篇主旨或作者观点的概括,对各部分、各层次、各段中心的概括,等等。这也是阅读测试的常用方式。

(2)解释。对抽象的内容(只能意会而难以言传的内容)加以解说,这也是阅读教学中一种常见的方式。这种解释,有的利用一定的知识加以诠释(独立阅读时,常常需要查找工具书或图书资料),有的利用具体的经验加以阐发。无论是哪一种,都需要读者具有相关的背景知识或经验,并且在阅读过程中有自身知识、经验系统的积极参与。

(3)开掘。有的文字材料含有丰富的潜信息,有的语句由于情境、修辞的需要,采用了委婉、曲折、含蓄的表述方法,这些都需要读者按照自己的理解使隐含信息明示化。对于作者没有说出来的结论或观点,往往需要推理;对于内涵丰富的内容,往往需要分析。因此,这种开掘往往含有较为复杂的思维过程。

(四)阅读组合能力

阅读就是读者和作者一起来思考,因此从读物中获取的信息,必须纳入读者原有的知识、经验系统,才能成为读者自己的认识。在阅读过程中,读物中思想材料的重新组合主要有两种方式:

(1)综合、归纳。把分散在读物各处的材料加以合并或归类,这是阅读理解中常见的现象。这种综合与归纳,有的需要按照新的逻辑线索进行梳理,有的需要读者用自己的语言加以概括。阅读测试中的答题往往需要这样的思维过程。

(2)调整。指读物中原有思想材料间顺序的变化,这也是阅读理解中常见的现象。这种调整一般有两种方式:一种是原思想材料的重新排列,例如,把文学作品中的倒叙、补叙改为顺叙,把设置的悬念改为直述;另一种是把原有的思想材料分类纳入自己原有的知识系统,从而使读物中材料的排列顺序发生全新的变化。

(五)阅读鉴赏与评价能力

阅读鉴赏与评价都是在理解中对原读物的认识、扩展。鉴赏虽然属于阅读理解的较高层次,但并不是只能对较高年级的学生作此要求。低年级小学生对儿童读物也有一定鉴赏能力,只是鉴赏的水平不同而已。鉴赏可整体,可局部或细节,这就大大扩展了阅读鉴赏的活动领域。

评价指对读物是非、优劣的辨析,它兼及读物的内容和表现形式。评价需要学生具有更多的背景知识和阅读经验,因此不是所有的学生对所阅读的所有读物都能进行评价,在阅读测试中,往往是对较高年级学生要求分析概括作者在文中的观点态度。

▶ 语文课程标准中的阅读概念辨析

《全日制义务教育语文课程标准(实验稿)》的评价建议中,分别从"朗读、默读的评价""精读的评价""略读、浏览的评价""文学作品阅读的评价""古诗文阅读的评价"几个方面给出了评价建议。在这些评价建议中,涉及几组阅读概念,它们是从不同的语境维度对阅读行为所作的描述。"朗读、默读的评价"是针对阅读时所依赖的感知通道而言的,也就是通常所说的有声音的阅读与没有声音的阅读。"精读的评价""略读、浏览的评价"是针对阅读目的而言的,也就是根据阅读目的的不同,对阅读行为表现的要求也会不同。此外,在阅读评价中,还会涉及一个阅读语境,这就是阅读水平,它是指在同一种阅读途径下,对相同阅读材料的不同认知程度,例如阅读理解与阅读欣赏。本章从阅读途径、阅读水平、阅读目的三个语境维度,对这些阅读概念做出梳理与辨析。

(一)阅读途径语境维度的阅读概念辨析

阅读途径是指学生感知书面语言的感官方式,分为有声音的感知和无声音的感知两种途径,即通常所说的朗读和默读。朗读时所参与的感知器官有"眼、脑、口、耳",默读时所参与的感知器官只有"眼、脑"。因此,凡是有声音的阅读,就叫朗读;没有声音的阅读,都叫默读。

语文课程标准的评价建议中,针对"朗读、默读的评价"有如下表述:"能用普通话正确、流利、有感情地朗读课文,是朗读的总要求。根据阶段目标,各学段可以有所侧重。评价学生的朗读,可从语音、语调和感情等方面进行综合考察,还应注意考察对内容的理解和文体的把握。注意加强对学生平日诵读的评价,鼓励学生多诵读,在诵读实践中增加积累,发展语感,加深体验与领悟。"

在"朗读与默读的评价"建议中,又出现了一个阅读概念——"诵读"。诵读是朗读这种阅读行为的最高水平学习结果的表现。

在朗读这种阅读方式中,根据对阅读文本的认知水平的不同,朗读又可以分为视读、畅读、诵读等几种不同水平。背诵,是诵读的特殊形式,是脱离了阅读文本的朗读,是最高水平的朗读形式。

在默读这种阅读方式中,根据对阅读文本的认知水平的不同,又可以分为认读、理解(研读)、欣赏(赏读)等几种方式。根据不同阅读目的,又分为精读、略读、浏览几种方法。评价默读,应根据各学段目标,从学生默读的方法、速度、效果和习惯等方面进行综合考察。

(二)阅读水平语境维度的阅读概念辨析

阅读水平是指学生对阅读材料的意义的认知程度,它是认知领域学习结果在阅读学习活动中的具体体现,其对应关系如表10-1所示。

表10-1 不同阅读水平的阅读行为辨析

学习知识\阅读途径\阅读水平	朗读	行为表现特征	默读	行为表现特征
知识	视读(整体感知)	• 发音正确、清晰 • 不添、不漏、不错、不重、不换、不口吃	认读(整体感知)	• 正确感知文字的形音义 • 不出声,不指读,不唇读
领会	畅读(阅读理解)	• 正确处理语流中的变读、轻声、儿化	研读(阅读理解)	• 辨析词语意义,划分段落,概括主题,分析表达方式的作用
运用	诵读(阅读练习)	• 正确传达思想感情 • 注意逻辑重音、逻辑停顿、语气、语调、语速	赏读(阅读练习)	• 作出价值判断,获得情感体验,进行优点说明

"知识"水平的阅读活动注重对文本信息中基本事件的储存和回忆。在朗读时表现为视读,在默读时表现为认读。相当于阅读教学过程中感知性认读阶段的阅读行为。

"领会"水平的阅读活动强调对已经储存的文本信息进行整理,即通过对阅读材料的重新组合,把握文本信息的意义,使已经记忆的信息变成更容易理解的形式。在朗读时表现为畅读,在默读时表现为理解(也叫研读)。相当于阅读教学过程中理解性研读阶段的阅读行为。

"运用"水平的阅读活动强调处理文本信息,就是将阅读的文本材料应用于新的具体情境,利用学过的文本信息或者语文知识去解决特定问题,这些问题的情境可能与原习得情境略有不同或相当不同。在朗读时表现为诵读,在默读时表现为赏读。相当于阅读教学过程中运用性迁移阶段的阅读行为。

视读,是初步感知阅读文本时的朗读,即边看边读。视读的目的是整体把握阅读文本的意义,对文本信息获得初步印象。它要求学生在朗读时能够做到发音正确、清晰,不添字、不漏字、不错读、不重读、不换读、不口吃、不唱读。因此,其语音传递的信息会表现出正确、清晰的特点。

畅读,是在初步感知阅读文本的基础上,对文本信息传达的内容进行处理后的朗读,它要求学生能够比较流畅地用语音再现文本所传递的思想感情,在朗读时能够运用语流中的变读、轻声、儿化等语音技巧来再现文本内容。因此,其语音传递的信息会表现出平实流畅的特点。

诵读,也叫表情朗读或朗诵,是有感情地用语音再现文本信息的朗读。它是一种阅读欣赏的语音再现活动。诵读要求学生在朗读时,能够运用逻辑重音、逻辑停顿、语气、语调、语速等语音技巧,准确地传达文本的思想感情。因此,其语音传递的信息会表现出抑扬顿挫的特点。

认读,是初步感知阅读文本时的默读,目的在于了解文本的基本信息,获得对文本信息的整体印象。因此要求学生阅读时不能出声,阅读时嘴唇也不能动,更不能用手指指着文本阅读,因为这些行为都会降低阅读速度,影响阅读的效果,还易于养成不良的默读习惯。

研读,也就是阅读理解,是在认读的基础上对文本信息进行分析研讨的默读,其目的在于获得文本信息的主旨,对文本信息进行解释说明或推理判断。例如,划分段落、编写提纲、分析特点等。有时,为了有助于体会文本的思想感情和语言特色,在研读时也可以运用朗读的方式来感知和品味文本的情感和语言。

赏读,也就是阅读欣赏,是在理解文本信息主旨的基础上,对文本的优劣长短进行价值判断的默读。赏读的目的在于鉴赏词语的精妙之处,获得愉悦的情感体验,分享作者的人生经历。赏读时往往会借助诵读的语音技巧,通过抑扬顿挫的语音再现文本的情感与思想。但除了诵读,有时在赏读时还需要通过口头交流或用文字来表达和阐述读者所获得的愉悦体验和文本的优点。

(三)阅读目的语境维度的阅读概念辨析

阅读目的是指阅读行为的指向所在。阅读是感知并获得文本信息的过程,对文本信息的需求不同,其阅读的方法也就不同。阅读的目的通常有两种:一种是带着娱乐性质的随意阅读,这时的阅读作为一种消遣行为;另一种是有一定目标指向的专门阅读,例如,在课题研究中查找相关文献,在课文教学过程中查找与作品主题相关的文献资料或与作家相关的文献资料,这时的阅读就是一种学习行为。本文主要讨论作为学习行为的阅读目的。不同阅读目的所选择的阅读方法如表10-2所示。

表 10-2　不同阅读目的与阅读方法辨析

阅读目的	阅读方式	行为表现特征
搜集文本信息	浏览	随意阅读或快速阅读,捕捉重要信息。
筛选文本信息	略读	粗略阅读,把握大意,选择信息。
组织文本信息	精读(理解)	精细阅读,品味词语,把握文意,概括要点,探究内容,分享感受,整理信息。
评价文本信息	赏读(欣赏)	愉悦地阅读,获得情感体验,感受作品形象,领悟作品语言,评价信息。

　　浏览,是一种快速阅读文本信息的默读方法,其主要目的是发现信息。评价浏览能力,重在考查能否从阅读材料中捕捉重要信息。浏览通常可以表现为对文本标题的阅读,或对文本大意的了解,目的在于对该信息做出取舍决定。浏览可以拓宽阅读视野,提高学生的速读能力和选择能力。

　　略读,是一种简要阅读文本信息的默读方式,主要目的是筛选文本信息,即通过对文本信息的简要阅读,迅速建立起与阅读目的的意义关联,做出进一步的取舍决定。评价略读,重在考查能否把握阅读材料的大意。略读可以发展学生的概括能力和选择能力。

　　精读,是一种精细阅读文本信息的默读方式,主要目的是理解文本意义并根据主观需要重新整理信息。精读的评价重点在于评价学生对读物的综合理解能力,要重视评价学生的情感体验和创造性的理解,根据各学段的目标,具体考查学生在词句理解、文意把握、要点概括、内容探究、作品感受等方面的表现。整理信息的方式主要表现为概括主题、编写提纲、分析方法等。精读可以发展学生的概括能力和分析与综合的能力。

　　阅读欣赏,主要是就文学作品的阅读而言的。它是一种带着愉悦体验对文本信息的优劣长短进行价值判断的默读方式(有时也表现为朗读)。重点赏析词语的佳妙之处,获得愉悦的情感体验,并根据主观需要对文本信息进行评价。文学作品阅读的评价,根据文学作品形象性、情感性强的特点,可着重考查学生对形象的感受和情感的体验,对学生独特的感受和体验应加以鼓励。对 7—9 年级,可通过考查学生对形象、情感、语言的领悟程度,来评价学生初步鉴赏文学作品的水平。赏读能够发展学生的判断能力。

　　综上所述,辨析语文课程标准评价建议中的阅读概念,梳理其不同语境维度的阅读行为特征,可以帮助语文教师和学生明确阅读学习的具体行为与评价要点,从而有效地实施语文课程标准,提高语文教学效率,提高阅读教学与阅读评价的效率。

▶▶ 第三节　文学作品教学

　　根据传统的文体分类,文学作品包括诗歌、散文、小说、剧本。各类文体有不同的特点,在教学上也有不同的要求。

━ 诗歌教学

(一)诗歌的特点

诗歌一般具有五大文学特质：

(1)强烈的抒情性。诗歌不仅以抒情的方式反映生活,表达作者的思想感情,而且以抒情的方式打动和感染读者。作为接受主体的读者而言,欣赏一首诗歌,不是为了增长知识,也不是为了获得明确的概念,而是为了获得一种心灵被感动的满足。

(2)丰富的意象性。意象,即意所指之象。诗歌,就是通过生动优美的意象来表达或象征诗人内心丰富的思想感情,从而感染读者。意象,是在意象所指的驱动下,通过想象并借助物象而生成的。

(3)结构的跳跃性。由于高度凝练的语言与丰富大胆的想象,及其与跌宕起伏的情感的结合,诗歌的内容难以遵循日常经验的逻辑按部就班地展开。在诗歌中,结构所遵循的是情感和想象的逻辑,因而常常省略掉语言中过渡、交代的词语,甚至打破语法规则,以满足情感与想象飞跃变化的需要。这就是诗歌结构的跳跃性。

(4)语言的多义性。诗歌作为一种最经济的语言艺术,其语言含蓄、多义,留有许多的"空白点"和"不定点",给读者留下很大的想象和审美空间。因此,审美的过程就是对"空白点"和"不定点"进行"填充"的过程。由于阅读主体的差异性,文本意义解读的多义性也是常理之中的事。

(5)和谐的音乐性。诗歌的音乐性主要来自语言的音乐性,这种语言的音乐性表现为内在的情绪律动与外在的韵律的完美结合,声调的高低变化形成语言抑扬顿挫的跌宕,音节声韵的和谐、流畅形成语言的韵律美,音步的整齐多姿形成语言的节律美或节奏美。

(二)诗歌教学方法

1.分析意境

意境分析应着重对诗人的情感进行分析。"诗中有画"当然是好诗,但诗中只有画不是好诗,因为诗的功能不在于描绘一个画面,而是抒发一种情感。分析诗人的情感或情志,可以从以下几个方面着手：

(1)知人论世。"知人",即了解诗人的生平背景,尤其是这一背景与作品的关系。"论世",即了解作品所反映的那个时代的社会背景以及诗人创作作品时的社会状况。

(2)体味景物特征,揣摩作者对所描写景物的情感倾向。

(3)好的诗文往往具有"起承转合"的写作思想和写作程式。起(首联),就是诗歌的兴。以彼物引所咏之辞,它是对诗歌意象和情感的营造与限定。承(颔联),就是上承首联并进一步拓展所指向的内容,它也是过渡。转(颈联),即转入主题,表达自己的写作意图。合(尾联),小结,照应开头,表明自己的态度。对诗歌主旨的把握,应将重点放在"转"上。

2.分析写法

明确诗人对所选景物怎么描写,用哪个字去点染。诗歌对所写景物的点染,实际上是对景物意象的拓展和限定。

3.重在诵读

感受诗歌的音乐美,主要应该通过诵读整体感受诗的声音形象或者音乐形象。古代诗歌的流传尤其是民间歌谣主要是靠声音流传的。在朗读中,一定要在诗的音步、节律、韵脚等上多加体会。

二、散文教学

语文教材中常见的散文主要有抒情性散文、叙事性散文和议论性散文。

抒情性散文偏重抒发创作主体的情感,多采用"托物言志""借景抒情"的手法。叙事性散文偏重记人叙事,及时记录新鲜事物、新鲜感受,包括报告文学、传记文学、游记等。议论性散文偏重议论,夹叙夹议,具有思想性与艺术性相结合的特点,包括杂文、小品、随笔等。

散文教学的要点如下:

(1)厘清文路,了解文体。

(2)抓结构,诠细节。

(3)品味语言文字,提炼主题。

(4)联系生活,拓宽视野。

三、小说教学

小说的基本特征是以对人物、情节和环境的具体描绘反映社会生活,借助虚构和想象,运用叙述和描写等各种表现手法,多方面、深入细致地刻画人物性格,表现矛盾冲突,充分展示社会生活。

(一)小说人物鉴赏

小说表现人物常常采用外貌、语言、动作和心理描写,在欣赏时,我们要仔细体会。

(1)鉴赏外貌描写。外貌描写也称肖像描写,即对人物的外貌特征(包括人物的容貌、衣着、神情、体型、姿态等)进行描写,以提示人物的思想性格,表达作者的爱憎,鉴赏时可以从以下几个方面入手:捕捉最能表现个性特征的局部描写来推知人物心态;从整体上分析外貌描写,可以较为全面地把握人物命运的发展轨迹;注意作品中不同类型人物之间的对比,在外貌和内心的反差中揭示人物不同的性格特点及其品行的优劣高下。

(2)鉴赏人物语言。要注意以下两点:抓住富有特征的语言,分析人物身份和心态;剖析语言的深层含义,揭示话中之话、言外之意。

(3)鉴赏动作描写。鉴赏除了抓住特征性强的动作进行重点分析外,还要分析系列动作的内在逻辑性,从而揭示人物的心理、性格等。

(4)鉴赏心理活动。要注意人物细微的情感波澜和复杂的心理变化过程。

(二)小说情节鉴赏

鉴赏情节的真实之美、虚构之美、曲折之美、冲突之美。在矛盾冲突最集中处,故事情节会比其他内容更生动。在矛盾冲突中,人物的性格往往能得到充分的表现。分析清楚了作品的矛盾冲突,就更能把握作者的意图,能更深入地理解作品的主题。例如,《林教头风雪山神庙》中"豹子头误入白虎堂""林教头刺配沧州道""鲁智深大闹野猪林""林冲棒打洪教头""林教头风雪山神庙""陆虞侯火烧草料场""林冲雪夜上梁山"一系列情节,完成了林冲从"忍"到"不忍",路见不平,拔刀相助,该出手时就出手的梁山好汉的形象塑造,揭示了官逼民反、逼上梁山的主题。

(三)小说环境鉴赏

事件的发生、人物的活动都离不开具体的环境,小说中的环境同时还与人的情感、作品反映的社会特点有联系。小说环境分为自然环境和社会环境。

(1)鉴赏自然环境。描写自然环境具有情景交融的作用,即作品中人物的内心情感借外界景物表达出来,乐景写哀,哀景写乐,而情景关系的反差和不协调,往往更容易展现出作品蕴含的丰富情感。例如,《红高粱》娶亲场景中对红高粱喜色的渲染,暗含女主人嫁给麻风病人的不幸。反复出现的景象往往具有特定的象征和衬托意义。

(2)鉴赏社会环境。从狭义上说,社会环境是指人物活动的处所、背景、气氛等。从广义上说,是指一定历史时期的社会生活、人际关系的总和。社会环境往往在作品中起着不同的作用。例如,鲁迅先生笔下的《祝福》《孔乙己》通过人物间的关系折射出整个社会的人生样态。具体地说,社会环境在小说中有两方面的作用:一是个人生活的具体环境,往往在人物出场前后或情节的进展中交代,起到介绍人物和推动情节发展的作用。二是大的时代背景,全面、准确地反映时代特征,真实地表现各阶层的现实状况,这样的环境描写使小说具有典型性。

(四)小说主题鉴赏

小说主题鉴赏可考虑鉴赏主题的含蓄美、独创美和层次美。

▶ 四、剧本教学

剧本,又称脚本,是一种侧重以人物台词为手段,集中反映矛盾冲突的文学体裁。剧本是舞台演出的依据和基础,是戏剧的主要组成部分,直接决定戏剧的思想性和艺术性。

剧本的基本特征:浓缩反映现实生活;集中尖锐的矛盾冲突;以人物台词推进戏剧动作。人物语言和动作必须符合各自的身份和性格特征,要富有动作性或者表现力,便于演员揣摩后塑造形象。剧本还有一些说明性的文字,叫舞台说明,写在每一幕的开端、结尾和对话中间,包括对人物、时间、地点、服装、道具、布景以及人物表情、动作、上下场等内容的提示。

剧本的分类:根据剧情的繁简和结构的不同,戏剧可以分为多幕剧和独幕剧;根据题材反映的时代不同,可分为历史剧和现代剧;根据表现形式的不同,可分为话剧、歌剧和舞剧;根据矛盾冲突的性质和表现手法的不同,可分为悲剧、喜剧和正剧。

剧本教学可以从以下两个方面入手。

(一)分析剧本的情节结构

(1)分析剧本情节的发展脉络。包括弄清整个事件的发展过程及主要人物之间冲突的起伏过程;弄清作者选取中心事件的意图;弄清围绕中心事件所折射出来的人物的不同性格和人物间的各种关系的社会意义。剧本情节一般结构为:序幕—开端—发展—高潮—结局。

(2)分析剧本的结构类型。开放型:按时间的自然顺序,把矛盾冲突的过程原原本本地在舞台上表现出来,不采用回忆、补叙等手法。中国传统戏曲普遍采用这种结构,如《窦娥冤》。闭锁型:情节不按时间顺序来展开,而是截取生活的某个横断面,大幕拉开时,事件的矛盾冲突已经酝酿已久,将即将出现的矛盾冲突逼近高潮,甚至结局。剧情的起因及人物经历,采用回忆、倒叙的手法逐步交代,以过去和当前的矛盾共同推动剧情的发展,如《雷雨》。

(3)剖析戏剧的结构特点。包括把握戏剧分场分幕的特点;把握戏剧节奏;剖析戏剧结构中的伏笔、悬念等手法。

(二)鉴赏人物形象

(1)鉴赏戏剧冲突中的人物形象。通过人与人的冲突,展现人物性格的个性特质;通过人物内心冲突,展现人物性格的丰富性、复杂性;通过人物与环境的冲突,展示人物性格产生的原因;通过戏剧冲突的展示过程,显示人物性格的完整性。

(2)鉴赏人物个性化语言。人物语言包括对话、独白、旁白。人物语言的个性化就是人物语言必须表现鲜明的情感倾向和个性特征,既要表达人物的内心世界,还要符合人物的年龄、性别、职业、地位、教养及所处的特定环境,而且是人物在规定的剧情中,在与他人的关系中必然要说的话。

▶▶ 第四节 常用文体教学

◤ 一 记叙文教学

记叙文是泛指叙事、记人、写景、状物一类的写实文章。按照表现方式的复杂程度可分为简单记叙文和复杂记叙文;按照写作对象的不同,可分为记人的记叙文、记事的记叙文和写景状物的记叙文。

(一)记叙文的要素

记叙文通常有时间、地点、人物、事件四个基本要素,有人又把事件分为事情的起因、经过、结果,故又有记叙文六要素说。

(1)时间,即记叙内容所发生的具体时间。可以明确说明是某年、某月、某日,甚至某个时刻;也可以大体交代若干年前,或用"我小时候""很久以前"之类的表达。时间表达具体到什么程度,要依记叙内容而定,基本的要求是能让读者准确理解记叙内容,不会引起歧义。

(2)地点,即事情发生的地方。随着事情的发展变化,地点可能会有变化。写记叙文,要把变化了的地点交代清楚;读记叙文,也要认真分析,把握地点变化的情况及其线索。

(3)人物,即文章记叙的人物对象。记叙文,有的突出人物的鲜明性格,有的突出人物的不平凡经历及其折射出来的精神状态。

(4)事件,即告诉读者发生了什么事情,包括事情的起因、经过和结果。

(二)各类记叙文的教学

1.记人记叙文的教学

记人的记叙文通过对人物的外貌、动作、语言、心理以及典型故事或片段等的叙写,突出人物的性格和精神状态。记人记叙文教学要注重以下要点:①注重选材的训练,明确选材的角度和记叙的重点;②注重记叙文的语体训练;③注重辨析记叙中的议论、抒情;④注重记叙中的细节描写与细节品味。

2.记事记叙文的教学

记事记叙文的教学要着重考虑三点:①事件发生的背景,把握它作为事件起始的一种指向意义的烘托作用;②事件本身,要展示事件过程,把握事件过程中主人公的心路历程和精神状态;③把握事件引申出来的意义或作者的思考。

3.写景状物记叙文的教学

写景状物记叙文的教学要注意以下三点要求:①美读,强调熟读成诵;②品味形象感强、富有表现力和感染力的语句,尤其要结合我们对自然世界的亲切感受,体味文字所蕴含的意味;③找出文中修辞的语句,体会诸如比喻、拟人等修辞在文章中的妙处。

二 说明文教学

说明文是向人们介绍和说明事物的状态、性质、特点、功用等内容的文章。它以说明为表达方式,以介绍知识为主要内容。新课标对科技说明文的阅读教学要求是引导学生注意领会作品中所体现的科学精神和科学思想方法,学习概括课文的内容要点。说明文教学要从以下两个方面入手:

(1)激发学生阅读说明文的兴趣。

(2)引导学生观察事物。

三 议论文教学

议论文教学要从该文体的写作和结构特点入手,注意以下四个方面:

(1)抓住议论文的论点、论据并明确作者用以论证的是归纳、类推还是演绎。

(2)议论文通常立中有驳、驳中有立,要特别注意其中的反驳内容。

(3)抓住论证中表示因果、递进、转折等意流转换信号词。

(4)注意作者使用的表达自己赞同、反对等感情色彩的形容词、副词和句型。

▶▶ 第五节　跨媒介阅读教学

《云游书房》跨媒介阅读教学案例,记录了新冠疫情期间,刘晓秋老师以课文《陋室铭》中"可以调素琴,阅金经"语句为突破口,开展跨媒介阅读教学的全过程。案例通过"悦读激趣,线上赏析课文中的书房;奇思妙想,跨媒介分享期待中的书房;导读直播,云游现实中的书房;云声佳境,重建理想中的书房"四个阶段,完整展示了跨媒介阅读教学过程,同时也展示了学生在跨媒介阅读教学中的成长过程。

▶ 一 跨媒介阅读教学背景

(1)特殊时期的现实需求。家庭是新冠疫情期间学生每天所处的日常生活场所,也是学生成长的根基。阅读可以抚慰家长焦虑的心情,让他们以平和的心态、理性的思考与孩子相处,学习家庭教育的先进理念和科学策略,为孩子们营造和谐、宁静、进取的家庭氛围。居家隔离学习期间,学生有相对较多的自主时间进行阅读,与优秀作家、作品进行对话,也可以借助阅读与同伴进行交流、合作。

(2)班集体的独特担当。新冠疫情期间,在学生分散居家隔离的生活状态下,亟待班主任针对线上教学的特点,创新线上活动,让学生们知道:我们不在同一个空间,但是我们可以通过互联网在一起,我们可以通过线上的集体活动一起前进。初中学生的认知能力迅速发展,好奇心强,对同伴关系的重视甚至超过父母师长。开展班集体云端阅读活动,形成云班级的阅读文化,能增强云班级的心理凝聚力,丰富学生的精神生活。

(3)钉钉班级群功能的发现与再发现。在线教学期间,经过先后尝试zoom、腾讯课堂、腾讯会议等各个网络平台,发现使用钉钉可以避免在各个平台软件之间切换,于是钉钉成为在线教学的佳选。钉钉提供的班级群管理功能简洁、易操作,几乎能满足线上班级管理的所有场景需求,例如,"打卡"可以自动发布每天的任务并自动统计数据,"班级圈"可以创建话题让全班共同参与讨论,"填表"可以发布问卷调研并自动统计……这些功能为师生、亲子提供了便捷的线上对话时空,而且比传统学校教育更容易实现阅读的过程性指导、阅读成果的展示与保留、阅读交流空间的扩大等功能。

▶ 二 跨媒介阅读教学过程

在新冠疫情前,班级开展了"每日荐书、亲子共读、人文行走"等活动及名著导读的相关课程,师生共同约定的班级读书目标是"读经典名著,养浩然之气",阅读理念是"读万卷书,静能生慧;行万里路,勤能补拙;追求卓越,友爱共进"。新冠疫情期间,升级线下阅读形式,开展线上阅读活动,重建云端班级,为建立爱阅读的云班级环境奠定了良好基础。

(一)共建云端阅读愿景

鉴于班级学生群体问题及发展的需要,在班集体建设理论的指导下,以阅读活动为切入点,借助钉钉平台各种便捷的场景功能,将班级的创建目标确定为:根据七年级学生的认知规律及身心特点,设计长程性、系列性的线上阅读活动,为学生创建云端对话交往的精神场域;充分发挥钉钉平台的班级群管理功能,激发学生的阅读兴趣,指导学生掌握合适的阅读方法,促使学生的阅读行为朝深入、持续的方向发展;培养学生形成正确的价值观,调动学生自我发展的内驱力;进一步养成、巩固爱阅读的班集体文化环境。

(二)悦读激趣,线上赏析课文中的书房

书房常常折射出一个家庭的文化,不同家庭的藏书和文化环境是学生未知又好奇的世界,能极大地激发学生的阅读兴趣与期待。现实场景中,邀请全班同学到家里做客,这不容易实现,而通过钉钉视频会议,能很方便办到。将班级传统的线下阅读活动"每日荐书"改造升级为围绕书房开展的系列活动。

(三)奇思妙想,跨媒介分享期待中的书房

在学习课文《陋室铭》的基础上,以课文中的书房"可以调素琴,阅金经"为基础,要求学生分享各自"期待的书房",可以采用文字描述、创作美术作品、拍摄视频资料等方式。学生的想象力很丰富,有的设计成钢铁侠的样子,有的装饰得像公主房,不过,学生的作品大多关注书房的外观,而忽视了书房的藏书品质。

(四)导读直播,云端畅游现实中的书房

在重建书房的过程中,学生遇到了两个问题:应该怎么选择书?应该怎么读书?为了解决这两个问题,刘老师邀请优秀的"书房小导游"开设"选书导读直播课",特邀阅读报告写得深刻、惊艳的"领读小达人"进行名著精讲。

1."书房小导游"直播选书方法

小Z同学有丰富的选书经验,不仅介绍了图书馆场景和书店场景中的选书方法,还介绍了线上购书平台的选书技巧。小Z同学在直播中详尽解说了中图分类法的细则,介绍怎样选择书目和版本,还介绍了当当、亚马逊、京东等大型网上书店,喜马拉雅、微信读书、当当电子书、kindle等各大电子书阅读平台。这些书店和平台会推荐不同的阅读排行榜,列出不同类型的书目;人民教育出版社、上海教育出版社等出版社微信公众号也会时常推出不同的书单。

通过这堂课的学习,学生了解了更多的阅读资源平台,掌握了选书方法,能有意识地根据自己的成长需求选择阅读书目。

2."领读小达人"分享名著读法

经典名著的价值与美妙不必多言,但是初中生要进入名著宝藏并非易事,需要学习支架引领。教师指导擅长读后感、读书笔记写作的同学,利用钉钉直播平台开设名著选读课。例如,在名著《西游记》阅读的指导过程中,首先用钉钉班级群填表功能中的问卷收集《西游记》阅读过程中存在的困难(古白话语言理解有障碍;篇幅长、章节多、人物杂,看了后面忘记前面;有时很想深阅读,了解思路、方法);然后小L同学通过钉钉班级群的直播,根据同学们的阅读障碍设置阅读指导系列微课,结合课外学习的思维导图,为学生讲解如何制作情节结构鱼

骨图、西行路线图(图10-1)、人物关系思维导图(图10-2)、人物分析图等,通过一个个的阅读任务帮助学生对这部著作建立起整体感知,掌握走进名著的阅读方法。课程结束后,学生有不懂的还可以反复观看直播课的回放。在后来的学生自主阅读中,例如《海底两万里》的阅读,孩子们尝试在世界地图上标出鹦鹉螺号的航行路线,对整本书的思路结构有了整体清晰的把握;又如《百年孤独》,孩子们已经自觉地运用网状思维导图来帮助梳理复杂的人物关系。

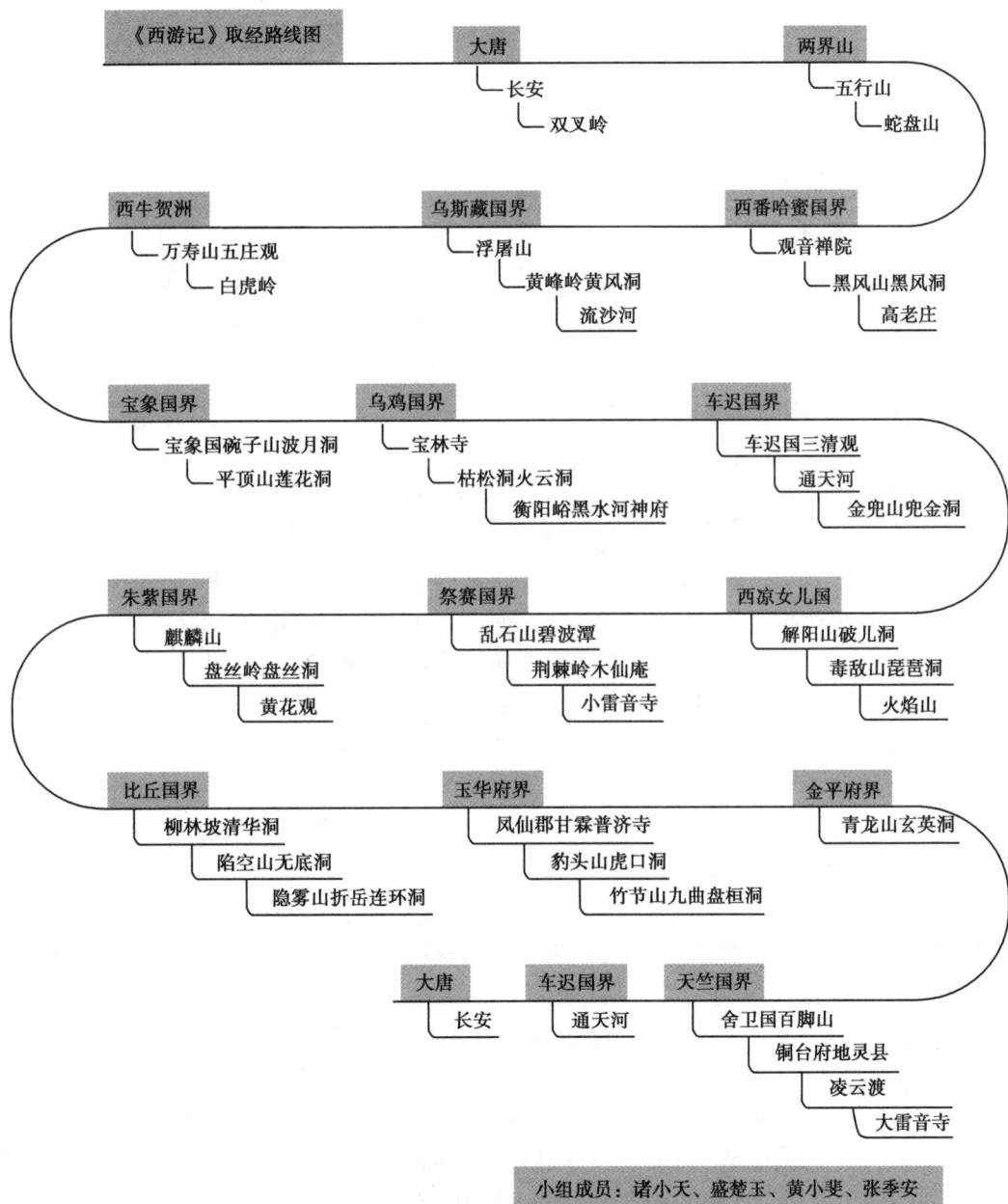

图10-1 《西游记》西行路线图

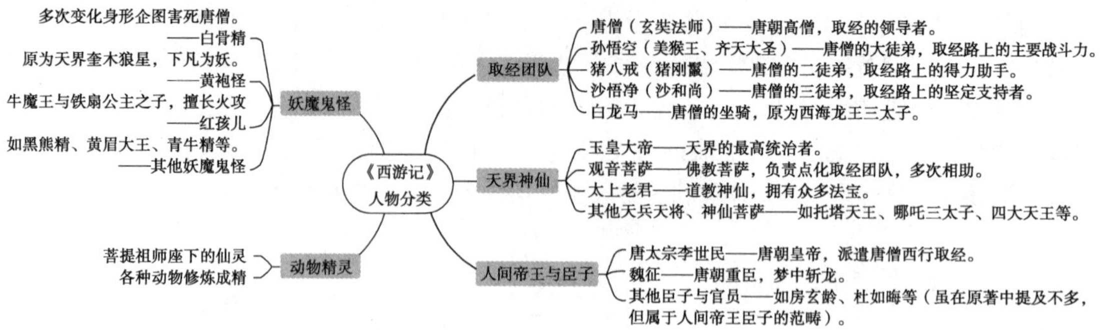

多次变化身形企图害死唐僧。
——白骨精
原为天界奎木狼星，下凡为妖。
——黄袍怪
牛魔王与铁扇公主之子，擅长火攻
——红孩儿
如黑熊精、黄眉大王、青牛精等。
——其他妖魔鬼怪

妖魔鬼怪

取经团队
唐僧（玄奘法师）——唐朝高僧，取经的领导者。
孙悟空（美猴王、齐天大圣）——唐僧的大徒弟，取经路上的主要战斗力。
猪八戒（猪刚鬣）——唐僧的二徒弟，取经路上的得力助手。
沙悟净（沙和尚）——唐僧的三徒弟，取经路上的坚定支持者。
白龙马——唐僧的坐骑，原为西海龙王三太子。

《西游记》人物分类

天界神仙
玉皇大帝——天界的最高统治者。
观音菩萨——佛教菩萨，负责点化取经团队，多次相助。
太上老君——道教神仙，拥有众多法宝。
其他天兵天将、神仙菩萨——如托塔天王、哪吒三太子、四大天王等。

菩提祖师座下的仙灵
各种动物修炼成精

动物精灵

人间帝王与臣子
唐太宗李世民——唐朝皇帝，派遣唐僧西行取经。
魏征——唐朝重臣，梦中斩龙。
其他臣子与官员——如房玄龄、杜如晦等（虽在原著中提及不多，但属于人间帝王臣子的范畴）。

图10-2 《西游记》人物关系思维导图

学生对自己同伴的讲解感到钦佩之余，也学得选书的方法和经典名著的阅读方法，为他们的持续阅读提供认知保障，帮助他们入得宝山不会空手而归。

(五)云声佳境，多元主体分享理想中的书房

一个人的阅读史，就是他的精神成长史。引导学生走出阅读舒适区，提升学生的阅读品位，是学生精神发展的需要。趁着学生阅读内驱力被很好调动的这股势头，班级紧锣密鼓地开展了"重建书房"活动。学生们给自己的书房命名、撰写标语，重新审视自己的藏书品位，重建自己的藏书和阅读计划等系列任务让学生们乐此不疲，丰富了学生的居家生活。

1.师生家长多元主体赏读跟帖

钉钉的班级圈方便学生随时发表讨论话题，进行对话交流，或者发布自己的阅读成果，如文章、思维导图、图画等。这些功能解决了线下教学中学生进行共同讨论受到时空限制的问题，让学生合作完成阅读任务或共同探讨时得以充分、尽兴。有的同学根据书中的描述和一些资料在地图上标注出西行路线图后，产生疑问并在班级圈发布话题："为什么他们师徒不用最便捷的方式到达西天取经，而要绕那么大个弯子呢？"班级群里一下子炸开了锅，有的同学说："因为当时的地理知识有限。"还有的同学认为是为了凑够"九九八十一难"。班级圈包括老师和家长，他们看到了也会在后面回复。就在这样看似漫不经心的交流中，引导学生深入阅读。班级圈无意中也融合了家长资源，成为全班师生家长共读一本书的沟通对话平台，也成为改善亲子关系的媒介，使全班学生读书的热情不断高涨。

2.云声佳境新功能展示成果

班级圈只能发布可看见的内容，不善于写却善于说的同学怎么办呢？学生向钉钉客服建议增加班级圈发布视频的功能，并自发创设"云声佳境"的活动，即通过声音和画面来展示阅读经历。学生可以在"云声佳境"中朗读动人语句、为精彩片段配音、分享阅读报告等。学生常常三人一组、五人一群，合作配音，合作汇报阅读成果。孩子们默契配合的声音从电脑中传出，用新奇的方式赋予在线教学多姿多彩的生命力。

班级圈和"云声佳境"从视、听的外显角度，帮助学生输出阅读成果，在提高学生表达能力的同时，也促进学生情感、思维向高品位、深层次发展，帮助学生养成阅读、思考、表达、再反思、再深入的深度阅读习惯。在此过程中，学生的认知、情感、意志以螺旋上升之势不断发展。

三　跨媒介阅读教学成效

教师适时组织学生进行集体的公共阅读活动,在动态生成性的阅读活动中引领学生相互交往、合作、思考、碰撞,激发学生悦读、会读、深读,同时,云端班集体爱阅读的文化环境的重建显成效。

(一)多元主体云端参与,升级班级阅读管理

读书、聊书、写作成为学生愉快的线上集体文化生活。学生们隔空分享发现一本好书的喜悦,隔空交流阅读的点滴思考,班级爱阅读的云端班级文化环境形成,居家学习的精神生活得到丰富,全班学生一起以越来越坚定、沉稳的步伐在阅读路上前进。

对孩子们的变化,家长看在眼里,喜在心里。父母以平等的身份参与阅读讨论,重温阅读的美好,亲子对话有话题、有内容、有品质,他们经历着相互发现、重新认识、相互理解、相互欣赏的美妙过程。

随着活动的推进,逐渐细化家委会与班级管理工作,强化学生的活动主体意识,引导学生尝试策划、设计、组织活动,并在班级中设置相关岗位,为学生的成长搭建更多的有益平台;邀请有意愿的家长或者名师推荐书目,开设云阅读讲座,促进书香家庭的建设,提升家庭教育品质。

(二)多元化线上评价,促进阅读持续发展

(1)人性化打卡。钉钉平台的打卡功能包含阅读打卡,方便老师随时查阅学生的打卡情况,顺手分享优秀阅读感受,还可以送花激励、留言点评,或悄悄话提醒。打卡可以帮助学生养成坚持阅读的好习惯。

(2)班级圈互评。实现了生生互动的同时,家长与班级所有的老师都参与其中,于润物细无声中引导学生保持正确的阅读方向。

(3)激励性奖励。每个打卡周期结束后,学生会得到阅读星奖状。钉钉班级群的填表功能可以发起投票,产生每周的"云声佳境"之"云声大咖"。这些云端的奖励方式能有效激发学生阅读的内驱力。

(三)线上线下相互融合,丰富跨媒介阅读活动形式

与钉钉相遇,充分发挥互联网的优越性,将线下阅读活动进行转化、创生,不但浓厚了云端班级群爱阅读的文化氛围,让学生宅家时眼界也不受限,心灵有远方,成长有力量;而且丰富了班级阅读活动的形式,为返校复课后线下、线上不同教育教学场景提供更多选择。

跨媒介阅读教学框架如图10-3所示。

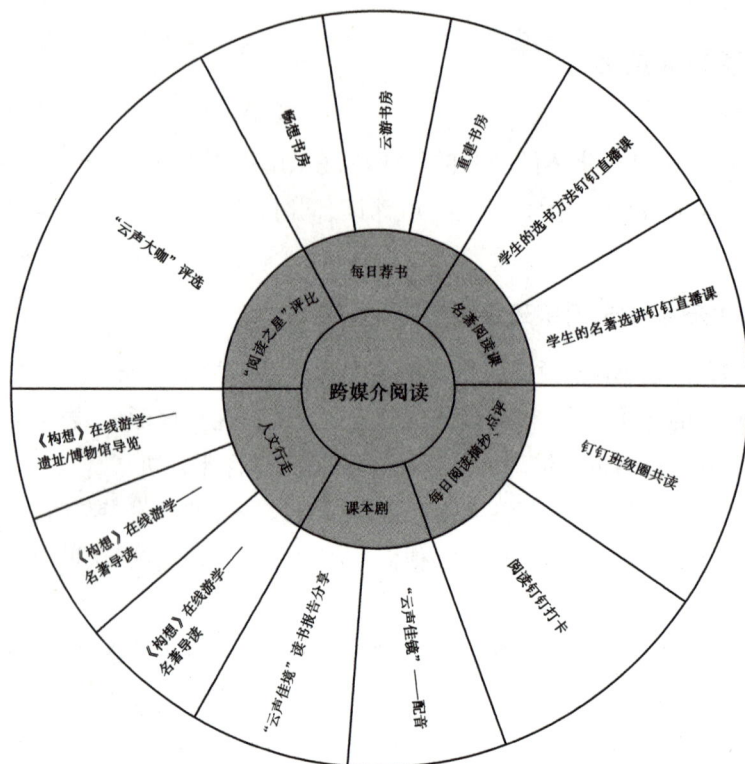

说明：内圈为线下阅读活动，外圈为线上阅读活动

图10-3　跨媒介阅读教学框架图

第十一章
朗读教学

◎ **导读提要** ◎

　　朗读是提高学生语文学科核心素养的有效阅读活动。《义务教育语文课程标准(2011年版)》中各学段目标与内容都要求学生"能用普通话正确、流利、有感情地朗读课文"。朗读是用有声语言再现文本内容,传达文本思想观点的一种言语实践行为,既是一种阅读方法,又是一种阅读能力。同时,朗读还是语文教学中最常用和最有用的一种教学方法。朗读在语文教学中的育人功能表现在以下几个方面:提升学生的语文学科核心素养;发展学生的口语交际能力;培养学生的语感。

◎ **课程思政提要** ◎

1. 朗读经典,树立谦虚好学的态度,培养家国情怀和社会责任感。
2. 朗读当代优秀作品,体会新时代的责任与担当。
3. 学会朗读,在朗读中加深对文本内涵的理解,在朗读中有所思考。

▶▶ 第一节　朗读教学概述

▶ 朗读的育人功能

(一)提升学生语文学科核心素养

　　核心素养是学生通过课程学习逐步形成的正确价值观、必备品格和关键能力,是课程育人价值的集中体现。语文课程的学科核心素养,是语文课程目标的具体化。

　　学生朗读要经历"读进去"和"读出来"两个阶段的心理过程。"读进去",是对课文文本内容的理解与体验;"读出来",是对课文文本内容的传达,在咬文嚼字和抑扬顿挫间,吸收中华文化的精华,体验中文审美,建构自己的语言应用范式,获得语文学科核心素养的提升。

(二)发展学生口语表达能力

语文课文都是经过编者精选的规范而优秀的文字作品。学生反复朗读、多次感受课文中的语言文字,不断地受到作家规范而优美的文笔的潜移默化,会在大脑皮层上留下连贯的、系统的、符合语言条理性的痕迹,这样大脑对言语表达的反应就会更加快速、敏感、准确。朗读是课文读解的"催化剂",有助于输入型语感"听读"水平的提高;朗读又是沟通口语和书面语的"桥梁",有助于促进学生"听说读写"水平的提高。学生经过言语"听读"的输入和语感的积淀,能有效提高写作水平和口语表达水平。

朗读有助于学生深入体会文章的思想感情。特别是对那些应该精读的文章,不能囫囵吞枣、浅尝辄止,必须反复朗读,在朗读中推敲文章的含义与韵味。通过朗读,想象作者写作时的心境和情感,想象作者在说话,作者在表达思想、抒发情怀,对文章的理解就会加深。朱自清曾经说,朗读对说话和作文也有帮助,因为练习朗读得咬嚼文字的意义,揣摩说话的神气。朗读有助于密切读和写的联系、语和文的联系,提高表达能力。

从读得通到写得通,从读得有感情到写得有情趣,朗读把躺在课文中的语言读出声来,通过声音传达出课文内在的思想感情,享受一种再创造的乐趣。同时,学生也逐渐习惯文章的用词造句,加速了口语和书面语的沟通。

(三)培养学生语感

语感是言语能力的主要标志。它能瞬时性地理解和鉴别语言,是高层级认知水平的语言理解力和鉴别力。朗读有助于学生积累词汇语句,积累优秀的文章范例,准确再现课文的情感,增强语音的感受能力、语法的感受能力、语义的感受能力。

朗读所展示出的语言美感带给人们的精神享受,说明语言与人的精神世界血肉相连的关系。一个人的精神世界总是和他的语言世界相联结、相吻合,精神世界的开拓同时是语言世界的延伸,语言世界的扩展同时也是精神世界的充实。朗读是培养语感的一种最好的方式。朗读文章时,如果听到不正确的读音或词不达意的语句,学生就会从情感上加以排斥。

◢ 二 朗读的基本技巧

学生要将一个优秀的文学作品诉诸朗读,不仅需要对作品内涵有深刻的认识,也需要有能自如地运用停顿、语速、重音、语调等朗读技巧的能力。

(一)停顿

停顿,是指朗读过程中声音的停和连。停顿既是为了表现语法结构,又是明晰表达语言、传达感情的需要。在朗读的过程中,标点符号有着不可忽视的作用,对于书面语中有标点的停顿现象,中学阶段的学生普遍掌握较好,因而在教学中要着重指导学生对没有标点的部分进行节奏的划分(较长"／／／"、较短"／／"、更短"／")。例如,朗读辛弃疾的《西江月·夜行黄沙道中》,"七八个星／天外,两三点雨／山前。旧时／茅店社林边,路转溪头／忽见",苏轼的《惠崇春江晚景》,"竹外／桃花／三两枝,春江／水暖／鸭先知。蒌蒿／满地／芦芽短,正是／河豚／欲上时"。

(二)重音

通过训练,让学生逐步懂得句子中的动词谓语,用作修饰的词、对比的词、比喻的词,或能表达作者强烈感情的一些特殊的词,要读重音。另外,为了增强表达的效果,一些表示强烈的兴奋或悲伤的地方,可采用重音轻读的方法。

(三)语速

一般而言,对于感情低沉、伤感的文章,朗读的速度要慢;对于感情高亢、激越的文章,朗读的速度要快;对于感情较欢快、欣喜的文章,朗读的速度要适中。要通过训练让学生知道,表示欢快、激动、高兴、愤怒的词句,一般读得要稍快一些;表达悲愤、忧郁、抒情的重点句段,读的速度要慢一些。在整篇课文朗读中,要有快有慢,富于变化。

(四)语调

语调是语音、语速、语气的综合反映,是一篇课文的感情基调。通过训练,在实际的朗读中让学生逐步体会到表达欢快的、赞美的、喜爱的、美好的情感的课文要读得高昂激动、响亮明快;表达悲壮的、凄凉的情感的课文要读得深沉舒缓;一般的文章,都以宁静、轻松、恬淡的语调为主。

需要注意的是:教学这些方法和技巧不要过细过碎、面面俱到,只介绍一些最基本的常识,教给一些规律性的东西即可。要少讲理论,注重在朗读实践中理解和掌握这些技巧。

◢ 三、不同文体的朗读要求

不同文体作品的不同特色对朗读活动的开展提出了不同的要求,教学中只有把握住作品朗读的要点,才能使朗读卓有成效,使教学活动精而不费。因此,针对不同的文体,朗读教学要从不同的角度入手。

(一)诗歌、散文朗读重点在抒情

一般说来,诗歌和散文,重点在于解决作者是如何通过写景、叙事来表达自己的思想感情,要尽量调动学生的生活经验,让学生在朗读时进行回忆,引起他们的联想与想象,并激发共鸣。以《藕与莼菜》为例,在导入阶段,学生的情绪已被调动起来,故乡的一草一木,一人一事已开始在脑海中浮现,这时再让他们选择自己喜爱的段落,配上小提琴曲《思乡曲》来进行朗读,学生就很容易受到课文中优美动人的语言、诗情画意的境界的感染,甚至有些同学当场就能动情地列举、描绘出让自己怀念的家乡的事物。

(二)小说、戏剧和报告文学朗读重点在创造

小说、戏剧、报告文学等作品,重点在于理解人物的性格。在朗读过程中,学生不仅用自己的语言对作品中的人物进行了再创造,而且作为这个过程中的主体,会产生再创造的兴趣和喜悦,从而激发学习语文的积极性。引导学生读这些作品时,要文通字顺,更要进入情境,把人物形象读得活灵活现。

（三）议论文朗读要严谨

议论文的基本特征是说理的概括性、逻辑的严密性和富有战斗性。议论文通过概念、判断、推理等逻辑形式来阐释、论证客观事物的道理。与其他文体相比较，它更直接地揭示事物的本质和规律。朗读议论文，要读得庄重、严肃，侃侃而谈，不要摆架子、装腔作势。朗读口气不要太大，不要用教育人的口吻，要朗读出与听者平等的态度。

议论文的结构一般包括开头、正文和结论三部分。开头是提出问题的部分，要读得鲜明、清楚、肯定、响亮；正文部分是分析问题的过程，要读得扎实、有条理、层次分明，并且波澜起伏；结论部分是解决问题，要读得坚定、有力、高昂、富有鼓动力。

（四）说明文朗读要客观

说明文的特点是内容的科学性、知识的严密性、文章的逻辑性、语言的通俗性与准确性。在朗读时，要通过音量、音高、语速来区别文章的内容，表现出说明对象的构造、形状、方位、性质、特点、功用等特征。

（五）记叙文朗读要生动

记叙文是以记人、叙事、写景、状物为主要内容，以叙述与描写为主要手段来反映社会生活的文章。它是生活中最常用的文体，新闻、通讯、故事、游记、速写、特写、回忆录等都属于记叙文文体。在朗读记叙文的时候，要充分利用重音、停顿、语气、语调和语速等朗读技巧，生动地再现记叙的时间线索和人物关系，以及事件的起因和结果。

（六）文言文朗读要流畅

朗读文言文的关键是分清句读，一气呵成，不要磕磕巴巴、断断续续。文言文，重点在于根据字词理解文章的中心思想，要在理解中朗读。例如，学习《天时不如地利》，除了要让学生掌握许多典型的实词，更要激发学生读出文章雄辩的语言气势和论证气势。

▶▶ 第二节　朗读形式与朗读评价

朗读的形式纷繁多样，不一而足，但各种形式的朗读有各自的功能和适用范围。为准确指导学生朗读，点燃学生的朗读兴趣，激发学生的朗读感情，促进学生的朗读训练，教师应该借助丰富多彩的朗读方式。教师要精心设计朗读训练过程，科学合理地选择每一环节朗读的形式，让它们各尽其能，才能充分发挥朗读活动的有效性。课堂上的朗读活动形式与课外的朗读活动形式有所区别。

(一)课堂朗读活动的主要形式

1.齐读

齐读即按照一定的要求,由全部或部分学生齐声朗读课文。这是一种常用而有效的方式,有利于激发学生的兴趣,振作学生的精神,烘托课堂的气氛,大面积地调动学生朗读的积极性,使尽可能多的学生获得动口锻炼的机会。齐读比较适用于诗词朗读,因为诗词的句式简短而整齐,句子朗朗上口。句式较短、感情强烈的散文和议论文,采用齐读的形式也能使学生产生情感共鸣。但是,长句占比较大的议论文、对话较多的记叙文,一般不宜齐读。这是因为句子过长,齐读难免杂乱不齐;对话过多,齐读难以把握情感的变化,难以处理语调、语速的高低快慢。齐读的时段安排一般有两种,一是在初步感知阶段,通过齐读,让学生熟悉内容,以利于师生的交流;二是在积累语言阶段,借齐读让学生加深对课文的感受和记忆。

2.点读

点读即点选个别学生朗读。这种方式有利于教师有针对性地指导全班学生朗读课文。通过点读,可以发现朗读中存在的不足,比如字词读音、句中停顿,以及情感表达等方面的不足之处。点读还可以自由调节音量、音速,可以根据课文内容自由地表达情感,可以充分发挥朗读者的朗读特色。根据教师的意图,点读可分为:发现问题的点读,点选水平中等的学生,从中发现有代表性的问题;示范性点读,点选水平较高的学生,必要时还可以让学生课前做准备。点读要求被点选的学生发音洪亮清晰,这样全班学生才听得清楚。语音过低、朗读基础太差的学生是不宜点选的。因此,教师必须对学生有所了解,以避免点读的随意性。点读可以贯穿课文教学的全过程,但较多用于领悟理解阶段。

3.分角色读

分角色读即由学生扮演课文中的人物角色进行朗读。这种朗读方式可以活跃课堂气氛,激发学生的学习兴趣,适用于剧本台词和对话较集中的记叙文段落。分角色读要求教师课前做好两项准备工作:一是选"角色",根据角色性别、个性以及语音要求等方面选择;二要对所选"角色"进行"导演",根据课文内容从语音、语调和表情等方面加以指导。只有这样,分角色读才能传神达意,并感动听众。采用这种朗读方式还要注意:要在理解课文、理解人物的语言、理解人物性格的基础上进行;要处理好课文叙述语言与人物语言的关系。如果离开上下文的背景和提示语,孤立地只读角色的语言,听的学生感到很突兀,读的学生也很难进入情境,不能把人物的情绪、情感和性格特点表现出来。所以分角色朗读,要精心设计,要有学生朗读有关叙述、描写、提示的语言,起到串联、烘托的作用。此外,角色的语言要强调"模拟"而非"扮演"。

4.范读

范读即教师示范性朗读。范读在教学中具有重要的意义,通过范读,教师可以在正音、朗读技巧和感情表达等方面向学生提供示范。经验丰富的教师,善于通过标准清晰的普通话语音、喜怒哀乐的情感变化、抑扬顿挫的语调等朗读技巧,使学生对课文内容产生强烈的共鸣,从而起到先声夺人的作用。范读要求教师在课前认真准备,在课中全身心投入,努力使自己进入角色,做到声情并茂。教师还要对课文中某些段落和语句的朗读要求加以解说,或重复范读,让学生从中得到启发。范读要求教师具备普通话标准、语音清晰等良好的朗读素质,否则"范读"就难以名副其实。当然,朗读素质是可以通过各种途径培养的,例如,普通话不标准,可以通过查阅字典并反复自诵练习来纠正;朗读不流畅,课前可以反复诵读。

5. 自由朗读

这种方式最大的优点是学生都能有动口的机会,都能有朗读的自主权;遇到不流畅的地方,可以停一停,想一想,再往下读;遇到自己认为精彩的地方,再回头读读,品味品味。自由朗读可以放在尝试练习、巩固技巧的阶段。

此外,还有轮读、对比读、评读等形式,各种朗读形式的运用并不是对立的,可以综合运用于一篇课文的教学之中。总之,朗读方式的选用是语文课堂教学中不应忽视的一个问题,它对提高学生学习语文的兴趣,提高课堂教学的效果,都具有重要意义。

(二)课外朗读活动的主要形式

朗读能力的培养重在实践,除了课内练习,还要辅之以多样化的课外朗读活动,从而激发学生的表现欲、创造欲。因此,应努力拓展朗读活动渠道,借助网络、视频等多媒体手段,以学生喜闻乐见的形式设计出更具时代特色,更符合中小学生身心发展需求的课外活动,寓教于乐。让学生在朗读中培养高雅的情趣,丰富其精神世界。下文简要介绍颇受学生欢迎的、能激发学生兴趣与热爱情感的课外朗读活动。

1. 朗读欣赏

组织学生聆听、欣赏一些优秀的名家朗读,如著名播音艺术家方明、林如、雅坤等录制的经典散文、诗词等作品,声情并茂,有强烈的艺术感染力;另外,CCTV-3的《电视诗歌散文》栏目,不但选文经典,音色俱佳,而且配有意境优美的视频,着实引人入胜,让人心旷神怡,是学生学习朗读的典范。

2. 朗读模仿

可以结合综合性学习的要求,组织演讲会、诗歌朗诵会、课本剧表演等活动。根据教材中的相关内容确定演讲、朗诵活动的主题和表演篇目。安排学生利用网络查询活动的材料,做好充分准备;班干部精心设计活动形式,确保表演的质量。例如,可以举办"保护地球,就是保护我们自己——主题演讲""沉郁悲壮的词人情怀——南宋词朗诵会""《变色龙》课本剧表演"等活动。

3. 配音模仿

电影是深受学生欢迎的娱乐形式,成功的电影也一定有成功的对白,让学生鉴赏电影中优秀的台词朗读片段,是学生喜欢的课外活动形式。可以让学生欣赏诸如乔榛、丁建华等著名的译制片配音演员的配音桥段,也可以借助教室里的多媒体让学生进行电影译制片的配音模仿。例如,组织学生对动画片《怪兽大学》的桥段进行配音模仿,学生参与的积极性很高,在揣摩角色形象、朗读技巧中提高了语文能力。

4. 配乐朗诵

设计音画结合的电脑动画是学生热衷的课外活动,教师可以借助这一新方式,来拓展语文教学的空间。例如,"别样的古诗新韵——古典诗歌FLASH设计比赛"要求参赛者以个人或团体的形式编导并制作一部精美的电脑动画,学生从选诗歌,到结合诗歌风格选音乐,再到结合诗歌意境制作画面,最后再以最佳状态完成朗诵,在整个过程中对诗歌内涵进行了深度解读,增强了对古典诗词的热爱。

二、朗读评价方式

朗读活动中的评价环节也相当重要。朗读活动的形成性评价应该针对学生朗读活动的过程,有鼓励性、针对性、及时性、灵活性。也就是说,教师应该运用鼓励性的评语来调动学生朗读的积极性,因为恰当的肯定能激发学生的朗读兴趣。当然,我们的表扬要客观、合理、如实地反映学生的朗读水平,要让学生看到自己优点的同时也知道自己的不足,力求改进。我们的评价还应有针对性,读得好,好在哪里? 哪些地方需要改进? 语气、语调,还是节奏?这样才能让评价成为学生改进的客观导向。在教学用语上也尽可能使用适合学生的语言,以尽可能地贴近学生的实际学习需要。当学生的朗读不尽如人意时,教师可从别的方面给予鼓励引导:"你很勇敢,能当着这么多同学的面读书!""你是第一个举手的,很勇敢哦!"例如,某节课上,学生读错了一个字,老师发现错误后,理解地说道:"你读得很动情,将人物'万般无奈的心情'读了出来,但是错读了一个字,老师给你第二次的机会再读一遍,希望这次你不要读错哦。"这番话充分体现了该教师的教学评价智慧,她对学生细节心理的把握很到位,给了学生第二次朗读的机会,既能纠正学生的错误,也能让学生产生自信心,感到自己并没有失败。

目前,对学生朗读水平的终结性评价还存在着较大的随意性,这不可避免地影响了朗读教学的开展。结合汉语普通话测试题型,笔者尝试在月考试卷中融入以下口试题型,取得了不错的检测效果。

(一)读准字音

朗读下列顺口溜,可以用来训练n、l发音的是(　　　)。

A.三山屹四水,四水绕三山;三山四水春常在,四水三山四时春。

B.粉红墙上画凤凰,红凤凰,粉凤凰,粉红凤凰,花凤凰。

C.牛郎年年念刘娘,刘娘连连念牛郎。牛郎恋刘娘,刘娘念牛郎,郎念娘来娘恋郎。

(二)读准重音

运用朗读重音的不同,请将"我在屋里看电视。"这句话读出至少三种意思。

此外,认真组织教师对朗读活动的评价进行学习讨论,明确规定评价操作过程中的有关细节,例如,重复一次如何扣分,添一个字怎样计分等。特别是有感情朗读的检测较难评判,为此,在每一次检测前,先组织教师学习讨论,对检测的课文,要明确其感情基调,教材处理做到心中有数,从而确保检测的科学性、公正性。

(三)读准节奏

下列诗句朗读节奏划分错误的一组是(　　　)。

A.我要用手 / 指那涌向天边的排浪,我要用手 / 掌那托住太阳的大海

B.轻轻的 / 我走了,正如我 / 轻轻的来

C.撑着／油纸伞,独自彷徨在／悠长、悠长又寂寥的／雨巷

(四)读准语调

朗读这两段话的语调有什么不同? 奥楚蔑洛夫的性格是怎样的?

A.不错……这是谁家的狗? 这种事我不能放过不管。我要拿点颜色出来叫那些放出狗来闯祸的人看看! 现在也该管管不愿意遵守法令的老爷们了! 等到罚了款,他,这个混蛋,才会明白把狗和别的畜生放出来有什么下场! 我要给他点厉害瞧瞧……

B.这么说,这是他老人家的狗? 高兴得很……把它带走吧……这条小狗还不赖……怪伶俐的,一口就咬破了这家伙的手指头! 哈哈哈……得了,你干吗发抖? 呜呜……呜呜……这坏蛋生气了……好一条小狗……

朗读能力自评工具如表11-1所示。

表11-1　朗读能力自评工具

朗读能力自评工具(在符合自己朗读能力的地方打√)。				
	朗读优秀	朗读良好	朗读合格	有待提高	能够完成
字音					
重音					
停顿					
节奏					
语调					

第十二章
文言文阅读教学

◎**导读提要**◎

文言文是语文课程传承中华优秀传统文化的重要载体。各个版本的语文课程标准都明确规定了中学生需要背诵的文言文篇目；在语文中考和高考试卷中，都有古诗文考核内容。本章介绍了几种常用的文言文阅读教学方法，还特别介绍了文言文"三读三养"教学模式，以及中考古诗文备考策略。文言文"三读三养"教学模式以语文教材为依托，构建了立体化的"文言课文三读—文言单元三养—语文素养提升"教学体系。中考古诗文备考策略有：古诗文积累记诵策略、文言知识专题复习策略、文言课文主题感悟迁移策略。

◎**课程思政提要**◎

1. 展现中华文化之深厚底蕴，引导学生感受中华文化的魅力。
2. 增强文化自信，自觉传承和弘扬中华优秀传统文化。
3. 养成正直、诚信、谦逊、宽容等品德，提升个人修养。

▶▶ 第一节　文言文阅读教学概述

▶ 一　文言文阅读教学的价值

文言文是语文课程传承中华优秀传统文化的重要载体，是语文课程开展思政教育的重要阵地。文言文阅读教学具有课程思政价值和语言能力发展价值。

(一)课程思政价值

入选语文教材的文言课文,是优秀的中华文化遗产,可以帮助学生了解祖国灿烂的古代文明和优秀的传统文化,是开展爱国主义教育、民族自豪感教育、道德情操教育的主要阵地。有利于提升文化自信核心素养。

(二)语言能力发展价值

入选语文教材的文言课文,是优秀的语言文学范例,其遣词造句、谋篇布局、主题思想、意象意境都是学生模仿的典范,有利于帮助学生培养语感,积累语言材料,习得语言规范,提升语言应用能力。

二、文言文阅读教学目标

(一)文言知识目标

《义务教育语文课程标准(2022年版)》的总目标指出:"能借助工具书阅读浅易文言文。"第四学段(7—9年级)课程目标指出:"诵读古诗词,阅读浅易文言文,能借助注释和工具书理解基本内容。注重积累、感悟和运用,提高自己的欣赏品位。背诵优秀诗文80篇(段)。"

(二)文化传承目标

通过文言课文学习,初步了解中华文明的优秀成果,了解我国古代先贤的政治智慧、军事智慧、教育智慧、审美品质、家国情怀,具备开阔的文化视野和一定的文化底蕴,热爱祖国语言文字,热爱中华文化,实现文化自信的课程目标。

三、文言文阅读教学内容

文言文阅读教学内容与现代文阅读教学内容一致,都要引导学生学习与分析课文的字、词、句、段、篇,了解古今词义差异,掌握古今句式变迁规律,分析文言文的篇章内容与作者的情感态度,从而学习古人的行文艺术,鉴赏古代先贤的文化智慧。因此,文言文阅读教学内容主要包含以下几个方面:文言字词知识、文言语法知识、文言篇章知识、古代文化常识等。

(一)文言实词与虚词

1. 常用文言实词(150个)

比	鄙	兵	病	乘	持	从	达	当	道	得	尔	伐	犯	方	负	赋	更
苟	故	顾	观	归	过	好	号	还	会	惠	及	极	计	济	假	间	简
见	竭	尽	进	居	举	具	俱	聚	遽	决	绝	类	临	虑	论	漫	明
名	命	难	平	戚	强	窃	请	穷	求	取	去	全	任	入	若	善	少
舍	涉	生	胜	师	施	实	食	使	释	市	恃	数	属	说	素	汤	徒

亡 为 委 务 鲜 向 效 谢 信 行 形 兴 修 徐 许 寻 业 遗
贼 夷 异 易 诣 益 阴 引 盈 余 狱 御 缘 远 云 章 知 止
志 致 质 专 走 足 卒 作 坐 卑鄙 布衣 菲薄 其实 亲戚 驱驰
无论 牺牲 鸿儒 白丁 阡陌 交通 问津 绝境 妻子

2.常用文言虚词(6个)

之 其 而 以 何 于

(二)文言常用句式与固定句式

1.判断句式

判断句式表示判断意义,表示对主语的性质、身份或情况进行判断,是典型的文言句式。判断句式结构如下:"……者,……也""……,……也""……为……""……乃……"。

2.被动句式

被动句式表示被动意义,表示主语被某事物影响或动作是由某事物发出的,是常见的文言句式。被动句式结构如下:"为……所……""见……于……"。

3.省略句式

省略句式是文言文中常见的语言简洁现象,表现为省略句子成分,可以省略主语、谓语、宾语等成分,如"一鼓作气,再(鼓)而衰,三(鼓)而竭"。

4.倒装句式

倒装句式是一种文言乱序用词的语言现象,分为前置词现象和后置词现象。谓语前置,例如"甚矣,汝之不惠"。宾语前置,例如"何陋之有"。定语后置,例如"蚓无爪牙之利,筋骨之强"。状语后置,例如"青,取之于蓝,而青于蓝"。

5.疑问句式

表示对某人或某事的处置或询问办法。例如:"如……何?""奈……何?""何……之有?"

6.否定句式

表示否定的句子叫作否定句。否定句中必须有否定词,否定词可以是副词,如"不、弗、毋、勿、未、否、非";可以是动词,如"无";也可以是代词,如"莫"。例如:"故不登高山,不知天之高也""亟请于武公,公弗许""虽有嘉肴,弗食,不知其旨也"。

7.固定句式

常用固定句式有:"无以……""有以……""孰与……""与……孰""得无……乎"。

▶▶ 第二节 文言文阅读教学方法

常用的文言文阅读教学方法有很多,例如朗读、默读、听写、默写、背诵、表演、翻译、串讲、讨论、评论等,不同的教学阶段应选择不同的教学方法。下面按照文言课文教学阶段介绍几种常用方法。

一、朗读与背诵

(一)朗读

朗读文言课文,有利于学生感知课文的音韵美和节奏美,理解文言课文内容和思想感情。文言课文朗读的重点,在于咬准字音、读准句读、准确传情达意。要求学生做到不添加、不遗漏、不破词、不重复,不吞吞吐吐、不颠三倒四。要读出标点符号、关联词语以及语气语态的差异。朗读方式多种多样,可以分为教师范读和学生范读,还可以分为全文朗读、分段朗读、分组朗读、分角色朗读、全班齐读、自由朗读等。在感知课文阶段,适合全班朗读和自由朗读;在探究课文阶段,适合分组朗读和分角色朗读。

(二)背诵

背诵文言文,是语文课程标准的要求,也是积累文言诗文的有效方式。有效背诵的前提是理解和有声朗读。简短的文言诗文,熟读即可成诵;篇幅较长的文言文,可以采用以下方式提升背诵效率:①寻找记忆的支撑点,例如编写记忆提纲、标注关键字词;②边朗读边背诵,将熟读与背诵结合起来;③分散记忆,不必一次性背诵长课文,分散时间记忆背诵效率更高。背诵方法通常在下课前使用。

朗读和背诵都是用有声语言再现课文内容的文言教学方法。朗读方法凭借课文文字再现课文内容;背诵方法是在脱离课文文字凭借的基础上再现课文内容。换一个角度说,背诵文言课文是朗读文言课文的成果。

二、翻译与串讲

(一)翻译

翻译,就是用自己的语言重新表达文言课文的意思,通常需要借助课文注释或工具书来完成。古今词义差异较大的词语、文言语法和特殊句式等情况,需要采用翻译教学方法。

翻译分为口译和笔译两种方式。口译具有及时性,是最常用的文言文阅读教学方法。口译有助于训练学生的语感,培养学生的口头表达能力。运用口译这一文言文阅读教学方法,不必苛求学生语言表达完整无误。其教学重点是引导学生开口用自己的语言表达文言课文的内容。笔译是用文字翻译文言课文的内容,通常在文言特殊句式、文言长句和难句中使用笔译方法。翻译的要求是"信、达、雅",也就是"准确、通顺、高雅"。但是,在文言文阅读教学中,文言课文翻译则要求"通顺、正确、规范":首先要求"达",翻译时用词力求通顺;其次要求"信",翻译时选词要准确;最后要求"雅",翻译时选词规范、高雅。

(二)串讲

串讲,是逐字逐词逐句讲解文言课文内容的教学方法,也是传统的文言文阅读教学方法。由于串讲是单向传输信息的便捷方式,往往容易带来"满堂灌"的弊端。文言课文的重点难点内容,复杂句式、特殊表达方式,名言警句等内容,都适合采用串讲方法。为了克服"满堂灌"的文言课文串讲弊端,可以采用学生串讲的方式开展文言阅读教学。

字词翻译常常在感知课文阶段使用,有时也可以与串讲联合使用。原文翻译,通常在课文教学结束后使用。串讲通常与翻译联合使用。换言之,串讲往往用在翻译之后。

三、讨论与评论

(一)讨论

讨论的重点在于分析探究,教师通常以经验性问题引发课堂讨论,帮助学生理解课文的主题思想、情感态度、表现手法与特色,学生在教师分析课文的基础上展开探讨。通常在课文探究阶段采用讨论方法。可以针对课文主题展开讨论,也可以针对课文特色展开讨论。讨论的问题有确定的答案。

(二)评论

评论的重点在于分析评价,学生在分析文言课文特色的基础上发表自己的见解,通常以评价性问题引发学生评论。评论的问题可以是开放性的,有时没有确定的答案。

讨论与评论的共同特征是"论",就是学生发表自己的观点。讨论多用于单篇文言课文教学,评论更常用于文言单元教学或者文言群文阅读教学。

四、改写与改编

(一)改写

改写通常应用于单篇文言课文教学,强调在原有文言课文基础上的改变和发挥。改写的成果形式常常表现为学生的书面作业或作文,例如将《爱莲说》改写为抒情散文《莲藕飘香》,将《陋室铭》改写为记叙文《我的书房》。

(二)改编

改编通常应用于文言单元教学或者文言群文阅读教学,改编强调多篇文言课文内容的整合改变,强调多文本多主题呈现,通常以课本剧剧本的方式呈现出来。改编的成果如课本剧《愚公遇狼》《菊与莲共舞》等。

改写与改编的共同特征是"改",就是在原有课文基础上的改变,强调变化。改写的成果是作文,例如《烛之武将军》;改编的成果是课本剧剧本,例如《桃花源轶事》。

▶▶ 第三节　文言文"三读三养"教学模式

文言文"三读三养"教学模式,是依据学生文言学习的认知特征和文言课文教学与文言单元教学特点提炼出的文言文阅读教学课堂操作规范。文言文作为传承中华优秀传统文化的重要载体,承载着发展学生言语认知能力和提升学生语文学科核心素养的课程任务。

◤ 一 "文言课文三读"教学模式

所谓"文言课文三读",特指文言课文"通读、精读、悟读"三个阶段,这三个阶段对应文言文阅读认知发展的三级水平,不同认知水平对应不同的文言课文阅读教学内容和教学重点。掌握"文言课文三读"教学模式,不仅有利于语文教师在文言单元教学时备课与上课,还有利于学生遵循认知规律学习文言文,传承中华优秀传统文化。

(一)课文通读:在语言解码中知晓文言大意

课文通读以语言文字的基础解码为核心,旨在帮助学生建立对文本的整体认知框架。教师需引导学生借助注释、工具书疏通文言字词,通过字音辨读、节奏划分、文意梳理三个步骤,形成对文本的初步理解。以统编版七年级上册《论语》十二章为例,教师首先范读正音,指导学生标注"说""乐"等多音字的读音;继而通过分句朗读,引导学生把握"学而不思则罔,思而不学则殆"等语句的停顿节奏;最后要求学生对照注释逐句翻译,用思维导图梳理"学习方法""修身养性""为人处世"三类核心内容。在此过程中,教师可设计"文言知识卡片",集中整理"不亦说乎"(通假字)、"吾日三省吾身"(古今异义)等基础语言现象,为后续精读奠定基础。文言课文通读教学,需注重朗读形式的多样化,如分角色轮读《陈太丘与友期行》,通过对话语气的模仿感知人物性格,在语言解码中实现对文本内容的初步建构。

通读文言课文,处于认知过程的记忆水平和理解水平。记忆水平的认知特征是再认和再现,有利于学生积累文言字词和名言警句,制作文言知识卡片和文言警句卡片都是帮助学生积累文言知识的有效手段。理解水平的认知特征是解释、转换或推断,要求学生对已经储存的文言课文信息加以整理,用和文言课文不同的方式来表达相同的内容,例如分角色朗读、古今词义翻译(转换)。

通读文言课文强调文言理解和积累,重点在"通"。"通",强调从头到尾拉通课文全文,通晓课文全文;"读",指有声朗读和无声默读,首先强调朗读。无论文言课文长短,都应该要求学生大声朗读。

(二)课文精读:在文本细研中探究文言深意

课文精读旨在聚焦文言文本的语言规律与思想内涵,通过对课文字词句段的深度解析,引导学生掌握文言语法规则,理解作者的情感态度与写作意图。以八年级上册《卖油翁》为例,教师首先提取"睨之""但微颔之""笑而遣之"等描写卖油翁神态动作的语句,分析"之"字的指代对象与语气词的表达效果,体悟人物的心理活动;继而聚焦"无他,但手熟尔"与"我亦无他,惟手熟尔"的对话差异,探讨文言省略句的表达特点;最后结合"酌油沥之,自钱孔入,而钱不湿"的细节描写,分析类比论证的写作手法,理解熟能生巧的道理。在《岳阳楼记》的精读教学中,教师可通过"迁客骚人"与"古仁人"的情感对比,解析"不以物喜,不以己悲"的互文句式,引导学生体会范仲淹"先天下之忧而忧,后天下之乐而乐"的政治情怀。精读过程需建立"问题链"引导机制,如针对《河中石兽》设计"寺僧、讲学家、老河兵的推断为何不同?""文中哪些词句体现了逻辑推理的严谨性?"等问题,在语言分析中训练思维。

精读文言课文,处于认知过程的分析水平和应用水平。分析水平的认知特征是区分、组织和归属。分析文言课文,有利于学生按照恰当性或重要性来探究与辨析文言课文整体结构中的各个部分。例如探究课文《卖油翁》中的细节描写,探究课文《岳阳楼记》中的情感对比描写等。应用水平的认知特征是执行和实施。例如指导学生将"不以物喜,不以己悲""先天下之忧而忧,后天下之乐而乐"等名言警句应用在仿写作业中。当下文言文阅读教学的误区之一,就是忽视文言阅读应用。

精读文言课文强调探究迁移,重点在"精"。"精",强调精准聚焦,探究文言课文的部分与部分之间的相互关系;"读",强调默读探究和迁移应用。无论文言课文长短,一定要找到一个阅读应用的文言知识点,指导学生迁移应用。

(三)课文悟读:在古今对话中赏鉴文言今意

课文悟读强调文本的现实观照,通过创设情境化、任务化的学习活动,引导学生发掘文言文的现代价值,实现传统文化与现实生活的意义联结。九年级上册《敬业与乐业》节选自梁启超《饮冰室文集》,教师可组织"古今职业观"辩论赛,让学生结合"敬业乐业""安其居,乐其业"等古语,讨论"新时代青少年应如何看待职业选择""敬业精神在人工智能时代的价值"等问题,在观点碰撞中理解"敬业即是责任心,乐业即是趣味"的现实意义。《愚公移山》的悟读教学可设计"假如愚公生活在当代"创意写作任务,要求学生运用现代科技重构移山方案,同时思考"愚公精神"中"持之以恒""团结协作"等核心内涵的时代传承。对于《答谢中书书》《与朱元思书》等山水小品文,可开展"文言游记中的自然观"主题探究,引导学生对比古代文人"乐山乐水"的审美情趣与现代生态保护理念,在赏鉴文言写景章法(如"高峰入云,清流见底"的俯仰结合、"急湍甚箭,猛浪若奔"的比喻夸张)的同时,树立人与自然和谐共生的现代意识。

悟读文言课文,处于认知过程的评价水平和创造水平。评价水平的认知特征是价值判断。创造水平的认知特征是生成与产出。例如《陋室铭》中的"何陋之有"是价值判断,《爱莲说》中的"予独爱莲之出淤泥而不染也"也是价值判断。提出问题"你是否同意作者的观点?"或者组织学生讨论与辩论,例如讨论"敬业精神在人工智能时代的价值"等,都是评价水平的文言阅读训练。在阅读感悟文言课文时,让文言文的思想绽放出时代光辉,让优秀的文化遗产实现当代价值,是悟读文言课文的最高认知水平。例如课文《愚公移山》的创意写作,课文

《卖油翁》的创意写作等都是创造水平的文言阅读训练。

悟读文言课文强调感悟与生成,重点在"悟"。"悟",强调在体验感悟中生成自己的价值判断;"读"指默读反思,同时,"悟读"还强调古为今用,无论文言课文长短,一定要在文本对话中生成新的文本意义。

二、"文言单元三养"教学模式

所谓"文言单元三养",特指文言文单元教学过程中的"培养、滋养、涵养"三个阶段,这三个阶段对接语文学科核心素养,落实文言单元教学中的文言知识分解与归类,不同的核心素养对应文言单元中不同的文言知识点和训练点。掌握"文言单元三养"教学模式,不仅有利于语文教师统整文言单元知识点和训练点,衔接语文学科核心素养,还有利于学生遵循文化传承规律,实现文化自信培养目标。

(一)辨析文言语法:在系统建构中培养语言能力

文言语法教学需打破碎片化知识堆砌的教学现状,以单元为载体构建结构化文言知识体系,通过对比归纳、迁移运用,提升学生的语言解码能力与表达能力。以"文言特殊句式"单元为例(含《陈太丘与友期行》《狼》《陋室铭》),教师可设计"文言句式大观园"学习任务。首先整理"(友人)过中不至"(省略句)、"白雪纷纷何所似"(宾语前置)、"何陋之有"(宾语前置)等典型例句,制作句式分类表;继而开展"句式翻译擂台赛",对比古今汉语的语序差异,总结"补(省略成分)""调(语序)""留(专有名词)"的翻译策略;最后组织"文言句式创意表达"活动,让学生用"……者,……也"(判断句)介绍自己的兴趣爱好,用"状语后置"句式描写校园景色。在《曹刿论战》《邹忌讽齐王纳谏》组成的"劝谏"主题单元中,教师可聚焦"一鼓作气,再而衰,三而竭"(省略句)、"忌不自信"(宾语前置)等语法现象,引导学生在理解文意的基础上,模仿"讽喻说理""对比论证"的表达技巧进行片段写作,实现文言语法向语言运用能力的转化。

(二)赏析文言技法:在逻辑推演中滋养思维能力

文言技法教学以文本的思维路径为切入点,通过分析论证结构、推理过程与思辨方法,培育学生的逻辑思维与批判性思维。"思辨性"文言文单元(含《〈孟子〉三章》《庄子与惠子游于濠梁之上》《大道之行也》)可设计阶梯式思维训练:学习《鱼我所欲也》时,引导学生用思维导图梳理"舍鱼取熊掌—舍生取义""一箪食,一豆羹"的例证、"万钟则不辩礼义而受之"的对比论证等逻辑层次,掌握"类比引入—分层论证—总结观点"的说理结构;研读《庄子与惠子游于濠梁之上》时,开展"濠梁之辩"模拟辩论,分析庄子"偷换概念"的论辩技巧与惠子"逻辑实证"的思维差异,培养辩证思维能力;探究《大道之行也》时,结合"大同社会"的特征描述,引导学生思考"古代理想社会与现代社会"的异同,撰写微评论表达观点。

(三)赏鉴文言章法:在审美品赏鉴中涵养审美能力

文言章法教学注重文本的结构艺术、语言风格与意境营造,通过涵泳品味、模仿创作,培养学生的审美感知与审美创造能力。"山水游记"单元(含《三峡》《小石潭记》《醉翁亭记》)可开展"文言写景密码"探究活动:分析《三峡》"总—分"结构中"夏水—春冬—秋"的季节顺序,"重岩叠嶂,隐天蔽日"的正面描写与"自非亭午夜分,不见曦月"的侧面烘托相结合的写景手法;体悟《小石潭记》"移步换景"的游览线索,"凄神寒骨,悄怆幽邃"的情景交融意境;感受《醉翁亭记》"环滁皆山也"的开门见山,"若夫日出而林霏开,云归而岩穴暝"的晨昏变化描写,"禽鸟乐—游人乐—太守乐"的层层递进抒情。在此基础上,组织"校园美景文言写"创作比赛,要求运用"定点观察""动静结合""借景抒情"等章法技巧,提升学生对文言文结构美、语言美的转化运用能力,引导学生在品鉴中感受文言文简练传神的审美特质。

"文言课文三读"教学模式和"文言单元三养"教学模式以语文教材为依托,构建了"课文精读—单元整合—素养提升"的立体化教学体系。"文言课文三读"教学模式遵循学生认知规律,实现从语言解码到意义建构再到价值迁移的梯度提升。"文言单元三养"教学模式聚焦核心素养,通过语法系统、理法逻辑、章法审美三个维度的培育,将文言文阅读教学从知识传授转向素养发展。在教学实践中,教师应当根据学情动态调整教学策略,充分挖掘文言文本的文化内涵与现代价值,让传统文化在初中语文课堂中焕发新的生命力,切实落实"文化自信"的育人目标。

▶▶ 第四节 中考古诗文备考策略

古诗文在语文中考试卷中的分值越来越高,2024年重庆市中考语文试卷的"古诗文积累与阅读"考题分值为25分;2024年上海市中考语文试卷的"古诗文"考题分值为34分。备战中考古诗文考题,不仅是为了帮助学生获得高分,更主要的目的在于通过初中古诗文课文梳理探究,提升学生自主复习古诗文的能力,激发学生深入感知古诗文的独特价值,更好地传承、弘扬中华优秀传统文化。

一 古诗文积累记诵策略

(一)古诗文听写与默写

在中考古诗文备考阶段,采用听写与默写方式,可以系统检查学生初中古诗文积累情况。上海中考古诗文的考查分为"默写与运用""古诗文阅读理解"两个部分。"古诗文默写"占

13分,考查范围为教材中要求背诵的古诗文,包括直接默写和理解性默写,前者重点考查名篇名句的直接记诵积累;后者则通常是设计某个生活情境,要求学生根据情境内容填写古诗文名句,既考查记诵积累,又考查对古诗文的灵活运用。古诗文默写中的高频失分点通常有根据下句填写上句,文言文中的长难句、易错字,理解性默写等。

(二)古诗文填空与选答

针对中考古诗文丢分情况,可以采用古诗文填空与选择题等方式梳理复习古诗文。指导学生自主梳理古诗文填空题目,自主编制古诗文选择题,复习古诗文长句和难句,可以有效提升古诗文复习效率。需要注意的是,在编制填空题试卷和选择题试卷时,要充分尊重学生个体差异,让学生找到适合自己的复习目标和复习计划。

二、文言知识专题复习策略

文言知识专题复习是归类、梳理、探究零碎的知识,从而解决问题(形成结论)的重要复习形式,其关键在于综合考虑古诗文学习的关键知识、关键能力、学习障碍点、专题复习学习活动的设计等。专题复习可以让学生对缺漏的、模糊的、困难的问题形成更加清晰、透彻的认识与理解,并为学生构建系统的知识能力体系,搭建文言知识复习的重要支架。

"古诗文阅读理解"占22分,主要考查"课内古诗+课内古文+课外古文"不同组合的综合比较阅读,包括掌握重要的文学文化常识、解释词语、翻译句子、理解古诗文的主要内容、把握作者的思想情感。

文言知识专题复习的难点是翻译文言语句和准确把握作者的思想情感。

(一)文言词汇句式专题复习

词类活用在古代汉语中非常普遍,是古代汉语的重要语法特点之一。在现代汉语中,除时间、处所名词有时可直接作状语外,其他名词作状语时,后面要带上助词"地",或者前面有介词,构成介宾短语。但在古代汉语中,名词直接作状语的情况很普遍,直接修饰、限制动词谓语,有的还具有比较浓厚的修辞色彩。

文言文句子翻译中的"名词活用作状语"是普遍使用却不容易理解的文言现象,可以微专题练习的形式呈现。首先,简洁讲解"名词活用作状语"。词类活用是指某些词临时改变其基本语法功能去充当其他类型的词,或基本功能未改变而用法比较特殊的现象。见表12-1文言词汇复习测试。

表12-1　文言词汇复习测试

1.普通名词直接用于动词前作状语,所起的作用是多种多样的,下列各句中对加点的名词用作状语分析正确的一项是(　　)

A.道遇水,定伯令鬼先渡。(《宋定伯捉鬼》)

　道,在路上,表示动作行为发生的处所。

B.失期,法皆斩。(《陈涉世家》)

　法,按法律规定,表示动作行为的依据。

C.有亭翼然临于泉上者。(《醉翁亭记》)

　翼,像翅膀一样,表示动作行为的特征或状态。

D.君为我呼入,吾得兄事之。(《史记》)

　兄,像对待兄长一样,表示行为的身份或对待的方式。

E.云青青兮欲雨,水澹澹兮生烟。(《梦游天姥吟留别》)

　雨,下雨,表示动作行为发生的处所或表示动作的趋向。

2.解释下列句子中加点的时间名词和方位名词。

(1)谨食之,时而献焉。(《捕蛇者说》)

时:＿＿＿＿＿＿＿＿＿＿＿＿＿＿＿＿＿＿＿

(2)闭之,则右刻"山高月小,水落石出"。(《核舟记》)

右:＿＿＿＿＿＿＿＿＿＿＿＿＿＿＿＿＿＿＿

3.用现代汉语翻译下列句子。

(1)从小丘西行百二十步。

＿＿＿＿＿＿＿＿＿＿＿＿＿＿＿＿＿＿＿＿＿＿＿＿＿

(2)其岸势犬牙差互。

＿＿＿＿＿＿＿＿＿＿＿＿＿＿＿＿＿＿＿＿＿＿＿＿＿

在这组微专题练习中,第1题用选择题的形式考查学生对"普通名词直接用于动词前作状语"的理解,降低认知难度,同时引导学生初步认识名词用作状语的用法。第2题解释句子中用作状语的时间名词和方位名词,这是非常常见的文言现象。第3题要求用现代汉语翻译含有名词用作状语语法的文言句子,是中考常考题型。这3道题由易到难,层层递进,便于学习。

(二)作家作品专题复习

还可以按作家进行梳理,例如对陶渊明的诗文展开比较阅读,也可以根据"云"和"酒"等典型意象进行比较阅读,还可以按照写作手法展开比较阅读等,见表12-2至表12-4。

表12-2 陶渊明诗文专题复习

课文篇目	《饮酒(其五)》(古诗)、《桃花源记》(文言文)
人物小传	1.仕宦生涯:二十岁时,陶渊明开始了他的游宦生涯,以谋生路。二十九岁时,他出任江州祭酒,不久便不堪吏职,辞官归家。后来,州里又召他做主簿,他辞却此事,依旧在家闲居。义熙元年(405年)三月,陶渊明为建威将军刘敬宣参军,经钱溪使都,此时他动荡于仕与耕之间已有十余年,已厌倦并看透了官宦生活。 2.弃官归隐:义熙元年(405年)八月,陶渊明最后一次出仕,为彭泽县令。十一月,程氏妹卒于武昌,陶渊明作《归去来兮辞》,解印辞官,正式开始了他的归隐生活,直至生命结束。其间他创作了许多反映田园生活的诗文,如《饮酒》组诗;也因对政权不满,创作了《桃花源记》。
比较角度	1.对美好生活的向往,超脱世俗的高雅追求。 (1)《饮酒(其五)》:表达诗人对田园生活的喜爱,渴望归隐田园和超脱世俗的追求。 (2)《桃花源记》:虚构了和平宁静的世外桃源,表达作者对黑暗现实的否定和批判、对理想生活的向往和追求。 2.语言质朴自然,又颇为精练。 (1)《饮酒(其五)》:通过"菊""南山""飞鸟"等意象,展现诗人悠然自得的心境。 (2)《桃花源记》:叙事简洁,详略得当,以虚实相生、亦真亦幻、曲尽其妙的笔墨,描绘出自由安乐、恬静自然、美好幸福的人间生活图景。

表12-3 古诗文中"云"的意象专题复习

课文篇目	课文语句	文本解读(情感与氛围)
《送友人》	浮云游子意,落日故人情	寄托思念、惜别之情
《渡荆门送别》	月下飞天镜,云生结海楼	展现闲适、悠远的意境
《钱塘湖春行》	孤山寺北贾亭西,水面初平云脚低	展现春日湖面开阔的景象
《望岳》	荡胸生曾云,决眦入归鸟	展现磅礴、豪迈的气势
《醉翁亭记》	若夫日出而林霏开,云归而岩穴暝	描写景色变化,营造静谧的环境

表12-4 初中古诗文中"酒"的意象专题复习

课文篇目	课文语句	文本解读(情感与氛围)
《游山西村》	莫笑农家腊酒浑,丰年留客足鸡豚	表现农家的淳朴,表达对农家生活的喜爱
《过故人庄》	开轩面场圃,把酒话桑麻	对田园生活的恬淡、闲适、质朴充满喜爱之情,寄托隐逸情怀
《桃花源记》	便要还家,设酒杀鸡作食	对和平安宁的生活、真挚质朴的人情的向往

课文篇目	课文语句	文本解读(情感与氛围)
《江城子·密州出猎》	酒酣胸胆尚开张	表达豪迈的情怀
《酬乐天扬州初逢席上见赠》	今日听君歌一曲,暂凭杯酒长精神	豁达、乐观的情怀
《水调歌头(明月几时有)》	明月几时有?把酒问青天	对亲人的思念
《行路难(其一)》	金樽清酒斗十千,玉盘珍羞直万钱	展现宴席的美味与奢华
《浣溪沙(一曲新词酒一杯)》	一曲新词酒一杯,去年天气旧亭台	表达惆怅之情
《江南春》	千里莺啼绿映红,水村山郭酒旗风	表达愉悦的感受
《醉翁亭记》	醉翁之意不在酒,在乎山水之间也	寄情山水,与民同乐

学生还可以根据自己的学情,针对自己的障碍点设计专题,进行梳理、探究、反思、总结式学习。这些专题大致包括探究文本解读思维规律的文体专题,探究解题规律的题型方法专题,探究答卷策略的对策专题等。专题复习的探究过程以学生独立梳理、探究为主,通过在教材、历年中考题、平时训练题等材料中搜集素材,进行分类、对比、联想、总结、提炼,逐步形成对某个问题的认识。在探究过程中,教师需要把握方向、组织协调、适时指导、过程评价,有时还可以引发师生、生生之间的沟通交流与思维碰撞。

三 文言主题感悟与迁移策略

近三年,上海中考语文中的古诗文阅读理解命题在群文阅读的考查高度与深度上不断探索。2021年考查了《卖油翁》(节选)、《核舟记》(节选)、《口技》(节选)的群文比较阅读与"成化丁酉,王端毅公恕来巡抚云南……"(节选自明代张志淳撰写的《南园漫录》)的阅读理解,2022年考查了《两小儿辩日》与"王丹麓病起畏寒……"(节选自清代王晫撰写的《今世说》)的比较阅读,2023年则考查了《西江月·夜行黄沙道中》《伯牙鼓琴》《相见甚欢》(节选自清代王晫撰写的《今世说》)的比较阅读。

群文阅读的选材为课内课外、古诗古文并举。这要求我们在中考古诗文备考复习时,既要在课内不同教材、不同单元之间多向联系、归类比较,又要拓展到课外作品,迁移运用,融会贯通。群文阅读既要学会归纳共同点,又要能够辨析差异处,关键在于找到有探究价值的比较点,借助表格进行梳理,如此就能清晰明了,事半功倍。可以将古诗文按家国民生、山水田园、作家作品等主题进行分类梳理、迁移比较。

(一)家国民生主题感悟与迁移

家国民生主题又可以进一步分解为忧国忧民、忠君爱国、舍生忘死、责任担当等子主题,见表12-5。

表12-5　初中文言课文家国民生主题及特色

子主题	课文篇目	主旨情感	写作手法
忧国忧民	《石壕吏》	反映战争给人民带来的深重灾难,表达诗人对时局的忧虑和对劳动人民的同情	明写与暗写巧妙结合,详略得当,以小见大
	《卖炭翁》	反映了统治阶层直接剥削、压迫人民的社会现实,表达诗人对劳动人民的深切同情	对比
	《泊秦淮》	表达诗人对国家命运的关切和忧虑,蕴含着诗人对世道人心的思考和愤慨	用典
	《十一月四日风雨大作(其二)》	抒发诗人忧国忧民的情怀和表达报国之志	虚实结合
	《岳阳楼记》	作者借写楼记,表达自己的政治思想:以治国安邦为己任,忧在天下人之前,乐在天下人之后	排比、对偶、对比,写景、抒情、议论融为一体
忠君爱国	《江城子·密州出猎》	表达词人期望重新得到朝廷重用的愿望,以及驰骋疆场、杀敌报国、为国效力的坚定决心和爱国情怀	叙事、言志、用典
	《破阵子·为陈同甫赋壮词以寄之》	抒发词人渴望再有机会从军杀敌、建功立业的雄心壮志和壮志难酬的悲愤之情	虚实结合
	《出师表》	表达诸葛亮对先帝知遇之恩的感激和北定中原的决心以及效忠刘氏父子的忠心,体现诸葛亮鞠躬尽瘁、死而后已的忠君爱国情怀	夹叙夹议、寓情于理
舍生忘死	《过零丁洋》	表现诗人忠贞为国、视死如归的决心以及崇高的民族气节	直抒胸臆、双关
	《鱼我所欲也》	强调"勿失本心",主张生与义不能兼顾时应该舍生取义	排比、比喻(类比)论证、道理论证、对比论证、举例论证
责任担当	《曹刿论战》	曹刿在国家危难之际挺身而出,为国解忧,主动"论战",有着以天下为己任的担当精神和爱国情怀	对比,详略得当

(二)山水田园主题感悟与迁移

山水田园主题又可以进一步分解为田园风光、江南山水等子主题,引导学生感悟、比较、迁移,见表12-6。

表 12-6　初中文言课文山水田园主题及特色

子主题	课文篇目	主旨情感	写作手法
田园风光	《饮酒(其五)》	描写诗人归隐田园后悠然自得的心境,体现出诗人从大自然的美景中领悟到人生的意趣,远离尘嚣、返璞归真的情怀	融情于景
	《游山西村》	诗人以明快、抒情的笔调,描绘了一幅色彩绚丽的农村风光图,赞颂了淳朴民风,表达了对古风犹存的吾土吾民的热爱之情	融情于景
	《西江月·夜行黄沙道中》	描摹江南山村盛夏月夜图,充满朴野成趣的乡土气息,丰收在望的喜悦心情跃然纸上	动静结合,侧面烘托
	《桃花源记》	作者虚构了一个世外桃源,寄托自己对社会及政治的美好理想,表达自己反对剥削压迫、反对战乱的思想	伏笔,虚实结合
江南山水	《题破山寺后禅院》	描写后禅院清幽脱俗的景致,表现诗人淡泊的情怀	融情于景,白描
	《钱塘湖春行》	描写西湖早春的明媚风光,表达诗人喜悦的心情与对自然的热爱	动静结合,寓情于景,直抒胸臆
	《江南春》	以极具概括性的语言描绘了一幅丰富多彩的春之画卷,表现了诗人对江南景物的赞美与神往	虚实结合,映衬
	《醉翁亭记》	描绘了醉翁亭周围的秀丽景色和变化多端的自然风光,表达出作者随遇而安、与民同乐的旷达情怀,以及醉情山水、怡然自得的乐观精神	寓情于景,情景交融
	《小石潭记》	本文有形、有声、有色地刻画出小石潭的动态美,写出了小石潭及其周围环境的清幽和静穆,抒发了作者贬官失意后的孤凄之情	情景交融,移步换景
	《答谢中书书》	以清峻的笔触描绘了秀美的山川景色,表达了作者沉醉山水的愉悦之情以及与古今知音共赏美景的闲适自得之情	视听结合,动静结合

　　中考古诗文备考策略,重点在于指导学生学会自主复习,引导学生根据课标要求以及中考的重点、难点制订个性化、可操作的复习目标和复习计划。从课内到课外,先单篇再多篇,从课文拓展至群文,从专题复习过渡到主题感悟迁移,循序渐进,有条不紊。

第十三章 作文教学

◎ **导读提要** ◎

　　作文教学是培养学生书面表达能力的重要环节。作文训练的基本类型有看图作文、命题作文、给材料作文、话题作文、网络作文。作文批改的方式有教师批改、学生批改、家长批改、网络批改。作文讲评的方式有综合讲评、典型讲评、专题讲评。

◎ **课程思政提要** ◎

　　1.紧扣时代脉搏,设置弘扬社会正能量、反映社会进步和时代精神的主题,深入思考国家、社会和个人之间的关系,培养学生的爱国情怀和社会责任感。

　　2.在作文写作、交流、评价过程中,提炼和反思社会哲理,培根铸魂。

　　3.关注作文中的思想观点、价值观念等方面的问题,发挥作文"以写育人"的作用。

▶▶ 第一节　作文训练类型

▶ 看图作文

　　看图作文,是指根据图像内容作文。"图"是客观事物的形象描绘,"文"是对客观事物的文字叙述。"看图",是通过观察思考、展开联想和想象来获取写作材料。"作文",则是运用文字语言来表达"看图"所获得的内容和思想。

　　看图作文的图画提供的只是一个或几个凝固的瞬间,更多的内涵及其中变幻的情景,需要学生根据自己积累的经验和大胆的想象把它展现出来,从静态引出动态,从瞬间写出过程,从感官诉诸理性,对学生的观察能力、想象能力、思维能力和表达能力的训练有着十分重要的作用。这是中小学常用的一种作文训练方式,也是根据不同学年段的写作要求对学生进行训练的一种有效方式。

(一)看图作文的类型

根据图的数量,看图作文可分为单幅图、多幅图的写作。根据作文训练目标的不同,看图作文可分为介绍图画、因图想象、就图议论等形式。

单幅图作文指写作时教师只给学生展示一幅图画。多幅图作文指写作时教师给学生展示两幅、三幅或更多的图画,一般每幅图之间有内容上的连续性或相关性、相对性,形成一组图画。

介绍图画指作文时要求学生把图画的内容用说明性的文字介绍出来。对低年段的学生,一般要求有条理、清楚地表达;对中、高年段的学生,还应要求生动和富有感染性地表达。

因图想象是根据图画提供的内容,加以适当的想象,将一幅画或多幅画的内容展开为含一定过程的故事。对低年段的学生一般要求完整性,对中、高年段学生还应要求丰富性、感染性和思想性。

就图议论是针对图画的内容结合自己的实际写出感受,或针对图画的思想内涵、表现手法等加以评论。这一形式适合中、高年段学生进行作文训练。

看图作文常会在图旁配以适当的文字给以提示或限制。在作文指导时应注意指导学生抓住文字不放并给以适当拓展,准确地理解文字与图画的内涵并指导学生结合生活现象和自己的情感体验,展开丰富的联想与想象,用具体的事例类比抽象的概念,用浅近的道理类比深奥的道理,绝不能泛泛而谈,只在概念上打转转。

(二)看图作文教学指导

看图作文一般包括看、说、写等环节。

(1)看。是对图画的观察,这是看图作文教学的基础,是培养学生观察能力和思维能力的重要手段。指导看图时要注意三点:全面、细致、有顺序地观察。看图时要注意引导学生由此及彼地展开联想,想画面内容,想画外之意,想事情的前因后果,想事物的发展联系,想图所包含的意义,从感性认识逐步上升到理性认识。

(2)说。是把看到和想到的说出来,是看图和想图的语言表述,也体现着观察和思考的成果,这是作文教学中的重要环节,也是培养学生表达能力的重要方法。

(3)写。写是用文字表达的过程,它要求将观察所得、听说所获、围绕图画的中心,有条理、有重点、有特点、有思想地写出来,是学生作文能力的综合训练。教师要注意启发学生借鉴他人说得好的地方,进一步发挥想象,尽力把作文写好。这样,才能达到提高学生看图作文能力的目的。

▶ 二、命题作文

命题作文是根据所出示题目进行写作的一种作文方式。相对于话题作文和给材料作文,命题作文有更长的历史,是我国传统的作文方式。其特点是有利于直接体现作文训练的意图,避免写作偏向某一方面;有利于写作者的思想迅速集中,在短时间内朝着一个目标思考;有利于作文统一批改和讲评;有利于密切配合阅读,巩固和发展阅读收获。

(一)命题作文的类型

命题作文发展到今天,其形式有由教师命题,学生据题作文;也有学生之间相互命题,然后据题写作;还有全命题作文、半命题作文等多种形式。

全命题是指作文题目是一个完整的题目,如《我和电脑的故事》《外面的世界》《假如我被克隆》《没有皱纹的祖母是可怕的》《我愿有这样的人生》《秋天如约而至》等。

半命题是指作文题目只提供部分成分,空出部分由作文的学生自己填补成完整的命题。半命题作文题,有的空出部分在前,如《_____,我好羡慕你》《_____,我想对你说》;有的空出部分在中间,如《我是一个_____的男(女)孩》《我把_____当偶像》《给_____国少年的一封信》;有的空出部分在后,如《假日里,我们去_____》《今天我是_____》。学生可以根据自己的情况,把命题补充完整。

(二)作文命题原则

1.适切性

适切性指作文命题要符合学生实际。一是指要根据学生的兴趣、爱好和年龄特点,以及活动规律、阅读范围和写作能力等方面的实际情况来命题,同时考虑不同年级的学生能力、同一班级学生的不同能力层次,尽量让训练面向每一位学生,让每位学生都能展开思路,有事可记,有物可状,有理可说,有情可抒,培养学生分析问题、处理问题的能力。二是适应社会的需求,包括生活、学习、工作、交往等方面的内容,培养学生未来的社会生活、工作、交际能力。例如,《国际新闻再报道》《假如我是警察》等题目,在训练学生作文能力的同时也引导了他们对社会与人生的思考。

2.计划性

命题要有序、有计划,注意整体设计,要考虑每次命题作文在完成作文学习总目标中的地位和作用,克服命题的盲目性和随意性。每次命题不能孤立地拟订题目,而要统筹谋划,注意循序性和系统性。为达到训练目标,可在题目之外配以一定的要求,如对文体、字数、文面等的要求,以体现训练的文体、难易等。

3.新颖性

生活常新,作文命题也需要常新。教师命题不仅要在内容上让学生有话可说,而且要在形式上让学生有话想说,有话知道怎样说。可以经常变换不同的命题方式,让学生每次写作时首先在形式上有新奇之感,激发写作的内在动力。关注时代,也是使作文命题具有新颖性的一种方式。作文题要有时代精神,要引导学生关心国家大事,思考人生道路,与时代同呼吸、共命运。例如,《走,我们去拾荒》《还我鸟噪蛙鸣》引导学生关注绿色环保;《话说今年流行语》《听爸妈说物价》引导学生关注时代生活;《我最欣赏的国家元首》《我对当前某一国际热点问题的看法》引导学生关注世界;等等。

三 给材料作文

给材料作文,指教师为学生提供一定的材料,要求学生按照材料的内涵来立意作文的一种作文训练方式。这种方式,既有一定的限制性,也有一定的灵活性,能训练学生阅读、理解、写作等多方面的能力,也能实现对同一材料进行多角度写作的练习,有利于对各种文体写作的全面训练。教师可根据总体教学目标,要求学生写读后感,写普通议论文,写一段说明文字,或续写、扩写、缩写等。

(一)给材料作文的类型

给材料作文一般提供文字和漫画等形式的材料。文字材料常表现为一个小故事,一段新闻报道,某方面的名言警句,一段主题鲜明、道理深刻的论述,一段或几段突出一个中心的抒情性文字等。漫画材料一般是揭露社会生活中某一丑陋现象的一幅或几幅漫画。

(二)给材料作文教学指导

给材料作文实质是一种半命题作文,作文的思想内涵已包含在材料中,作文写作时一般要求在文中运用给出的材料。因此这类作文训练应注意和命题作文的区别,指导学生变审题为审材料。一般来说,材料的字面意思并不难懂,难点在于是否能够准确地分析出材料所表达的深刻道理,继而确定自己对这个道理的态度。

(1)引导学生读懂材料的内涵。这是给材料作文训练的重要环节。读懂材料的内涵,要引导学生分析材料、延伸材料,多问几个为什么。如果是一则带有象征意义或寓意的材料,则要注意延伸开去,由此及彼,由材料这个喻体,联想到现实生活中相似的本体,联想类比,求同思考。

(2)确定写作主题和材料的一致性。理解材料的思想内涵后,要结合材料进行选材。

(3)大题化小,小题大做。给材料作文所选材料一般包含着宏观的大道理。"大题"指大道理,"小题"指的是写作的题料。大题化小,小题大做,是指教师在指导给材料作文时,选择的材料所包含的哲理一般是宏观道理,因此,要注意引导学生把自己熟悉的生活与大道理联系起来,把抽象的道理具体到一个点上,做到大题化小;同时,又要指导学生在行文中,注意从生活实际出发,从小事情、小问题中发现大道理,阐述大道理,分析问题应深刻一些、尖锐一些,这就是小题大做。

四、话题作文

所谓话题,就是谈话的中心、谈话的内容、谈话的由头。话题作文是指围绕所给话题,也就是围绕所给谈话的中心、谈话的内容、谈话的由头进行写作的一种作文方式。话题作文最先出现在1999年的高考写作中。

这种作文方式的最大特点是话题的灵活性给了写作主体最大的自由性,话题作文一般淡化审题难度和文体要求,话题大家都能懂,答案也是丰富多彩的,有利于学生自主地选取擅长的文体,选择熟悉和感受深切的材料,使用充满个性的语言,真实、真切、真诚、真挚地表达自己对生活的体察、感受、认识和思考,最大限度地发挥个性特长,有利于拓展学生的眼界、心胸,提升笔墨水平,发挥出创造力。

五、网络作文

网络作文是指师生在网络环境中,利用网络资源进行的作文方式。网络作文采用多媒体技术和虚拟现实技术,打破了时空限制,将写作的内容形象、生动、具体和真实地展现在学生面前,学生可以在教师的引导下对事物进行有序的观察,并在真切的情境中边看边写,从而丰富了学生的写作内容,降低了作文的难度,使写作活动充满了情趣和乐趣。

多媒体网络作文不只是把多媒体网络当作辅助写作的工具,而应是以现代教育思想为指导,以多媒体网络为教学环境,充分发挥学生的主动性与创造性,培养学生信息能力(包括获取、分析、加工信息的能力)和创新能力的新型教学模式。

▶▶ 第二节 作文能力

▶ 一 作文能力确定依据

(一)语文课程标准的作文目标

语文学科的课程标准结合时代特色、地方特色、社会要求以及学科特点,对语文学科的写作提出能力目标或素养目标。这些目标要求在语文学科要求、考试手册及中考语文作文评分标准中也有体现。应该仔细研读相关标准和指导手册,对初中学生语文写作要达到什么要求了然于胸,并以此为最基本的依据选择合适的写作教学内容,最终达成初中阶段语文写作的课程目标。

(二)语文教材的作文任务

写作教学的课程目标往往涵盖面大,要联系语文教材将作文任务具体化、阶段化,细化为作文能力目标。对文章主题的写作要求可以具体化、阶段化为"正确、鲜明、集中、新颖、深刻";对写作材料的选择与运用,教学目标可以具体化、阶段化为"合理、丰富、新鲜";对结构严谨、思路清晰的教学目标,可以分类具体化为记事类、写人类、记游类、议论类、说明类等不同文体的结构思路;对语言运用的要求也可以具体化为"通顺,规范、准确、连贯、得体、有文采"。

▶ 二 作文能力框架

依据课程标准和语文教材,整理出作文能力框架如下:观察能力、体验感悟能力、思维能力、联想想象能力、文体写作能力、写作速度能力、审题能力、立意能力、选材能力、篇章结构能力、语言表达能力、作文修改能力。

依次分解上述作文能力,建构初中作文能力训练图谱,如图13-1所示。上海市初中为四年制,初中作文能力训练图谱分解出六年级、七年级、八年级、九年级作文能力训练任务。小步子循序训练,可以有效提升学生的语言应用核心素养。

能多角度观察静物，爱写观察随笔　六年级

观察敏锐，能捕捉事物的特征，养成观察习惯　七年级

关心身边的事物，观察随笔生动，有一定质量　八年级

关心社会上的事情，发现生活的丰富多彩　九年级

　　观察能力

对生活有自己的体验，感情真挚　六年级

对自然、社会、人生有独特体验　七年级

对事情感悟力较强，能体悟一定的道理　八年级

对事情感悟力较强，生活中能感悟人生哲理　九年级

　　体验感受能力

在阅读中能独立思考，有自己的体会心得　六年级

能对生活现象发表议论，有自己的见解　七年级

有分析能力，能对学校和社会现象发表议论　八年级

有较强的分析比较能力，对多种事情有正确见解　九年级

　　思维能力

在阅读中能展开想象和联想，能进行仿写、扩写、续写、改写　六年级

能以自己的生活为基础展开想象和联想，表达对未来的向往和憧憬　七年级

在作文中善于联想想象，丰富事情细节，充实文章内容　八年级

继续提高想象和联想能力，丰富事情细节，充实文章内容　九年级

　　联想、想象能力

记叙文内容具体；过程较详细，人物的外貌、语言、动作、心理等描写具体　六年级

记叙生动具体，善于景物描写；会写日常应用文；能写简单说明文，做到明白清楚　七年级

记叙生动具体；能写简单议论文，做到有理有据；能对阅读材料发表自己的感想、评论　八年级

会运用一定的写作方法，做到主旨明确，材料紧紧为主旨服务　九年级

　　文体写作能力

每课时能写400字左右的文章　六年级

每课时能写500字左右的文章　七、八、九年级

　　写作速度能力

初中语文不同年级写作教学目标体系

审题能力
- 理解较浅显的题目，明确要求　六年级
- 读懂材料，明确作文要求　七年级
- 理解有一定含义的题目，明确要求　八年级
- 对题目和材料有多角度理解，明确要求　九年级

立意能力
- 能确定写作要点和中心，认识较正确，表达恰当　六年级
- 中心明确，对身边现象认识较正确，并能恰当表达　七年级
- 立意鲜明，对生活有独到的认识　八年级
- 构思新颖，主旨正确鲜明，力求独特新颖　九年级

选材能力
- 能调动已有的生活、知识积累，选取写作材料　六年级
- 能辨别素材的重要性，会正确处理详写和略写　七年级
- 选材范围广泛，选材新颖　八年级
- 选材范围广泛，材料独特，富有价值　九年级

篇章结构能力
- 结构完整，条理清晰，做到开头能点题，结尾能揭示文章中心　六年级
- 层次分明，结构有特色　七年级
- 思路清晰，有前后一贯的线索　八年级
- 思路通畅；层次分明，且结构安排有特色　九年级

语言表达能力
- 用词准确、语句通顺，会修改文章；标点正确，没有错别字　六年级
- 语句生动，能运用一定的修辞手法；书写端正清楚　七年级
- 语言通畅、有表现力，书写整洁　八年级
- 能准确、清晰地表达自己的思想，语言流畅，有一定的表现力，书写整洁　九年级

作文修改能力
- 用修改符号修改病句，改正错别字；会补充有意义的内容，能发现自己的进步　六年级
- 能借助语感和语法修辞常识，做到文通字顺，文句生动；会修改写作提纲　七年级
- 会删除无用材料，增补有意义的内容；能与老师、同学交流写作的得失经验　八年级
- 能养成修改整体构思的习惯，不断积累写作经验　九年级

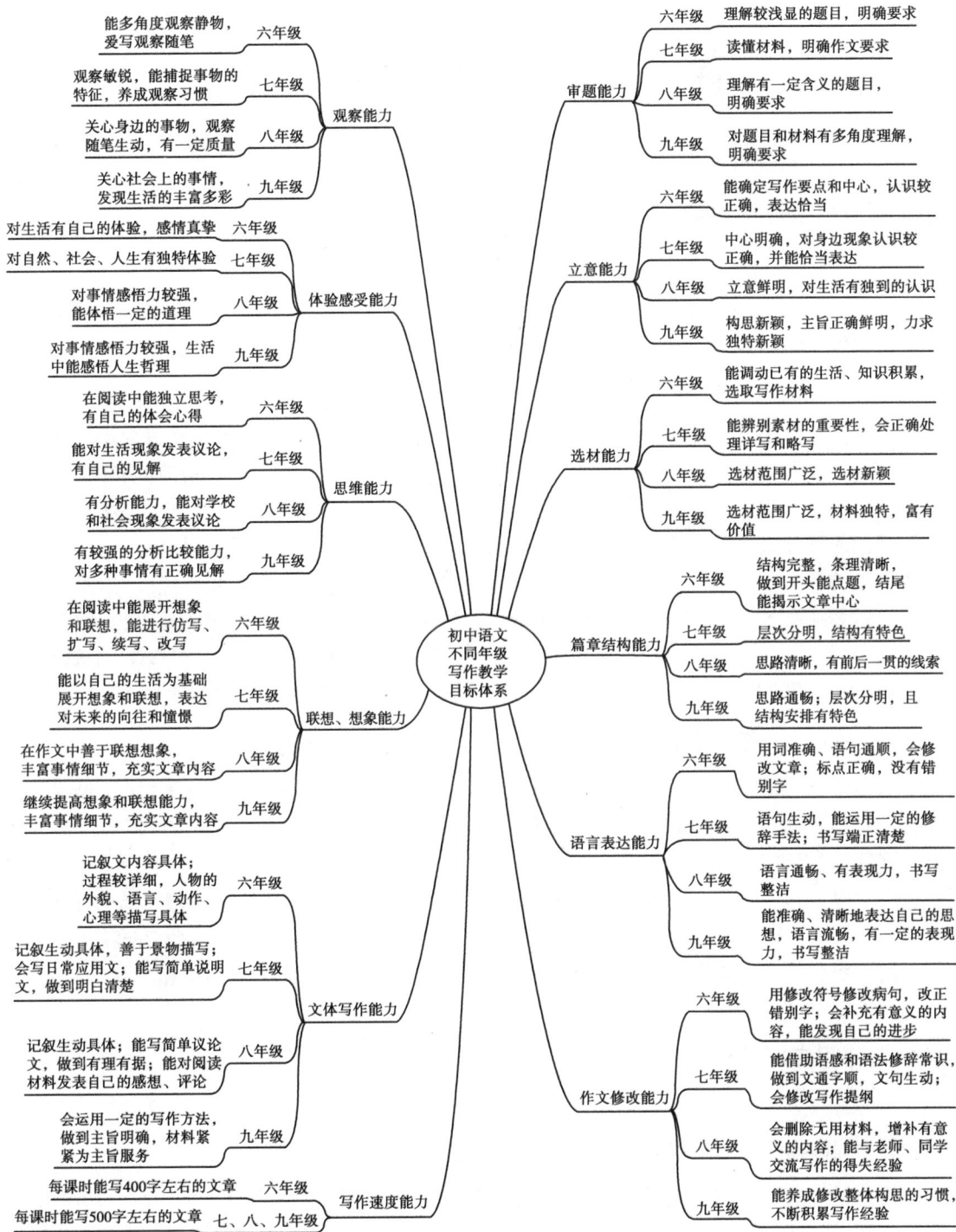

图13-1　初中作文能力训练图谱

▶▶ 第三节　作文教学过程

▶ 一 作文教学中的感知对象——"物"

一般写作理论的"物"指对象化的自然景观、群体化的社会生活、个体化的人生状态和外在化的精神产品。这四个方面的内容又可分为两种类型,即文本和生活。

(一)文本——作文教学中的感知对象之一

文本是古今中外人类创造的一种丰富灿烂的精神文化成果。古人云,"观古今于须臾……挫万物于笔端",这一切进入学生的视野,便成为浸润学生灵魂,丰富学生精神世界的养分,能够为学生的写作提供无尽的源泉和打下坚实的基础。在语文教学中,文本包括课文和学生能够阅读到的其他文章和文学作品,但主要指课文。选入教材的课文大部分是比较全面地涉及生活世界的各个领域,展现了人类比较全面的思想、情感和审美感受。文辞优美、结构精巧的优秀文章和作品,可让学生进入广阔的世界,拓宽学生的视野。让学生理解其思想,体会其情感,感受其优美,并进一步学习作者感知世界、思考问题、构思行文的方法,引导学生运用这些方法去感知世界,思考问题,体会情感,构思行文,对初学写作的学生是非常重要的。

(二)生活——作文教学中的感知对象之二

生活指人生活的世界,这是写作的源泉。学生在课堂学习观察他人、思考世界,提炼写作素材和谋篇布局、遣词造句的方法,要用这些方法指导自己去观察和思考世界,指导自己的写作。这就是"走进自然,走进社会,体验人生"。

生活世界包括以下三个部分:①自然人文景观。例如日月星辰、高山大川、大江大河、小桥流水、草木花卉、鸟兽虫鱼、宫殿宅院等。②社会生活。例如历史上的人物和事件、现实生活中的人物和事件。③人生状态。人生百态,每一个人都有独特的思想性格和生命历程。

▶ 二 用感官去感知对象——"感"

(一)对读物对象的感知

就是学生通过阅读经典读物,通过想象,在大脑中还原出一个形象世界,在想象中,用感官去感知大自然的万千景象、人物的音容笑貌、事件的来龙去脉。在感知中,要用眼睛去观察形象的形态和色彩,感受形态和色彩的微妙变化,用耳朵去倾听形象的声音和声音的微妙变化,用鼻子去闻,用手去触摸……对读物的阅读必须是对形象世界的形象化感知,可以使用多媒体影像材料去帮助学生还原形象,但多媒体影像材料有局限性,最好的方法是引导学生"一边读,一边到现实生活中去看",通过想像去还原形象,仔细揣摩文字中蕴含的形象。

(二)对生活世界的感知

对生活世界的感知就是让学生亲自到大自然、社会、生活中去用感官感知形象,获得直接的经验。

(1)对读物内容的生活感知。有的作品中描绘的大自然风光、社会生活形象和事件在现实世界中存在,可以带领学生走入现实世界去具体感知。这既可以还原作品的形象,又能让学生有新的发现;既可以培养学生的兴趣,又能培养学生的能力。

(2)对客观现实世界的感知。例如,自然人文景观方面,对日月星辰、高山大川、大江大河、小桥流水、深山古寺的感知,让学生清晨观日出,黄昏看日落,夜晚眺望星空,登临高山,俯瞰大地,感知草木花卉、鸟兽虫鱼,识其名,观其形色和生长(活)特点;社会生活方面,对历史上的人物和事件的了解,对现实生活中有特点的人物和事件的感知;人生状态方面,对人生百态、具体人物的感知,对个人的生命历程的了解。

三 用大脑去思考写作对象——"思"

经历感知与感悟阶段,学生到达感怀抒情的境界。"思",包含思考与构思两个层面。

(一)对感知对象的思考

1.对经典作品的思考

(1)作者叙写了什么样的人、事、景、物? 是怎样叙写的?

(2)作者通过对人、事、景、物的叙写,表达了什么样的思想感情?

(3)作者为什么选取这样的人、事、景、物来叙写? 他抓住人、事、景、物什么样的特点来叙写?

(4)作者使用了什么样的描写和叙述方法? 文章的结构有什么值得我学习的?

(5)如果我来写,我会怎么写?

2.对客观现实世界的思考

1)对自然的思考

①我面对的这一片自然景色有什么特点? 是由哪些主要的景物构成的? 面对这一片自然景色感觉怎样? 想到了什么?

②我看到的这些花草和树木是什么样子? 长在什么样的环境中? 是怎样生长的? 面对这些花草和树木,我感到了什么? 想到了什么? 对我有什么启发?

③我看到的这些动物是什么样子? 生活在什么样的环境中? 是怎样生活的? 这些动物在干什么? 它们心里在想什么? 面对这些动物,我感受到了什么? 想到了什么? 对我有什么启发?

2)对社会生活的思考

①现实生活和历史中的人物的行为、人生经历体现出什么样的思想品格和精神? 这些思想品格和精神对我们的人生有什么样的启发?

②现实生活和历史中的事件揭示了什么样的社会现象和本质规律? 这些社会现象和本质规律对我们有什么样的启发?

3）对人生形态的思考

①人生的意义和价值是什么？如何确立自己的人生意义和价值？什么样的性格、行为和品质是优秀的？自己怎样去培养和建立这些性格、行为和品质？

②分析形成成功和幸福的人生形态的原因，以指导自己的人生。

③分析形成失败和不幸的人生形态的原因，以警示自己的人生。

学生对写作对象有了自己的独特思考，就要鼓励学生把自己的思考写下来。

（二）对作文写作的构思

写作构思过程应该由整体推向局部。

1.整体构思

（1）立意定体。确定文章的主题和体裁。

（2）选材取事。选取与文章的主题关系最为紧密的材料（人、事、景、物、概念、观点）。

（3）构架谋篇。确定文章的结构框架，即先写什么，再写什么，最后写什么，并处理好详略关系。

2.局部构思

（1）思考层段。思考每一段写什么和怎么写。

（2）推敲枝节。思考具体叙述、描写、抒情、说明和议论的运用。

（3）生成句子。思考句式的选择和运用。

四、写作行文——"文"

写作行文应注意以下几点：贯通气韵，以意领文；搭配词语，组合句段；文体的基本结构，写后自我修改。

▶▶ 第四节　作文批改和讲评

一、作文批改

（一）作文批改的一般性原则

1.鼓励性原则

教师应该用赏识的眼光，衷心赞美好词、佳句，指出好在哪里，让学生获得成就感和自豪感，感到精神振奋，那么学生在下次作文中就会千方百计地强化这个优点，这比批评要更有效。对学生的优秀作文应通过广义发表方式，如在班级范读、评析或者投稿，让他们体会到成功的喜悦，以提高学生写作的自信和激情。

2.建议式原则

采用赞赏式的原则鼓励学生并不意味着对学生写作中的问题不加以改正,而是语言不可武断,不可挫伤学生写作的积极性。对学生写作中存在的问题,一般应在评语中采用商量式的语言或调侃式的语言委婉指正,或者提出问题供学生思考。一般不用"主题不明""中心不突出""文不对题""语言累赘"等刺眼的字眼。即使要直接指出问题,也要态度和蔼,避免打击学生的写作激情。

3.启发式原则

教师的任务不应该只是批阅,或把批语写好,更重要的是在批改和当面指点中,或设问,或质疑,启发、引导学生开动脑筋,思考问题,以便促使、帮助他们把文章写得更好。

(二)常见的作文批改方式

1.教师批改

(1)全面性批改。即对全体学生的作文都进行批改。一般认为,当一位教师刚开始教一个班的作文课时,应采用此方式,有利于教师了解学生情况,做到因材施教。一学期结束的时候,也应采用这种方式,可以了解学生本学期的成长情况。

(2)选择性批改。即教师对学生的作文轮流选择批改。这种批改既能了解学生的情况,也能减轻教师的负担。

(3)当面性批改。就学生的作文,与学生面对面交谈。当面批改,教师的指点更有针对性与启发性,能弥补书面批改的不足。但当面批改占用时间比较多,难以全面进行,因此一般适用于不宜书面批改的作文,或教师认为问题突出有必要当面批改的学生的作文。

(4)示范性批改。翻阅全体学生作文后,选择一定数量的作文,或对全文精心细致地批改,或对重点部分精心批改。然后将原文和批语印发给学生或用课件展示给学生,从批改内容和方法上为学生示范,让学生学会修改自己的作文和评改他人的作文。

(5)巡视批改。学生作文时,教师巡视其中,发现学生优点时,就轻声夸奖;发现问题时,立即请他注意,自行检查改正;发现普遍而又比较严重的共同问题时,则请全体停笔,分析指正,避免出现类似问题。巡视批改还要有意发现具有点评意义的典型作文,为其他形式批改准备材料。

2.学生批改

(1)自批自改。学生自己评改自己的作文。教师应引导学生运用诵读法、推敲法,边读边思考,进行增、删、换、改,并给自己的习作作出评价,写上评语。在这个过程中,教师应授予学生一定的方法和技巧,指导学生学会修改,学会评价,能用自己的见解和独特的眼光去看待每一种事物,通过推敲,考虑词语的锤炼、修辞的应用等。

(2)互评互改。学生之间相互评改作文,可以在本班同学之间进行,也可以跨班级进行。通过互改,学生能及时发现他人的不足或毛病,培养纠错的能力;同时,从他人的习作中学习优点,使合作探究的精神在习作互评互改中得到体现。特别是在互评互改中学生地位平等,无拘无束,心理不受威胁,学生此时既是作者又是读者,角色不断变换,在评改中相互沟通,相互启发,思维活跃,集思广益,可促进他们学会合作,发展"集体创造力"。

3.家长批改

让学生把作文带回家,让家长评改。家长评改能让家长了解孩子的情况,有效实现家庭、学校的立体网络教育。家长是孩子的第一任老师,他们能客观公正地评价自己孩子的习作,更有助于帮助孩子树立写作的信心。再者,父母与子女更容易沟通、交流,更有利于作文水平的提高。

4.网络批改

运用多媒体网络能为作文的评改注入新的活力。这不仅使学生能够大面积地参与评议和修改作文,实现师生对话、生生对话,又能实现习作修改的个别化辅导。此外,学生还可以查询调用网络中的作文资料,为自己、他人的习作进行补充修改,相互评议,相互欣赏,从而共同促进作文水平的提升。

(三)作文批语

作文批语,也叫评语,是对学生作文的批点和评价。其范围一般涉及作文内容、形式和态度。作文批语,是教师与学生的对话和交流,也是写作的一种示范,应充分利用这样的文字交流,让教师的鼓励、启发和人文思想融入作文教学,起到激发、引导作用。作文批语和作文批改一样,也要注意运用作文批改的鼓励、建议和启发式原则。

二 作文讲评

作文讲评是对学生作文的情况,包括优缺点和普遍性的问题进行评论分析,是批改的继续和发展,又是作文教学的综合和提高阶段,是指导作文写作的重要环节,教师在作文教学指导中应高度重视。

(一)综合讲评

综合讲评是指教师对全班学生的作文进行全面批改和分析后的综合讲评。目前语文教师普遍负担较重,进行综合讲评困难较大,收到的效果也不够理想,这种讲评方式使用得不太普遍。

(二)典型讲评

典型讲评即选择一定数量的学生作文,进行深入细致的批改和分析,以典型引路。讲评前可先把要讲评的作文印发给学生,让学生阅读、评析,教师和学生同讲。这种评讲方式能让课堂形成开放的氛围,充分发挥学生的主体作用。

(三)专题讲评

专题讲评即根据作文教学计划,结合学生作文实际,就一两个共性问题进行专题评讲。这种评讲目标集中,针对性强,学生容易记住。

(四)学生讲评

选择或轮流让学生结合自己的作文谈写作经验和感受、体会。这种讲评能较好地激发学生的写作热情和综合能力。一般在学生讲评之后,教师应进行小结。

作文讲评的方式还有对比讲评等,教师可以根据实际情况灵活运用,不断创新。

第十四章
高考作文命题类型与备考指导

◎**导读提要**◎

> 高考作文命题类型不断变革与发展,先后出现了命题作文、材料作文、话题作文、新材料作文、任务驱动型作文。熟知高考作文命题类型的特点,分析其创意和存在的问题,有助于增强高考作文备考指导的针对性。

◎**课程思政提要**◎

1.关注社会热点、时代精神与核心价值观。
2.思考个人与国家、时代的关系,表达对爱国主义、集体主义等价值观念的理解和认同。
3.培养批判性思维、创新性思维和辩证性思维。

▶▶ 第一节 新课改以来高考作文命题类型

新课程改革以来,随着国内外社会环境的发展变化,人们对高考作文命题类型的认识逐渐深入,高考作文命题类型处于不断改革和发展之中。

高考作文命题类型

高考作文改革,从命题作文到材料作文、话题作文、新材料作文、任务驱动型作文,作文命题一方面努力克服学生无话可说的套话(假大空)问题,另一方面又在规避什么话都可以说的套作问题。当前,高考作文命题日渐成熟。从命题形式划分,主要包括命题作文、材料作文和话题作文三种基本题型。从命题形式划分写作类型,是最基本的高考作文命题类型分类方法。近年来出现的新材料作文和任务驱动型作文是材料作文的特殊形式,其本质依然是材料作文。从能力考查着眼,可以将高考作文分为阐释能力型、发现问题能力型和解决问题能力型三种作文类型。

当前高考作文的主要类型是材料作文。材料作文从数量上可以分为单则材料作文和多则材料作文,从内容主题上可以分为单主题材料作文、二元主题材料作文、三元主题材料作文和多元主题材料作文。二元主题材料作文和三元主题材料作文是关系型作文的主要类型。所谓关系型作文,就是在材料中以概念为基础提出二元或三元关系,要求学生辩证、立体地分析多元关系,以此考查学生面对多元关系时的思辨性思维。无论是2021年的"强与弱""可为与有为"的材料主题,2022年的"本手、妙手与俗手""选择·创造·未来""移用、化用与独创"的材料主题,还是2023年的"人·技术·时间"的材料主题,都鲜明地凸显了这一考向。这些关系词由一对(或三个)概念搭配而成,形式上组成并列短语。它们或因果,或相对,或相通,关联度高,学生需要就这些事理间的关系进行阐发、联想、论说。新课程改革以来的作文命题特点如下。

在阅读信息上,信息量有少有多,大致呈现出由少至多的趋势,但阅读量大体比较稳定,有的年份图文并行,体现了作文考试与阅读的紧密联系,又不失考查写作的核心地位。

在考查方式上,对作文的各种样式都进行了考查,缩写或改写,片段或整篇,看图或命题、材料、话题、事理、想象等作文类型。从命题方式上看,主要技术手段是采取读写相结合、读写一体,要求考生先读懂材料,再作文。

在审题的难度上,由无障碍审题到稍有难度,再演进到难易相当、不难不易。最初的作文题,题意简洁、直白,要求单一明确,考生可以直接写作;后来逐渐发展到较有意蕴,需要考生揣度分析,有的考生不免审题失误;当前高考作文审题难度难易适中,有一个写作范围,考生要自己确定写作重心。

在立意角度上,由单一角度到立意的辩证性、多向性发展。例如,2003年全国卷题"感情亲疏和对事物的认知",2004全国卷题"遭遇挫折和放大痛苦"(2004年全国14个话题作文中有11个是包含两组关系词的),2005年全国卷题"出人意料和情理之中""忘记与铭记""位置与价值",2021年全国甲卷"可为与有为",2022年上海卷"发问与结论",2023年全国甲卷"掌控时间"与"时间的仆人",都具有这种特征。行文中只重一方都是不够切题的表现,能较好地考查学生的思维能力。

目前的作文命题以材料作文为主,命题者力图在开放与限制中寻求一定的平衡,尽量减少对学生真实写作水平的考查误差。

▶ 二、高考作文类型的改革发展

(一)早期的命题作文

命题作文是传统作文类型,是命题者命制特定写作题目并让考生按此题目进行写作。命题作文分为全命题作文和半命题作文。全命题作文如2021年北京卷"论生逢其时""这,才是成熟的模样",题目由命题老师确定,减少学生审题风险。半命题作文如2020年新高考(Ⅱ卷),"以'带你走近____'为题(补充一个地名,使题目完整),写一篇主持词"。横线部分可以由学生写作和填充,使题目完整,也使命题的意图和学生的写作意图得到结合。这种命题作文的优点体现在:能充分反映命题者的意图,充分强化写作教学的育人导向;防套性强,考生难以套作和猜押,好的题目,考生只能临场写作,难以宿构和套作。但问题表现在如下方面。

1.范围狭小,缺乏开放性

为避免猜押,题目通常只用一个短语或一个句子,信息量少,开放度小,限制性严。词语或短句是对社会生活现象极简省的抽象概括,难以将具体生动、变化不定的社会生活完整而形象地传达给学生。部分题目还表现为题意空泛,学生写作起来缺乏抓手,本应有的写作能力无法展现,在一定程度上降低了命题质量和信度。

2.形式呆板,缺乏启发性

命题作文的题目尽管可以用不同结构的词组及不同语气的短句进行表达,在语言句式上呈现一定的变化,但总体而言,命题形式显得单调呆板,缺乏启发性。

3.方法单一,缺乏灵活性

学生审题基于对命题的反复审读,方法较为单一。审题的方法通常是先对命题进行语法审读以弄清其语法结构,然后进行语义审读以理清命题的含义,最后通过文体审读以理解文体要求。学生易于掌握这种简单机械的"三步法",却难以准确理解命题者的真正意图,导致下笔千言,离题万里。尽管教师费尽心思搜罗各种命题,不断地对学生进行示范性剖析,让学生了解审题基本要求,但学生往往难以付诸实践。

4.内容空泛,缺乏具体性

命题作文和真实写作错位:在现实生活中,人们把自己接触的某些事物告诉别人,用笔写出来就是所谓的"作文",因整体表述需要给这段文字加上一个名字,就成了标题。因此现实生活中先有文章而后有标题,这是文章形成的正向过程。命题作文的写作过程则是文章形成的逆向过程。学生是根据别人的需要出发而立意,比如考试或竞赛评委的阅读需要。在这种情况下,表达的内容及情感不是自己需要表达的。从难易程度上说,命题作文写作比情境作文更难,需要具备一定的写作积淀之后才能完成。因此,学生写命题作文,常常写得假大空,缺乏具体的写作内容。

命题作文的上述不足,使得学生不容易发挥其真实水平,也使得高考作文考试信度受到影响,这也是历年高考很少采用命题作文的主要原因。尽管如此,北京市的高考作文仍常采取命题作文,例如,2020年以"一条信息"为题,2022年以"学习今说"和"在线"为题,2023年以"续航"和"亮相"为题,2024年以"历久弥新""打开""月的独白"为题,但在这些题目前面,命题者都设计了一些材料。材料起开放话题的作用,减少审题错误的风险。材料与命题相结合是高考北京卷的鲜明特点,为高考命题形式的传承与创新走出了一条独具特色的道路。

(二)材料作文

1.材料作文的优势

材料作文,也叫给材料作文,命题者提供写作材料,以引发学生的写作才情。材料作文和命题作文相比,除了具有信息含量大、形式灵活多样、审题容易等优点,更重要的是它在训练和测试中具有综合优势,表现在如下方面。

(1)材料作文集阅读、写作于一体。动笔写作之前,首先要求学生读懂材料,理解和把握材料,对材料进行归纳概括,提炼出观点。材料作文的阅读是一种实用性极强的阅读,它只着眼于材料的内容信息,要求学生能把握材料的内容中心,目的性极强。这种阅读是阅读教学的应用和延伸。二者相得益彰。

(2)材料作文融多种文体训练为一体。根据材料写议论文是学生常用的形式,此外,就材料进行扩写、缩写、改写、续写,或对材料所述事理加以评论会涉及多种文体。就表达方式及手段而言,在对材料的处理过程中也会涉及叙述、议论、说明等多种表达方式。

(3)材料作文在方法上可以举一反三。材料作文包含的信息量丰富。因此,针对一则材料常常可以从不同角度进行把握,能激活学生的多种思维形式,并促进学生运用多种方法解决写作内容空洞的问题。一则小材料,可调动推理、联想等思维方法,采用顺势类推、逆向思维、发散思维等思维方式,让学生便于联系现实生活,就能写出内容深入、具体的议论文。

(4)材料作文在内容上可以包罗万象。材料作文的材料往往贴近学生的真实生活,材料能客观反映学生的家庭生活、社会生活和校园生活。材料作文将丰富多彩的社会生活引入课堂,包罗万象的写作材料增加了学生的写作空间,给作文教学带来希望和活力。

(5)材料作文体现了感性认识和理性认识的辩证统一。材料作文写作是学生分析感性材料、借助理性推理、参与社会生活的写作实践过程。材料作文符合学生写作认识的客观规律,为学生写作中感性认识和理性认识的辩证统一创造了条件。

(6)材料作文适合高中学生的知识结构和思维特征。与初中学生擅长形象思维相比,高中生的抽象思维能力更强。尽管高中生离成熟的理性思维还有较长一段距离,但他们的思维处于一个从稚嫩走向成熟的过渡阶段。材料作文命题形式开放、自由,较易被学生认同和接受,也易于学生把握。

材料作文较之命题作文,具有综合考查学生思维或能力的优势,但材料作文也具有局限性,应引起广大教师的注意。

2.材料作文的局限性

1)材料阅读难

材料作文的材料选材广泛,具体表现在从社会新闻、哲理故事、名言警句、文学作品等多种途径取材。但对于同样的材料,不同的学生站在不同的角度,具有不同的理解,这是由不同学生的思维能力和社会经验的不同决定的。学生面对不同类型的材料,需要较强的分析概括能力,才能在考场上用较短时间清晰地概括出材料的中心含义。特别是诗歌、图片等材料含义丰富,学生常常难以理解。例如,2012年高考四川卷中作文材料为诗歌《手握一滴水》,要求学生从诗歌中水的象征意义、人生意义出发,对"水"进行阐释。这对缺乏现代诗歌理解力的考生而言,要较准确地理解材料内涵具有一定困难。

2)角度选择难

为降低审题难度,使考生能从多角度审读材料,命题者在材料选择上凸显材料内涵的丰富性,同时,从作文题目上提示学生"选好角度""自选角度"或"选择一个侧面"。尽管命题者积极地为考生考虑,但过于宽泛的信息角度,依然容易让学生思维走入误区,从而增加选题难度。

3)观点提炼难

"千古文章意为高""意在笔先",考生要完成从直观感知到理性总结的由浅入深的理解层次的转变,并借助简短的语言表述出来,这对考生的思维能力、表达能力要求较高。考生实际表达的观点可能不是他想表达的观点,考生想表达的观点可能不是命题者希望考生表达的观点。

4)文题拟写难

材料作文自定立意、自择文体、自拟题目,被称为"三自"要求。从客观上来说,题目是文章的"眼睛",是文章内容和读者情感心理交融的第一接触点,是让人一见钟情的因子,靓丽别致的标题能实现引人入胜、先声夺人的效果;而从主观上来说,拟写与"从×××说开去"类似的毫无新意的题目,实在是考生的无奈之举。每个考生都想拟写一个既贴切又有文采的题目来吸引阅卷老师的眼球,但文题的拟写是令考生费神的一件事。

这些局限性都是传统材料作文逐渐被话题作文取代的主要原因。

(三)话题作文

话题作文是指在限定的某个话题内,为学生提供较大的写作空间,学生则根据话题的指向,在特定写作范围内进行立意构思的一种作文考查形式。话题型作文分为三种类型,即完整话题作文、双项话题作文、单项话题。

话题作文给学生提供一个话题的范围,其"指导语"表述的写作要求范围宽泛、语言直白,减轻了学生的阅读障碍和降低了审题难度,提高了作文应考的针对性和测试的信度。

2000年以来的全国卷和近几年的地方卷主要采用了话题作文形式,把话题作文的优势发挥得淋漓尽致。1999年出现了科幻式的想象作文"假如记忆可以移植"——假如人的记忆可以移植的话,它将引发你想些什么呢? 2000年的作文命题:在一次鼓励创新的报告会上,有位学者出了一道题……解决问题的方法以及问题的答案不止一个……请以"答案是丰富多彩的"为话题写一篇文章。这种命题方式是高考作文命题一次质的飞跃,使得写作教学由常规命题走向创新型命题,由考查基本能力到考查创造性思维能力。这也是建设创新型社会的需要。早期的话题作文是引发读者的思考和想象,对写作内容要求比较松散,学生容易把平时写的文章宿构或套作成高考作文。现在则对话题作文进行了限制,主要是将话题作为一个客体,引发学生关注和思考,以测试学生的思维水平,如2020年天津卷"中国面孔"、2021年新高考Ⅱ卷"人"、2022年全国乙卷"跨越,再跨越"、2023年新课标(Ⅱ卷)"安静一下不被打扰"、2024年上海卷"认可度"、2024年天津卷"被定义"。近年来话题作文主题化是一个明显的趋势,如2021年全国甲卷以"可为与有为"为主题,2022年新高考(Ⅱ卷)以"选择·创造·未来"为主题。话题可以是学生写作主题的引子,主题则要求是学生写作的中心内容。相比话题,主题限制性更强,要求学生必须将命题者给出的选题作为写作的中心,这样能有效防止考场套作。

话题作文的负面影响有如下方面。

(1)影响作文教学的系统性。由于对内容和形式都无明确的要求,学生怎么写都可以,教师的指导也较为随意,这种教学严重影响了作文教学的系统性,十分不利于学生写作基本功的训练。话题作文导致学生写作随机性过大,也不利于教师专心进行写作教学。

(2)缺少科学的评判标准。写作的随意性必然带来写作指导和写作评价的盲目性。由于话题作文的主题、体裁和材料都不设限制,写作评价以保护学生创新为由,写作评价的标准笼统,不具有可操作性。写作缺乏规范,写作评价缺乏标准,不利于写作教学的健康发展。

（3）学生抄袭情况严重。因为话题只是谈话（写作）的中心内容和大致范围。学生写作只需要在话题范围之内，而在"写什么"和"怎么写"两方面的开放性、自由度都很大。学生可以自己确定取材范围，自定立意，自选文体，自拟标题。如此一来，一方面，这种题型的确突破了原有题型的局限，给了考生展现个性、自由驰骋的空间；另一方面，太大的空间、话题作文的三不限原则极易变成学生套押、宿构乃至抄袭的漏洞。而且，即便是临场之作，由于取材、立意、文体、标题等要求纷繁复杂，阅卷难以按规范标准统一作出比较和评判，误差较大，对学生写作能力的评判不具有高考应有的效度与信度。

考场作文不是自由作文，它承担的人才选拔功能，需要有相应的效度、信度和区分度。因此，学生容易套作与命题者反对套作，应考与试题命制等方面存在矛盾。二者之间的矛盾关系需要平衡、控制在双方的合理范围。话题作文常常难以承担上述责任，满足上述要求，以致话题作文这种考试形式的影响力逐渐减弱，甚至逐渐淡出高考试卷。

（四）新材料作文

新材料作文最初也叫"后话题作文"，是纠偏话题作文弊病的一种作文类型。新材料作文所纠的正是话题作文开放性过大之偏，"药方"则取自材料作文，即用给定的材料取代指定的话题，考生要自主从材料中提炼话题，似乎在形式上给命题戴上了"镣铐"，加上了限制。较之材料作文，这种题型的"内容"有较大的调整和改变，故名新材料作文。新材料作文的材料内容往往比较丰富，具有较大的阐发空间。新材料作文虽然要求学生全面理解材料，作文立意不脱离材料内容及含义，但新材料作文的"内容及含义"不同于原有材料作文的要求，新材料作文不限于材料全文及其主旨，材料观点内容丰富，而且大多不带倾向性，学生可从某个角度、某个侧面入题作文。材料作文的要求除诗歌不能写外，也是文体不限，标题自拟，整体上开放性较大。

与话题作文的特点一样，考生自主空间大，有利于个性化写作与多元性发挥，但同样存在开放性过大的问题，而且还存在考测目标主次模糊以致材料选择偏狭，材料含义晦涩难懂，内容难以理解以致考测目标被架空等问题。总的来说，新材料作文主要存在以下三个问题。

（1）材料主题主次模糊，过分偏重对学生写什么的考量。

（2）材料形式读写掺杂，作文检测目标由变异而架空。

（3）材料内容头绪纷纭，学生难以理解繁复的材料而有失公平。

过分强调审题立意的准确性，是新材料作文存在的严重问题。虽然写好新材料作文不容易，但这种作文命题形式能够给考生提供一定的条件性和情景性，又不失灵活。对于特定环境下的考生来说，新材料作文具有较大的真实性与检测性，所以有存在的价值。

（五）任务驱动型作文

2015年高考全国新课标Ⅰ卷和Ⅱ卷同时启用任务驱动型作文。教育部考试中心张开先生在《注重题型设计、强化教育功能》一文中对任务驱动式作文进行了说明。高考任务驱动型作文规范了作者的写作行为，具有鲜明的交际语境写作指向。

1.任务驱动型作文的优点

1）关注写作动力，培养学生自主写作的兴趣

交际语境写作的本质是读者意识，为一个视角受限制的读者而存在，同时作者的视角也

受到限制。任务驱动型作文为学生提供了一个真实或模仿真实的交际语境,学生的写作是基于交际语境的言语交流。写作的价值得到彰显,写作的动力得以确认,学生自然就有了自主写作的兴趣。

2)关注身边时事,培养学生观察与分析能力

任务驱动型作文比一般的材料作文,更贴近学生的生活实际,因为不是所有的材料都适合给学生任务指令,不是所有的材料都能把学生带入任务情景。任务驱动型作文的材料的现实感和可交互性更强。比如英国母语教材的小岛旅行,虽然是虚拟情境,但把学生带入复杂的现实语境,有助于提高学生的辩证思维能力和写作能力。

3)关注交际语境,形成个性、灵活多变的语言表达形式

从词汇上看,读者特点、文体规范和灵活多变的交际语境扩大了作者的词汇需求量;从句式上看,交际对象的多样性,情感表达的丰富性,必然反映在作者灵活多变的句式上;从文体上看,基于交际表达的文体形式,特别是实用文体的大量使用,使写作常用文体形式更加丰富多样。任务驱动型作文更加凸显和具体化交际语境写作的要求,能培养学生灵活多变的语言表达能力。

2.任务驱动型作文的局限

任务驱动型作文也是有局限的,如果高考采用单一的任务驱动型作文的命题形式,把平时作文教学简单交际语境化,将任务驱动型教学狭隘化,将会在以下方面加重作文教学的问题。

1)对文学写作的忽视

青年是朝气蓬勃的,富有想象,喜欢叙事,乐于抒情,他们应该在文学的天地里释放自己的理想和激情。优美生动的文学语言、灵活多变的修辞手法、奇特夸张的叙事结构、丰富深远的审美意境和才气十足的艺术个性,永远是中华民族不可缺少的文化基因。任务驱动型作文,不是解决文学创作的良方。当代文学的繁荣离不开中小学写作教学对青年写作能力的培养,文学创作有其自身独特的发展规律和表现形式,重视任务达成的任务驱动型作文显然难以承担培养文学青年的使命。

2)功利化写作的社会危害性

青年是富于理想追求的,"世事洞明皆学问,人情练达即文章"当然有道理,但对于青年来说,老于世故、过于精明不但害人害己,且对社会文明无益。中国文学擅长抒情,西方文学擅长叙事。如果我们在中小学写作教学中丢掉诗歌和散文的豪情壮志,又丢弃了叙事文学的天真烂漫,留给我们精神世界的一定是百草丛生的荒芜,这样的荒芜,如同冰冷的世界,和充满假大空谎言的世界一样可怕。写作训练课培养学生在时事中发现社会问题,灵活运用社会常理解决问题,培养学生全方位、多角度看问题的能力,都无可非议,但从语文教学的角度说,如果语文课或作文课,主要讲亲情、法律和安全,那么语文课就成了思想道德课或者社会政治课。

3)优秀传统写作经验的丢弃

一味追求面向社会现实需要的写作,可能会丢弃优秀的传统写作经验,如记叙类文章写人记事的基本方法,说明类文章严谨科学的说明方法,议论文论点的准确提炼和深入分析。学生考试作文不力求新颖的论点,但需通过大量的阅读积累丰富的论据。如果过度重视任务驱动型作文,学生为写作而阅读的动机将会减弱;注重用典的文学传统将会丢失,学生的作文内容会比以前任何一个时期更空洞;论证方式更为随意,将丢失传统议论文严密论证的传统。

不经过规范的写作训练,学生难以真正提高写作水平。不吸收写作教学的优秀传统,写作教学水平就难以提高,民族写作素养就难以提高,文学的繁荣更无从谈起。

目前,人们正在对任务驱动型作文进行反思,相信以后的高考作文类型会更丰富多彩。

▶▶ 第二节　高考作文备考指导

▶ 一　命题作文备考指导

(一)命题作文的类型

1.结构上的分类

(1)词语式命题作文。作文命题是一个字或者是词语,如《尝试》《肩膀》。

(2)短语式命题作文。作文命题是一个短语,可能是主谓式、动宾式、偏正式、并列式等结构的短语,如《我能》《北京的符号》《留给明天》《过程与结果》。

(3)句子式命题作文。作文命题是一个完整的句子,如《我想握住你的手》《今年花胜去年红》。

2.形式上的分类

(1)完全式命题作文。只给命题与写作要求,没有其他文字材料加以说明,是纯命题作文的样式。

(2)半命题作文。所谓半命题作文,就是限定一半的内容,留出一半的内容由学生填写的作文形式。由于它处在"全命"与"非命"、"限制"与"非限制"之间,考生对题目还具有"一半"甚至是"一多半"的自主选择权,所以考生自主发挥、自由驰骋的空间非常大。

3.内涵上的分类

(1)观点型命题作文。命题就是我们文章要表达的观点。

(2)论题型命题作文。命题提供的是一个观点所属的范围,具体的观点需要我们对论题进行分析和切割。

(3)寓意型命题作文。命题运用比喻、象征等手法,既有表面的意义,更有隐含意义。

(4)关系型命题作文。命题采用两个或三个词语,中间用间隔号或"与""和"等词语连接,这几个词语或短语之间存在一定的关系。

(二)命题作文的审题立意

1.词语或短语式命题作文的审题立意

可以在所给定的词语前后添加成分,把题目扩充成句子,显示文章的主旨。要尽可能多角度添加成分,以便考生有筛选写作内容的余地。通常采用自问式,例如,针对《在逆境中成长》的命题,学生可以通过提问法来审题立意,比如谁在逆境中成长,在什么样的逆境中成长,在逆境中人的哪些方面得到成长,等等。

2.句子式命题作文的审题立意

深入挖掘题目内涵,整体把握作文中心。例如,针对《既然我们已经出发》的命题,挖掘内涵时可以在"出发"前加修饰限制词,也可以深入分析这个题目。假如这个作文题目是半个句子,审题时可以顺着题目继续进行合理的推论,从而使题目完整、立意明确。

3.半命题作文的审题立意

这类作文比命题作文的限制要小得多,题材也就相应地宽得多,其审题立意的要领同命题作文相同。

(三)命题作文的写作要领

1.命题作文写作的关键点

(1)确定文体。命题作文除诗歌外,一般不限文体。每个人都有擅长的文体,学生可以选择一种适合自己的文体写自己喜欢的文章。这实质上发散了学生的思维。考生可以通过命题分析哪种文体更能表情达意。

(2)确定中心。命题作文已告诉学生作文的中心是什么。命题作文的中心确立很简单,作文的题目就是中心事件和作者重点描写的对象,考生在写作时只要紧紧扣住题目展开,就不容易跑题。

(3)设计结构。巧妙的结构设计能给阅卷者耳目一新的感觉。高考作文的开头宜简不宜繁,宜精不宜杂。开头往往需要简洁、生动、明快、开门见山、一针见血。好的结尾也很重要,好的结尾不一定要出奇出新,而应和文风对应,做到顺理成章,不能生搬硬凑。可以和首节照应,使文章浑然一体,体现主旨。可以设置悬念,给读者无尽的想象空间,同时又能把读者引入自己预定的写作意向中。文章结构设计还需要注意句与句、段与段之间的过渡与衔接。

(4)把握语言。"肚里无文真可怜,一张白纸朝青天"。平时积累语言知识是学好语言学科的基本条件,也是决定性因素。除了积累、多写、多练习,还需要一定的模仿,到了一定阶段,就能独创,从而使语言鲜活而富有个性。

(5)内容充实。文章要有实质性的内容。言之有物是对作文的基本要求,无病呻吟、空洞无物是高考作文的大忌。

(6)思想积极。高考作文的主色调应是明朗积极的,而不是消极的。思想积极以精神催人奋进,以智慧增人才干,以美德教人为善。

(7)书写规范。书写规范是语文习惯和素养的体现。干净、工整的卷面,会让人眼前一亮;美观、艺术的字体,会让人神清气爽。

2.命题作文写作的注意点

(1)要善于咬文嚼字推敲词义,仔细分析题目本身的含义,不仅要了解题目的本义、字面义,还要进一步理解某些词语的引申义、比喻义、象征义、双关义、特指义等。

(2)命题作文对现实的针对性较强,因此,审题立意时要联系自己的人生经历和社会生活(包括社会热点等)。

(3)命题作文一般除诗歌外的各种文体都可写,但一定要选择适合自己的文体。

(四)半命题作文的拟题技巧

全命题作文不需要学生拟题,但半命题作文拟题体现写作者的语言表达水平,以下是几种常用的拟题方法。

(1)具体事物拟题法。这种方式以小见大,使标题具体而新颖。例如,半命题作文"难忘的____",学生可以填上"一条红丝带",叙写关爱他人、关注生命的动人一幕。又如,半命题作文"当我面对____的时候",可填上"那片绿叶",通过托物言志的方法,表达自己甘当绿叶、无私奉献的情操。

(2)抽象事物拟题法。这种拟题方式化抽象为具体,便于抒写自己内心复杂的情感。例如"寻找心灵的伊甸园""寻找人生的方程解""我好想有一片蓝天"等,用的都是这种方法。

(3)特定情境拟题法。这种拟题方式新颖别致,能创设一种特定氛围,给人遐想的空间,极易引发人们丰富的联想。例如,"我好想再看你一眼""我梦见范进参加中考""我梦见妈妈下岗"等标题,采用的便是此种拟题方法。

(4)特殊符号拟题法。此法是借用数学、物理或化学等学科特殊符号或公式来拟题。例如,以"当我面对____的时候"为题,表达自己的思想情感时,可以"当我面对A、B、C的时候"为题,抒写自己学习英语的乐趣和享受。又如"我好想得到一个A+""感悟$8-1>8$""明天,我飞向β行星"等题目,形象生动,令人耳目一新。

(5)条块分割拟题法。这种拟题法是从形式上来说的。例如,《感悟生活中的美》,先设一"题记",下拟三组小标题"母爱之美""劳动之美""运动之美",截取生活中的三个画面,表现对美的热爱或感悟。

高考作文拟题,一要符合文体要求。高考作文标题首先要充分体现文章的文体特征,让人一读标题就可以了解文章的文体样式。写议论文,标题要深刻、鲜明;写记叙文,标题要形象、生动;写散文或小说,标题要含蓄、有诗意。二要体现关键词句。要尽可能地在拟写标题时将话题或材料中的关键词句明示或暗示出来,让阅卷老师了然于胸,在增加阅卷老师好感度的同时降低误判的可能。三要传达主旨立意。所拟标题要能表明自己的观点和态度,让阅卷老师在看到标题的一瞬间就能确定作文是否符合题意。

二、材料作文备考指导

(一)材料作文的类型及特征

材料作文的类型,按表达方式可以分为讨论式、叙事式、诗歌式等,按表现形式可以分为文字类、图表类、组合式等。常见的材料类型有:叙述一件较为完整的事情;引述一个完整的故事;引用一段新闻报道或消息;与写作者道德修养或学习生活的某一方面紧密相关的名言警句(一句、一段或几句、几段);一段主题鲜明、道理深刻的论述;一段或几段突出一个中心的抒情性文字;揭露社会生活中某一丑陋现象的一幅或几幅组合而成的漫画;等等。

材料作文的写作顺序通常是:整体把握材料内容(主旨),并据此立意、拟题,再根据限定的文体,引用所给的材料完成作文。材料作文的写作主题与所给材料的立意指向保持一致,作文选材也应与所给材料的主题保持一致,只有这样,学生才能做到读后有感,有感而发。

(二)材料作文的审题思路

材料作文审题就是深入思考和反复推敲作文题目(包括材料),理解其含义,弄清写作的具体要求,确立写作中心,确定写作范围和重点,确定下笔的角度及感情抒发的基调,以明确写作方式和写作内容。

1.探究寓意法

寓意通常是指材料中事物的比喻义或象征义。有些作文题目,除了表面意思,往往还有一种比喻义或者象征义,探究寓意法是探究其比喻义或象征义的方法。

对寓意性的命题作文审题立意要注意两点:①寓意性的命题作文,可以写题目的本义,但一般不是"就事论事"地写它的本义,而是重点写出题目的寓意。即便学生写作要从其本义入手,但最终还要写出其寓意,这样才会使主题得到挖掘。②寓意性的命题作文题目往往是一种具体事物,因此,它的寓意具有开放性。这就要求作者捕捉到自己最熟悉而又理解最深的一点去写作文,否则就难以把作文写得情文并茂。以2019年山东实验中学三诊试题为例,材料的大致内容是:当土地变贫瘠的时候,小鸟飞走了,蚯蚓却留下来松土,甲虫也帮助蚯蚓;土地变肥沃后,小鸟飞回来了,蝴蝶也飞回来了。用探究寓意法审题立意的步骤如表14-1所示。

表14-1　寓意探究步骤表

第一步	抽取具体概念 (关键词语)	动物们、努力、土地
第二步	把具体概念抽象化	土地的改良来自动物们的努力
第三步	联系现实生活 (由虚到实)	土地可理解为家乡、祖国、地球等;动物们可理解为建设者(蚯蚓是坚守者,甲虫是援助者,小鸟是归来者,蝴蝶和蜜蜂则是外来优秀人才)
第四步	确立观点	家国崛起,人人有责

2.由果溯因法

写新材料作文,审题时如果能由材料中列举的现象或结果,推断出造成所列现象或结果的根本原因,往往能找到最佳的立意角度。这种方法适合有故事情节的材料。2022年全国甲卷的作文材料是:《红楼梦》写到"大观园试才题对额"时有一个情节,为元妃(贾元春)省亲修建的大观园竣工后,众人给园中桥上亭子的匾额题名,有人主张从欧阳修《醉翁亭记》"有亭翼然"一句中,取"翼然"二字;贾政认为"此亭压水而成",题名"还须偏于水",主张从"泻出于两峰之间"中拈出一个"泻"字,有人即附和题为"泻玉";贾宝玉则觉得用"沁芳"更为新雅,贾政点头默许。"沁芳"二字,点出了花木映水的佳境,不落俗套;也契合元妃省亲之事,蕴藉含蓄,思虑周全。用由果溯因法审题立意的步骤如表14-2所示。

表14-2　由果溯因法立意步骤

第一步	事件结果	贾宝玉题的"沁芳"二字获得贾政认可。
第二步	由果及因	因为"沁芳"二字,一则点出了花木映水的佳境,不落俗套;二则契合了元妃省亲之事,蕴藉含蓄。贾宝玉取名"沁芳",是"根据情境独创"。直接移用,是对前人的理解和学习;借鉴化用,是在对前人模仿的基础之上的再造;根据情境独创,则是对前人的超越。
第三步	确立观点	①照搬不可行。(直接移用) ②新时代的接班人,要勇于"拿来"。(借鉴) ③创新是进步之魂。(独创) ④在借鉴中成长,在成长中创新。(借鉴与独创)

3.明确重心法

所谓"重心"是指题旨的关键词,明确重心是在作文题目中体现题旨的关键字词,以体现写作的重点。偏正结构的题目,其表意重心往往在"偏"的部分。考生在审题时要重点对表修饰或限制的"偏"的部分进行深入思考,才能使自己的立意不走偏。2023年新课标Ⅰ卷的作文材料是:好的故事,可以帮我们更好地表达和沟通,可以触动心灵、启迪智慧;好的故事,可以改变一个人的命运,可以展现一个民族的形象……故事是有力量的。用明确重心法审题立意的步骤如表14-3所示。

表14-3　明确重心法立意步骤

第一步	抓住材料关键词句	关键句		故事是有力量的。
		关键词及 其内涵	好的 故事	①好的内容,包括生活中的真、善、美,深刻的思想,励志的故事。 ②形式上,情节曲折,扣人心弦,人物生动。
			有力量	①更好地表达和沟通。 ②触动心灵,启迪智慧。 ③改变命运。 ④展现民族形象。
第二步	抓关键词	联想、思考。		
第三步	由此及彼,确定立意	①做听故事的人,更做有故事的人。 ②在传承中讲故事,勇担时代重任。 ③讲好故事,发出时代强音,传承力量,构筑民族精神。		

4.质疑立意法

质疑就是提问,是从不同角度对题目质疑和提问来打开思路立意的方法。一般可从正面质疑"是什么?""为什么?""怎么样?"等问题,也可以从反面质疑"观点成立吗?""有没有相反或者例外的情况?""如果成立需要什么条件?"等问题,引导学生自问自答并不断修正观点。质疑立意法可使考生多角度地审视题目,进行发散思维,最终使中心论点周密而深入。用质疑立意法审题立意的步骤如表14-4所示。

表14-4　质疑立意法步骤

观点	观点成立吗？	有没有相反或者例外情况？			如果成立需要什么条件？	修正观点
		质以事实	质以事理	质以别议	①观点针对哪些人成立？ ②观点在哪些领域/范畴成立？除了这个领域还能成立吗？ ③观点针对哪些问题得以成立？	

5.对象切入法

对象，即材料的陈述对象。如果一则材料中出现了好几个对象，那么一个对象就是一个角度。同时还要注意分清材料陈述对象的主次或层次。尽管材料涉及很多人或物，但有的人或物只是议论的对象，在材料中不起主要作用。审题时，要分清整体与局部、主要与次要的关系，要从重要的人或物的角度入手思考。材料重点写哪个对象，就从哪个对象入手，这是立意的根本点。2020年全国Ⅰ卷的材料讲述了齐桓公、管仲和鲍叔三人的故事，作文要求是：班级计划举行读书会，围绕上述材料展开讨论。齐桓公、管仲和鲍叔三人，你对哪个人感触最深？请结合你的感受和思考写一篇发言稿。用对象切入法审题立意的步骤如表14-5所示。

表14-5　对象切入法立意步骤

第一对象	鲍叔的角度	慧眼识才，举贤任能；国家至上，屈己让贤。
第二对象	管仲的角度	精金美玉，世所珍惜；感恩知遇，建功立业。
第三对象	齐桓公的角度	心宽似海，容纳百川；纳善聚贤，治国图强。

6.一分为二法

一分为二法是一种辩证的方法。唯物辩证法认为，任何事物都具有对立的两个方面，分析研究问题，既要看到事物的这一个方面，又要看到事物的另一个方面；既要看到正面，又要看到反面。只有运用一分为二的观点分析问题，才能正确地认识问题，避免认识上的片面性。2023年全国乙卷作文的两则材料：第一则是"吹灭别人的灯，并不会让自己更加光明；阻挡别人的路，也不会让自己行得更远。"第二则是"'一花独放不是春，百花齐放春满园。'如果世界上只有一种花朵，就算这种花朵再美，那也是单调的。"用一分为二法审题立意的步骤如表14-6所示。

表14-6　一分为二法立意步骤

		针对对象	论述角度
相异点	第一则	国与国关系	反面
	第二则	文化互鉴	正面

（三）材料作文的写作技巧

1.材料的运用

写议论文时材料的运用：选择某一角度，从材料中概括出写作的论题或论点；作文中最好出现材料；提供的材料可以作为写作中的论据；对材料要进行概述，但不能照抄材料。

写记叙文时材料的运用:从材料中概括出写作的中心;围绕中心,拟订文章的标题;紧扣中心或题目写作,防止跑题或偏离中心;文章的开头、中间、结尾要扣题、点题;文章中一般不需要出现材料。

2.材料作文的结构

读原文,找要素;析原因,分析某种情况的原因;辨关系,找到问题之间的因果关系;拟中心,使得写作围绕中心,思路清晰,结构严谨。

常用方法有:透过现象看本质法。如果材料的中心内容为现实生活中存在的一种现象,在审题时最重要的是透过现象看本质,从列举的现象中概括规律。把握隐含信息法。对材料中的隐含信息进行分析,提炼正确的观点。关键词句法。推敲词句,找出材料的突破口,即抓住材料中能够揭示内容的关键词句反复推敲。求异法。如果几项材料中既有正面材料又有反面材料,审题时就应找出正反材料之间的对立点或关联点。学生可从正反材料的对比中得到启发,提炼观点。以果溯因法。材料内容前后是因果关系,应该立足材料所述事物的"果"去追溯事物的"因",然后以"因"立意,联系实际生活。内涵挖掘法。对材料要有深刻的理解,由表及里、由此及彼。学生联系实际生活,才能结合材料提炼出较为深刻的论点。

三 话题作文备考指导

(一)话题作文的基本特点

话题作文可以自选角度、自选文体、自拟题目、自定立意。话题作文的本质特征是开放:文体开放、立意开放、选材开放。话题作文允许并鼓励考生以自己擅长的文章体裁和表达方式摹写自己熟悉的生活,以表达自己真切的思想感情。

话题作文的写作要求由材料、提示语、话题、要求等部分组成。

(二)话题作文的审题立意

1.审题方法的操作要领

(1)准确理解材料。一般来说,材料或提供一个事实,或讲一个故事,用意在于吸引考生注意,将考生的思维引入材料指向的境界。另外,材料也为考生提供了一个可供参考的观点。

(2)审清提示语。提示语是命题者对所给材料的阐发,目的是帮助考生正确理解材料的内容,引发考生展开想象与联想。提示语对准确把握命题意图至关重要。

(3)审清话题含义。从语素上理解话题的含义,明确话题的范围,特别是带有限制性的词语的话题。

要明确话题作文的要求,不能脱离话题的限制。文体一旦选定,必须具备该文体的特征。

2.常用的立意方法

(1)观点型话题。这是指从提示性材料中引申出来的一个结论,或是命题人理解材料时所得到的一点见解,用来拟订话题作文的"话题",称为"观点型话题"。在写作这种话题作文时,就以这个话题作为文章的中心就可以了。如果写成记叙性文体,诸如一般的记叙文,或者散文、神话、童话、微型小说、新编历史故事等,不管叙述什么内容,讲述什么故事,只要体现中心即可。如果写成议论文,因为话题本身就是论点,就不要另起炉灶,重新确立论点,只要在文章中围绕这个话题选取材料进行论证就可以了。

(2)范围型话题。话题只是命题者为考生圈定的一个写作范围,既没有说明什么道理,也没有指出应该怎样做或者不应该怎样做,考生要表达什么样的观点或态度,完全可以因人而异。"范围型话题"等于为写作画上了一个无形的圈,使所有的创造性活动都只能够局限于这一个特定的圈内,不可越界。

(3)关系型话题。有些话题涉及两种乃至两种以上的事物或对象,命题人在拟订话题时,常常将这两种或两种以上的事物、对象合并在一起,形成一个话题,通常以并列短语或并列复句的形式呈现。对于这类话题,审题时需要将两者之间存在的关系揭示出来,不可偏废,否则就有可能偏离题旨。一般说来,关系型话题中存在如下几种关系:①取舍关系。即题目中并列的双方是对立的,必须肯定一方,而否定另一方。如果话题是"空想和实干",文章中应当肯定实干而否定空想。②依存关系。话题中并列双方之间相互依存、紧密配合,缺一不可。如果话题是"抬头看路与埋头拉车",文章中应指出没有"抬头看路"不行,只顾"埋头拉车"就会走错方向;没有"埋头拉车"也不行,因为看准了方向,还必须通过埋头苦干才能到达终点。③条件关系。即一方的成功必须依靠另一方,否则只是一句空话。如果话题是"伯乐和千里马",文章可确立只有依靠伯乐,才能成就千里马。④并列关系。即并列的几个方面同等重要。如果话题是"解剖别人与解剖自己",文章可以写在解剖别人的同时,也要解剖自己,二者不能偏废。⑤递进关系。题目中并列词语之间含有递进关系。如果话题是"识才、用才、爱才",文章中应体现出不仅要识才,还要用才,更要爱才的中心思想。

2021年全国甲卷的作文材料:中国共产党走过百年历程。在党团结带领人民进行的伟大斗争中孕育的革命文化和社会主义先进文化,已经深深融入我们的血脉和灵魂。我们过的节日如"五四""七一""八一""十一",我们唱的歌曲如《义勇军进行曲》《没有共产党就没有新中国》,我们读的作品如《为人民服务》《沁园春·雪》《荷花淀》《红岩》,我们景仰的革命烈士如李大钊、夏明翰、方志敏、杨靖宇,我们学习的榜样如雷锋、焦裕禄、钱学森、黄大年,等等,都给予我们精神的滋养和激励。我们心中有阳光,我们脚下有力量。我们的未来将融汇于中华民族伟大复兴的新征程,我们处在一个大有可为的时代……作文主题或者话题为"可为与有为"。主题作文作为话题作文的升级版,需要考生围绕主题进行写作。关系型话题的立意步骤如表14-7所示。

表14-7　关系型话题立意步骤

理解主题本义	关键词的本义	"可为"的是事,"有为"的是人;"可为"源自客观,"有为"源自主观。
	两者关系	"可为"是前提与条件,"有为"是结果。
结合材料确立主题内涵		"可为"是指我们这个时代大有可为,当下,时代、社会和国家的发展与作为新时代青年的我们息息相关,这个时代赋予我们机遇、创造的条件;"有为"是指新时代的青年应有所作为——传承红色基因,在中华民族伟大复兴的征程中砥砺前行,不断提升人生境界,实现人生价值。
形成立意		①做可为之事,成有为青年。 ②把握正确的方向,大有可为。 ③响应时代召唤,肩负时代使命。

(4)列举型话题。有时话题作文的提示性材料中会涉及两种或两种以上的事物或现象,命题人常常将材料中这两种或两种以上的事物或现象列举出来,作为写作的话题。例如,关于"出发"和"到达"的话题作文,学生完全可以采用"攻其一点,不及其余"的方法,或写对"出发"的理解,或写对"到达"的理解。

(5)寓意型话题。这是指某个话题不光有字面意义,还有深层含义,即比喻义、象征义。

3.二元或三元话题作文的审题立意

二元或三元关系的话题作文常在材料中或隐或显地出现,写作过程实际是对二元或三元话题关系的思考。材料中或明或暗地存在着"A与B"的关系,甚至存在"A与B与C"的关系,这种关系就是"二元"或"三元"关系。2021年全国高考Ⅰ卷用毛泽东在《新青年》上发表的《体育之研究》中的"生而强者不必自喜也,生而弱者不必自悲也。吾生而弱乎,或者天之诱我以至于强,未可知也",来引出"强与弱"的关系,让考生通过写作谈感悟与思考,是二元关系话题(或材料)作文。2022年全国高考Ⅰ卷以"本手、妙手、俗手"三个围棋术语让学生通过写作谈感悟与思考,是三元关系话题(或材料)作文。

二元或三元话题作文的审题立意需要注意以下方面。

(1)辨析概念内涵。材料中给出内涵的,要准确把握;未给出内涵的,要精准理解,注意其本义、引申义及比喻义。

(2)建构关系。关系型材料作文重在辨明关系,一旦关系明了,思维就有了方向,审题立意的任务也就基本完成了。二元关系复杂,如上述取舍、依存、条件、并列、递进等。三元关系主要有互补型、递进型、两两相关型。两两相关型是一种较为复杂的关系类型,也是考查最为频繁的类型。其审题立意的诀窍在于把三元关系转化为大的主次轻重二元关系,即重点论述A与B的关系,兼顾A与C或B与C的关系,A、B与C的关系作为非重点"元素"存在。例如,2023年全国甲卷作文命题"人·技术·时间",可用思维导图梳理三者之间的辩证关系,如图14-1所示。

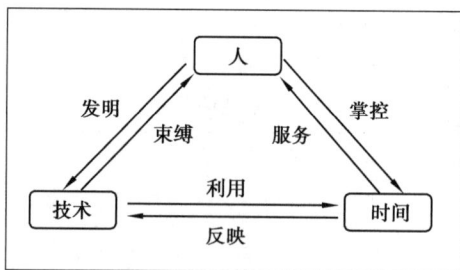

图14-1 三元话题关系思维导图

(3)突出重点或回应现实。二元关系材料作文写作既忌讳抓住"一元"不顾"另一元",更忌讳泛论关系而不见重点。想要写好此类作文,尤其要善于敏锐地捕捉重点,敢于突出重点,做到两点论与重点论的统一。二元话题立意步骤如表14-8所示。

表14-8　"强"与"弱"二元话题立意步骤

明确概念	强（含义）	指身体强。
	弱（含义）	指身体弱。
建构关系	①转化关系	强可以变弱，弱可以变强。
	②条件关系	①强者滥用其强，最终会转为至弱。②弱者勤于锻炼，增益其所不能，久之会变而为强。
突出重点（立意）	突出"强"	强者只有不断增强，才能保持强大，否则只会越来越弱。
	突出"弱"	弱者生而虽弱，奋发可以图强。

三元话题立意步骤如表14-9所示。

表14-9　"本手""妙手""俗手"三元话题立意步骤

辨析概念	确立内涵	术语含义	本手是指正规下棋法；妙手是指精妙下棋法；俗手是指貌似合理实则普通的下棋法。
		引申含义	本手为扎扎实实打好基础的下棋法，是下棋的前提。材料中的"创造"，是长期坚持下棋的效果。俗手是"受损的下棋法"，是急功近利。
	辨析概念		"本手"与"妙手"是棋局中的不同阶段，"俗手"则伴随棋局的所有阶段。
建构关系（重心）	本手		本手是基础，妙手须以本手为前提，否则为俗手。
	妙手		坚持本手，发展妙手。固守本手，没有妙手，则本手可能变为俗手。
	俗手		要避免俗手，必须加强本手，创造妙手。
回应现实（针对问题）			①一些人急于追求出众，寻找捷径，反落得以"俗手"收场。②忽略孩子正常的学校教育与课堂学习，出现"上课不好学、课外学不好"的问题。
确立观点			①人生如棋，练好"本手"，避开"俗手"，臻于"妙手"。②融汇"本""妙"，不落"俗套"。③"三手"围棋，为人之道。④"本""妙"应固"本"，"本"固不落"俗"。

（三）话题作文的写作构思

话题作文的结构丰富多样，常用的一种写作结构模式如下。

（1）"引"。引经据典。

（2）"议"。讲道理，引述古今中外人们熟知的例子。

（3）"联"。摆事实，联系发生在身边的具体事例。

（4）"结"。得出结论。

◢四、新材料作文备考指导

(一)新材料作文类型

新材料作文的类型和材料作文一样,根据材料的不同,新材料作文有不同的分类,按表达方式可以分为讨论式、叙事式、诗歌式等,按表现形式可以分为文字类、图表类、组合式等。

(二)新材料作文的审题思路

1.新材料作文的审题方法

(1)关键词法。为突出中心,有的材料会设置关键词、句(开头、结尾、对话)。抓住这些关键词、句,就能把握材料主旨。准确理解材料,正确立意,应领悟其隐喻意义。

(2)以果溯因法。任何事物的产生、变化和发展,都有其内在或外在的原因。因此,分析材料的因果关系,从原因切入,以果溯因立意,是行之有效的方法。

(3)多角度法。一般来说,材料的各个立意点,蕴含在材料所涉及的人和事上。因而我们可以从材料中的人和事入手,问"是什么""为什么"和"怎么样",提炼出多个观点。

(4)联系法。任何事物都是相互联系的,事物间的关系主要有主次关系、取舍关系和条件关系等。

漫画是材料作文的一种材料类型。漫画是一种带有讽刺性、批评性或幽默性的图画。画家从生活现象中取材,通过夸张、比喻、象征等手法来讽刺、批评或表扬某些人和事。漫画多取材于社会现实和热点问题,具有强烈的时代感和现实性。以漫画为材料的作文,同文字型材料作文一样,审题时要弄清画面内容,理解漫画寓意,方可进行立意。2021年全国Ⅱ卷以"人"为主题的材料作文,以一幅漫画作为材料,如图14-2所示,体现了新材料作文的写作特点,作文要求:请整体把握漫画的内容和寓意写一篇文章,反映你的认识与评价、鉴别与取舍,体现新时代青年的思考。

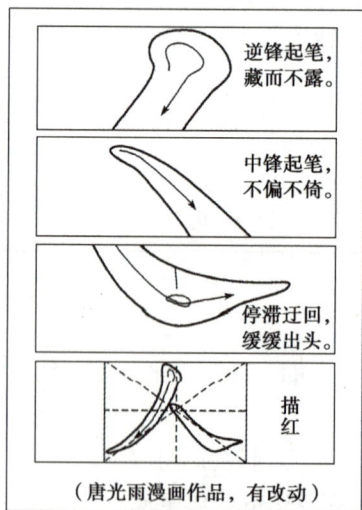

图14-2 "人"字笔画描红漫画

该作文漫画材料的立意步骤,如表14-10所示。

表14-10 "人"字描红笔画漫画材料立意步骤

思考角度		思考方向和追问	所得思考
整体观察	题目	蕴含道理	无题目
	文字说明的启示	上下左右的层次顺序暗示什么	①起笔,逆锋起笔,藏而不露。联系到人生起点,要韬光养晦,埋头苦干,不要过于张扬。 ②用笔,中锋用笔,不偏不倚。联系到人生中段,要正道直行,不偏不倚,一以贯之。 ③收笔,停滞迂回,缓缓出头。抓住终点的作用,可以联想到厚积薄发,行稳致远,回环迂回,脱颖而出。 ④描红,本质是模仿前人的优秀做法,吸收前人的经验与智慧,成就自己的人生。
	布局	层次顺序暗示什么	四幅漫画是纵向排列,不可颠倒。暗示人成长的四个阶段。
	形象	相关人或物的状态和细节	第四幅漫画是材料中最重要的部分。漫画中的文字是"描红",而在注释中又特别注解了"描红:用毛笔蘸墨在红模子上描着写字"。其中的"红模子"是指描红的框架,运笔需在框架中行走,而所写内容是个大大的"人"字,很容易让人联想到"写人与做人"。
类比联想		漫画对应何种生活现象	以"写字"喻"做人"。人生之始应敢迎难而上,适时积累并隐藏自己的能力、实力,不外露、张扬、虚浮。人生应该在有为的过程中不偏不倚,为人做事适宜得体、端方正直。青年人要树立正确的人生观,走坦荡的人生正途。在即将成功时,要稳扎稳打,圆满收场,不可急躁,以防功亏一篑。
联系现实立意			①一撇一捺写好"人",端端正正做好人。 ②从书法运笔领悟做人的中庸之道。 ③评价漫画的表现之妙:把为人之道和书法之道巧妙结合起来。

2.审读材料的基本原则

新材料作文的审题要做到"三性四清"。

1)"三性"——审题的原则

①整体性原则。新材料作文的审题要有全局意识,要从材料的整体着眼,不能纠缠局部的细节,否则很有可能出现偏题、走题的现象。

②多向性原则。一般来说,新材料作文中材料所蕴含的观点并不是唯一的,从不同的角度可以得到不同的结论,因此,要学会多角度审视材料。

③筛选性原则。因为考生从材料中获得的观点具有多样性,因此,考生在进入写作时对所得到的观点还要进行适当的筛选。筛选的原则是服从材料的整体,观点尽可能比较新颖,自己有话可说。审读材料时,应掌握解读材料的技巧。

2)"四清"——审题的方法

①理清对象。如果所给材料出现两个甚至两个以上对象,需要理清对象之间的相互关系。从理论上说,每一个对象都可以提炼出至少一个观点。

②分清主次。审题时就应该分清主次,从主要对象入手进行分析,而不能从次要对象入手,否则有可能出现偏题的现象。

③辨清关系。有些材料可能会涉及几个对象,而且这几个对象之间存在着一定的内在联系,审题时一定要辨清这几个对象间可能存在的关系。

④析清含义。有些材料蕴含比喻或哲理,审题时首先应该认真分析,仔细揣摩,从而揭示材料所蕴含的意义或道理,并以此作为立论的根据。

3.新材料作文的立意

新材料作文的立意,是指在审读、理解材料的内涵之后,确立自己所要写的文章的主题。主题是文章的灵魂,材料的选取、结构的安排、语言的运用,无一不受主题的约束。在明确材料的内涵和范围之后,应该深入思考的第一个问题就是立意。立意要高,应力求做到准确、新颖、深刻、集中。

新材料作文立意的思维流程大抵有以下环节:整体感知材料内容,吃透材料本质,挖掘材料中隐含的话题;善于利用材料中的引导语或点题句,选准角度,提炼观点,确立主旨;以简明的纲要形式罗列主旨句,形成文章的思路框架。立意的基本要求有以下几点。

(1)准确。文章的立意源自材料本身,要在材料的含义范围之内。文章的思想内容正确,能准确、全面地揭示客观事物所蕴含的意义。

(2)新颖。能在整体感知和深入阅读材料的基础上,提出新的观点、新的见解、新的思考角度,能充分揭示事物的本质与规律,给人以新的启迪和新的联想。

(3)深刻。要透过现象深入本质,能揭示问题产生的原因,观点具有启发性。

(4)集中。尽管材料的含义丰富,有多向挖掘的可能性,但不可将所有含义全都纳入一篇文章中,因此,立意应聚焦于某一明确的点,突出一个中心,不宜旁逸斜出、枝节横生。

(三)新材料作文的写作构思

根据新材料作文的特点,介绍一种常用的构思方法。

(1)引述材料。这是第一步定位。如果材料字数比较多,可以概括性引述;如果材料字数比较少,可以照引不误。

(2)分析材料,概括中心内涵。

(3)联系现实,提取观点。

(4)由此及彼,产生联想,紧扣观点,具体深入分析。根据论证观点的需要进行联想,如相似联想、相反联想、相关联想等。选例必须恰当,对事情的分析,必须能够恰如其分地说明论点。

(5)得出结论。

(四)新材料作文写作应规避的误区

新材料作文写作容易陷入的误区主要集中在审题立意和构思谋篇阶段,以下误区值得注意。

（1）抛弃材料，另起炉灶。材料是引申所写文章主题的本源，立意应植根于所给的材料，不可弃之不顾而另外讲述一个材料，导致主题脱离所给材料的含义范围。

（2）拘泥材料，改写扩充。材料是作文的话题，但不可直接对材料的故事进行扩写，而使文章没有了考生自己的立意。

（3）割裂材料，断章取义。对材料的审读，要整体把握，尤其是多则材料，要关注其相互关系，而不可割裂理解，零敲碎打，舍本逐末，以致立意偏离材料的本质内涵。

（4）游离材料，点题松弛。新材料作文题型一般会在要求部分明确规定"不要脱离材料内容及含义的范围作文，不要套作，不得抄袭"，在行文过程中，应于恰当位置呼应材料，点示题旨。

五、任务驱动型作文备考指导

（一）任务驱动型作文类型及特征

任务型材料作文是在作文材料所规定的具体情境的范围内，命题人提出相关指令，引导考生就一个具体明确的任务（要求）来写作。简单理解即"材料+任务"型作文在材料的基础上，加一个具体的写作任务指令。它要求学生先读懂材料的内容与含义，在此基础上按照任务指令作文。

任务的要求有多种类型：①限定写作文体，例如2015年全国乙卷限定写书信。②明确写作对象，例如2015年全国乙卷"对于以上事情"，2015年全国甲卷"这三人中"。③进一步缩小写作范围，例如2015年全国甲卷指令考生分析"谁更具风采"。④指定写作内容，例如2015年全国甲卷指定考生写作内容中要体现"思考、权衡与选择"。

阐释型作文与任务驱动型作文主要有如下三点区别。

（1）从说理要求上看，任务驱动型作文更有针对性，一般要求就事论事，议不离事。阐释型作文写作只需从材料中理出一个话题、一个观点，然后可以跳出所给材料的论证观点，阐释型议论文是几乎没有对象感的封闭式说理，多为单方论证；而任务驱动型作文要"对于以上事情"说理，即不能离开所给事情架空说理。任务驱动作文通过增加任务型指令，着力发挥试题引导写作的功能。考生写作必须依据试题，不能另起炉灶、自说自话。

（2）从说理范围上看，任务驱动型作文要求在"综合材料内容及含义"的基础上，专论一点，不宜面面俱到。阐释型作文需要多方面讨论这些话题，而任务驱动型作文则要求选取对象，一般应是在综合材料内容及含义的基础上集中阐述一点，使考生在真实的情境中辨析关键概念，在多维度的比较中说理论证。任务驱动型作文写作的关键点：一是在表达交流的过程中，对具有多义性的文字，需要表明自己的身份、立场、观点、理由，写作中起决定作用的是关键概念；二是要从众多要点中选取一点进行深化、细化，并通过概念辨析、多维度比较等方式呈现思维的深化，而不能面面俱到地议论。

（3）从说理态度上看，任务驱动型作文更强调对象意识与读者意识，重在文明有序地沟通交流，从粗糙封闭走向情理开放，从简单否定走向入情入理多维度阐述。任务驱动型作文试题中"阐述"一词不同于"论证"，这是内在理念的变化。"阐述"对应的是"说服"，是人与人之间的交流,以沟通辨析为主,回到了文明交际的轨道上,所以要求有对象意识与读者意识,这就加强了阐述的针对性。这需要写作者入情入理地文明交流——既要申述自己的看法,又要倾听对方的想法,呼应他说。

(二)任务驱动型作文审题思路

坚持"一点四面"(以立德树人为重点,社会主义核心价值观、依法治国、中华优秀传统文化和创新能力等四个方面)的高考语文育人导向。2022年全国Ⅱ卷的材料是:中国共产主义青年团成立100周年之际,中央广播电视总台推出微纪录片,介绍一组在不同行业奋发有为的人物。有位科学家强调,实现北斗导航系统服务于各行各业,"需要新方法、新思维、新知识"。她致力于科技攻关,还从事科普教育,培育青少年的科学素养。有位摄影家认为,"真正属于我们的东西,是民族的,血脉的,永不过时"。他选择了从民族传统中汲取养分,通过照片增强年轻人对中国文化的认同。有位建筑家主张,要改变"千城一面"的模式,必须赋予建筑以理想和精神。他一直努力建造"再过几代人仍然感觉美好"的建筑作品。作文任务:复兴中学团委将组织以"选择·创造·未来"为主题的征文活动。请结合以上材料写一篇文章,体现你的认识与思考。

任务驱动型作文审题要注意以下方面。

(1)阅读材料并要读懂材料。学生只有在掌握材料的范围、含义后才能进行写作,所以第一步阅读非常重要。读懂材料,不仅要读懂材料内涵,还要理解主题内涵。阅读方法举隅,如表14-11所示。

表14-11　任务驱动型作文材料阅读方法举隅

步　骤		材料内容	关键句
(1)读懂 材料内涵	第一段	交代了议题背景、主要事件和具体议题。	科学家选择了自己热爱的行业, 也选择了事业创新发展的方向, 展示出开启未来的力量。
	第二段	介绍了三位模范人物的事迹。	
(2)理解 主题内涵		选择热爱的、民族的、创新的,勇于创造,开启未来。	

(2)任务驱动型写作要求考生发表议论的主题往往就是材料要揭示的某种主题。所以,考生可以从命题者给出的论题里找到中心词、关键语句,防止离题。

(3)往往这样的命题材料不止一个,所以要仔细分析材料间的异同,为写作做好准备。

(4)任务驱动型写作既然是先"读"后"写",是读后有感而发,那么,"读的内容"和"感的内容"要有机地联系起来,开头要引述材料,后面要针对材料、联系写作任务而写作。

(5)就材料范围、写作任务而言是就事论事;就材料含义、行文中说理论证而言是就事论理。说理就是思辨,就要比较辨析,具体问题具体分析。

(6)要弄清写作任务是什么,需要仔细阅读材料,把握材料的要求,把要点分析透彻,不然会徒劳无功。

任务驱动型作文审题立意角度举隅,如表14-12所示。

表14-12　任务驱动型作文审题立意角度举隅

任务指令	指令内容
写作情境	中国共产主义青年团成立100周年之际
写作主体	复兴中学学生(团员)
读者对象	复兴中学学生(团员)
主题内容(关系)	选择热爱的、民族的、创新的(起因),勇于创造(过程),开启未来(结果)
文体形式	不限(适合征文)

(三)任务驱动型作文的写作构思

任务驱动型写作分为两部分:阅读材料审题和任务写作。任务驱动型作文写作常用结构模式如下。

(1)"引"。简洁(简引材料、提出观点、褒贬分明)。

(2)"议"。充分(正反对比、假设因果、点面层进)。

(3)"联"。紧扣(明晰原因、直指危害、阐明意义)。

(4)"结"。点题(寻找对策、倡议劝勉、呼吁号召)。

任务驱动型作文写作内容包括析材料、论危害、挖根源、提办法、联现实、作结论(作呼告)等具体内容。

(四)任务驱动型作文的写作策略

(1)任务驱动型作文指定具体、明确的写作任务,要求完成指定任务。任务驱动型作文要求全面读懂材料的内容及含义,而不是抓住材料的一点就作文。

(2)分析透彻,就事论理。任务驱动型作文增强了写作的针对性和对象感,突出写作的目的性,要求有较高的具体问题具体分析的能力。任务驱动型作文就"任务"而言是就事论事,绝不允许离开"任务"作文;就论证而言是就事论理,要求有较好的逻辑思维能力。辨析关键概念,在多维度的比较中说理论证。任务驱动型作文往往在材料中出现多个人物、多种看法,它们的关系往往是相同、相反、相对、递进等,考生必须对每一个材料都要作出准确的分析、评价、概括,以便论证自己"更喜欢哪一个或更赞成哪一个",并进行入情入理的分析论证。文明交流,呼应他说,包容异见,展示作者的理性、感性、宽容等方面的正面形象。转变观念,明确任务,不能抓住一个词或准备几个例子就写作,必须按照指定的任务去作文。任务驱动型作文的关键是读懂材料,深刻理解材料。平时的阅读量、格局、境界是读懂材料的基础,深刻理解任务是关键。

第十五章
梳理与探究指导

◎ **导读提要** ◎

> "梳理与探究"是《义务教育语文课程标准(2022年版)》列出的学段目标维度。要求学生在梳理中注重理解中华优秀传统文化蕴含的核心思想理念、中华人文精神和传统美德,在探究中表达自己作为中华民族一员的归属感和自豪感;体会中国共产党在长期奋斗历程中培育形成的崇高精神和人格风范,体认英雄模范忠于祖国和人民的优秀品质,培育民族气节和爱国主义情怀。

◎ **课程思政提要** ◎

1. 阅读并梳理读物中有关中华民族优秀品质和民族气节的内容,培养学生爱国主义情怀。
2. 分类整理读物中的语言材料,提升学生语言文字应用能力,增强语言表达效果。
3. 探究不同媒介的表达效果,培养学生批判质疑能力,提升学生思辨性思维。

▶▶ 第一节 梳理与探究目标

《义务教育语文课程标准(2022年版)》分学段专门列出了"梳理与探究"目标。"梳理与探究"目标是新课程三维目标中"过程与方法"目标和"情感态度与价值观"目标的具体化,从语文课程目标的高度,彰显了语文课堂教学与课外言语实践活动的互补性与操作性。

▶ 第一学段梳理与探究目标

观察字形,体会汉字部件之间的关系。梳理学过的字,感知汉字与生活的联系。观察大自然,热心参加校园、社区活动,积累活动体验。结合语文学习,用口头或图文等方式整理、表达自己在活动中的见闻和想法。对周围事物有好奇心,能就感兴趣的内容提出问题,结合其他学科的学习和生活经验交流讨论,尝试提出自己的看法。

◤二◢ 第二学段梳理与探究目标

尝试分类整理学过的字词。尝试发现所学汉字字形、音、义和书写的特点,帮助自己识字、写字。学习组织有趣味的语文实践活动,在活动中学习语文,学会合作。结合语文学习,观察大自然,观察社会,积极思考,运用书面或口头方式,并可尝试用表格、图像、音频等多种媒介,呈现自己的观察与探究所得。能提出学习和生活中的问题,有目的地收集资料,共同讨论,尝试运用语文知识并结合其他学科知识解决问题。

◤三◢ 第三学段梳理与探究目标

分类整理学过的字词,发现所学汉字形、音、义和书写的特点,发展独立识字能力和写字能力。感受不同媒介的表达效果,学习跨媒介阅读与运用,初步运用多种方法整理和呈现信息。初步了解查找资料、运用资料的基本方法。利用图书馆、网络等渠道获取资料,解决与学习和生活相关的问题。尝试写简单的研究报告。策划简单的校园活动和社会活动,对所策划的主题进行讨论和分析,学习写活动计划和活动总结。对自己身边的、大家共同关注的问题,或影视作品中的故事和形象,通过调查访问、讨论演讲的方式,开展专题探究活动,学习辨别是非、善恶、美丑。

◤四◢ 第四学段梳理与探究目标

按照一定的标准分类整理学过的字词句篇等语言材料,梳理、反思自己语文学习的经验,努力提高语言文字运用能力,增强表达效果。学习跨媒介阅读与运用,体会不同媒介的表达特点,根据需要选用合适的媒介呈现探究结果。自主组织文学活动,在办刊、演出、讨论等活动过程中体验合作与成功的喜悦。关心学校、本地区和国内外大事,就共同关注的热点问题搜集资料,调查访问,相互讨论,能用文字、表格、图画、照片等展示学习成果。能提出学习和生活中感兴趣的问题,共同讨论,选出研究主题,制订简单的研究计划。能从书刊或其他媒体中获取有关资料,讨论分析问题,独立或合作写出简单的研究报告。掌握查找资料、引用资料的基本方法,分清原始资料与间接资料,学会注明所援引资料的出处。

▶▶ 第二节　梳理与探究活动的特征与指导原则

指导梳理与探究活动,首先要了解梳理与探究活动的特征和指导原则。梳理与探究活动具有自主性、自教性、开放性、创造性、趣味性和竞赛性等特征。语文教师指导梳理与探究活动,要遵循指导性与自主性相结合的原则,群体性与个性化相结合的原则,创造性与规范性相结合的原则。

▶ 梳理与探究活动的特征

(一)自主性特征

课堂外的梳理与探究活动,是教师主导下的学生自主活动,学生可以自主选择梳理与探究的内容与方式。抄写或者摘录,评注或者赏析,朗读或者演讲,辩论或者表演,都由学生自主选择活动方式与内容。梳理与探究是语文课堂知识拓展到实际生活的言语实践,要经历从筹备、组织、展开到结束的过程,既包含了用脑、用眼、用手、用口的心理过程,又是言语实践的具体过程。教师主导角色淡化,能够更好地发展学生的独立自主精神。

(二)自教性特征

学生在梳理与探究的过程中,可以从内容上获得启发与教育,提升自身的语言素养、人文修养、审美品质,培养家国情怀,传承红色基因;还可以从过程上养成梳理与探究的习惯,培养自律意识,发展健全人格。

(三)开放性特征

语文课程标准规定了梳理与探究的目标范围,具体的梳理与探究内容和过程没有确定的标准答案。要鼓励学生探究各种可能性。

(四)创造性特征

注重训练学生的探究意识和探索精神,鼓励学生发挥联想与想象,在探究中获得与众不同的体验与感受,探索推导出独特的结论。

(五)趣味性特征

梳理与探究活动范围广,内容多,以课堂外语文兴趣小组形式展开活动,可以促进活动有效、有序地展开,保障梳理与探究活动的效果。

(六)竞赛性特征

学生参加竞赛的成就动机可以提高他们的抱负水平,为语文梳理与探究活动提供强大的心理动因。竞赛不能只追求名次、等级等外在目标,受外部物质、精神奖励的诱惑,而应重在满足创造的欲望,表现创造才能,获得创造成果,让内部的成就动机起支配作用。

▶ 梳理与探究活动的指导原则

(一)指导性与自主性相结合的原则

学生在教师指导下独立自主开展活动,成为语文课堂外的梳理与探究活动最本质的特征。一开始,教师的指导要多一点,可以多发挥一点参谋、督促作用,但仍然要以学生作为活动的主体,让学生充分发挥自己的积极性和创造性。随着语文课堂外的梳理与探究活动开展和深化,学生知识经验的增加和活动能力的增强,教师的指导可以逐渐减少,让学生更多参加活动,直到他们能完全独立自主地进行语文课堂外的言语创造活动。

(二)群体性与个性化相结合的原则

群体性与个性化相结合的关键在于个性化,个性化是衡量语文课堂外的梳理与探究活动的重要指标。梳理与探究活动的个性化主要指尊重学生的创造个性,发展学生的兴趣特长,发挥每一个学生在群体活动中的积极性,并根据不同学生的个性特点因材施教,促使他们的创造能力得到发展和提高。个性的发展,个体积极性的发挥,又与群体的活动和影响直接相关。正是群体的活动营造了创造的氛围,给个体提供了发展兴趣特长的土壤,使个体的才华得到锻炼和显露,并能够从群体中得到帮助和鼓励。群体性与个性化是相互作用、相互影响的关系。

(三)创造性与规范性相结合的原则

尽管我们倡导并鼓励学生在梳理与探究活动中展示与众不同的感受与体验,但是也应该重视梳理过程的规范性、探究程序的规则性,做到创造性与规范性相结合。

▶▶ 第三节　梳理与探究活动指导

语文课堂外的梳理与探究活动内容丰富、形式多样,主要有阅读梳理与探究活动、写作梳理与探究活动、口语表达梳理与探究活动和语文知识梳理与探究活动。

◤ 阅读梳理与探究指导

(一)读书心得式探究交流

指导学生进行读书心得式探究交流,要特别注意学生阅读中的创造因素,启发学生梳理并概括自己读书的独特感受、新奇联想、创造见解,把自己的特殊体会交流出来。还可以交流创造性读书的方法,展示具有创造因素的读书笔记,以便帮助学生掌握方法,实现学习迁移,获得创造性阅读的能力。

(二)读物评论探究

指导学生进行读物评论探究可以从以下三种类型入手:①分析讲评型评论探究。这类评论重在分析,兼顾讲评。侧重于对读物的内容和形式进行解剖,目的在于正确地把握作品,判断作品的优劣。②评价分析型评论探究。这类评论重在评价,也有分析。侧重于探讨作品的特点意义和不足,往往需要结合背景和现实,对作品的思想内容和表现形式进行全面评估,探讨分析写作的成败得失。③评析发挥型评论探究。这类评论重在发挥,也有分析。这类评析是读者深入阅读后,得到启迪,受到感染,进行"由此及彼"的联想,针对现实生活或自己的感受加以生发。读后感属于发挥型评论。评论既可以对作品的思想内容和表达形式进行全面的评价,也可以就作品的主要特色进行重点评论,还可以抓住一些疑难问题,或者错误的思想倾向,进行深入讨论。

评析指导的基点是创造性的阅读和思考。要读得多、读得深、读得精,深入理解,充分占有材料,才能解决评析什么、怎么评析的问题。在语文课堂外的言语创造活动中,要指导学生多读、精读,独立思考,善于分析综合。只有通过反复地、多阶段地分析综合,才能作出明晰的判断和整体的评估。指导学生实事求是地评析,讲出真情实感,发表独到见解,有根有据地评析,尽量做到知人论世,顾及全篇,不要断章取义,还要注意做到褒贬恰当,不任意拔高或贬低作品。

(三)讨论探究有争议的作品

有争议的作品是指读者褒贬不一、评价有分歧的作品。家庭环境、思想状况、学业成绩以及心理品质等各方面差异的存在,必然导致学生在世界观、人生观、价值观等认知上的差异,也必然导致在课外阅读过程中对某些有争议的作品在理解认识上的不同。指导学生讨论有争议的作品,要抓住认识上的矛盾,突出认识上的分歧,让学生各抒己见,有理有据地阐述自己的观点,并且批判性地看待别人的观点,坚持正确意见,修正错误观念,以便使认识得到深化,思维得到锻炼。这种讨论的创造性在于它能激活思维,产生多种多样的反应,其中可能出现创造性见解,从而创造性解决问题。

(四)组织速读比赛

速读比赛要求学生在规定时间内完成对阅读材料的理解。学生必须高度集中注意力,并且积极展开思维活动,才能在比赛中获得良好成绩。这个过程可以促使学生思维的敏捷性、流畅性得到较好的锻炼。

▷ 二、写作梳理与探究指导

(一)写观察探究笔记

指导学生写观察探究笔记,首先要在指导观察上下功夫。观察是有目的、有计划的知觉,是思维的知觉。观察要明确目的,制订计划,运用多种观察方法和形式,特别要重视变式观察,抓住事物在不同情境中的特点,这样才能有所发现,进行创造。表15-1是太阳轨迹观察记录案例。这个变式观察案例,抓住了旭日、骄阳和落日的不同特征,有描写,有联想。对于少年儿童来说,这样的变式观察,是课外培养创造能力的有效方式。

指导学生写观察探究笔记,还要注意指导写作方法。观察探究笔记并不是简单地实录,应该把观察中的发现生动具体地描述出来。优秀的观察探究笔记要使用叙述、描写等多种手法,运用文学语言,甚至可以成为散文精品,达到很高的创造水平。例如,巴金的《海上日出》就可以看成是观察笔记的典范,极富创造性。中学生的观察探究笔记虽然达不到这样高的水平,但是也可以包含创造的因素,成为创造性作文。

表15-1　太阳轨迹观察记录

观察项目 (不同时间)	形状大小	位　置	颜　色	光　亮	动　态	联　想
旭日东升	圆脸堂	东边	火红	耀眼	东边由白变红,向上扩展,终于露出半个脸庞,最后露出整张笑脸	把光明带给人们
骄阳当头	玉球一般,似乎变小了	头顶	亮白	刺眼,只能偷窥	悬挂空中放射光芒	把光和热献给大地
落日西下	红脸庞,又变大了	西斜	橘红的太阳周围还镶嵌了一圈金边	柔光	突出光亮,云朵被染成橘红色,景物模糊了。躲到西山背后去了	太阳公公休息了,又照亮地球的另一边

(二)写影视观感和评论

影视观感和评论都是关于影视作品的议论文字,前者重在写出观看影视以后的独特感受,后者重在对影视的内容和形式的剖析,要进行价值判断,评价得失、优劣。学生可以根据影视提供的材料,按照教师拟订的题目进行写作,可以就影视的主题、题材、情节结构和艺术手法等作出评论,也可以就影视展现的音乐作出分析,还可以根据影视所揭示的社会问题写出评论和感想。

(三)自由练笔

自由练笔的自由性给学生开辟了创造的天地,为创造性写作提供了最好的条件。课堂作文由于限制教研,如果指导不得法,就不利于发挥学生作文的自主性,甚至会扼杀学生作文的创造性。课堂外的自由练笔很少有限制,学生完全可以独立自主地进行写作,有利于发挥学生作文的积极性和创造性。作文教学的实践表明,课堂作文与自由练笔相结合是发展和提高学生作文能力的必由之路,尤其自由练笔是学生作文进入到创造境界的基本途径。

(四)文学习作

文学习作内容广泛,形式多样。中学生的文学习作主要应练习写诗歌、散文、小说(短篇小说、小小说)、戏剧、小品、课本剧,从中得到形象思维的初步锻炼,学习文学创作的方法,为发展文学创作能力打下基础。

教师对学生的文学习作指导,除个别指导外,还可以开展一些文学活动,诸如请知名作家与学生见面,为学生提供文学创作的榜样,激发学生的创造意识和创作欲望;举办文学知识讲座,介绍文学创作方法,为学生进行文学习作提供方法指导;开展文学作品阅读活动,以读促写,实现由文学阅读到文学习作的迁移;组织赛诗会活动、文学征文活动等文学写作竞赛,让学生在竞赛中强化成就动机,激活创造性思维,获得创造性成果。

◣三◢ 口语表达梳理与探究指导

（一）竞赛式口语表达

这是最主要的课堂外口语创造活动的形式。竞赛的最大价值是能够激活创造性思维,开发创造潜能。竞赛往往能营造热烈的气氛,易于激发学生的成就动机,特别有助于锻炼思维的敏捷性和灵活性,可以促成对问题的创造性解决。中学生喜欢竞赛,在课堂外的口语创造活动中可以组织口头作文竞赛、演讲竞赛、辩论竞赛,让学生在竞赛中充分展现自己的才华,增进创造意识,锻炼创造能力。

（二）情境式口语表达

在语文课堂外创设真实情境,建立和营造口语创造的情境和情感氛围,激发学生口语表达的需要、动机和兴趣,调动学生口语创造的积极性。例如法庭审判和辩论情境、记者招待会情境、商户信息发布会情境等等。这些创设的情境可以激发学生口语表达的创造兴趣,使学生乐于参与和投入,达到良好的训练效果。

（三）表演式口语表达

表演既有再造性因素,又有创造性因素,能够有效促进创造性口语表达能力的发展和提高。课堂外可以举行诗歌朗诵表演、小品表演、名剧(节选)表演以及课本剧表演。以课本剧的改编、表演为例,组织学生开展此项活动,不仅可以使他们加深对课文内容的理解和记忆,还能使他们的口头表达能力、理解能力、写作能力,尤其是创造性思维和想象能力得到培养和锻炼。学生钻研课文,揣摩角色,改编台词,设计动作,有表情地表演,都可能具有创造的因素。例如《变色龙》《皇帝的新装》《邹忌讽齐王纳谏》《荷花淀》等课文,都可以改编成课本剧加以表演。

◣四◢ 语文知识梳理与探究指导

语文知识非常广泛,既包括语言知识(语音、文字、词汇、语法、修辞),又包括文章知识和文学知识。一般把它们概括为"字、词、句、篇、语、修、逻、文"。这些知识在课堂外的梳理与探究中可以通过多种形式创造性地加以应用,可以根据应用字、词、句、篇、语、修、逻、文的需要加以创造。具体来说,有以下三种应用形式。

（一）词语接龙

词语接龙就是将不同词语首尾相连地接续下去,前一个词语的尾字是后一个词语的首字(可以音同或音近),如革命—命运—运动—动作—作业—业务—务必—必须—须眉—眉目—目标—标准—准备—备课—课本—本帮—帮助—助手—手术—树叶……这种连词游戏不仅需要有平时语文基础知识的积累,还要求学生充分调动思维的积极性,展开联想和想象,从记忆的仓库中迅速搜寻提取知识,才能完成这一练习活动。这种活动有利于学生发散思维能力

的培养和提高。以"标新立异"这个成语为例,不同的学生可以接龙出不同的词语:

生1:标新立异—异口同声—声情并茂—貌离神合—合二为——一心一意—衣不蔽体—体无完肤—夫唱妇随—随心所欲—郁郁葱葱—从容不迫—迫不得已—一呼百应—音容笑貌—冒冒失失—失而复得—得之不易—意在言外。

生2:标新立异—异口同声—声名狼藉—岌岌可危—危如累卵—乱世英雄—雄心虎胆—胆气袭人—任重道远—怨声载道—盗名欺世—世风日下—虾兵蟹将—将计就计—继往开来—来而不往非礼也—野心勃勃—波光潭影—隐隐约约—月上柳梢头。

生3:标新立异—异口同声—生龙活虎—虎头蛇尾—娓娓动听—听之任之—知己知彼—彼竭我盈—鹦鹉学舌—设身处地—地久天长—怅然若失—死去活来—来来去去—取之不尽—尽力而为—唯利是图—土里土气—气势汹汹—凶神恶煞—煞费苦心—欣欣向荣—容光焕发—发而不收—瘦骨嶙峋—循规蹈矩—举手投足—足下生辉—回环往复—狐假虎威—威风凛凛。

上述词语接龙的案例,表现出了学生组词的流畅性,思维的发散性、独特性和灵活性,包含了非常明显的创造因素。

(二)嵌词缀文

嵌词缀文活动是使用一组互不关联的词语组织成一篇文章。这项活动涉及字、词、句、段、篇的语文知识积累,学生需要通过发挥联想和想象的思维积极性,将这些词语自然地嵌入一句话或一段话中,最后完成一篇小文章。例如,用"红岩、天山、渔网、镰刀、水杯"五个词语完成一篇短文。

(三)故事续篇

故事续篇采用续写的形式,不仅需要运用人物描写、情节结构的写作知识,还需要充分的想象和联想,才能写出生动有趣的续篇故事。例如,给小说《永远的雪域高原》(参阅2024年重庆市中考语文试卷A卷)续结尾:

续篇1:战士小洪带着新婚妻子来到"岳丈"连长墓前……

续篇2:连长小洪带着新战士来到连长墓前宣誓……

续篇3:军长小洪退休以后重返雪域高原……

第十六章 语文板书设计

◎**导读提要**◎

　　传统意义上的"板书"，是指教师讲课时在黑板上呈现的用于再现或强化教学内容的文字、符号、线条、图形等内容，它是课堂教学的重要组成部分，是提高课堂效率，增强教学效果的重要手段。语文板书设计是语文教师在课前通过对教材进行分析、概括、总结、提炼，结合具体教学目标、重点、难点，预先设计的一套文字或图表方案。随着现代教育技术的不断发展，语文教师除要一如既往重视传统板书设计外，还应当学习和掌握多媒体技术，重点学习掌握PPT设计艺术，不断丰富语文板书设计的形式和内容，提升语文课堂教学的魅力。

◎**课程思政提要**◎

1.富有创意的板书设计能够激发学生的想象力和创造力。
2.运用不同的字体、线条、颜色等元素，使板书具有艺术感，充分发挥美育功能。
3.书写规范、笔画清晰的板书有助于培养学生的规范意识和严谨态度。

▶▶ 第一节　语文板书设计的意义

　　语文板书设计，是语文教师在课前通过对教材进行分析、概括、总结、提炼，结合具体教学目标、重点、难点，预先设计的一套文字或图表方案，它是教师钻研教材的智慧结晶，是对教学重点、难点的解析，也是教学思路和流程的展现，它是学生准确、有效掌握教学内容的关键钥匙，对语文教学具有重要意义。

一　突出教学目标，强化教学重点

教学目标明确，教学重点突出，是对教师课堂教学的最基本和最重要的要求。要让学生明确教学目标，把握教学重点，课堂上除靠教师口头的讲解、提示、引导外，板书便是最关键的一种教学手段。优秀的板书总是紧紧围绕教学目标进行设计。根据课文的不同特质，板书可在知识与技能、过程与方法、情感态度与价值观这三个维度上各有侧重，但无论突出哪一方面，其旨归都是要利用文字、图表或其他符号形式使教师在口头上强调的内容得以具化，使学生一望而知本节课在学习什么、强调什么。以《翠鸟》一文的板书设计为例，如图16-1所示。

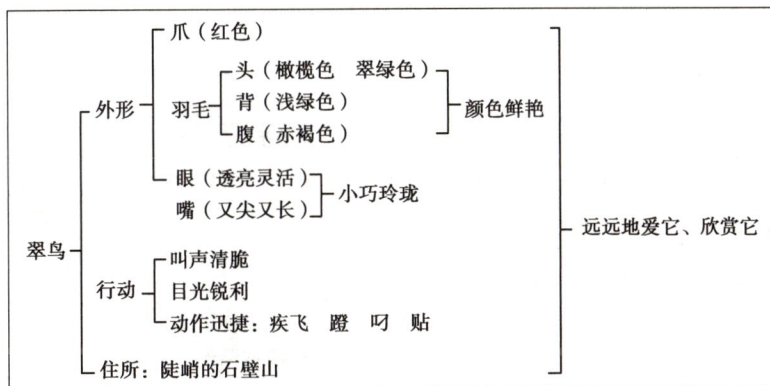

图16-1　《翠鸟》板书示例

透过这个板书，能很清楚地看到，该文的教学目标就是要了解翠鸟的外形、行动特点和住所，学习作者善于抓住事物特点进行细腻、生动的描写的写作技巧。板书左侧由翠鸟的"外形""行动""住所"统领，一看而知是全文的学习重点；板书的右侧总结出对待翠鸟的方式——"远远地爱它、欣赏它"，也是本文在情感态度和价值观层面希望实现的教学目标。

在课堂上，受空间和时间的限制，教师不可能凡话必书，板书必须择其精要，突出重点，从而高效地帮助学生理解重点。在契诃夫小说《变色龙》的教学中，深入把握典型人物奥楚蔑洛夫的典型性格是学习的重点，如图16-2所示，将奥楚蔑洛夫对狗的六次不同评价以波动线的形式呈现出来，清晰地勾勒出一个沙皇专制下奴性十足的走狗形象。学生通过直观的板书，对文本的重点有了准确的把握。

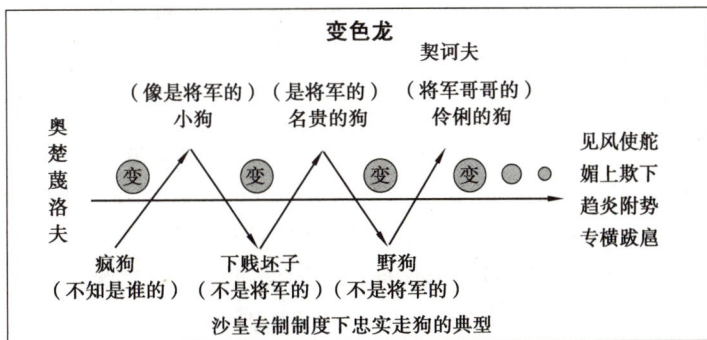

图16-2　《变色龙》板书示例

二、展现教学思路,理清文章脉络

板书设计是对教学目标和重点的反映,同时,它也是教师教学思路的缩影。教师如何理解文本,如何寻找切入口,如何逐一展开教学活动,这些问题都可以通过板书获得答案。图16-3是徐启娟老师在教授《走一步,再走一步》时的两个板书设计。

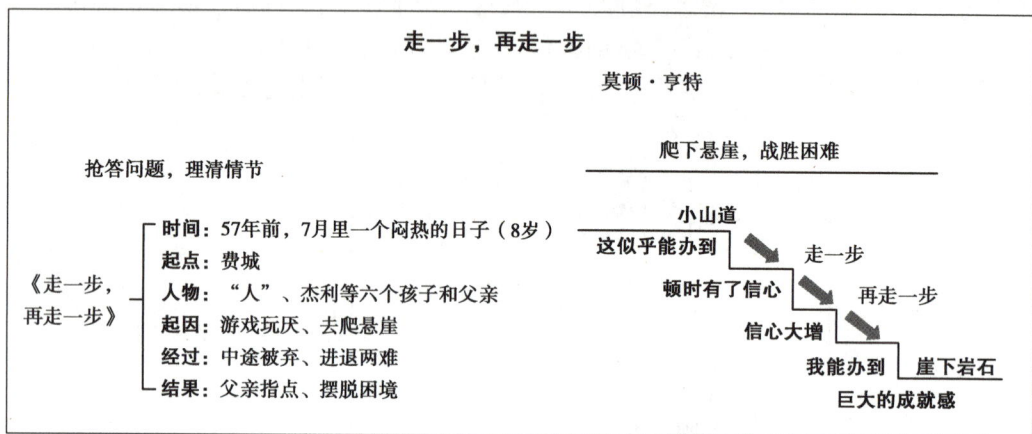

图16-3 《走一步,再走一步》板书示例

透过上图我们可以清晰地看到教师的教学思路:第一步,通过快速抢答记叙文六要素的方式,让学生掌握文章的基本内容;第二步,重点分析爬下悬崖,战胜困难的过程。通过细读"我"下山时每走一步的心态变化,进而体会"走一步,再走一步"之于每一个生命个体的意义,这是教师设计此板书的意图和思路所在。

值得注意的是,板书中所展示的内容,既源于教师个人的理解,又受制于文本自身的结构和脉络。因此,通过板书,学生还可以清晰地把握文本的基本线索和脉络。王松泉老师曾把板书称为"导游图",有了"导游图",学生在"参观文本"的时候就不会迷路,对文本部分与部分之间的逻辑关系也有了更全面、准确、深入的把握。如图16-4所示,在《木兰诗》的板书设计中,就用6句话、48个字,简要概括了全文的基本脉络。这样的概括,既能帮助学生快速理清全文脉络,同时也便于学生理解和记忆课文。

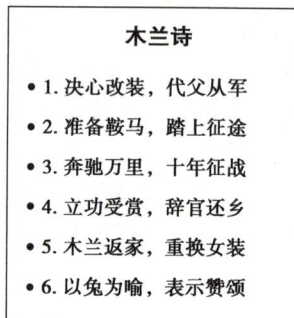

木兰诗

- 1. 决心改装,代父从军
- 2. 准备鞍马,踏上征途
- 3. 奔驰万里,十年征战
- 4. 立功受赏,辞官还乡
- 5. 木兰返家,重换女装
- 6. 以兔为喻,表示赞颂

图16-4 《木兰诗》板书示例

板书的这种梳理、引导作用对于结构相对复杂、内涵较为丰富的小说或散文教学意义更大。例如,《祝福》涉及诸多小说要素,要让学生在短时间内把握这篇9000多字的小说的情节、结构、人物、环境、叙事技巧等内容,一个精练且清晰的板书必不可少。如图16-5所示,板书将整篇小说的叙事脉络提纲挈领地展示出来,使学生对鲁迅先生创作此文的思路和技法了然于心,为进一步体会小说的深刻内涵和文学价值奠定了基础。

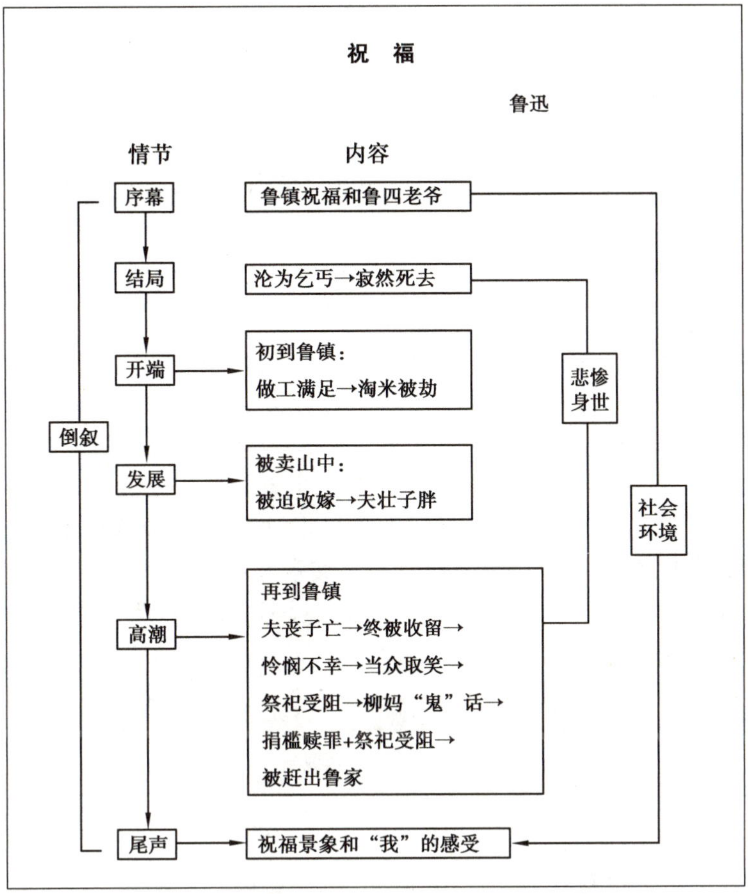

图16-5 《祝福》板书示例

训练学生思维,提高学生注意力与记忆力

在语文课上,教给学生"是什么"的陈述性知识固然重要,但教给学生"怎么办"的程序性知识更为关键。如前所述,语文课上的板书是教师之于"这一课"的学法与教法的分享,这个分享的过程,不仅是一个告诉学生"有什么""是什么"的过程,更是一个对学生进行思维示范、引导和激发的过程。在教师的引导和带动下,学生逐步学习如何提炼关键字词,如何寻找解读文章的突破口,如何运用简洁有效的表达方式概、归纳课文内容。在一节又一节课、一个又一个板书的浸染和启发下,学生的理解能力、比较能力、概括能力、分析能力、综合能力等都会逐步得到锻炼和提高。

通过板书训练学生的思维能力,一方面可以通过教师主导、引领的方式潜移默化地展开,另一方面也可以通过设计学生参与度高的板书来实现。以《看云识天气》一文的板书设计为例,如图16-6所示,学生通过边读课文,边填写图表的方式,锻炼理解、整理、归纳、分析文本的能力。

看云识天气

云的种类	云的形状	云的厚度	天气情况

图16-6 《看云识天气》板书示例

从学生注意力和记忆力的角度讲，板书设计通过提纲、线索、图文互渗等方式，从视觉上和心理上调动起学生的注意力，使学生对教学内容有了明确的指向和集中，大大增强了学生学习的注意力。板书呈现的过程，同时也是学生主体参与学习、思考的过程。研究表明，参与度越高的教学活动与内容，越容易引起学生的注意，也就越容易被学生记住。在课堂上，有听觉通道的输入（教师讲解），再加上视觉通道上的强化（板书），当堂成诵就能够成为现实。如图16-7所示，《爱莲说》的板书设计清晰地呈现出文章脉络，重点突出了爱莲的理由，层次清晰，具有概括性，语言紧贴课文。在师生合作完成此板书后，合上课本，循着板书的提示，学生基本就可以将课文内容复述出来了。

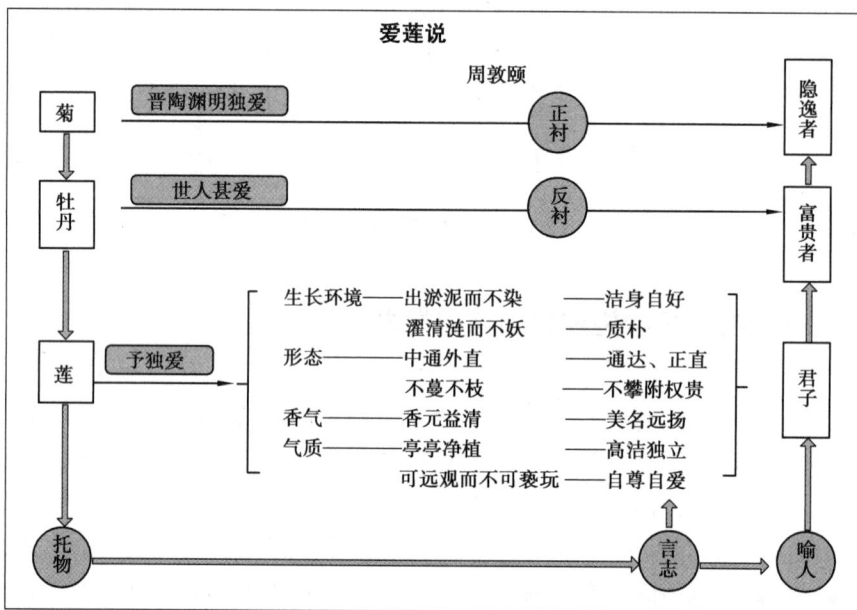

图16-7 《爱莲说》板书示例

研究表明，人脑中储存图像的记忆量约是文字的1000倍。语文板书很大程度上是将学习内容组合成图像性的记忆单位，这极有助于学生的理解和记忆。同时，系统性板书不仅能扩大短时记忆的容量，而且能把语词编码储存在长时记忆里。经常运用系统性的板书，就有可能使学生的新的暂时神经联系和已有的暂时神经联系彼此融会贯通起来，从而形成关联的延续的知识系统，保证记忆的准确性、持久性和准备性的发展。①

---

① 王松泉.语文教育板书学[M].大连：大连出版社，1990：79.

四 磨砺教学才智,提升教学艺术

语文板书设计不是对文本结构和线索的简单梳理和归纳,也非教师信手拈来的即兴之作。语文课的板书之所以需要"设计",是因为它是一个需要调动教师的才学和智慧的活动。如果说语文板书设计存在一个最高标准,那么概括性,语言的精练、准确、美感程度,设计形式的艺术性,"语文味儿"等要素都应在标准之列。因此,教师在课前一次又一次修改板书,其实质就是不断挖掘自身潜力,磨砺、激发自身才情和智慧的过程。正因如此,我们才说板书设计是教师"智慧的结晶"。

对语文教师而言,板书设计永远都是"在路上"的工作,是需要反复打磨、改进的一个思维过程。透过板书设计,我们不仅能够看出语文教师的学科意识、语言素养、思维特征,而且也能看到其教学艺术的高下。同样是《台阶》中分析父亲形象的板书,图16-8和图16-9呈现了两种完全不同的设计境界。

一位体壮如牛,吃苦耐劳,要自立于受人尊重行列的父亲。
一位老实厚道,低眉顺眼,含辛茹苦一辈子的父亲。
一位俭朴谦卑,沉默寡言,不怕千辛万苦的父亲。
一位在漫长的准备之中积铢累寸,终于如愿以偿的父亲。
一位不甘低人,在坚韧不拔的奋斗中老去的父亲。

父亲:要强、老实、厚道的农民

愚公移山的精神,坚韧不拔的毅力

图16-8 《台阶》板书示例一 　　　　图16-9 《台阶》板书示例二

图16-8出自全国著名语文教师余映潮之手。余老师主张语文教师的板书要有意识地运用带有"语文味儿"的语言,要具有审美的特质。他的板书设计,总是善用对称工整的语词,善用排比句,讲求语言表达的文学性和艺术性。从图16-8中可以看到,无论在语词的选择上,还是在语言形式的运用上,每一条文字都能直击我们的内心,丰　　　　　　　　　解。相较而言,图16-9呈示的板书在表达上是干瘪的,形式上也略显程　　　　　　　　　言和形式上呈现出的不同和差距,既是教师与教师理解文本的能力之别　　　　　　　学艺术之差。板书设计的作用不仅仅在于能够"达意",更在于能"传情　　　　　　化,在设计板书时,教师不断调动其才智的过程,也是一步步提升其教学　　　　　　　。

▶▶ 第二节　语文板书设计的原则

语文板书要达到良好的教学效果,其设计必须遵从目的性、针对性、概括性、条理性、开放性以及实用与美感相结合等基本原则。

◤ 目的性原则

所谓目的性,是指板书设计必须为教学目的服务。教师落在板书上的内容,应当是在吃透文本,准确把握教学目的的基础上形成的,而不是即兴、随机之作。教师应当深入研读文本,明确教学的重点、难点是什么,最终要让学生获得什么,并将这些问题的答案通过板书准确地体现出来。好的板书,就是教师教案的缩影,是学生掌握文本关键知识的重要指引。例如,《海燕》一文的教学目标是要学习象征、对比、烘托的手法(尤其是象征手法),理解海燕精神的内涵,如图16-10所示,便是围绕这一目标的板书设计。

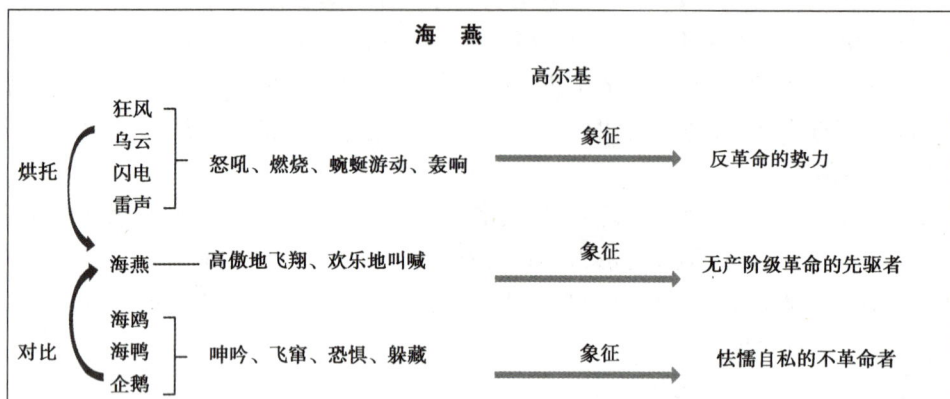

图16-10 《海燕》板书示例

二、针对性原则

板书设计的针对性指板书要针对不同的文体特征、不同的教学对象、不同的课时重点进行设计,不能千文一面,主次不辨,轻重不分。

按文体划分,语文教材中的课文大致有小说、散文、戏曲、诗歌等几种类型。从宏观上说,不同体裁的选文在教学任务和目标上各有偏重。小说和戏曲偏重情节、人物、环境等方面的教学,散文偏重情思、意脉的把握,诗歌则重在对字词、情感和意境的品味。如果再细说,古代说理性散文、现代说理性散文、抒情性散文等文体又各有特点,学生学习的重点和目标又各不相同。这些差异在板书上应该得到充分的展示。同时我们还要注意,在同一个文体群内,有的课文个性特征尤为突出,那么板书就可以不拘泥于文体之限。例如,贾平凹的《风雨》,侧面描写手法是全篇最大的亮点,那么板书就可以仅在"写风不见风""写雨不见雨"的高妙手法上着力。

对于不同的接受对象,教师要充分考虑其接受心理和接受能力,在板书的布局、形式、语言运用上作出适当的调整。对高中生来说,培养他们理性的逻辑思辨能力很重要,因此结构、线索、对比型的板书对他们而言都是可以接受的;但对小学乃至初中一二年级的学生而言,其思维仍以感性主导,因此在板书的形象性、趣味性、直观性上需要特别用心。

三、概括性原则

散乱、冗长、不得要领的板书,不仅浪费师生双方的时间,拖延教学的进程,而且会干扰学生的注意力,模糊教学目标,影响教学效果。板书之所以能够提高教学效率,关键在于其概括、精练、贴切的特点。我们常常把好的板书称为教案的缩影。能把一节课的主要教学内容集中在几个词、几句话中,这考验的就是教师理解文意、提炼语言的能力。在挑选板书的语言时,要做到有所用、有所不用,不求面面俱到,但求精练、简要,影响板书简洁性的内容一律果断删除。同时,概括的根本对象是文本,因此,所用之词、所概之意均要紧贴文本,取之于文,概之于文。这样的板书语言才能最大限度地贴近文本,为理解文意服务。

四、条理性原则

语文板书设计的条理性原则源于文本自身的条理性要求。语文板书的任务之一就是要将文本自身的内在条理和脉络清晰地呈现给学生。这就要求语文板书的语言自身是有条理的,板书的每一个意义单元之间的关系是有条理的。透过意义单元,读者能够把握它们之间内在的逻辑关联,并从这种相互的逻辑关联中看到一个共同的教学目标指向。例如,《念奴娇·赤壁怀古》的板书,如图16-11所示,根据诗人思想情感的发展变化,提取出"所见""所想""所忆""所慨"四个意义单元,并尽可能运用原文语词进一步诠释这四个意义单元,12个箭头标示出每个意义单元间的脉络关系,最终突出了写景抒情、寓情于景的特点。整个板书设计条理清晰,环环相扣,文本的结构和层次一目了然。

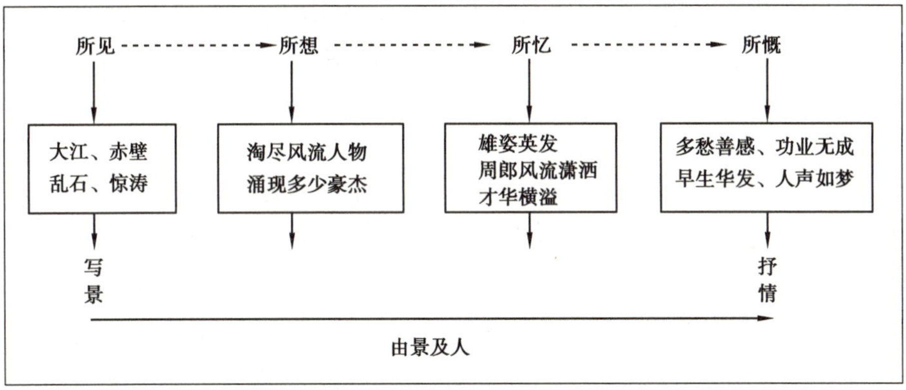

图16-11 《念奴娇·赤壁怀古》板书示例

五、开放性原则

板书设计是预先"设计"的,但这并不意味着设计好的板书就是一个不可更改的封闭的自足系统,是教师的"权威发布"。板书的开放性原则强调教师在设计板书时要充分估计并预留学生参与的空间。充分估计是指教师在设计板书时,对所用之语词、句式、结构、布局、形式等要作充分的考量,在选择最佳方案的同时,预先估计学生可能会在哪些环节上有不一样的想法,并思考如果在课堂上出现不同的声音,应该如何解释自己的设计,又该如何面对和处理不同意见。语文教师应该明确,不是所有的板书设计都是十全十美的,但也不是所有学生的观点都值得采纳。不是只要采纳学生观点的课堂就可以冠名为"开放、民主的课堂",同时,也不是所有不采纳学生观点的板书就都是"霸权板书"。如果教师的估计是充分的,那么,坚持已见或接受新观点的理由都会是客观、合理的;反之,教师在设计时闭门造车、孤芳自赏、唯我独尊,课堂上就难免与学生发生碰撞,难免尴尬、慌乱、武断、不尽如人意。充分估计就是为了使板书教学留有余地,留给学生参与的余地,也留给教师修正自我的余地。

六、实用与美感相结合的原则

语文板书要有助于组织课堂教学,有助于概括文意,有助于提高效率,有助于进行条理思维,有助于引导学习,这是其"实用"之所指。然而,基于语文学科的特点,仅注重板书的"实用"还不够。因为,语文教学不仅是语言文学知识的教学,还是关乎审美的教学。在语文课上,教师要带领学生感受、体悟、发现美的情感、美的形象、美的语言、美的手法和美的境界,因此,用以呈现这一审美教育过程的板书,也应该是追求美的。王松泉老师曾将语文板书的美学要求概括为:内容的完善美、语言的精练美、构图的造型美、字体的俊秀美、色彩的清丽美[①]。内容的完善美强调板书要能够围绕教学目标,将课文的主题、内容、脉络、重点有条理、完整、清晰地展现出来;语言的精练美强调板书语言的凝练简洁;构图的造型美提倡板书在布局、形式上要给人以美感;字体的俊秀美要求板书的字体要规范、工整、优美;色彩的清丽美是指在板书过程中要善于运用恰当的色彩显示或突出不同的形象和含义。

陶永芬老师在讲《陋室铭》时,设计了一个板书,如图16-12所示,这个板书很好地体现了实用与美感相结合的原则。从实用的角度看,该板书给学生作了有效的结构、脉络、思想以及技法上的引领,有助于学生全面、深入地掌握文章,甚至可以帮助学生当堂成诵。从美感角度看,该板书布局工整、层次清晰,语言的提炼准确、洗练,无冗余繁杂之感,总领的五个关键词,既概括了课文的内容,又呈现了层次关系,"幽雅""高雅""闲适""恬静"四个词对作者的人生态度指向作了准确的总结。在整个板书中,内容的完善美、语言的精练美、构图的造型美都得到了很好的体现。

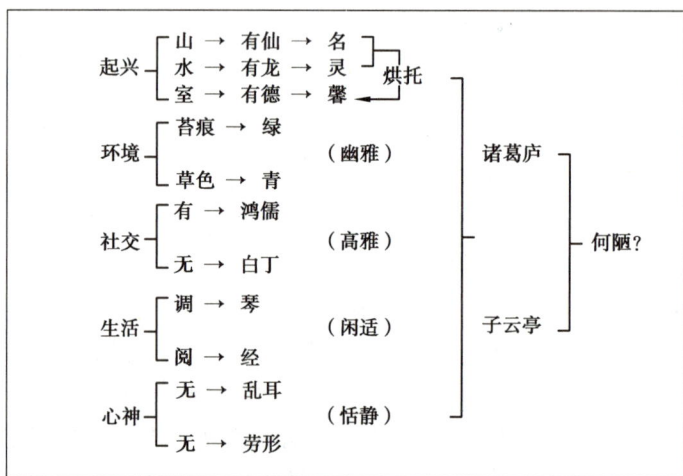

图16-12 《陋室铭》板书示例

---

①王松泉.语文教育板书学[M].大连:大连出版社,1990:229.

▶▶ 第三节 语文板书设计的依据与方法

◤ 语文板书设计的依据

语文板书设计并非教师的凭空创造,它是有据可依的。总结起来,就是三句话:因文而异;因人而异;因法而异。

(一)因文而异

因文而异强调板书设计要以课文为依据,要选择最能够体现课文特点和教学目标的内容和方法。大到小说、戏剧、散文、诗歌等不同文体,小到每一篇课文中内容和形式的特点,如结构特点、行文思路特点、艺术特色等都是板书设计者进行设计的依据。例如,《塞翁失马》全文顺着塞翁失马、得马、堕马、父子相保的经过,讲述了一个福祸相依的故事。因为故事的发展有明显的时序,所以可以如图16-13所示,设计一个线索式的板书。仔细研读课文之后,不难发现这篇课文重在讲一个道理:在一定的条件下,祸与福是可以相互转换的。要表达这种"转换"关系,采用图16-14的回环式板书效果会更佳。

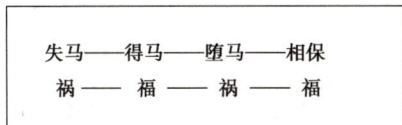

图16-13 《塞翁失马》线索式板书示例

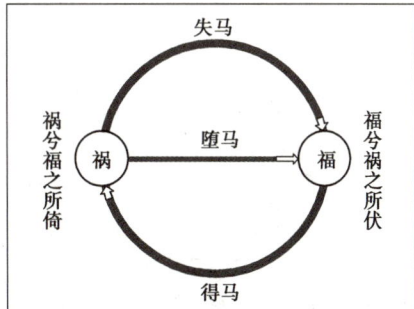

图16-14 《塞翁失马》回环式板书示例

同样是关于"变化"的主题,《变色龙》中的奥楚蔑洛夫一直在"是不是将军家的小狗"这个问题上频繁上演"变脸",课文的重点是人物忽起忽落的语言和态度变化,因此,运用上下变动的波峰波谷图,最能恰切地表现人物趋炎附势、虚伪多变的性格特征(见前图16-2)。

当然,需要进行板书设计的不仅只有阅读课,写作课、口语交际课、综合实践课等课型同样需要板书设计,但无论课型如何不同,当堂教学内容的特点和教学需要始终是进行板书设计的最基本依据。

(二)因人而异

因人而异中的"人",首先是指学生。不同学段的学生,其思维特点和心智水平各有不同。板书设计必须要尊重这些差异,针对不同阶段的学生设计符合他们认知能力和思维特点的板书。从小学到高中,学生理性的、抽象的思维能力在不断增强,而感性的、形象思维活动却呈递减之势。因此，高中语文板书注重逻辑性、综合性、思辨性的设计，而小学阶段的语文板书，在讲求精练、概括的同时，还需要生动、形象，容易引起学生的注意。如图16-15所示，小学课文《登鹳雀楼》的板书设计将简笔画与文字相结合，形象、直观地解读诗意，很容易引起学生的兴趣。

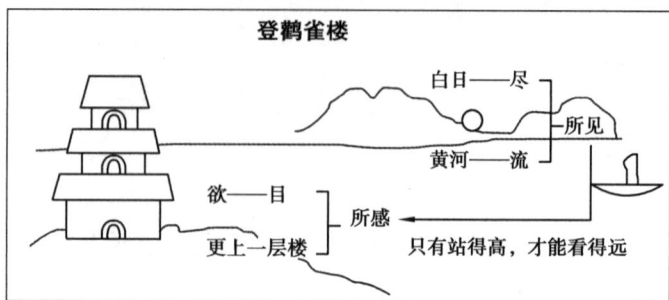

图16-15 《登鹳雀楼》板书示例

因人而异中的"人"还指教师本人。板书设计方案的生成与教师的个性、思维品质、教学风格、学习能力密切相关。教师或理智，或感性，或庄重，或诙谐，或含蓄，或谨严的教学风格，或深刻，或敏捷，或独创，或批判，或系统的思维品质，会直接地体现在所设计的板书上。通常，严谨、理性的教师，其板书设计追求系统性、规整性；敏锐、活泼的教师在板书上多有创新；学习能力强的教师，还会学习和利用多种现代教育技术，更加生动、全面地展示板书。正是因为有教师个体差异的存在，才会出现对同一篇课文的不同板书设计，使文本的丰富性和教师的独特体验得到展示。例如《老王》一文，图16-16和图16-17展现出来的是教师对文本的两种不同理解。图16-16在"我"与老王的对比中突出了联结二者的是"爱"，这种爱，教师进一步解释为"人道主义"。图16-17也采用对比的思路，但将对比的内容具体化，老王的处境和为人，"我"（"我们"）对老王的态度，成为板书的重点，教师将两者之间的关系理解为"以善良感知、体察、回馈善良"。透过两个板书，我们可以看到两位教师在理解、处理教材上的明显差异。

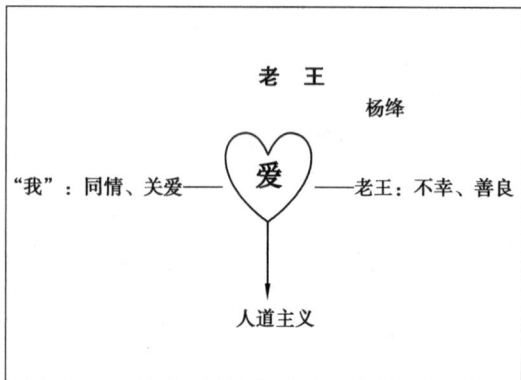

图16-16 《老王》板书示例一

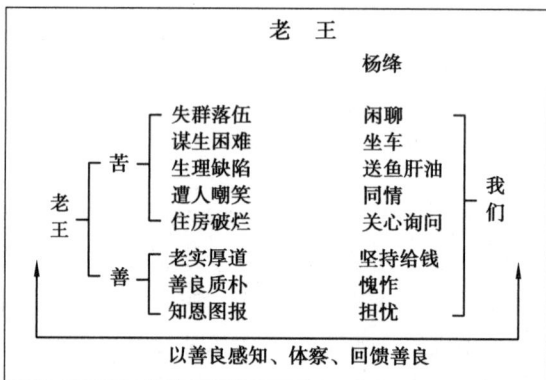

图16-17 《老王》板书示例二

如果说图16-16和图16-17在设计思路上都运用了"对比"，那么王君老师对《老王》一文的教学思路则不同。如图16-18所示，在王君老师的板书设计（根据教学视频部分复原）中，透过大大的"活命"二字，一眼就能看出其教学思路——理解老王的"活命"状态。这个不求"全"而求"关键"的板书设计，是王君老师敏锐、激情的教学风格的体现。对于《老王》这样一篇看似简单叙事，实则饱含笔者动人情怀的课文来说，要讲清事情不难，要品味人情不易，尤其是文本最后的"愧怍"二字，耐人寻味，发人深省。王君老师从学生最易动情也最该动情处——

老王的境遇入手,淋漓尽致地呈现了一个"活命"状态的老王,深切体会了这个"活命者"的苦,这也就变相走进了作为知识分子的杨绛那充满悲悯与反思的精神世界。这样精巧的板书设计,不能不说是王君老师教学思维品质的典型体现。

图16-18 《老王》板书示例三

(三)因法而异

板书设计是教学设计的一个重要环节,其最终的成形,与教学设计起始阶段的教学方法设计有直接的关联。教学内容决定教学方法,而教学方法决定了具体的教学实施步骤与细节。如前面章节中所提及的,语文教学的方法有很多,如讲授法、讨论法、练习法等,在诸多方法中,还有特别贴合语文学科特点的教学法,如朗读法、讨论法、追问法、音画整合法、演述法等。针对不同的教学方法,板书设计要配合跟进,充分展现该方法的优点。例如,运用朗读法进行教学时,对一些关键字词句的教学要在板书中有所突出,如果整堂课都以朗读来串联,那么必要的时候还要在板书中体现朗读的基本方法和知识。以《乡愁》的教学为例,该诗较为适用朗读法,因此板书设计就可将朗读的节奏、诗歌的主要意象,以及诗意的阐发等几方面的内容结合起来,如图16-19所示。

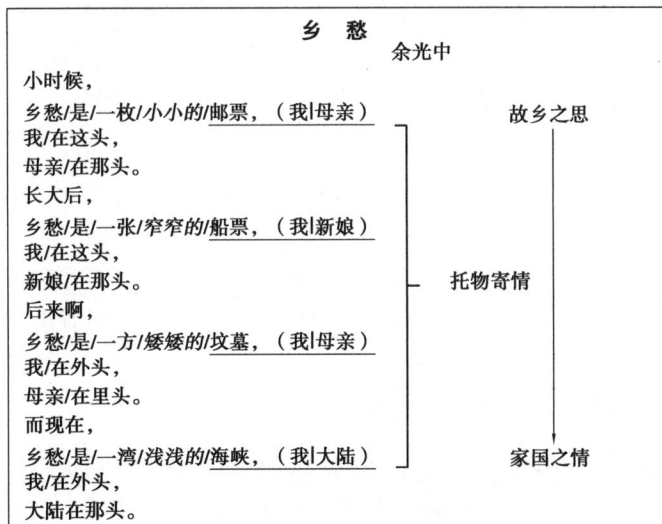

图16-19 《乡愁》板书示例

同样,讨论法注重学生主体参与学习的过程,学习结果应该在教师的引导下逐渐生成,如果教师一味硬搬预设板书,那么课堂的实质还是教师的"一言堂",结果就不是生成性的,讨论法也就失去了意义。针对讨论法,较为合理的板书设计是为学生的参与预留足够的空间,问题式、引导式、填空式的板书就较为适合。其他教学法如追问法、音画结合法等,都有自身的特点,教师在设计板书时均应虑及这些教法的实质和特点,从外在形式的呈现和具体内容的挖掘上用心进行设计。

二、板书设计的方法

王松泉先生在《语文教育板书学》中,将语文板书设计的方法集中概括为三种:心理学方法、逻辑学方法、美学方法。这三种方法涉及作为接受者的学生的心理因素,也关注了影响传播效果的诸多问题,值得我们借鉴。

(一)板书设计的心理学方法

针对学生在接受语文板书时的心理机制和特征,王松泉老师概括了强化感知法、注重记忆法、激发思维法、引导想象法、唤起注意法、诱发兴趣法等六种心理学方法。

强化感知法意在提高学生感知板书的效度,设计板书时应当充分考虑文字、图像、线条、色彩的强度,板书内容与背景之间、内容与内容之间的区别度,信息组合的方式,板书呈现的动态程度以及内容和形式的新奇度。

注重记忆法的目标是通过板书强化学生的记忆。要达到这个目标,教师应利用板书帮助学生确立具体明确的识记目标,培养学生对识记对象的兴趣,引发他们积极深入地思考。同时,通过加强板书内容的节奏、韵律、系统性、直观性、形象性等方法引起学生的注意,有效促进记忆。对于相似性较高的材料,教师可通过不同形式的排版、组合加大其区分度,帮助学生避免记忆的干扰。高度精练和概括的板书既能减轻学生的记忆负担,又能有效引导学生进行关键内容的复习和巩固。因此,保证板书的概括和精练是注重记忆法的又一关键。

激发思维法重在通过板书激发学生思维的独立性、逻辑性、深刻性、灵活性和敏捷性。教师在进行板书设计时,既要善于将繁难的教学内容转化为鲜明、生动的直观形象,培养学生的形象思维能力,又要能借助文字、符号、线条、图形等工具,抽绎、概括教学内容,培养学生的抽象思维能力。

板书设计的心理学方法还涉及引导想象法、唤起注意法、诱发兴趣法等,这些方法运用于板书设计中,或引导学生再造想象和创造想象,或唤起学生对教学内容的持续注意,或引发学生对学习材料的兴趣,均值得尝试和借鉴。

(二)语文板书设计的逻辑学方法

语文板书设计的逻辑学方法分为概念划分法、判断落实法、推理揭示法三种。

概念划分法可运用于对课文关键概念及其所指内容的区分、识别、理解上,例如,《看云识天气》中对"卷云""卷积云""积云""高积云"等不同类别的云的区分;《拿来主义》中"送去主义""闭关主义"等概念的含义不同,将这些不同的概念逐一罗列出来,并进行对比、概括,是这类板书设计的基本方法。

判断落实法适用于理解关键的字、词、句。这些关键内容或源于课题,或隐于文中,对理解文意起着关键作用。板书设计要以这些内容为原点,紧贴文本,层层深入,逐步落实,最终使关键内容的内涵清晰地呈现出来。例如,《奥斯维辛没有什么新闻》的板书设计,一篇自称"没有什么新闻"的新闻,为什么还获得了普利策新闻奖? 如何理解"没有什么新闻"显然是课文的重点,对此,老师可以设计开放式板书,如图16-20所示,与同学共同丰富对课文的理解。同样的,《听听那冷雨》中的"冷"为何意?《走一步,再走一步》可以有几层理解?《囚绿记》中"囚"的是谁? 这些课文的板书都可以通过判断并落实的方式加以设计。

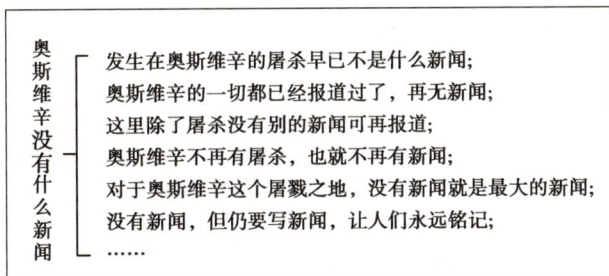

| 奥斯维辛没有什么新闻 | 发生在奥斯维辛的屠杀早已不是什么新闻;
奥斯维辛的一切都已经报道过了,再无新闻;
这里除了屠杀没有别的新闻可再报道;
奥斯维辛不再有屠杀,也就不再有新闻;
对于奥斯维辛这个屠戮之地,没有新闻就是最大的新闻;
没有新闻,但仍要写新闻,让人们永远铭记;
…… |

图16-20 《奥斯维辛没有什么新闻》板书示例

推理揭示法适用于梳理、揭示课文的层次、逻辑、结构,根据课文内容,教师可运用演绎、归纳、类比等方法安排板书内容。

(三)语文板书的美学方法

语文板书的美学方法具体指在板书的内容、语言、构图、色彩、字体等方面均追求美感。内容要完善,语言要精练、概括,色彩、构图要和谐而有新意,书写要工整、俊秀。

语文板书设计要有据可依,有法可用,以上介绍的原则与方法,需要教师结合具体教学内容,灵活选择,综合运用,方能实现板书设计效果的最优化。

▶▶ 第四节 语文板书设计的类型

板书设计的类型丰富多样,划分标准不同,类型也不同:按作用可以分为主板书和副板书;按涵盖的内容范围可以分为综合式、分课时式、重点段落式;按结构方式可以分为总分式、对比式、并列式;按具体内容可以分为语词型和结构型、情节型和形象型、赏析型和导游型、语言型和练习型、专题型和综合型、多种型和多篇型等等[1];按表现形式可以分为文字式、图表式、图文结合式等等。以下列举七种常见的语文板书类型。

---

①王松泉.语文教育板书学[M].大连:大连出版社,1990:241.

▷ **提纲式板书**

用提纲的形式概括出课文的整体结构。这类板书要求提纲挈领、言简意赅、脉络清晰,既帮助学生清晰地把握课文的结构层次和段落大意,又帮助学生把握重难点,具有整体性和概括性的特点。同时,提纲式板书也是学生学写作文提纲的良好范本。以周小蓬《故都的秋》板书设计为例,如图16-21所示,用精练的语言概括了文章各个部分的内容,清晰地展现出各个部分内在的逻辑关系,如遇同题材的写作训练,学生亦可从这个结构严整的板书中获得写作的提示。如图16-22所示,这是张俊、翟丽华设计的《谁是最可爱的人》板书,详细地概括了每一部分、每一个层次的主要内容,文章在写法上的特点也得到了体现。

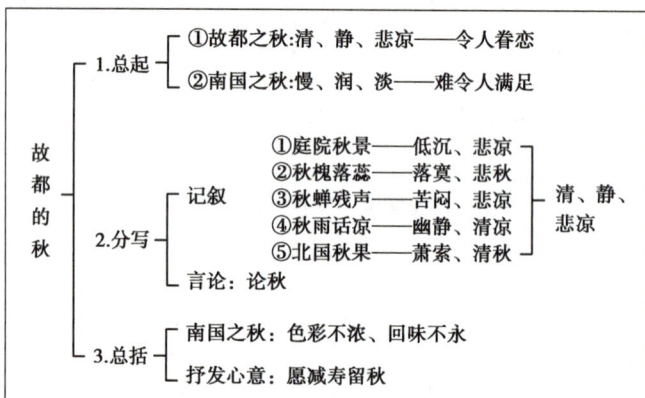

图 16-21 《故都的秋》板书示例

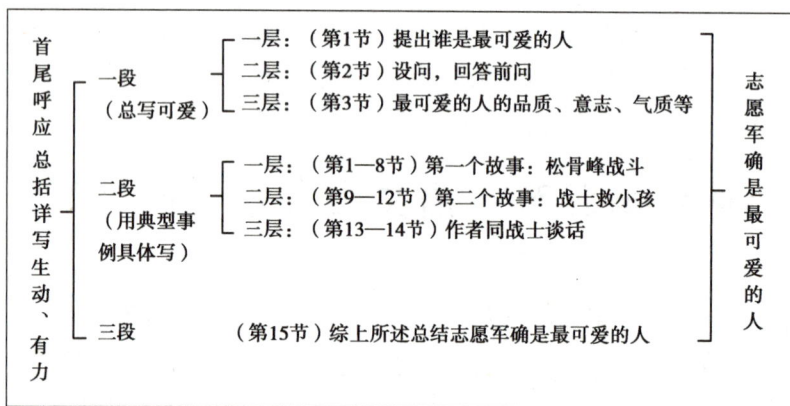

图16-22 《谁是最可爱的人》板书示例

提纲式板书的构图形式有多种,最为常见的有总分式、分总式、总分总式,如图16-23—图16-25所示。当然,这些构图形式并非提纲式板书的专属,线索式、关键词句式、对比式板书中也有所运用。

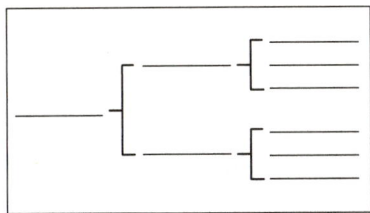

图16-23　总分式板书

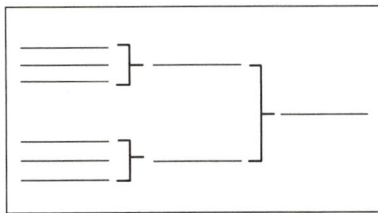

图16-24　分总式板书

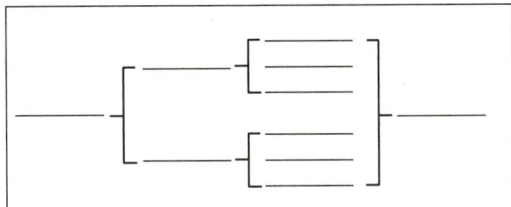

图16-25　总分总式板书

二　线索式板书

与提纲式板书反映文本的层次、结构关系不同,线索式板书主要反映文本内容自身隐含的线索,例如,情节发展的线索、情感变化的线索、人物活动的线索、时间推移的线索、地点变化的线索等等,这些线索,有的与文本的结构层次吻合,有的包含于部分结构之中,无论哪种类型,如果梳理并展示这条线索对理解文本至关重要,就适宜采用线索式的板书。例如,周小蓬在《语文课程教学技能训练教程》一书中列举的以游踪为线索的《雨中登泰山》板书设计,如图16-26所示;以故事情节发展为线索的《鸿门宴》板书设计,如图16-27所示。

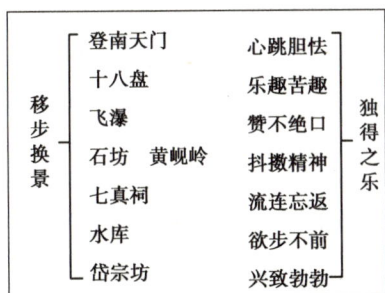

图16-26　《雨中登泰山》板书示例

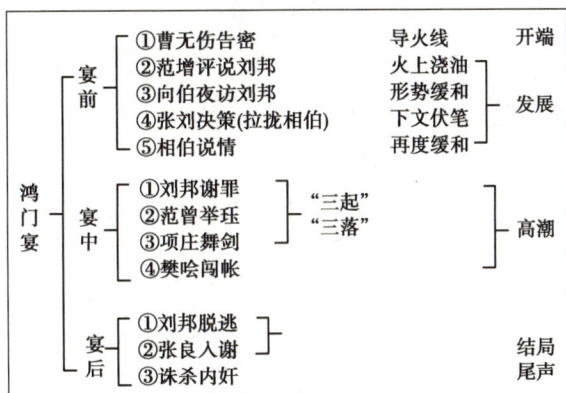

图16-27　《鸿门宴》板书示例

三　图表式板书

图表式板书包括表格式和图解式两种类型。针对适于学生自行归纳、概括、总结的教学内容,以表格的方式设计板书,能够进一步提高学生的积极性和参与度。教师只需要在表格中标示出基本的提示信息,剩余部分就可交由学生完成。例如,安徽省特级教师黄廷璋老师在上《瀑布》一文时,就设计了一个表格,如图16-28所示,表格中第1节的内容由老师示范填写,第2、3节的内容则交由学生自己填写,这充分调动起了学生的学习兴趣,培养了他们的自学能力。

在什么地方	听到或看到什么	怎样比喻
1.山后	听见瀑布的声音	好像叠叠的浪涌上岸滩 又像阵阵的风吹过松林
2.		
3.		

图16-28 《瀑布》板书示例

图解式板书常用线条、箭头、图框等要素构成图形,简洁、清晰地再现或概括教学内容。其构图方式可以是扇形、金字塔形、辐射形、环形、阶梯形,还可以是简笔画。例如,《故宫博物院》的板书是用图框的形式重现故宫建筑的布局,如图16-29所示;而霍懋征老师的《东郭先生和狼》的板书则是用几根简单的箭头,便勾勒出了人与狼的关系,如图16-30所示;《走一步,再走一步》的板书,几个向下的箭头,既符合课文下山的内容,也清晰地展示了"我"心理和行为变化的过程,如图16-31所示。

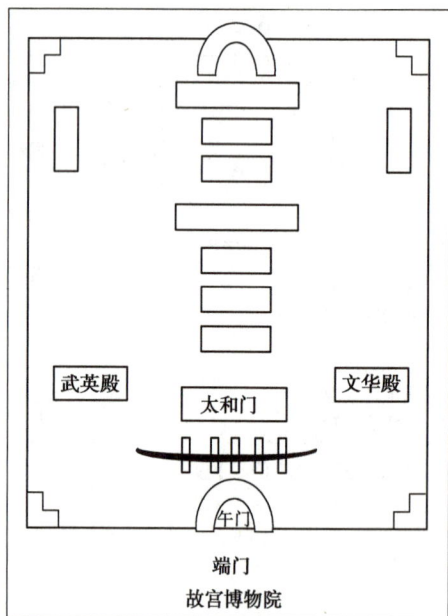

图16-29 《故宫博物院》板书示例

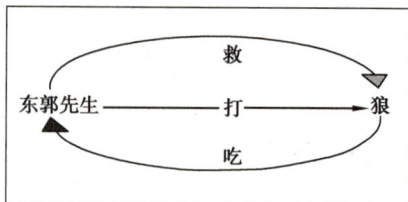

图16-30 《东郭先生和狼》板书示例

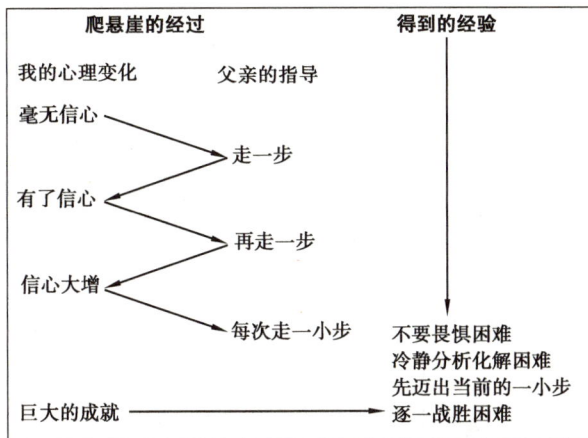

图16-31　《走一步，再走一步》板书示例

四、引导式板书

教师在板书中仅仅展示学习的途径、步骤和方法，至于细节上读出了什么，板书上不作答，学生在板书的引导下一步步去完整、丰富答案。例如，余映潮老师在讲《散步》时设计了四个主要的教学环节，并在教学中依次呈现四个教学环节的引导语，如图16-32所示，学生在这几句引导语的带领下自然而然地走进了美妙的文本世界；王君老师在教《湖心亭看雪》一文时，抓住文中"奇"字组织教学，上课伊始便在板书中明示了该课的学法：赏奇景、话奇人、悟奇情，随后围绕这三个点，给出策略性的板书，学生在这些方法和策略的引导下深入、细致地体会文本中的每个"奇"处，如图16-33所示。

图16-32　《散步》板书示例

图16-33　《湖心亭看雪》板书示例

引导式板书适用于细读、品味型教学，板书的目的不是确定或导向某一具体的答案，而是最大限度地调动学生的思维，引导他们进行丰富的文本感知和体验。引导式板书要求板书的引导语必须切中教学重点和难点，表述要明晰、简洁、有效。

五、关键词句式板书

除对教学内容进行整体、概括性的板书设计外，有些课文中的词汇、语句是学生学习的极佳语料，教师可以将这些关键的词语和句子进行整合，既帮助学生理解文本，又丰富学生的语言积累，例如，《爱莲说》与《三峡》的板书正是这种类型，如图16-34、图16-35所示。

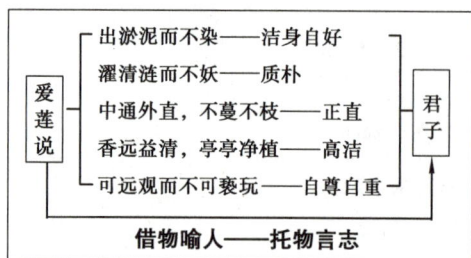

图16-34 《爱莲说》板书示例

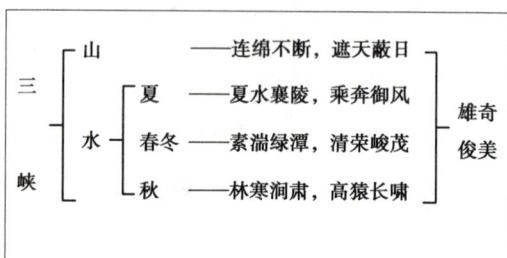

图16-35 《三峡》板书示例

有些关键词，不仅仅是精彩的语料，还是理解文本的关键。遇到这样的情况，需要结合文本准确、深入地挖掘和提炼词句的内涵。例如，王清泉老师的《地质之光》板书设计，巧妙地运用选词填空的方法，引导学生运用恰当的词语概括不同的"光"的内涵，如图16-36所示，非常贴切地反映了课文的内容和中心；《湖心亭看雪》一文的板书设计，也紧紧抓住文中最后一句话"莫说相公痴，更有痴似相公者"中的"痴"字，从百余字的短文中浓缩、提炼出痴行、痴景、痴情、痴人四个词，如图16-37所示，深化了学生对文本的理解。

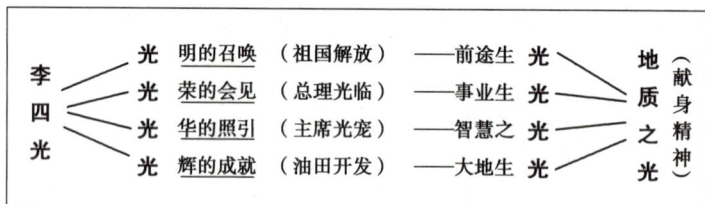

图16-36 《地质之光》板书示例

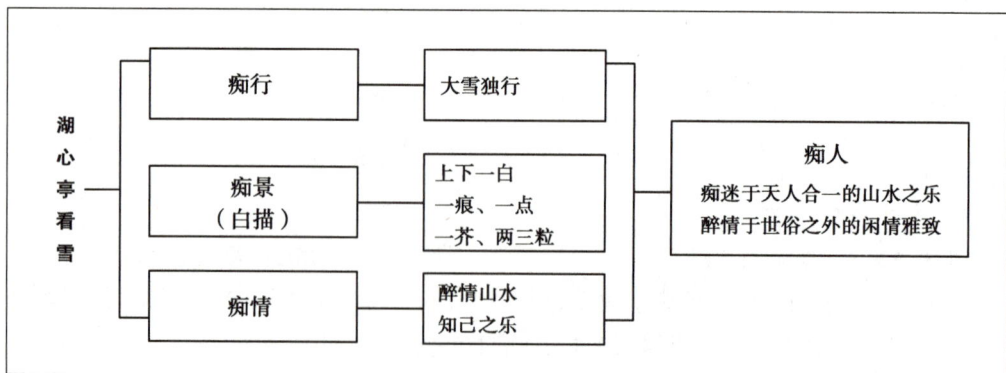

图16-37 《湖心亭看雪》板书示例

六、对比式板书

把课文中相互对立或对应的内容放在一起,在对比中找到彼此间的区别和联系,进而突出观点,探明主题。例如,《捕蛇者说》中的捕蛇者为减免赋税不惜冒死捕蛇,已属不幸,但还有较之更不幸的乡邻,他们终年承受着沉重的赋税之苦,两相对比,鲜明地凸显出赋敛之毒胜过蛇毒,苛政猛于虎的残酷现实。板书采用对比的形式进行设计,如图16-38所示。

捕蛇者说 柳宗元		
	乡邻赋敛之苦	蒋氏捕蛇之"乐"
家庭命运	十室九空	三世专其利 吾祖吾父皆死于是,吾以捕蛇独存
生活状况	生日蹙　死者相籍 殚地之出　竭庐之人 号呼转徙　饥渴顿踣	吾蛇尚存,则弛然而卧 (献蛇后)甘食其土之有,以尽吾齿
生命危险	旦旦有是	一岁之犯死者二,其余则熙熙而乐
死亡先后	先	后
结　论	苛政猛于虎　　赋敛之毒甚是蛇!	

图16-38　《捕蛇者说》板书示例

在对比式板书中,对比的各方差异越大,对比越强烈,观点就越鲜明,主题和重点就越突出。教师在板书设计中,要善于捕捉文本中具有可比性的内容,并对它们加以归纳、提炼,更好地为理解文本服务。

七、综合式板书

综合式板书,顾名思义,就是在一个板书中综合反映出文本的结构、线索、写作特色、关键字词等丰富的内容。综合式板书与语文教学的丰富性相契合,能够帮助学生全面掌握课文的内容,是一种常见的语文板书形式。如图16-39所示,在这则板书中,我们看到了小说的整体结构和写作顺序,看到了内容的空间跳转,这里有多个人物的形象刻画,更有主要人物少年闰土和中年闰土的对比。内容涉及全篇,又突出了重要细节,非常有利于学生全面感知作品和理解文义。

回故乡——"我"见到故乡时的
悲凉心情：隐晦　苍黄　萧条——悲凉

母亲：高兴　凄凉

在故乡——"我"来到故乡时的所见所闻

闰土

少年
- 展示形象——勇敢机敏
- 相识原因——聪明能干
- 一见如故：紫圆脸　小毡帽　银项圈　很怕羞——天真活泼
- 热情交谈：捕鸟雀　捡贝壳　看西瓜　玩跳鱼——见多识广
- 依依惜别——纯朴可爱

小英雄

中年
- 脸色灰黄——迟疑
- 皱纹很深——沉默
- 眼睛红肿——凄凉
- 手像树皮——瑟索

木偶人

杨二嫂：圆规　鄙夷

离故乡——"我"离别故乡时的无限感触：惘然　悲哀　朦胧——希望

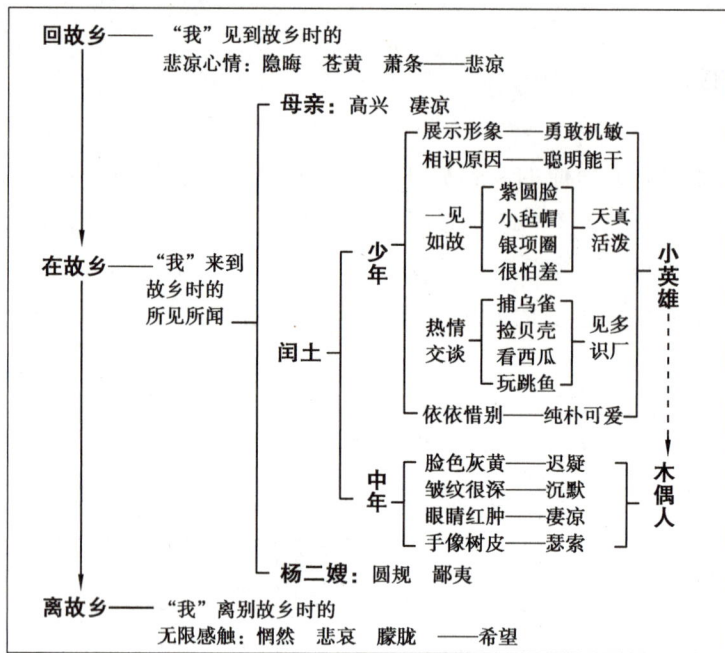

图16-39　综合式板书示例

第五节　PowerPoint 辅助语文教学

随着现代教育技术的变革，多媒体辅助教学手段被广泛运用，以PowerPoint（以下简称PPT）为代表的多媒体课件，因其便于储存、简单易学、功能强大、资源丰富等特点，深得广大教师青睐。在语文教学中，写到黑板上的传统板书固然有其不可取代的优势，但通过PPT设计制作的板书，能在很大程度上弥补传统板书的不足。如果能够将传统板书设计与多媒体课件有机结合，实现双方的优势互补，语文板书在课堂教学中的效用将得到更充分的发挥，课堂教学效果将得到明显提升。

一、PPT运用在语文教学中的优势

与传统板书相比，PPT课件制作的板书有其独特的优势，这些优势有效补充了传统板书的不足，开辟了语文板书的全新格局。

（一）更有利于丰富教学内容，提高教学效率

传统板书的呈现介质是一块黑板，呈现方式是教师逐字书写，其容量有限、形式单一且耗费时间，尤其是在涉及文本的拓展延伸教学时，因为受书写速度和黑板容量的限制，延伸拓展材料很难被充分展示出来。PPT突破了这些局限，能在有限的课堂时间内向学生快速呈现丰富的教学内容，极大拓展了教学容量，节约了板书时间，使教学效率得以提高。

(二)更有利于提高学生的注意力并引发他们的学习兴趣

PPT课件能够将文字、图像、声音和动画融为一体，化静态为动态，化无声为有声，化抽象为具体，将教学内容直观、生动、形象地展示在学生面前。例如，音画结合的语篇朗读，图文并茂的内容呈现，忠于文本的情景复现等等，以其丰富的色彩和交融的动画声像，大大提高了学生的注意力，并激发起他们学习的兴趣。

(三)更有利于增强板书的美感

传统语文板书由教师手写，受书写水平和书写速度的影响，许多板书随意、凌乱，字体不规范，板书整体布局不够规整。PPT课件制作可以运用软件自带的多种功能，选用美观、规范的字体，尝试多种排版形式，随时调整幻灯片内容的规整度和美观度，增强板书的美感。这些形式上的美感，也是对学生审美鉴赏与创造力的一种培养。

(四)更有利于学生思维能力的训练

思维能力培养是语文教学的重要目标，多媒体课件动态性、过程化的呈现功能，将思维形成的过程以动态的方式有序地展示出来。在展示每个幻灯片的过程中，不再有粉笔板书这个相对缓慢的步骤，学生在内容的连续呈现中能够更直观地感受到思维活动的方法和路径，这对他们更好地进行文本的分析、综合、抽象、概括是一种有益的启发。

二 语文教学中PPT运用的常见问题

尽管PPT课件有其突出的优势，但如果在教学中运用不当，不仅不能提高教学效率，还会影响语文教学的效果和质量，使语文课"无味"甚至"变味"。常见的语文教学中PPT运用不当导致的问题有以下几种。

(一)PPT辅助教学变成了PPT主导教学

PPT在语文教学中的功能是辅助教学，但是很多语文教师过分依赖PPT，将课堂教学的所有内容都移到了PPT上，把语文课上成了PPT的宣读课。教师整堂课照着PPT读，学生盯着PPT看，课堂阅读、体会、讨论、思考等时间全被不间断的PPT宣读占据。教师的教、引、导等富有个性和灵活性的环节全部被固化到PPT上，辅助教学的PPT成为教学呈现的中心任务，语文课就失去了应有的灵性和意味。

(二)预设内容繁杂冗长，没有重点

PPT内容存在的另一个问题是单张PPT的内容过于冗长，没有进行必要的精简、筛选和技术处理。例如，在授课的起始阶段，很多教师会用到作者简介，多数教师会将从互联网中搜索到的相关信息直接截取、粘贴到一张PPT上，不进行重点内容的筛选，不分段，更不进行文字上的突出等技术处理。同样，在学生讨论需要重点品读、分析的段落和词句之后，教师往往都会有一个小结，然而这些小结也常常以大段文字的方式呈现，缺乏必要的概括和提炼。面对密密麻麻的文字，学生很难快速地从中提取到关键信息，导致教学效果大打折扣。

(三)PPT技术运用失当,分散了学生的注意力

这种技术运用失当,首先表现为技术"超载"。即PPT制作技巧运用过多,转移了学生的注意力。当前有不少教师具备良好的PPT制作技术,因此在制作PPT的过程中特别专注于技术的处理,如过多的动画设计、过频繁的背景设置、过强的音效、过多样的切换设置等等,这些过于花哨的"炫技"分散了学生的注意力,干扰了学生对教学内容的正常接收。

其次是技术运用错位。形式要为内容服务,在设计PPT的过程中,教师没有周详地考虑到教学内容的特点和需要,出现图像与文字不匹配,音乐与内容不匹配,呈现方式与教学思路不匹配等问题,PPT没有发挥出应有的辅助功能。

三、语文教学中PPT设计的原则

(一)逻辑化与视觉化——基于PPT特质的普遍原则

与所有PPT的设计一样,语文教学中的PPT设计首先应当遵循逻辑化和视觉化这两个普遍的原则。

逻辑化包括形式的逻辑化和内容的逻辑化。形式的逻辑化强调PPT的设计要符合人的视觉逻辑,即由上至下,从左到右,先图后文,先大后小,先突出后常态等。内容的逻辑化强调PPT从整个篇章到一张页面再到具体文句的合逻辑性。其中,单张页面内的内容和文句的合乎逻辑性尤其重要。在一张PPT上,要使学生能够清晰地看到教师的讲授逻辑,即先讲什么,后讲什么,重要讲什么,次要讲什么。

视觉化原则是基于人类视觉思维的特点,这些特点具化到PPT的设计层面上就表现为可视性、兴趣、简单、实用、准确、持久等要求。可视性,一方面强调PPT页面上文字的字号要足够大,以使人能够看清楚,另一方面也强调PPT页面要尽量多地运用图表、图案和动态视频,因为这些表现形式的视觉感相比文字更强,更易引起眼球的注意。另外,精练、简洁、准确的内容往往可以排除很多视觉上的干扰,从而有利于达到优先关注、持久记忆的效果。因此,PPT页面内容的选择要简洁明了,不可贪多求全,不加筛选。

(二)情境化、审美化——基于语文特质的设计原则

语文教学中的PPT设计,应尽可能利用图文声像材料创设一个与教学内容相吻合的情境,让学生能够较好地融入文字和情感世界中。这个情境化的过程,既包含教学内容的情境化,也包括教学氛围的情境化。图表、图片、视频等表现形式使教学内容具象化,给人一种身临其境之感。例如,在《中国石拱桥》中配搭石拱桥图,在《奥斯维辛没有什么新闻》中穿插纳粹集中营的历史图片,在《紫藤萝瀑布》中配上一片淡紫色的紫藤萝图片,讲《安塞腰鼓》时配搭一段黄土高原上震天撼地的腰鼓表演视频,讲《别了,不列颠尼亚》时可重温香港回归的交接仪式现场视频,讲《走一步,再走一步》时可运用动态结构图演示下山的过程等等。这些紧贴文本且富有表现力的图片、图表、视频,一方面还原了"这一课"的真实情境,另一方面对形成"这一课"良好的教学氛围也起到重要的构建作用。

语文教学也是审美的教学。语文教学的PPT设置应当符合审美特性,和谐、适度且有意境

是语文教学PPT设计中审美原则的具体体现。PPT从整体到单张页面的布局都应该具有形式上的和谐之美。文字排版应清晰美观,音乐搭配应恰到好处,色彩和图像的运用不喧宾夺主。应该说,多媒体的出现为语文课堂教学的美感生成提供了重要的技术支持,语文教师应当做的,是充分利用这些技术,呈现语文教学的音韵美、文字美、诗情美、画意美。

四、语文教学中PPT放映应注意的问题

PPT放映时,首先要求教师对整堂课的放映内容熟稔于心,教师可以通过打印PPT缩略图,在PPT中添加备注页等方式,预先做好内容提示,保证课堂教学能够按照既定计划顺利进行。其次,在幻灯片的放映过程中还有两个禁忌,其一是忌快,即幻灯片间的切换以及单张幻灯片中内容的展示要有适当的时间间隔,间隔时间以学生能够用正常速度默读完内容为基本标准,此外还需酌情增加学生记录笔记的时间,切不可走马灯式地播放PPT,丝毫不给学生消化、体会、品味的时间。其二是忌抢,PPT与传统板书都具有预设性的特点,但不同的是,PPT预设的内容已事先具化为一张张成型的页面,而传统板书预设的内容尚存在于教师的备课本或脑海中。无论是什么形式的预设,都应当配合课堂教学进度有序呈现,确保板书内容的呈现是一个水到渠成的生成过程,对此可参看文章《新课程标准下的语文板书设计课堂生成观》。

第三编

语文评价论

探讨语文教学"怎样评",共三章:语文课程评价、语文学业评价方案、语文考试。

语文评价论的亮点是跨媒介阅读真实任务评价案例;创新点是议论文阅读核对清单,它是一种学生自评工具。

◎**学习重点**◎

1.主体取向的语文评价观。
2.多元化的评价工具。
3.评价方案的基本要素。
4.语文试卷双向细目表。

第十七章
语文课程评价

◎导读提要◎

　　语文课程评价是对学生语文学习进行取证分析与价值判断的赋值活动,主要表现为测定或诊断学生是否达到课程学习目标及其达到目标的程度。语文课程评价的价值取向是主体取向的评价观,以欣赏学生语文学习结果的内在价值为立足点。语文课程评价工具主要有档案袋、核对清单、调查问卷。

◎课程思政提要◎

1.根据评价的信息,调整学习行为和学习内容,使学生能够独立思考,理性判断。
2.激励学生的进取心,良好的评价结果可以激励学生更加努力地学习。
3.体现课程评价的时代精神,欣赏语文学习的内在价值。

▶▶ 第一节　语文课程评价简介

▶ 语文课程评价界定

　　语文课程评价是以语文课程标准为依据,对学生语文学习结果进行价值判断的赋值活动,语文课程评价主要是解决评价什么,用什么评价,怎样评价,谁来评价等问题,具体测定或诊断学生是否达到课程学习目标及其达到目标的程度。在这些问题中,核心问题是评价标准的确立,它直接制约对语文学习结果的意义解释。例如,是以学生常模为评价的参照体系,还是以学习目标为评价的参照体系,直接影响对语文学习结果的进步程度的价值处理。因此,评价标准是选择评价内容和对评价结果进行价值判断的依据。

　　在传统的课程评价体系中,评价内容被狭隘地限定为学科系统知识的记忆结果,具体表现为陈述性知识的再现性检测,忽视了学生在学习过程中的体验与收获,也忽视了学生在学习方法上的感悟与收获;评价工具只有单一的测试题这一种形式;评价主体通常只有教师或学校,学生对学习结果的自我价值判断长期被忽视;评价过程也被简单化为考试这一种考查形式。在这种评价理念与评价体系下,对学生学习结果的意义解释与价值判断,通常被异化为对考试分数的解释,即考分高就是好学生,因而导致了"高分低能"现象的出现。

二、语文课程评价的内容

随着学习结果内涵的扩展,评价内容也发生了相应的变化。布卢姆将学习结果分为认知领域、情感领域和动作技能领域;加涅将学习结果分为智慧技能、认知策略、言语信息、动作技能、态度。这些研究成果都使课程评价的内容得到了扩展,不仅情感态度与价值观正式成为学习结果的考查内容,在传统评价体系中备受冷落的程序性知识也受到了空前的关注,对过程与方法的评价已经被正式列入新课程学习结果评价内容范围。语文课程评价内容在"评什么、怎么评、用什么评、谁来评"等各个方面也发生相应的变化。语文课程评价具体表现为对学生在语文知识的增加与语文能力的增强,语文学习方法的掌握,语文学习习惯的养成,语文学习兴趣的持久性和态度的恒常性等各个方面的显著变化给出的意义解释或价值判断。语文课程评价流程如图17-1所示。

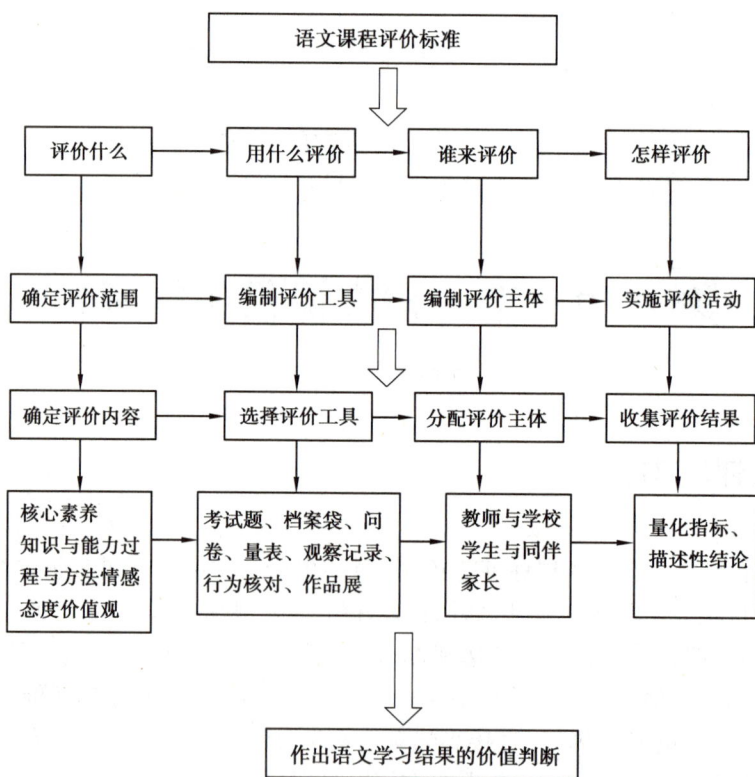

图17-1　语文课程评价流程图

三 语文课程评价的价值取向

迄今为止,课程评价的价值取向大致可以归纳为三种类型:目标取向的价值观、过程取向的价值观、主体取向的价值观。

目标取向的评价观将课程评价视为对照课程计划或学习结果的过程。其评价标准是预定目标。它追求评价的"客观性"和"科学性",其核心是追求对被评价对象的有效控制和改进,在本质上受"工具理性"支配。这种评价取向简便易行,在实践中一直处于支配地位。这种评价取向忽视了人的行为的主体性、创造性和不可预测性,忽略了过程本身的价值,对于人的高级心理过程来说,其评价作用非常有限。

过程取向的评价观强调评价者与具体情境的交互作用,强调过程本身的价值,在本质上受"实践理性"的支配。它承认评价是一种价值判断过程,主张对具有教育价值的结果,无论是否符合预定目标,都应当受到评价的支持与肯定。它把学生的具体表现作为评价的主要内容,对人的主体性、创造性给予了一定的尊重。其不足在于没有完全突破目标取向的藩篱,对人的主体性的肯定不够彻底。

主体取向的评价观反对量的评价方法,主张质的评价方法,在本质上受"解放理性"的支配,倡导对评价情境的理解而不是控制。它强调评价是一种价值判断过程,这种价值是多元的;它强调教师和学生不是被动地供"外部人员"评价的对象,而是评价的主体,在评价中具有主体性,是意义建构过程中不可缺少的组成部分。主体取向的评价具有价值多元、尊重差异的基本特征,注重评价者与被评价者、教师与学生之间在评价过程中的"交互主体"关系,注重评价过程中的民主参与、协商、交往与沟通。主体取向的评价代表了课程评价的时代精神。

综上所述,语文课程评价的价值取向应当体现课程评价的时代精神,应当以欣赏语文学习结果的内在价值为立足点。这种价值取向表现在语文课程评价方案中,应当从欣赏学生的学习经验本身出发;制定评价标准,应当以不损害学生的正当权益为出发点;设计评价内容,应当以学生的原有经验与认知背景为依托;选择评价工具,应当考虑到学生的自我使用与自我价值评判;选择评价内容,应当与学生协商。

▶▶ 第二节 多元化的评价方式

多元化的评价方式是指评价目标多元、评价方式多元、评价工具多元和评价主体多元。多元化的学业评价方式,可以有效降低让教师和家长只关注考试成绩的评价方式带来的危害,特别是让学生成为评价主体,可以有效改善单一评价体系中他人评价的不足,通过自我评价,学生可以清晰看到自己在学习中的进步,提高学习的自信心,最终达到提高学习效益的目的。

一 表现性评价

表现性评价就是通过学生所完成的与生活中一致的、综合性的、真实性的任务来对学生进行评价。它是一种基于表现的评价，因而也叫真实评价，它强调评价情境与实际生活情境的一致性，要求学生运用其知识和技能去完成综合的、有意义的任务。其核心在于被评价者所执行的任务与评价目标的高度一致性。它可以评价学生在完成任务过程中所表现的行为和心理过程，也可以评价表现任务中所涉及的内容和完成任务的结果。它也可以引导学生通过多种方式来展现自己对问题的理解和解答，允许学生以自己的优势智能来应对教师的评价。

与纸笔试卷评价相比较，表现性评价有其独到之处。纸笔试卷评价与教学分离，表现性评价与教学融为一体。纸笔试卷评价通常都有标准答案，表现性评价没有标准答案，学生可以自己寻找解决问题的办法，发挥自己的创造性和个性。表现性评价还能了解学生能够做什么；表现性评价更适合测查学生高层次的思维水平和解决复杂的、结构性不强的问题的能力，同时还能考查学生的情感、态度、价值观；表现性评价能对学生的发展状况提供在一定历史条件下的信息，更有利于教师改进教学方法。

表现性评价的不足主要在于其评价的信度和效度不高，学生表现的偶然性大，同时这种评价方式比较耗费时间和精力。

二 档案袋评价

档案袋评价是用档案记录的方式，分别按照学习过程和学习结果两个类别将学生的相关材料装入档案袋中，通过这些材料可以看到每个学生在某一领域或几个领域内所作出的努力、取得的进步及其个性风格、自我反思情况等内容。档案袋评价是纸笔测试评价和表现性评价相结合的评价方式，它能有效避免学生因考试焦虑而导致的评价失真和教师为考试而教学等弊端，比较真实、高效地评价学生的发展水平。

档案袋可以分为两种类型，一种叫展示型档案袋，主要收集能够反映学生个人成就的材料，如学生的最佳作品、代表性作品、获奖证书、奖章等。另一种叫过程型档案袋，主要反映不同阶段个人表现的材料。其中，不仅有学生满意的作品，也有最初的、不太成熟的作品，如文章的初稿、修改稿、定稿等，都可以收集到档案袋中。无论哪种类型的档案袋，都应包含学生本人对所收集材料的反思，如说明选择这些材料的原因，解释每份材料的学习经历、情感体验、学习方法和学习体会等。

建立档案袋大致分为三个步骤。第一步，明确实施档案袋的目的地和所要评定的教学目标。应选择运用那些传统纸笔试卷无法评价的目标，如问题解决过程，论文写作的计划、草稿和修改稿等。第二步，选择档案袋的内容，包括以什么标准来选择材料、材料的数量、材料的形式等。档案材料可以分为必要材料和自选材料,前者是每一个学生都必须放入的材料,后者是学生自己决定放入的材料,如体现个人特殊性与学习专长的材料、自认为最优秀的作品,或自认为有问题、有困难的作品等。第三步,设计确定档案袋评价的方法和规则,包括评价的具体标准、评价的时间和次数。

实施档案袋评价的具体工作大致有以下几方面。第一,准备工作。准备工作主要指在实施档案袋评价之前,让学生和家长了解档案袋评价的意义,获得他们的支持。第二,指导工作。必须用专门时间指导学生如何建立档案袋,给出档案袋的样例。第三,制订反馈计划。对于档案袋在使用过程中怎样为教师、学生和教学提供反馈,要作出明确计划。第四,及时展开活动。在实施档案袋评价的过程中,教师不仅应该及时观察并记录学生的活动,包括轶事记录;还应及时与学生交流、讨论,共同完成对档案袋的评价工作;此外,应不定期组织档案袋的展示活动,邀请学生、家长和其他教师观看学生的发展成果。

一个档案袋通常包括以下组成部分。①封面。包含本人的姓名、性别、年级、学科领域,还要有简短的对本阶段自己学习过程与进步的总结反思。②目录。③档案材料。每一份材料都必须标注时间。④总结反思。包括对个别作品的反思和对整个档案袋的反思(在封面中体现)。

对个别作品的反思可以涉及如下几个方面:①我通过这个作业学到了什么;②我在哪些方面做得好;③我为什么选择这件作品;④在这个作业中,我还要提高什么;⑤我对我的表现感觉怎么样;⑥还存在哪些方面的问题。

三、论文题评价

这是一种充分整合学科知识、批判思维和写作能力的评价方式,相当于给材料作文,即运用文字、图画、地图、统计图、表格、引言等形式,展示出问题情境,要求学生就材料提供的问题自由表达自己的思想。这种方式不仅能够评价学生在学科知识与理解方面的学习情况,还能展现学生的批判思维能力和语言表达能力,反映学生的创造性。

(一)论文题目的特征

论文题目应该具备开放性、具体性、趣味性、价值性和操作性。论文题目的开放性,指学生能够通过多种途径和方法完成题目所规定的论文。论文题目的具体性,要求题目中明确运用具体动词告诉学生在解答问题时需要做什么,例如,描述、解释、比较、告诉、分析、检验、展示、说明、勾画、探索、表达、调查、证明、举例说明等。论文题目的趣味性,指题目内容与学生生活相关,能吸引学生参与。论文题目的价值性,要求题目能够促使学生思考,针对某一论点进行支持、辩护或反驳,从而获得成就感。论文题目的操作性,指题目要有一定结构,保证学生能在十分钟内做出,能够反映出学生的学习状况。

(二)编制论文试题的操作要点

(1)论文试题锁定高级认知水平。尽可能让论文试题引发学生不同认知水平的学习表现,考查学生的高级思维技能,包括对问题的理解能力,对知识的组织、评价和应用能力。在编制论文试题时,可以运用描述、解释、评价等具体动词引发学生的学习表现。

(2)论文试题与学生的年龄水平相适应。题目应与学生的生活经历、兴趣、知识背景相适应。

(3)论文试题具备可读性。用直接明了、清晰易懂的语言来描述试题,必须能让学生读懂试题,而不是考查学生的思维水平。

四、动态评价

动态评价是在教学过程中对学生学习过程的评价,它根据学生独立完成任务时的表现和在成人帮助下的表现之间的差别,来确定学生的学习潜能和教学的改进方向。它需要在评价者与被评价者之间产生大量互动,即强调学生与教师之间的交流,主要测试学生在他人帮助下所取得的成就。维果茨基的"最近发展区"理论是动态评价的理论基础。

动态评价的价值主要表现在几个方面。第一,预测教育能否成功;第二,帮助判断某个特殊的教育安置的妥当性;第三,帮助理解每个学生的特定强项和弱项;第四,评定每个学生的可变性。

动态评价由12个成分构成。①目的。在交互作用中有意识地维持和促进学生的注意力。②意义。对学生的感知活动给予指导、强化,帮助学生弄清应该注意学习任务的哪些方面和怎样注意。③超越。提高学生将过去、当前和将来的经验联系起来的能力,以及对过去、当前、将来的事件之间进行因果关系推理的能力。④任务管理。给学生提供新的学习任务所采用的方式,一方面要提高学生的掌握水平,另一方面要提高学生的内部计划性、策略性的思维能力。⑤鼓励。对学生进行赞扬和鼓励,同时就学生遇到障碍和需要帮助的地方提供反馈。⑥心理区分性。指导者维持作为学生学习促进者的角色,避免过多介入学生的活动,避免丧失从学生那里学习经验。⑦挑战。给学生提供高于其现有水平的新的学习任务,鼓励学生超越自己当前的水平。⑧改变。向学生传达一种信息,告诉他已经在学习中取得了成功,他的能力正在提高。⑨情感投入。在与学生交互过程中,显示出关怀和爱心,享受与学生在一起的快乐。⑩随时反应。对于随时可能出现的情况,要及时和适当地向学生作出反应。⑪全面关注。具有读懂学生所传达出的各种线索和信息的能力,从而帮助学生表达自己的思想和对外界作出反应。⑫分享。使学生能了解别人的经验与想法,以提高自己的经验。

在上述12个成分中,意义、超越、任务管理、挑战和改变最为重要,它们是学生完成任务前就能计划的,其他成分都只有在评价过程中自然生成。

动态评价通常由准备、前测、干预促进、后测等四个环节构成。在准备阶段,评价者应向学生说明需要完成的测验任务以及怎样完成任务。在确定学生明白了测验要求后,进入前测阶段。在这一阶段,学生要独立完成测验任务,评价者不提供任何帮助。然后进入干预促进阶段,评价者要对学生进行辅导,辅导的内容与前测中的任务相类似,评价者可以通过提问了解学生做前测的思考过程,然后就完成任务所需的策略、技巧、思路等进行辅导。这一阶段所持续的时间应该对每一个学生都相同,辅导时间的长短由测验任务的难易程度而定。最后进入到后测阶段,学生应独立完成另一个测验任务,这一测验的难易程度与前测相当。这样,根据前测与后测之间的差距,就能判断出学生在学习过程中的进步。

▶▶ 第三节　语文课程评价工具

语文课程评价工具,首推档案袋。档案袋可以分为成果型档案袋、过程型档案袋和评价型档案袋三种类型。使用档案袋的评价主体可以是教师,也可以是学生。其次是核对清单、调查问卷和观察记录。核对清单用于学生自我检查语文学习行为和学习过程;调查问卷用于教师综合了解全体学生的语文能力水平;观察记录用于小组语文活动时学生互评,它也适合让家长参与到评价中。

▶ 一　档案袋

档案袋,是获取学生语文学业成就证据的有效工具。它通过收集学生的语文作业(作品)、语文考试成绩、语文观察记录、语文行为核对结果等各种语文学业成就证据,来评价学生的语文学业成就。档案袋是以定性评价统整量化评价的典型工具。其关键技术是在收集上述各种阅读学业成就证据的基础上,促使学生对自己的语文学业成就档案进行反思与总结,促使学生对自己的语文学业成就作出价值判断。

▶ 二　核对清单

核对清单,是列举学生语文学习的行为表现,帮助学生自我检查学习行为和学习过程的评价工具。例如,阅读能力核对清单列举出不同阅读能力的特征,学生在阅读后,根据这一清单逐一核对自己阅读过程中的每一个项目,可以达到自我评价的目的。表17-1是阅读能力自我核对清单样本。

表17-1　阅读能力自我核对清单

阅读能力自我核对清单
阅读积累
1.是否能够记住阅读材料的主要内容？A.是 B.否
2.是否能够陈述阅读材料的大致内容？A.是 B.否
3.是否有自己喜欢的词句或语段？A.是 B.否
4.是否摘录了自己喜欢的词句或语段？A.是 B.否
5.这些词句或语段是否能运用到自己的学习或生活中去？A.是 B.否
阅读理解
1.是否能够记住阅读材料的主要内容？A.是 B.否
2.是否能够用自己的话简要复述阅读材料的主要内容？A.是 B.否
3.是否有不明白的内容？A.是 B.否
不明白的原因是什么？不明白表达方式，还是语文含义？
阅读批评
1.是否赞同作者的观点？A.是 B.否
2.是否能够提出自己的不同见解？A.是 B.否
3.是否能够发现阅读材料的优点或不足？A.是 B.否
4.是否能够简要陈述这些优点或不足？A.是 B.否
阅读欣赏
1.是否有自己特别喜欢的语句或段落？A.是 B.否
2.是否能够用自己的话描述喜欢的理由？A.是 B.否
3.阅读时是否产生了愉快或不愉快的心情？A.是 B.否
4.阅读时是否产生了与作者相似的感受？A.是 B.否
5.阅读时是否产生了与文中情境相似的感受？A.是 B.否
6.是否能够用自己的话描述自己的心情或感受？A.是 B.否
7.是否能够用普通话正确、流利、有感情地朗读阅读材料？A.是 B.否
阅读创造
1.阅读后是否对自己有所启发？A.是 B.否
2.是否能够提出与作者不同的观点？A.是 B.否
3.是否能够反驳作者的观点？A.是 B.否

三　调查问卷

调查问卷是教师使用的语文能力评价工具。它根据不同语文能力的表现特征，编制出不同的问题项，通过对学生问卷结果的分析，得出学生在语文能力上的总体情况。

四、观察记录

观察记录是学生使用的同伴互评工具,主要用于小组语文学习过程中。同伴通过观察学生在小组语文活动中的阅读表现,可以记录其语文活动的特征,例如,是否朗读,是否参与小组讨论,是否提交笔记等各种情况,可以帮助教师从多方面了解学生的语文表现,对学生的语文学业成就作出全面考查。

五、议论文阅读能力核对清单

议论文阅读能力核对清单是非考试类的过程性评价工具,针对新授课、专题课和复习课分别研制了三种课型的议论文阅读能力核对清单,不同课型的核对清单有不同的运用方法。

(一)议论文新授课阅读能力核对清单

议论文新授课阅读能力核对清单可以帮助学生整体感知课文内容,分为阅读内容、阅读表现、阅读能力评价标准三个项目,如表17-2所示。

表17-2 议论文新授课阅读能力核对清单

阅读内容 (课文段落)	阅读表现 (核对项目)	阅读能力评价标准		
		合格	良好	优秀
		可以找出	可以解释	可以评价
	观点(论点)			
	文中论据			
	论证方法			
	关联词语			

(二)议论文专题课知识点核对清单

在进行了一定数量的议论文文本阅读训练后,学生对议论文文本阅读的路径有了基本的了解和掌握。这时,教师要注意通过核对清单,发现学生在议论文阅读能力方面存在的典型不足。针对这些典型问题,可以设计知识点、能力点专题复习课,设计出有针对性的知识点、能力点专题复习课的核对清单。概括中心论点,是议论文阅读最基本、最核心的要求。以"概括中心论点"为例来展示这类核对清单的研制和运用,如表17-3所示。

表17-3 议论文专题课"概括中心论点"核对清单

篇 名	中心论点 阅读能力核对项目	阅读能力评价标准		
		合格	良好	优秀
	1.论点是标题			
	2.论点是开头的中心句			
	3.论点是在驳论后的中心句			
	4.论点是结尾的中心句			
	5.论点是由论题改造的			
	6.论点是由非判断句改造的			
	7.论点是根据各个分论点共同指向概括的			
	8.论点在逐步概括各段内容后,进行总的概括			

(三)议论文复习课阅读能力核对清单

经过议论文知识点、能力点专题复习课后,学生对议论文的疑难点有了突破,这时可以设计议论文整体阅读复习课,并设计相应的核对清单,如表17-4所示。

表17-4 议论文复习课阅读能力核对清单

议论文要素	阅读能力核对项目	阅读能力评价标准		
		合格	良好	优秀
一、论点	1.能概括中心论点			
	2.能概括分论点			
二、论据	1.能辨识论据类型			
	2.能概括事实论据			
	3.能理解理论论据的意义			
	4.能分析论据的表达作用			
	5.能为论点或分论点补充论据			
三、论证方法	1.能辨识论证方法			
	2.能分析论证方法的表达作用			
四、议论文的思路结构	1.能辨析结构形式			
	2.能理解写作顺序			
	3.能划分层次			
五、议论文的语言特点	1.能理解修饰语、限制语的表达作用			
	2.能理解关联词的表达作用			
	3.能理解语序的安排			

这类课型的核对清单适合学生自主学习,其操作要点为:学生整理自己做过的议论文阅读练习,根据自己的答题情况,对照核对清单中的项目,逐一核对,查漏补缺;或者拿到一篇新的议论文后,根据核对清单中的核对项目,逐一对照,设计问题并作答。完成后的操作流程与文本阅读新授课核对清单的操作流程类似。

议论文阅读能力
核对清单的开发运用

▶▶ 第四节　新课程推荐的评价方式

语文课程评价包括过程性评价和终结性评价。过程性评价贯穿语文学习全过程,终结性评价包括学业水平考试和过程性评价的综合结果。

▶ 一　过程性评价

过程性评价重点考查学生在语文学习过程中表现出来的学习态度、参与程度和核心素养的发展水平,根据各学段的学习内容和学业质量要求,广泛收集课堂关键表现、典型作业和阶段性测试等数据,体现多元主体、多种方式的特点。

过程性评价应有助于教与学的及时改进。教师要有意识地利用评价过程和结果发现学生语文学习的特点与问题,提出有针对性的指导意见,促进学生反思学习过程、改进学习方法。要依据评价结果反思日常教学的问题和不足,优化教学内容,改进教学设计,调整教学策略,完善教学过程。第一学段的评价要特别重视保护学生的学习兴趣和积极性。

过程性评价应统筹安排评价内容。评价内容应立足重点,关注各个学段的水平进阶。评价要真实、完整地记录学生参与语文实践活动的整体表现,关注学生在活动中表现出来的沟通、合作和创新能力。

过程性评价应发挥多元评价主体的积极作用。教师根据不同年级学生和不同学习内容选择恰当的评价方式,采用有针对性的评价工具。要充分尊重学生的主体地位,关注学生在兴趣、能力和学习基础等方面的个体差异,引导学生开展自我评价和相互评价。鼓励学校管理人员、班主任、家长参与过程性评价,通过多主体、多角度的评价反馈,帮助学生处理好语文学习和个人成长的关系,发掘自身潜能,学会自我反思和自我管理。

过程性评价应综合运用多种评价方式,增强评价的科学性、整体性。可通过课堂观察、对话交流、小组分享、学习反思等方式,搜集和整理学生语文学习的过程性表现,如学生日常写字、读书、习作、讨论、汇报展示、朗读背诵、课本剧表演等方面的材料,记录学生核心素养发展的典型表现;了解学生的学习态度和个性特点,考查其内在学习品质的发展。鼓励有条件的地区和学校采取信息技术手段丰富评价资料搜集和分析的路径。应重视增值评价,关注学生个体的进步幅度,避免过度评价、无须评价对日常学习造成干扰,避免用评价结果的简单比较衡量学生的学业表现。注意一年级适应期学生的特点,科学确定评价起点。

过程性评价要拓宽评价视野,倡导学科融合。把学生参与社会实践、志愿服务和跨学科主题活动的表现纳入评价范畴,着重考查学生在真实情境中表现出的情感态度和语言能力。要注重校内外评价的结合,关注学生在家庭生活和社会生活中的语言发展情况。

二、课堂教学评价

课堂教学评价是过程性评价的主渠道。教师应树立"教—学—评"一体化的意识,科学选择评价方式,合理使用评价工具,妥善运用评价语言,注重鼓励学生,激发学生的学习积极性。

在小组合作、汇报展示中,教师应提前设计评价量表并告知评价标准,引导学生合理使用评价工具,形成评价结果;要注意观察小组成员的分工方式、讨论程序和对不同意见的处理,关注学生在发言和倾听发言时的规则意识和交流修养,借助评价引导学生反思学习过程。组织学生相互评价时,教师要对同伴评价进行再评价,提出指导意见,引导学生内化评价标准,把握评价尺度,在评价中学会评价。

课堂互动中,教师要关注学生知识基础、认知过程、思维方式、情感态度等方面的表现,深入分析这些表现及其影响因素,及时给予有针对性的指导。

三、作业评价

作业评价是过程性评价的重要组成部分,作业设计是作业评价的关键。教师要以促进学生核心素养发展为出发点和落脚点,精心设计作业,做到用词准确、表述规范、要求明确、难度适宜。要合理安排不同类型作业的比例,增强作业的可选择性,除写字、阅读、日记、习作等作业外,还应紧密结合课堂所学,关注学生校内外个人生活和社会发展中的热点问题,设计主题考查、跨媒介创意表达等多种类型的作业,培养学生自主学习和综合学习的能力。随着学段升高,作业设计要在识记、理解和应用的基础上加强综合性、探究性和开放性,为学生发挥创造力提供空间。教师要严格控制作业数量,用少量、优质的作业帮助学生获得典型而深刻的学习体验。教师要认真批改学生作业,针对学生素养水平和个性特点提出意见,及时反馈和讲评,激发学生的学习热情,保护学生的自尊心,尊重学生的个性差异;要对学生作业进行跟踪评价,梳理学生作业发展变化的轨迹,及时反馈不同阶段作业质量的整体情况。

四、跨学科阶段性评价

阶段性评价是在教学关键节点开展的过程性评价,旨在考查班级整体学习情况和学生阶段性学习质量,是回顾、反思和改进教学的重要依据。阶段性评价应秉持素养立意,紧密结合四个学段的课程内容,关注内容之间的进阶关系和横向联系,合理设计评价工具。阶段性评价可以根据不同情况灵活选择评价手段,可以采取纸笔形式,也可以设计综合的学习任务,如诵读、演讲、书写展示、读书交流、戏剧表演、调查访谈等。纸笔测试要注意与日常教学的融合,增强测评题目的科学性、多样性,发挥阶段性评价的诊断、调节功能,避免消极影响和干扰日常教学；非纸笔测试要整体设计测评内容，科学制订评价标准，合理规划实施时间，并对学生个体进行及时反馈和有效指导。

应关注整本书阅读和跨学科学习的阶段性评价，采用读书笔记、读书报告会、读书分享会等方式引导学生高质量完成整本书的阅读；可通过观察报告、实验报告、研究报告等，评价学生跨学科学习的阶段性成果。

第十八章
语文学业评价方案

◎**导读提要**◎

　　语文学业评价方案是对语文学业评价内容的取证方式与赋值方式的具体规划与说明,通常包括评价计划与评价实施两个部分。评价方案包含评价内容、评价工具、评价标准、评价主体四个要素,每个要素各有其操作特征。设计评价方案的关键步骤是开发评价工具和研制评分细则。

◎**课程思政提要**◎

　　1.设计课文阅读评价方案,要挖掘课文内涵,促使学生在评价中形成健全人格。
　　2.设计真实任务评价方案,要联系实际,挖掘生活中的育人因素,促使学生在评价中提升审美素养和文化修养。

▶▶ 第一节　学业评价方案的特征

◤ 学业评价方案要素分解

　　语文学业评价方案是对语文学业评价内容的取证方式与赋值方式的具体规划与说明,通常包括评价计划与评价实施两个部分。学业评价方案要素具体指评价内容、评价工具、评价主体和评价标准,分别对应评价什么、用什么评价、谁来评价和怎么评价等方面的具体内容。这几个方面缺一不可,否则会导致评价方案失去其完整性,导致评价效果受到不同程度的影响。

　　评价什么是对评价内容的限定,包括对评价目标和评价任务以及最后提交的任务成果形式的说明。怎么评价是对评价取证者和取证方式的限定,包括对选择取证工具、制订赋值判断准则以及对被评价者所提交的任务成果进行赋值的具体说明。

(一)评价内容要素

评价内容要素具体说明评价的目的与任务,例如,评价阅读理解能力,还是评价运算能力。同时,还要具体说明评价任务的表现形式,例如,提交读书报告,提交图片,还是提交试卷答案。

(二)评价工具要素

评价工具要素具体说明获取学生表现成果的工具与形式。例如,使用测试题还是使用档案袋。

(三)评价主体要素

评价主体要素具体说明是什么人在使用这份方案并对学生的表现任务赋予价值,例如,是老师评价学生,还是学生评价自己。

(四)评价标准要素

评价标准要素具体说明学习任务的最低表现程度。例如,学生在阅读后至少应当提交一份有关文本,这份文本可以是摘抄的,也可以是原创的;或者说明学生至少应当完成一项表现任务,在这项任务中,有学生自己独立的任务表现,还有合作的任务表现。

学业评价方案中的每一个要素,都应当体现出评价方案的价值取向。具体说来,就是要从欣赏学生的学习经验本身的意义出发,来阐述评价方案。制订评价标准,应当以不损害学生的正当权益为出发点;设计评价内容,应当以学生的原有经验与认知背景为依托;选择评价工具,要考虑到便于学生的自我使用与自我价值评判。

在这四个要素中,评价标准是评价方案的关键要素,它直接制约着对学习任务成果的赋值状况的解释程度。评价内容和评价工具是基本要素,如果没有相应的评价工具获取评价任务成果的表现证据,对学习结果的赋值就无从谈起。评价主体是评价方案的核心要素,没有评价主体,就没有人对学习结果表现任务进行取证与赋值。因此,这四个要素在评价方案中缺一不可。每一个要素都有其操作特征。

二、学业评价方案的操作特征

学业评价方案的特征,是对学业评价方案各要素特点的揭示。具体来说,在评价内容上,应当具有操作性;在评价工具上,应当具有多样性;在评价主体上,应当具有参与性;在评价标准上,应当具有可行性。

根据学业评价方案中的各要素特征,结合学业评价方案的价值取向,构建学业评价方案框架,如表18-1所示。这个框架中包含了上述学业评价方案的各个要素,对各要素的基本特征作了概括和揭示。这些评价要素的操作特征,基于欣赏学生学业成就的内部价值的评价取向,因而特别强调评价情境的真实性和学业表现任务的操作性,以及学生在评价实践中的参与性。

表18-1　学业评价方案框架

评价方案要素		操作特征提要
评价标准	可行性	• 面向真实情境
	道德性	• 不损害学生权益
	实用性	• 解决实际问题
	精确性	• 取证的技术手段
评价内容	目的发展性	• 面向个体与同伴的发展
	任务操作性	• 具体的任务情境
	成果观察性	• 任务成果的表现特征
评价工具	多样性	• 根据具体任务,选择相应工具,量化指标与描述性结果并重
	适应性	• 根据任务情境,选择相应工具,结果性取证与过程性取证并重
评价主体	参与性	• 学生的自我价值判断
	体验性	• 学生的情感体验与感悟
	实践性	• 完成任务的具体过程

(一)评价内容的操作性

学业评价方案的评价内容,是对学生学业任务及其任务表现的具体说明。不仅应当关注学生的个性化反应方式,同时还要关注学生在评价中的合作表现,它是对学生在真实情境中解决实际问题能力的价值判断。因此,学业评价方案的评价内容,在具有明确的任务目的的前提下,应当特别关注对学业表现任务的表现特征描述,使学业任务明确、具体,具有操作性,特别是对学习任务的成果描述,应当从过程成果和结果成果两个方面加以阐述;同时,还要对个体的表现任务和合作的表现任务,都作出具体、可观察的特征说明。

(二)评价工具的多样性

学业评价方案中的评价工具,是对表现任务取证的技术手段的具体描述与说明,它要求根据评价任务的性质、阶段的不同,选择不同的技术手段进行取证。例如,对学习能力的考查,可以选择纸笔测试工具,也可以选择观察工具;对兴趣态度的考查,可以选择评价表或调查问卷,也可以使用观察工具。

(三)评价主体的参与性

学业评价方案中的评价主体,是作出价值判断的执行者。传统的评价观视教师为评价主体、学生为评价对象,教师对学生的学习结果作出价值判断。主体取向的评价观倡导师生之间的相互交流与沟通,主张"相互主体"。因此,学业评价方案中,学生既是评价的对象,又是评价的主体。学生在评价过程中的自我价值判断是衡量学业成就价值的重要参照。所以,在评价方案要素中,一定要对评价主体进行具体规定和说明。有的评价工具可以为师生所共用,也应当有所说明。

(四)评价标准的可行性

学业评价方案中的评价标准,是对学生学业表现程度的具体说明。借鉴美国关于学生评价标准的研究成果,在研制学业评价方案时,应当把握住评价标准的可行性特征、道德性特征、实用性特征和精确性特征。[①]

学生评价标准的可行性特征,是指学生评价标准要综合考虑影响评价成效的各种因素,为评价计划的具体实施提供可执行的指导,因而它应当具有确定可操作的评价取向,具体、明确、便于操作。由于学生评价本身是一个真实的动态系统,会受到诸多外界环境因素的影响,例如,选择何种评价方式,怎样具体实施评价过程,评价政策以及评价资源等因素都直接影响到评价的质量。评价标准的可行性特征要求应当对学业表现有明确的陈述规定,在评价标准实施时要规定评价实施的范围,利用有限的资源获取评价结果,尽可能评价所有学业任务。

学生评价标准的道德性特征,是指学生评价标准应该尽可能减轻由评价带来的对学生权利的侵害与影响。因为学生评价直接影响着人们的日常生活,这种影响表现在方方面面,学生首当其冲,其次是对家长与监护人的影响,然后是教师、学校与社会。总之,一切利益相关者都会因学生评价而受到影响。因此,在学生评价标准运用的过程中,评价者应该增强对自己所使用的评价标准的敏感性,对那些无道德原则的、无职业道德的、不恰当的评价行为要加以控制与限定。也就是说,一套具有道德性的学生评价标准要以人为本,它要求评价者能够理解与服从法律所涉及的学生的相关权利,例如,在搜集与存取评价信息的过程中对学生隐私的保护。

学生评价标准的道德性特征具体由下述几个方面的因素构成:评价政策的道德性;评价过程的道德性;搜集学生评价信息的道德性;处理学生评价信息的道德性;维护学生权利的道德性;平衡评价结果的道德性;处理利益冲突的道德性。

学生评价标准的实用性特征,是指学生评价能够及时为评价者提供充足的具有影响力的信息,使评价者能够清楚地了解自己的评价目的与评价结果;同时,评价所得出的结论能够以恰当的方式呈现出来。而评价者的责任就是尽可能运用评价结果帮助学生更好地了解自己并主动学习。

评价标准的实用性具体由下述几个方面的因素构成:确定建设性的评价取向;定义评价标准的用法与用途;规定评价信息的范围;确定评价者的资格;厘清评价的价值;作出有价值的评价报告;实施评价后的跟踪了解。

学生评价标准的精确性特征,是指学生评价标准应当适当依赖必要的技术手段,尽可能通过科学的测验获取准确的信息,并由此得出学生学习结果与学习行为变化的价值判断。精确性有利于标准实施过程中学生的自评和互评。

评价标准的精确性具体由下述几个方面的因素构成:确立评价取向;分析学习背景;管理文件与程序,防止评价信息泄露;选择有用的评价信息,鉴别评价中的偏见,分析与处理评价信息;控制评价质量;修正评价结论;实施元评价。

---

①GULLICKSON A R. The Student Evaluation Standards[M].California:Corwin Press,INC,2003:5.

▶▶ 第二节　课文阅读评价方案

课文阅读评价方案是关于课文阅读的评价内容取证方式与赋值方式的具体规划与说明。它以语文教材中的课文为媒介,在阅读能力评价方面,以阅读理解能力和阅读欣赏能力为重点;在阅读方法评价方面,以精读和欣赏为重点;在阅读情感态度评价方面,以情感体验和价值认同为重点;在评价主体上,以师生互为评价主体;在评价工具上,以观察记录和阅读行为核对为重点。课文阅读评价方案操作框架如表18-2所示。

表18-2　课文阅读评价方案操作框架

评价方案要素		操作特征提要
评价标准	可行性	• 以单位时间为阅读表现的最低限制 • 以具体任务的表现程度为最低限制 • 以班级多数学生的阅读表现程度为最低限制
	道德性	
	实用性	
	精确性	
评价内容	目的发展性	• 以阅读理解能力发展为主要目标 • 以阅读方法的迁移运用为重点目标 • 以情感态度发展为辅助目标
	任务操作性	
	成果观察性	
评价工具	多样性	• 教学目标(教师) • 观察记录表(教师、学生) • 行为核对清单(学生)
	适应性	
评价主体	参与性	• 教师 • 学生(自评与互评)
	体验性	
	实践性	

▶ 课文阅读评价方案操作特征

在评价标准上,可以从不同的维度对学生的阅读表现作出表现程度限定。可以单位时间内的阅读表现程度为评价指标,如"三分钟内找出课文的修辞手法";也可以具体的阅读任务完成量来制订阅读表现程度的评价指标,如"用比喻和拟人的手法写一段50字的短文",或者"比较分析两种修辞手法的异同";还可以多数学生的阅读任务完成量来制订阅读表现程度的评价指标,如"大部分学生能划分课文段落"。

在评价内容上,应当在知识与能力、过程与方法、情感态度与价值观三个方面兼顾,但要有所侧重。评价阅读知识与阅读能力,是课文阅读评价的重点,它以课文教学目标为参照,可以通过教师在课堂教学过程中观察学生的阅读表现来实现阅读学业成就的评价,其评价工具是教师备课时编制的教学目标。评价阅读过程和阅读方法,可以由教师通过观察来评价,也可以通过同伴观察来评价,其评价工具是观察记录。评价阅读过程与阅读方法,还可以由学生自己来完成,其评价工具是行为核对清单。在课堂教学结束时,学生自己对照核对清单上的各个项目,进行自我评估,这可以帮助学生将内隐的学习过程和学习收获借助物质手段外显出来,及时发现学习的成就与问题。

在评价工具上,需要灵活选择适合教师和学生等不同评价主体使用的评价工具。例如,教师的主要评价工具是教学目标,也可以是观察记录;学生的评价工具可以是观察记录,还可以是阅读行为核对清单。

在评价主体上,应当师生互为主体,选择最恰当的评价工具,收集最有效的阅读表现证据,赋予学生阅读学业成就以价值。

二、课文阅读评价工具

(一)教师使用的评价工具

教学目标。这是学生课文阅读表现程度的具体规划与说明,教师参照教学目标,可以对学生在课文阅读中的阅读行为表现程度作出价值判断。

观察记录。教师在课堂上还可以使用观察记录作为评价工具,它可以及时记录学生在课堂上阅读课文过程中的具体阅读表现。观察记录的内容可以包括阅读学习结果的三个维度,也可重点观察某一个方面。例如,观察学生的阅读兴趣或阅读习惯,记录其阅读中的行为表现特征,作为学生在一定学习阶段后的学习结果证据,进行对比分析,判断学生的学习进步情况。观察记录可以学习结果为维度,分别记录个别学生的阅读表现和全班学生的阅读表现;也可以阅读过程为维度,重点观察与记录学生在阅读方法上的行为表现程度,例如,课堂讨论中的发言人数,学生所采用的阅读方法,学生在阅读表现中的不良行为特征等;还可以从阅读情感态度的维度来观察学生的阅读倾向性和恒常性的改变。

(二)学生使用的评价工具

观察记录。这就是同伴互评的评价工具。它由学生在小组讨论中记录同伴的阅读表现,实现同伴互评的目的。学生使用的观察记录与教师使用的观察记录,在观察内容和观察侧重点上有差异。教师针对全班学生进行观察或者针对个别特殊学生进行观察;学生主要针对同一学习小组的成员进行观察。

核对清单。这是研究者开发的一种学生自我评价工具。它将阅读教学目标和阅读收获分别陈列在一张表格中,分别从阅读能力、阅读方法、阅读体验、阅读联想、阅读想象、阅读感悟等各个方面设计出不同的考查等级,学生核对清单中的各个项目,可以清晰地查看自己在课堂阅读学习过程中的阅读收获,对自己的阅读学习作出价值判断。因此,阅读行为核对清单对于帮助学生自评极其重要。阅读行为核对清单如表18-3所示。

表18-3　课文阅读表现核对清单(学生自评工具)

教学目标	阅读收获										
阅读能力	积累			分析/概括			评判			欣赏		
	不多　　　很多			不多　　　很多			不多　　　很多			不多　　　很多		
	1	2	3	1	2	3	1	2	3	1	2	3
阅读方法	摘录			提要			评析			讨论		
	不多　　　很多			不多　　　很多			不多　　　很多			不多　　　很多		
	1	2	3	1	2	3	1	2	3	1	2	3

教学目标	阅读收获				
阅读体验	不喜欢　　　　　　　　　　很喜欢				
	1	2	3	4	5
价值认同	不赞同　　　　　　　　　　很赞同				
	1	2	3	4	5
阅读联想	无联想　　　　　　　　　　有联想				
	1	2	3	4	5
阅读想象	无想象　　　　　　　　　　有想象				
	1	2	3	4	5
阅读感悟	无感悟　　　　　　　　　　有感悟				
	1	2	3	4	5

　　这份课文阅读表现核对清单(学生自评工具),是以语文课程标准的评价建议为依据设计的,综合了阅读知识与阅读能力、阅读过程与阅读方法、阅读情感体验与价值认同三个维度的评价内容。在操作定义上,以等级评定为评价指标,对于阅读想象能力和阅读体验能力特别进行了等级评定设计。

　　这份课文阅读评价工具,直接体现了欣赏主体的评价取向。适合学生自我评价的评价工具,能够帮助学生及时了解自我学习的收获,欣赏阅读学习的内部价值,帮助他们对自己的学习所得作出价值判断。

　　课文阅读表现核对清单在课堂阅读教学中的使用,其意义并不仅仅是学生学习过程中外在形式上增加一份可操作的表格,这份阅读表现核对清单的实质是对学生言语经验发展中内在价值的欣赏,它是评价方案价值取向的具体体现,是新课程理念下评价范式转换的具体体现。这份核对清单,可以让每一位学生都能够从阅读教学中找到自己在课堂学习上的收获。这份收获与以往在课堂上的结果不同,它不是来自教师的外部评判,而是来自自我的学习价值判断,这份核对清单能够让学生获得学习成就感,感受学习的乐趣和阅读的乐趣,能够让学生欣赏自己的阅读收获。因此,这份核对清单强调学生自己对学习结果的价值判断,表现出阅读评价中的主体参与立场,同时,它紧紧围绕阅读行为和阅读体验展开,充分体现了阅读评价的言语实践立场和情感体验立场。

(三)课文阅读评价工具

课文阅读评价工具的意义,在于引进了学生作为评价主体的新课程评价理念,开发了学生自我评价工具,能够帮助学生自我判断学习的意义。通过具体的物质手段,可以帮助学生反省自己内隐的学习过程,可以帮助学生清醒地记录与再现学习的收获,也能够及时发现问题,作出学习内容和学习策略上的调整。这可以帮助学生评判自己的阅读学习结果,实现阅读学业成就评价的主体参与立场。

更多课文阅读评价工具可参阅第五章中的评价案例。

课文阅读评价方案

参见本书第五章"语文课程美育"的评价案例"在散步中感悟生命"。

第三节　跨媒介阅读真实任务评价方案

跨媒介阅读真实任务评价方案分为评价方案设计和评价方案实施两个环节。一个完整的评价方案包含评价内容、评价工具、评价标准、评价主体四个要素。"阅读我身边的建筑"跨媒介阅读真实任务评价方案案例,从设计评价方案、实施评价过程、学生作业展示与评定、教师反思与总结四个步骤,完整展示了跨媒介阅读真实任务评价方案设计与实施的全过程。该案例的评析,从评价主体和评价工具的视角,为我们提供了跨媒介阅读真实任务评价方案的深入思考。

案例展示

阅读我身边的建筑

——跨媒介阅读真实任务评价方案

方案设计与实施　刘晓秋

第一部分　设计评价方案

一、确定阅读目标(评价内容)

1.发展学生跨媒介阅读能力。本方案旨在以建筑为阅读线索,发展学生跨媒介阅读能力。

阅读是根据文本信息获得意义的过程。从建筑入手,能够有效发展学生查找信息、选择信息、组织信息的能力,它们分别与阅读能力中的泛读能力、精读能力、阅读创造能力相对应。

2.培养学生健康高尚的情感态度与价值观。以学生周围的建筑为阅读对象,不仅能够促进学生了解自己身边的建筑故事,获得阅读认知能力的发展,还能促进学生对自己故乡人民智慧的了解与热爱,珍惜当下的学习生活,从而实现对学生情感态度与价值观的影响,促进学生在阅读过程中情意品质的改变。

3.发展学生自主性与创造性。学生根据自己的阅读兴趣与阅读背景自主确定阅读主题,选择阅读材料,根据自己的学习现状安排阅读进程,完成阅读计划。在这个过程中,教师只是阅读行为的指导者与监控者,为学生的阅读行为提供支持系统与学习保障。

二、落实阅读任务(评价内容)

1.学生根据自己的学习兴趣与学习背景自主拟定阅读主题。以语文课本中相关课文《中国石拱桥》《苏州园林》《人民英雄纪念碑》等为阅读主题,自己确定阅读主题,并制订阅读计划。

2.学生根据自己身边的建筑制订阅读计划,与同伴讨论评分细则。

三、开发评价工具(评价工具)

1.档案袋。

2.阅读表现自我评价核对清单(表18-4)。

表18-4 阅读表现自我评价核对清单(评价工具)

阅读任务	阅读表现与收获				
确定阅读主题	1	2	3	4	5
	没有完成	部分完成	全部完成	不愉快	很愉快
收集阅读资料	1	2	3	4	5
	没有完成	部分完成	全部完成	不愉快	很愉快
与同伴讨论	1	2	3	4	5
	没有完成	部分完成	全部完成	不愉快	很愉快
收集建筑图片	1	2	3	4	5
	没有完成	部分完成	全部完成	不愉快	很愉快
保护建筑建议	1	2	3	4	5
	没有完成	部分完成	全部完成	不愉快	很愉快
完成建筑介绍	1	2	3	4	5
	没有完成	部分完成	全部完成	不愉快	很愉快

四、研制评价标准(评价标准)

1.提交阅读文本。文本里必须有一个围绕某一特定建筑物的故事。这个故事与建筑的形成过程有关,与当地的习俗有关。

2.提交关于这一建筑的相关建议。

3.学习表现记录,分为自我学习与合作学习两个维度。

(1)自我学习表现。

①实现学习目标。

②提交阅读资料(原始资料、筛选资料、组织资料的提纲)。

③提交学习心得。

(2)合作学习表现。

①资源共享。

②心得交流。

③集体活动。

五、制定等级评分细则

1.一等(优秀)。

(1)能够提交阅读文本。

这个文本里包含了一个围绕某一特定建筑物的故事。这个故事与建筑的形成过程有关,与当地的习俗有关。这个文本里包含了关于这一建筑的相关建议。

(2)能够提交阅读资料。

学生提交的资料里必须包含原始资料、筛选资料和组织资料的提纲,还应该包含阅读心得体会。

(3)能够参加小组阅读活动。

在小组活动中能够主动分享阅读资料和进行阅读心得交流。

2.二等(良好)。

(1)能够提交阅读文本。

这个文本里包含了一个与建筑的形成过程有关的故事,但没有关于这一建筑的相关建议,或者只有建议没有故事。

(2)能够提交阅读资料。

学生提交的资料里只有原始资料或筛选过的资料,有阅读这一建筑的心得体会。

(3)能够参加小组阅读活动。

能够参加小组阅读活动,但不能主动分享阅读资料和进行阅读心得交流。

3.三等(中)。

只能完成3项活动中的2项活动。

4.四等(合格)。

只能完成3项活动中的1项活动。

5.五等(不合格)。

3项活动都不能完成。

第二部分　实施评价过程

根据已经确立的阅读主题，帮助学生完善阅读计划，具体步骤如下。

一、师生商定阅读主题

指导学生观察身边的建筑。我们身边的建筑物有很多，如华新的教学楼、桥、酒店、市区的东方明珠……每个建筑都有自己的历史和故事。

二、小组查找相关资料

请大家观察身边的建筑，并选取一个令自己最有感受的建筑，把它写下来。要求：要结合自己的感受。

三、小组筛选阅读资料

（略）

四、个人组织阅读资料

（略）

第三部分　学生作业展示与评定

这里仅展示学生根据跨媒介阅读任务的要求完成的介绍身边的建筑写作任务作业。比萨斜塔是国外的建筑，文中关联了我国的专家在修复斜塔时所作的贡献；上海豫园和百婆桥都是学生身边的建筑，文中关联了作者自己的思考与感悟。这三份作业展现出了学生在跨媒介阅读任务中的查找信息能力、选择信息能力和组织信息能力，也展现出学生健康高尚的情感态度与价值观。

学生作业
展示与评定

第四部分　教师评价与总结

一、作业表现

有的作业纯粹摘抄网上的资料，没有感受；有的作业通过网上浏览，能够结合自己的体会，向大家介绍一个建筑；有的作业写自己身边的建筑，能够融入自己的情感进行描写，情景交融。

二、任务概况

通过这次跨媒介阅读活动，学生在真实任务情境中阅读身边的建筑，增强了阅读兴趣和阅读能力，特别是学生的自我评定环节，能够引起学生对自身的关注，实现了以评价促进学生发展的新课程理念。

二、案例评析

从"阅读我身边的建筑"评价方案的学生作业可以看出,设计与实施跨媒介阅读真实任务评价方案,不是以学生考试或测验的分数作为考核学生阅读成绩的唯一标准。它反对过去那种把学生简单化地还原为一组数字的做法;它促使教师反省他们关于优异的标准,思考学生的最低学业表现水平;它倡导用学生丰富的学业表现来判断学生阅读活动的意义,而不是用纸笔测试获得的数字"一刀切";它需要教师清晰地界定学生要从事的阅读任务和能够证明水平的阅读活动。

(一)跨媒介阅读真实任务评价,注重学生主体参与评价过程

学生是真实任务评价的主体,在教师指导下建构、商议、确定并逐渐完善评价方案的四个要素。从"阅读我身边的建筑"评价案例可以看出跨学科多元阅读真实任务评价方案的操作特征。这类评价方案的主体通常是学生,且以学生自评为主,评价内容以阅读主题所涉及的内容为限,其评价特征主要表现在评价标准和评价工具两个方面。

第一,在评价标准的制定方面,由教师提供指导,学生通过讨论完成,形成具有操作性和针对性的参照指标。

第二,在评价工具的设计开发上,以学生自评工具为主。评价工具阅读行为自我核对清单的设计与具体的阅读任务相关联,可以避免学生在阅读过程中的盲目性和随意性。阅读档案可以记录学生在阅读过程中的进步和资料成果,帮助学生反思自己的阅读过程与阅读收获。

(二)跨媒介阅读真实任务评价,注重学生的表现性评价

相较于纸笔测试的评价,跨媒介阅读真实任务情境中的阅读表现评价,表现出了明显的优势:纸笔测试评价与教学分离,表现性评价与教学融为一体。纸笔测试评价通常都有标准答案,表现性评价则没有标准答案。表现性评价与纸笔测试评价的区别,如表18-5所示。

表18-5 表现性评价与纸笔测试评价对比

纸笔测试评价	表现性评价
有标准答案	无标准答案
以单一分数反映学生情况	以不同形式反映学生的历史信息
适合于检测学习的结果	适合于检测思维过程、表现过程 适合于检测高层次的思维水平 适合于检测解决复杂问题的能力 适合于检测解决非结构性问题的能力
适合于检测学生对基本事实的记忆程度	同时还能考查学生的情感、态度、价值观;一定程度上了解学生思考的过程和情感态度的投入状态

（三）跨媒介阅读真实任务评价,更加注重开发多元化评价工具

多元化阅读评价工具,分为学生自我评价工具和同伴互评工具。自评工具如行为核对清单和档案袋。互评工具如观察记录和评价标准。

（1）核对清单。核对清单具体描述阅读任务的各个项目。学生在阅读过程中,根据核对清单的条目逐一核对,直到完成核对单上的所有内容。它可以帮助学生在阅读中整理思路,分清主次,完成全部阅读任务。

（2）档案袋。档案袋是阅读过程中的所有阅读成果记录。它可以是学生作业,也可以是学生笔记,还可以是学生搜集的相关资料。在这个阅读方案中,学生所搜集的建筑图片就应当放入档案袋中。

（四）跨媒介阅读真实任务评价实施要点

"阅读我身边的建筑"评价案例,可以带给我们关于跨媒介阅读真实任务评价方案的以下思考,这些思考将有助于跨媒介阅读真实任务评价方案的研制与完善。

1.教师评价与学生评价相结合

评价方案实施过程中,教师与学生双方的评价意识都不足,以质性描述解释阅读表现不够。上海华新中学的评价方案以阅读运用能力为考查的重点,以阅读有关建筑的文本和建筑实物为阅读任务,但评价过程中引导学生的反思还不足。在实施评价方案的过程中,应当将教师评价与学生自评结合起来考查,既要考虑学生的主体参与立场,又要考虑质性描述对量化指标的统整。

2.尊重学生主体的阅读经验的内在价值

评价方案的研制还需要进一步完善,在使用中还伴随许多问题。例如,尽管教师在设计方案的时候也强调关注学生的参与、关注学生自我价值判断,也强调评价工具的开发使用,但在活动实施过程中依然会被教学惯性左右,依然会以教师的眼光评判学生的学业进步,忽视学生的阅读经验发展本身的内在价值的存在。

3.有效使用评价工具

在该案例中,华新中学的刘老师非常遗憾地表示,学生难以做到阅读身边的建筑,特别是在阅读作业中,明明要求他们提出保护建筑的相关建议,可学生只是从网上下载文章,基本上都不会写自己身边的建筑。其实,刘老师忽略了一点,学生提交的作业,是阅读任务中的一个部分。刘老师所遗憾的只是学生并没有完全按照预设的阅读目标提交阅读任务成果。而学生的阅读作业正是阅读目标生成性的具体表现。刘老师的这种认识是具有普遍意义的忽视学生学业成就内在价值的评价观的具体表现。评价工具也没有被有意识地使用起来。

4.可以从课文阅读和主题阅读两个层面设计跨媒介阅读真实任务

跨媒介阅读真实任务评价方案的研制与实施,还需要一个相对漫长的过程。面对真实任务情境,学生阅读表现的具体规划与操作说明,可以从课文阅读和主题阅读两个方面来设计与实施。在跨媒介阅读真实任务评价方案中,又可以再分为基于教材的以文本阅读为主的主题阅读评价方案,和以跨媒介阅读为主的真实任务评价方案。

第十九章
语文考试

◎导读提要◎

　　语文考试是以书面测验的形式获取学生的语文学习证据,并以此作出语文学习的价值判断。语文考试内容应当以教材知识为主,适度选择语文课堂外的言语实践内容;语文考试题型应当适度考虑主观题型占比,注重考查学生独特的体验与感悟。双向细目表,是编制语文试卷的重要工具。

◎课程思政提要◎

1.聚焦革命文化、社会主义先进文化,考查学生的世界观、人生观以及价值观。
2.聚焦中华传统文化、当代文化,考查学生的文化自信以及审美鉴赏能力。
3.设计真实任务情境考试,考查学生的爱国情怀和思维能力。

▶▶ 第一节　语文考试的内容与题型

　　语文考试的内容改革主要集中在阅读考试部分,具体表现为试卷中教科书阅读材料与课外阅读材料之间比例确定的问题,可以从以下三个方面入手。

◤ 语文考试内容

(一)教科书中规定背诵的课文

　　在选择阅读材料时,教科书中规定的背诵篇目应当成为考查阅读知识水平的主要内容。在考查理解水平和运用水平的阅读材料选择上,可以以各学年配套的课外阅读材料为主,这样可以促使学生重视课外阅读,避免出现学生背阅读笔记的现象。同时,还应当选择一部分相应年级水平的学生没有阅读过的材料,以考查其阅读迁移能力。

(二)课外阅读材料中适度选择网络作品

从课外选材的范围看,可以从书籍、杂志和网络中选择阅读材料;从考试材料的文体形式看,可以文学作品为主,适当增加议论文试题量。在第四学段还应当考虑选择少量浅易的文言文阅读材料。《全日制义务教育语文课程标准(实验稿)》在第三学段的阅读目标中明确指出:"利用图书馆、网络等信息渠道尝试进行探究性阅读。扩展自己的阅读面,课外阅读总量不少于100万字。"在课外阅读材料中适度选择网络作品,可以发展学生的现代信息素养。

二、语文考试的题型

题型是试题的类型。按试题答案的确定性程度划分,可以分为主观题与客观题;按试题在试卷中的具体表现形式划分,可以分为选择题、填空题、解释题、简答题、论述题等。

客观题是指评分标准一旦确立,只要依据这些规则,无论是谁评分都可以得出相同的分数结果。典型的客观题,只要求学生填写一个词语、一个数字、一个符号,或从预先准备好的备选项中选择正确答案。其题型通常有填空题、简答题、是非题、匹配题、单项选择题、多项选择题等;此外,还有概念术语解释、简单计算题。客观题的不足主要表现在较难有效地、直接地测量学生在语言表达、思维分析过程及创造技能方面的高级学习成就。

主观题是指没有确定答案的题型,如论述题和作文题。主观题的优点在于适合考查学生的分析能力、综合能力、组织表达能力、计算与推论等较为复杂的心智技能;主观题提倡自由反应,还有利于考查应用能力和创造能力。它可能获得较为丰富的作答反应过程资料,便于分析被评价者的技能、创意、策略以及知识缺陷。主观题的不足是作答过程有大量书写任务,容易造成忙于书写、无心遐想,手指很累、头脑轻松的状况。主观题在单位时间内施测的题量较少,限制了测验内容的覆盖面,不利于测验效率的提高。主观题与客观题的主要区别与利弊,如表19-1所示。

表19-1　主观题与客观题的主要区别和评价利弊[1]

题型	主观题	客观题
试题编制	容易	困难
试题覆盖面	小	大
与考生的关系	·考生自由作答 ·考生思维活跃,输出量大 ·与考生表达水平有关 ·鼓励考生自由发挥。猜中试题的机会大,一旦猜中,将会影响总成绩	·多是选择工作 ·考生输出量小,但仍可能有复杂的内部思维过程 ·不受考生表达水平影响 ·允许考生猜测,但对总成绩影响不大
与教学目标关系	较好地考查高级认知水平	容易考查低层次能力,很难考查高层次能力

[1]陈菊先.语文教育学[M].武汉:华中师范大学出版社,1994:409.

续表

答案	• 复杂 • 结果很难预计		• 简单 • 确定
评分	• 困难 • 对阅卷者要求高 • 阅卷者信度不太高		• 容易 • 可用机器阅卷 • 阅卷者信度高

在阅读考试中,客观题与主观题同等重要。回顾历届语文考试试卷,考试题型大多忽略了学生的主体参与意识。

(一)语文考试的主要题型

1.填空题

填空题也称填充题或完形题,它是根据既定的考查目标,隐去材料的部分内容,造成形式上的不完整,要求考生根据对材料的理解将其补充完整的试题,是一种对答案有强烈限制的客观性供答型试题。根据材料形式的不同,填空题可分为填文题、填表题和填图题三大类。

2.简述题

简述题是指简要回答的问题,包括简答题、列举题、改错题、各种小型解释题和材料分析题。它包括主观题与客观题两个方面。从作答方式上看,可以分为简答题、列举题、释义题、改错题,突出了试题的外在形式和作答规范,有利于命题者选择题型和学生明晰试题的作答要求;从测量目标上看,可以分为对已学语文知识进行再现、整理、归纳的简述题和运用已学知识去分析新情境、解决新问题的简述题,突出了试题内在的测量功能,有利于对试题开展效度研究;从答题的自由度上看,可以分为封闭性简述题和开放性简述题,突出了求同思维和发散思维的区别,有利于测量和发展学生的个性与创造性思维。

3.选择题

选择题是由问题和备选答案组成的试题。分为单项选择题和多项选择题,只有一个正确答案和一个错误答案的选择题叫是非选择题。由于备选答案确切固定,因而它属于客观题。其突出优点是评分客观、准确,知识覆盖面广,有利于机器阅卷。其不足是只能反映思维结果,不能反映思维过程,只能考查求同思维,不能考查求异思维,不利于考查学生的语文运用能力。

4.论述题

论述题是指要求学生运用自己的语言,自由地表达观点,或者解释说明学习结果的测试题,它能够有效地评价学生的理解能力和在某些领域组织信息、运用信息的能力。它没有确定的标准答案,旨在测试学生灵活运用所学知识的能力。它的答案是开放的,获得答案的过程也是开放的。历史、文学、科学、数学等学科领域的评价中经常用到这种评价工具。论述题的主要智力过程是分析综合与选择判断,根据问题的开放程度,论述题可以分为限制性论述题和扩展性论述题,参见第17章《论文题评价》。

(二)语文考试题型改革要点

国内的阅读考试改革可以从单项阅读考试和综合阅读考试两个方面突破。

1.单项阅读考试

单项阅读考试是指针对单一的阅读能力进行专门测试。例如，专门考查阅读理解能力或者专门考查阅读欣赏能力。这种考试的优点在于重点突出，各个击破，便于诊断学生阅读学习过程中的不足，及时调整教学行为和学习内容。单项阅读能力评价题型框架，如表19-2所示。

表19-2　单项阅读能力评价题型框架

题型 阅读能力	选择题		简述题		开放题		备注
	必做	选做	必做	选做	必做	选做	
阅读理解能力	选择题、填空题		简答题、缩写题、评析题、编写提要		扩写、续写		
阅读欣赏能力	—		解释题、赏析题		论述题、读后感		
阅读创造能力	—		改写题、解释题、评析题、填空题		读后感、建议报告		

1)恰当分配主观题与客观题

在阅读考试中，客观题与主观题同等重要。从现行的阅读考试题型看，无视阅读学业成就评价学科立场的现象越来越严重，这种情况应该引起警觉，要恰当分配主观题与客观题。

2)注重考查单项阅读能力

阅读理解能力考试特征。阅读理解能力考试主要考查学生在词语把握、意义提取、段意概括、特点分析等方面的阅读学习结果。阅读中的理解一般有三重意义：字面意义，根据词语通常的含义和正常使用的语法体现出来的意义；主题意义，根据语句采用什么修辞手法，判断其特定意义；情境意义，根据语句出现的情境，体会其特定的意义。阅读概括能力应当作为阅读理解能力的重点考查内容。因此，阅读理解能力考试的主要题型可以确定为填空、选择、简述、概括段意、归纳中心、编写提纲等。

阅读欣赏能力考试特征。欣赏是一种主观体验。评价欣赏能力必须立足于学生用自己的言语表达自己的主观感受。欣赏是对作品整体而言的，包括内容与形式。对初中学生来说，文学作品欣赏的重点是作品的形象、情境和语言，以引起感悟的共鸣。欣赏是读者的艺术再创造，要求想象和联想的参与，重点在于表达读者阅读时的愉快体验和说明与剖析作品在形式与内容上的优点。从愉快体验的角度看，每一个学生都能够参与欣赏，每一个学生都可以进行阅读欣赏能力的考试。因此，阅读欣赏考试的主要特征是运用主观题，让学生将阅读时的情感体验尽可能地传达出来。其考试题型主要有读后感、评析和赏析。也可以用改写和扩写的方式来考查学生对文本的意义解读和欣赏程度。

阅读创造能力考试特征。考查学生语言欣赏中的创造性思维,应重点考查学生是否具有发现问题的敏捷性,积极探索的教学求异性,解决问题的创造性,结果表述的新颖性等。阅读创造能力考试,并不一定只在文学作品欣赏中才能进行,语文教材中的课文都可以进行阅读创造能力考试。读后感、改写、续写、评析等都是考查阅读创造能力的有效题型。

2.综合阅读考试

综合阅读考试是指对阅读学习结果中的多项内容进行测试。编制综合阅读考试的关键技术是阅读题型是否与所要考查的阅读能力匹配。

《全日制义务教育语文课程标准(实验稿)》中的评价建议指出:"阅读评价要综合考察学生阅读过程中的感受、体验、理解和价值取向,考查其阅读的兴趣、方法与习惯以及阅读材料的选择和阅读量。重视对学生多角度、有创意阅读的评价。"因此,在总结有效考试经验的基础上,还应当补充适于考查学生主观感受和情感体验的考试题型,如改写题、缩写题、论述题等。根据中考语文试卷中的题型分布,结合布卢姆学习目标分类理论,现设计不同学习水平的阅读考试题型对应关系,如表19-3所示。这些题型应当与阅读能力相对应地分配在试卷中。

表19-3 阅读能力与学习水平考试题型分配

阅读能力	学习水平	阅读考试题型
阅读创造能力	运用/创造	改写题、解释题、填空题、缩写题、评析题、读后感
阅读欣赏能力	评价	论述题、解释题、作文题、评析题、读后感
阅读理解能力	理解/分析	听写题、解释题、填空题、选择题、简答题、评析题、读后感
阅读积累能力	记忆	听写题、默写题、填空题

(1)阅读记忆水平的试题特征。考生只要通过适当的回忆或再认就能够完成解题,主要考查学生的阅读记忆能力。考试内容以学生曾经阅读过的教科书中的课文或配套阅读材料中的课文为主。考试题型以听写题、默写题、填空题等为主。

(2)阅读理解水平的试题特征。考生需要通过整理和分析阅读材料才能完成解题。考试的阅读材料可以是学生曾经阅读过的教科书中的课文,也可以是配套阅读材料中曾经阅读过的课文,但是需要解答的问题要求与曾经遇到过的不同。例如,比较两篇课文的异同,或比较两位作者的写作风格异同等。解题的过程需要学生对这些熟悉的阅读材料进行分析与综合,答案的形式表现为对阅读材料的解释、说明、转换等。考试题型以听写题、解释题、填空题、选择题、简答题等为主。

(3)阅读评价水平的试题特征。试题以考查学生的阅读体验为主,同时考查学生对阅读材料优点的分析说明。考试题型以描述性的题型为主,如论述题、解释题、作文题、评析题和读后感等。

(4)阅读运用水平的试题特征。考生需要整理和加工阅读材料才能完成解题。试题与所学的内容本质相同但情景不同,考生必须运用所学的知识、原理、方法、观点等进行理解和思考才能完成解题。题目通常表现为新情景、新问题。知识和技能的迁移是最根本的心理特征。

▶▶ 第二节 语文试卷编制技术

编制语文试卷,首先要编制试卷的双向细目表,然后根据双向细目表框架选择考试内容和题型,编制过程中应当注意以下几个方面的问题。

一、编制双向细目表

双向细目表是在试卷命题前根据学习目标分析学习内容的试卷设计工具,它从横向与纵向两个方向确定语文考试项目。横向为语文考试的具体内容,以课程标准规定的目标范围为依据;纵向为语文认知学习的层级水平,以布卢姆教学目标分类理论的学习水平为依据。语文考试双向细目表,如表19-4所示。根据语文课程标准的要求和布卢姆教学目标分类理论,将认知领域的语文学习结果的水平加以分解,根据语文考试双向细目表编制语文试卷题型框架。

表19-4 语文能力与学习水平考试题型分配

语文知识／题型／学业水平	语文知识		识字与写字		阅读与鉴赏				梳理与研究		表达与交流	
	基础知识	文言知识	识字	写字	朗读积累	阅读理解	阅读创造	阅读欣赏	阅读梳理	阅读探究	交流	表达/作文
评价/创造		扩写		评析、赏析			改写、扩写	评析、读后感		评析、读后感	书信、留言	习作
运用/综合		改写		概述	解释		续写				邀请函、请假条	演讲辞、导游词
理解/分析		选择、填空、叙写	简答		填空、简答、解释	叙写						
记忆	填空、简答、注音	填空、简答、注音	选择、注音		填空、简答、摘录				填空、简答、摘录			

二、分析信度与效度

信度和效度是衡量试卷质量的基本指标。

信度是指试卷的可靠性程度，也就是测量结果的一致性程度。一份好的语文试卷，应当具有良好的信度。也就是说，对于相同的学生，用同一份试卷反复考试多次，其考试结果应该始终不变。如果用同一份试卷，A生与B生在不同的时间测量都得到相同的成绩，那么这份试卷就是可靠的，也就是说它具有信度。换句话说，如果同一份试卷在不同时间测试，其结果所反映的学生的差异水平基本相同，那么这份试卷的信度就高。

信度可以分为再测信度、平行信度、对半信度、内部一致性信度。

效度是指试卷对一定的考试目的检测的准确有效的程度。它主要检验测试是否达到了预定目的，是否考查了应当考查的内容。一份试卷能够正确地测量出所需要检测的内容，那么其效度就高。

试卷的效度可以分为内容效度、卷面效度和共时效度。

内容效度反映测试内容与预定的测试目标的一致性程度。提高内容效度可以从以下几个方面入手：由有经验的教师或专家，根据课程标准，列出教材内容的各项重点和所要测量的各类学习结果，制定教学目标；列出单元教学内容和教学目标的双向细目表；依照双向细目表的具体规定编制试题。

卷面效度与学生对测试的反应有关，例如，试卷是否清晰，题干是否明确，试题难不难，试卷是否能够使学生充分发挥自己的水平等，这些问题都需要通过与学生交流、开座谈会、开展问卷调查等方法获取信息。

共时效度主要检验测试的科学性程度，就是将本次测试与另一次公认具有较高科学性的测试相比较，计算出两者的相关系数，如果相关系数大，说明本试卷的科学性较高。一般情况下，是将学生的这两次考试结果加以比较。

影响考试信度的因素较多，考试的环境、评分方法的一致性、学生的学习动机、学生的健康状况等都可能引起随机误差。

三、参照课程标准

编制语文试卷时，应当从文章的长度、文章的内容和文章的思想感情几个维度综合考虑。

第一，在选择文章的长度上，应当考虑到对阅读速度的检测，具备"每分钟不少于500字"的文字特征。

第二，在选择文章的内容上，应当考虑到对阅读理解能力的检测，具备"体味和推敲重要词句在语言环境中的意义和作用""品味作品中富于表现力的语言"这样的语言特征。

第三，在思想感情倾向上，应当考虑到对阅读体验的检测，具备"对作品的思想感情倾向，能联系文化背景作出自己的评价；对作品中感人的情境和形象，能说出自己的体验"的语言特征。

▶▶ 第三节　语文学业水平考试

◤ 一　学业质量

学业质量是学生在完成课程阶段性学习后的学业成就表现。语文课程学业质量标准是以核心素养为主要维度，结合课程内容，对学生语文学业成就具体表现特征的整体刻画。在义务教育四个学段中，按照日常生活、文学体验、跨学科学习三类语言文字运用情境，整合识字与写字、阅读与鉴赏、表达与交流、梳理与探究等语文实践活动，描述学生语文学业成就的关键表现，体现学段结束时学生核心素养应达到的水平。义务教育四个学段的语文课程学业质量标准之间相互衔接，体现学生核心素养发展的进阶，为核心素养评价提供基本依据。

◤ 二　学业水平考试

学业水平考试的目的主要是通过学生的学业质量表现检验在义务教育阶段结束时学生核心素养的发展水平，为高一级学校招生录取提供依据，为评价区域和学校教学质量、改进教学提供参考。

（一）命题原则

坚持素养立意。以核心素养为考查目标，通过识字与写字、阅读与鉴赏、表达与交流、梳理与探究等语文实践活动，全面考查学生核心素养的发展水平。

坚持依标命题。体现课程理念，严格依据学业质量要求命题，保证命题框架、试题情境、任务难度等符合学业质量要求。

坚持科学规范。题目表述简明、规范，材料选取具有典范性和多样性，评分标准有效反映学生核心素养的发展水平，确保测试目的、测试内容、测试形式和评分标准的一致性。

（二）命题规划

重视命题规划，明确学业水平考试命题的目标要求，规定内容范围与水平标准。系统设计考试形式，一般采用纸笔测试，有条件的地区可以考虑逐步引入基于信息技术的考试形式。

科学设计试卷结构,明确规定主观性和客观性试题的比例,倡导设计基于情境的探究性、开放性、综合性试题。对题型设计、题量、难度、评分标准等方面提出基本要求,充分展现学生在语文学习过程中形成的能力、方法,以及情感态度与价值观的综合发展情况。

(三)命题要求

考试命题应以情境为载体,依据学生在真实情境下解决问题的过程和结果评定其素养水平。命题情境可以从日常生活、文学体验、跨学科学习,或个人、学校、社会等角度设置。日常生活情境指向真实具体的社会生活,关注学生在生活场景中的语言实践,凸显语言交际活动的对象、目的和表达方式。文学体验情境侧重强调学生在文学作品阅读中体验丰富的情感,关注学生对中华优秀传统文化、革命文化、社会主义先进文化的体认。跨学科学习情境侧重强调学生综合运用多门课程的知识、思想和方法解决实际问题,命题应贴近学生生活经验和情感体验,抓住社会生活中常见但又值得深思的真实场景,创设新颖、有趣、内涵丰富的情境,设计多样的问题或任务,激发学生内在动机和探究欲望。

命题材料的选取要具有时代性、典型性和多样性,充分体现语文课程特点。命题材料要能够体现问题或任务的对象、目的与要求,能够启发学生调动既有知识和资源解决问题、完成任务,能够为学生解决问题、完成任务提供背景材料或知识支架。

问题与任务是题目的主体部分。根据语文实践活动的不同类型,问题或任务设计可以侧重阅读与鉴赏、表达与交流、梳理与探究中的某一方面,也可以设置综合型题目,让学生在复杂情境中充分展示核心素养的发展水平。阅读与鉴赏类问题或任务要立足文本信息的提取、归纳、概括,考查学生对作品思想内容、篇章结构、表现手法、语言风格的理解和把握,引导学生对作品的创作动机、表达效果作出合理评价。表达与交流类问题或任务要注重调动学生已有的知识积累和学习经验,让学生记述生活经历,表达情感体验,就语言、文学、文化、生活等现象发表自己的看法。要在与学生实际生活经验密切关联的交际语境中,考查学生语言文字运用能力,思考问题的立场、观点和态度,以及思维发展水平。梳理与探究类问题或任务要从具体的文本材料出发,拟定有育人价值和探究空间的活动,考查学生提取信息、筛选分类、比较概括、归纳总结等思维能力,问题或任务设定要关注探究结果的合理性,关注学生思维品质的发展。综合型问题或任务要充分体现对阅读与鉴赏、表达与交流、梳理与探究能力的整合,在命题材料和社会生活实际之间找到结合点,引导学生围绕话题或现象,深入思考探究,综合分析解决问题,在学以致用的过程中展现正确的世界观、人生观、价值观。

题干设计要规范。主观题题干要简洁、明确,便于学生捕捉问题的核心信息;客观题题干要注意事实性信息的科学性和准确性。试题形式力求创新,鼓励增加开放性试题比例,以避免导向新的应试模式。要健全主观性、开放性试题的评分标准,依据学生的认知发展水平,对简单结构作答和复杂结构作答实行分级赋分。

三 语文学业水平考试试卷分析

　　以语文考试双向细目表分析2024年重庆市中考语文试卷，该试卷覆盖了从记忆水平到创造水平的六级认知水平层级；同时，该试卷题型覆盖了语文基础知识题型、阅读积累能力题型、阅读理解能力题型、阅读创造能力题型、阅读欣赏能力题型、写作能力题型。因此，2024年重庆市中考语文试卷是一份可以全面考查学生语文能力的良好试卷。

2024重庆市中考
语文试卷（A卷）

2024重庆市中考
语文试卷分析

第四编

语文主体论

探讨"哪些人"参与语文教学,共四章:学生主体的非智力因素、面向学生主体的语文服务设计、教师主体、语文教育共同体。

语文主体论的亮点是语文教育共同体,创新点是语文服务设计。

◎学习重点◎

1.培养语文学习兴趣与习惯。
2.语文服务设计助学方案。
3.语文课堂主体互动模式。
4.语文社团共同体文化探访活动模式。

第二十章
学生主体的非智力因素

◎导读提要◎

　　非智力因素是指认知因素(学生已经具有的知识以及由遗传决定的智力因素)以外的其他因素,包括动机、兴趣、情感、意志、习惯、性格等。尊重和利用学生主体的非智力因素,可以提高语文学习的效率。在语文学习过程中,非智力因素具备三个作用:动力作用,指学生要学好语文,必须要有明确的学习动机;指导作用,指学生必须对语文产生学习兴趣、学习情感以及坚韧不拔的意志,才能从动机走向目标,从而获得学业的成功;强化作用,在学习语文过程中,由于主观原因,学生会有松懈疲倦、情绪低落、不思进取等现象,这就有赖于非智力因素的强化作用予以克服。

◎课程思政提要◎

　　1.学生学习主体意识强烈,自觉投入,情绪高涨,智力振奋,并体验到追求真理、进行脑力劳动的欢乐。
　　2.设计富有启发性的问题,让学生进入问题情境,让学生置身于实践活动的情境中解决问题。
　　3.学校、家庭、社会形成合力,相互促进,整体发展,培养学生养成良好的语文学习习惯。

▶▶ 第一节　学生主体的语文学习动机

　　西方心理学界把学习动机称为内驱力、内动力,指的是一种直接推动并维持学习的内部动力。它是一种学习的需要,这种需要是社会和教育对学生学习的客观要求在学生头脑里的反映。它表现为兴趣、意向、信念等形式,对学习起着推动作用。
　　学习动机是具有指向性和集中性的心理动因,它决定着学习主体的意念、行为,以及情感的趋势和倾向。学习动机具有三种功能:引发功能、导向功能、调节功能。

➡ 动机的构成

奥苏贝尔认为，学校情景下的动机，至少包括三方面的内驱力：认知内驱力、自我提高的内驱力和附属内驱力。

（一）认知内驱力

认知内驱力是要求了解与理解知识、阐述与解决问题的需要，是一种内部动机。在学习中，学生具有认识和理解周围环境的需要，并驱使个体独立地思考有一定难度的课题，乐于从事智力活动，并试图合理地解决问题。学生对语文学科的认知内驱力主要是后天形成的，适当的教育环境、成功的学习经验可以提高学生的认知内驱力。

（二）自我提高的内驱力

自我提高的内驱力指学生因自己的胜任能力而赢得相应地位的需要，属于外部动机。学习中它不是指向学习任务和学习目标，而是指向在集体和他人心目中赢得怎样的地位。学生在学习上的失败可能导致他在集体中地位的降低、自尊心丧失等后果。

（三）附属内驱力

附属内驱力指学生为了保持长者（教师、家长等）和同伴对自己的赞许或认可，而表现出来的一种提升学习的需要，属于外部动机。这种需要不是指向学习任务和学习目标，也不是指向自我地位的提高，而是对长者和同伴在感情上的依附。附属内驱力在小学低年级阶段比较突出，这时学生热衷于追求以父母、教师的赞许或认可为基础的派生地位。

在小学低年级阶段，附属内驱力是重要的学习动机。认知内驱力的作用随年龄的增长而提高。自我提高的内驱力对青年和成年人相当重要，是其动机的决定部分。

➡ 培养语文学习动机

（一）强化学习需要

语文学习动机主要来源于语文学习的需要。心理学认为，需要是动机产生的基础，当某种客观事物可以满足这种需要时，只需要激励人去行动就可以产生有效的动机。所以，培养语文学习的动机，从根本上说应从强化语文学习的认知需要入手。

（二）反馈学习结果

学习结果会对学生产生相当大的激励作用。学生知道自己的学习结果，一方面可以知道自己的成绩和进步，提高学习热情和努力程度；另一方面，可以看到自己的缺点，激起上进心，及时改正。因此，学生得到好成绩，或者了解到自己学习的不足，都会强化学习动机。这就是学习结果的反馈作用。

在一个班级里，学生的学习结果存在个别差异。因此，反馈学习结果还要注意"因人而异"，使每个学生都能得到成功的机会。以提问为例，可根据问题难易，选择不同学生回答，若学生质疑，应根据学生情况，进行引导和鼓励。

(三)引导学习归因

归因理论是人们用来解释自己和他人行为因果关系的理论。20世纪70年代以来，关于归因理论的研究非常活跃，不少心理学家运用这个理论进行了激发学习动机的研究，提出了一个重要理论，即学习归因理论。

学习归因理论总结了四种影响学习的因素：自己的能力；内容的难易；运气；学习的努力程度。学生对学习成功或失败原因的看法，对随后的志向水平和学习活动有重要的影响，这种影响包括：①如果学生把失败归因于自己能力不够这个稳定的内部因素，则这种归因不会增强学习活动的坚持性；②如果学生把失败归因于内容太难等稳定的外部因素，就很可能降低学习活动的坚持性；③如果学生把失败归因于运气不好等不稳定的外因，则不一定会降低学习动机；④如果学生把失败归因于努力不够、准备不充分等不稳定的可变因素，就会保持甚至增强成功的动机。因此，让学生对自己的学习成绩有正确而适当的归因，是激励学生积极、主动学习和不断提高学习自信心的重要条件，我们应该引导学生把学习的结果归因到努力程度上。

应该注意的是，运用学习归因理论时，一方面，要使学生认识到自己成绩差的原因是由于自身不够努力；另一方面，又要使学生感到自己的努力是有效的。

(四)给予适度的学习焦虑

学习焦虑指的是对当前或预计会给学生的自尊心带来潜在威胁的学习情境，具有一种担忧的心理反应倾向。当一个学生体验或预计到因学习不及格或受到老师批评而丧失自尊时，便会产生焦虑。焦虑作为一种客观上对学生自尊的威胁，会激起学生改变自身现状的紧迫感，从而产生积极的动机，并转化成行为的动力。因此，在学生的言行不符合要求时，对学生进行适当的批评和责备是必要的。

应当指出，给予学习焦虑，一般应控制在中等程度。高度的焦虑只有与突出的能力相结合才能促进学习，当高度的焦虑同低能力或一般能力相结合则往往会抑制学习。因此，就促进大多数人的学习动机而言，应当把学习焦虑控制在中等程度。

▶▶ 第二节　学生主体的语文学习兴趣

兴趣是人们有选择地、愉快地力求接近或探究某些事物的心理倾向，表现在语文学习上，就是学生积极探究语文技巧和规律，抒发或表露某种情感的认识倾向。语文学习兴趣有了一定量的积累，就可转化为语文学习动机，真正做到变学生的"要我学"为"我要学"。另一种是比较短暂的兴趣。这种"兴趣"，往往是由某种特殊的条件或偶然的因素引起的，随着这些条件或因素的消失，"兴趣"也消失了。所以这种暂时的兴趣，不能成为个性的心理特征。我们教学所要培养的，是对学习起稳定作用的兴趣。

一 学生认知兴趣的发展

为了更好地培养学生对语文的认知兴趣,教师要先了解学生认知兴趣的发展水平。根据兴趣的深度、范围和稳定程度等特征,可将学生的认知兴趣分为三级发展水平。

(一)初级发展水平

初级发展水平的认知兴趣表现为对语文教材中新的内容或有趣的现象产生直接的兴趣,这种兴趣往往很不固定,随着对教材的熟悉,感兴趣的情境消失,兴趣很快就会下降。初级水平的认知兴趣在个性的发展中并不保留任何痕迹。这一阶段,学生的兴趣范围是不明确和无意识的。他们对语文课外自由活动的选择是杂乱的,常受到外部刺激的影响。因而这种兴趣不能有效地、持续地让学生把语文作为主要的兴趣和爱好。在教学上,教师不能满足于使学生把注意力集中在感兴趣的事物上,因为有些必须掌握的知识、技能本身就不可能有趣,要善于引导学生经过努力把注意力集中到他必须学好而不感兴趣的知识和事物上,使他们变无趣为有趣,变无视为重视。这就需要教师采用生动活泼的教育方式,以适应处于认知兴趣的初级发展水平的学生的心理需要。以教生字为例,不能只是枯燥乏味地要学生"念几遍,抄几遍",把偏旁、部首拆拼一下,而可以鼓励学生开动脑筋记住它,看谁办法想得最好。比如,"雷"字——"打雷了,雨落到田里去了";"办"字——"出大力,流大汗,办法就来了,'办'字旁的两点就像汗珠"。又如,一位中学教师教文言字"卒",用猜谜语的方式,引起学生的兴趣——谜面是"刘邦闻之喜,刘备闻之泣",谜底则是"翠"字。项羽、关羽都有一个"羽"字,项羽死了,刘邦"闻之喜";关羽死了,刘备就"闻之泣"。于是,学生就在谜语中明白了"卒"字可以作死之解。

(二)比较高级发展水平

比较高级发展水平的认知兴趣表现在对事物和现象的认识不停留在个别和表面,而是对探求本质属性发生了兴趣,如探讨文本中心及写作技巧。这时,学生对语文的学习兴趣相对稳定,阅读范围较广,具有了一般的求知欲,但还不够深入;在学习过程中逐步形成了对语文有意识学习的内部动机,但这种内部动机还没有强烈到不需要外部刺激的程度,如教师的督促、检查。因此,对处于这种层次兴趣的学生,还需要相应的教学措施,把他们的兴趣引向深入、稳固,例如,提出教学要求,严格执行;创造学习成功的条件,给予心理满足和愉悦等。

(三)高级发展水平

高级发展水平的认知兴趣建立在创造性的探究活动的基础上,表现出对因果关系、客观规律和基本原理感兴趣,例如,产生"为什么这样写""这样写有何作用"等疑问。这时,学生的学习方法日趋完善,进步快,兴趣稳定;学习语文的内部动机占了绝对优势,即使在不利的外部条件下,也能克服困难,坚持学习;而且兴趣广泛,不仅表现在课堂上,也表现在课外活动中,语文逐步成为他们的中心兴趣,这为学生今后在相应领域中施展自己的才能,奠定了坚实的基础。对具有这种层次兴趣的学生,教师主要在学习的广度和深度上给予指导,使他们的兴趣得到强化和提升。

认知兴趣的各级水平,在现实中并不明显划分,往往是互相渗透、互相伴随、互相转化的。但在一个确定的时期,教师可以看到学生的语文认知兴趣发展处于什么水平。教师要善于根据每个学生兴趣水平的不同,通过各种手段,运用不同的方法加以诱发、维持和强化,这是提高教学质量的重要途径。

二、培养语文学习兴趣

(一)沟通师生感情

教学活动不仅仅是传授知识、发展智力的活动,而且也是师生情感交流的活动。这种情感交流的活动似乎与学习无关,但它是学习不可缺少的"润滑剂"。要做到这一点,必须重视"爱"在其中所起的"润滑剂"的作用。学生往往因为喜爱某位教师,从而对这位教师所教的学科产生浓厚的兴趣。语文学科也不例外。

(二)享受精神满足

语文教学必须尽力给学生创造自我表现的机会,使他们获得精神满足,对语文学习产生兴趣。教育心理学认为,自我表现是人与生俱来的欲望。这一点表现在语文学习中,就是学生都有一种发表欲和参与意识。语文课有很多让学生享受精神满足的机会。例如,阅读课应尽量让学生质疑、讨论,引导他们回答好每一个问题,充分肯定学生对课文的每一处合理理解和创造性理解。作文更是学生"自我表现"的时机。作文教学必须突破传统的讲评方式,在课堂上诵读两三篇优秀习作的模式,应采取一些与教学相宜的"形式",及时发掘学生习作的闪光点,对学生多加引导和鼓励,或诵读评论,或编辑小报,或定期展览,或出版专辑,乃至向报刊推荐发表。如此一来,学生充分展示了自己的成绩、智慧,赢得了他人的尊重,在精神上获得了充分的满足,便会产生"继续写作"的冲动,形成写作兴趣和动机。

(三)保持学习难度

太易和太难的学习,都会使学生失去信心和兴趣。当代著名心理学家奥苏贝尔指出,影响学习的最重要因素是学生已经知道的内容,要根据学生原有的知识状况进行教学。保持一定的教学难度正是"根据学生原有的知识状况进行教学",通常有两种情形:一是适当的学习难度能激发学生的学习积极性,促进学生智力的发展。学习难度太大,无论学生怎么努力都学不会,学生会失去学习兴趣。二是没有学习难度,学生轻易就学会了,也不利于学习兴趣的培养。从学生语文学习的现状来看,注意后一种情形具有更重要的意义。如果学生从学习内容中得不到多少想知道的东西,学习的动力自然就小了,兴趣自然也就丧失了。

(四)注重教学艺术

所谓教学的艺术性,指的是要把教学组织得生动活泼,有趣、有味、有奇、有感。为了做到上述四个"有",组织教学要特别重视两点。一是教学活动多样化,使学生的注意持久稳定,不要局限于一问一答。《普通高中语文课程标准(2017年版2020年修订)》提出:"加强课程实施的整合,通过主题阅读、比较阅读、专题学习、项目学习等方式,实现知识与能力,过程与方法,情感、态度与价值观的整合,整体提升学生的语文素养。"这更强调了课堂教学形式的改变,课堂教学和课外学习都应该丰富多样。二是教学方法的新颖性,使学生为新奇和新鲜的教学形式所吸引。必须明确,学生兴趣的激发,不仅与教材内容的趣味性有关,而且与教学形式的吸引力和启发性密不可分。教学的艺术性如同食物的色和香,可以吸引人们去品尝它的味道;如同商品漂亮的装潢,可以吸引顾客去购买。在教学方法的应用上,我们可以移植一切艺术领域内的艺术手法。

(五)打好学习基础

兴趣离不开知识和技能。必要的知识和技能是产生相应的兴趣,提高和丰富人们的兴趣必不可少的条件。心理学研究表明,只有当某种知识技能领域中的实际知识技能的积累达到一定的水平时,才能产生对这一领域的兴趣。很难设想,一个对量子化学一无所知的人,会对量子化学的书籍产生兴趣;一个一下水就立足不稳、头晕目眩、心慌气促、呛水不止的人,会对游泳有兴趣。一些不喜欢语文课的学生时常说,"我不会分析""我不会作文""语文太难",实际上是他们的语文基础太差,感到学无所得,自然就对语文课失去了兴趣。

▶▶ 第三节　学生主体的语文学习习惯

习惯是一种顽强而巨大的力量,它可以主宰人生,因此人从幼年起就应该通过教育培养一种良好的习惯。19世纪末、20世纪初,美国心理学家威廉·詹姆士对习惯做了更加形象的描述:播下你的良好行动,你就会获得良好习惯;播下你的良好习惯,你就获得良好的性格;播下你的良好性格,你就会获得良好的命运。

➡ 习惯的含义

习惯是指经过反复练习形成并发展起来的自动化的行为方式。首先,习惯和有机体完成某种动作的需要是直接联系的,例如,抽烟是一种习惯,因为它是某些人的需要,需要得到满足会使人愉快、兴奋,相反会使人觉得难受。其次,习惯是要通过反复不断地练习,最终形成一个自动化的行为模式。

有人认为习惯与熟练是同义词,其实二者是有一定区别的。不可否认,习惯和熟练都是自动化的动作系统,而且任何习惯离开熟练的动作都无法完成,但是熟练不一定与机体的需要直接发生联系,即熟练是否实现并不直接引起愉快或不满的体验。习惯与技能也是两个紧密相关的概念。技能中包含许多习惯,它们的共同点是都需要经过反复练习才能形成,区别在于习惯形成以后,如果得不到满足或行为模式受到破坏,个体会产生不愉快的感觉;而技能形成后,根据活动的需要可以利用它们,也可以不利用它们。

二、语文学习习惯分类

《普通高中语文课程标准(2017年版2020年修订)》提出,"普通高中语文课程应继续引导学生丰富语言积累,培养良好语感,掌握学习语文的基本方法,养成良好的学习习惯,提高运用祖国语言文字的能力"。《义务教育语文课程标准(2022年版)》在课程理念和课程总目标中针对"养成良好的学习习惯",增加了许多具体内容,提出了更细致的要求。那么,良好的语文学习习惯有哪些类别呢? 大致可分为两大类、共31种。

第一类是从培养语文能力和科学的学习方法来看,涵盖听、说、读、写四个方面:

(1)听的方面:专注听话的习惯;边听边想的习惯(抓要点、听出弦外之音和不同意见分歧所在);边听边记的习惯(记忆主要内容、做听讲笔记);边听边审视的习惯(察看说话者的表情、动作、以便准确判断说话人的深意)。

(2)说的方面:说普通话的习惯;说话口齿清楚、语意连贯的习惯;朗读课文、背诵名篇名段的习惯;大胆回答、质疑的习惯;讨论发言的习惯;说话讲究礼貌的习惯。

(3)读的方面:有目的有计划地阅读的习惯;边读边思的习惯;边读边记的习惯(包括圈、点、划、批注和记笔记);边读边查的习惯(查工具书或参考书);制作阅读卡片的习惯;读写结合的习惯(应用于写作);注意阅读卫生的习惯(视距、洗手、坐姿、采光等);课内与课外阅读相结合的习惯;上课前认真做好预习的习惯;复习和整理的习惯。

(4)写的方面:"三勤"习惯(勤观察、勤思考、勤练笔);作文先写提纲的习惯;自己动手搜集材料的习惯;书写清楚、规范、讲究姿态的习惯。

第二类是从学习语文的态度和意志力等非智力因素来看,有:虚心求教的习惯;认真仔细的习惯;善挤时间学习的习惯;独立自学的习惯;合理运用数字技术的习惯。

三、培养语文学习习惯

语文课程标准多次提出培养良好的语文学习习惯,可以从"四个要"入手。

(一)要增强培养意识

"积千累万,不如有个好习惯。"这说明习惯对人的学习、生活有着重要的影响。然而,要培养学生养成良好的习惯并非一日之功,要经过反复训练。有一种观点:一个好习惯,至少要重复21次才有可能形成。因此,作为一名教师必须清晰地认识到,培养学生良好学习习惯的重要性,要从思想上予以高度重视,要增强培养学生良好学习习惯的意识,要对学生以高度负责的精神,从起始年级抓起,从每一件小事、每一个细节抓起,处处以身作则,潜移默化地教育学生、影响学生,让好的习惯成为学生的一种性格、一种意识、一种思想,使其终身受益。

(二)要在教学中有机渗透

中外教育家都把培养良好的学习习惯作为教育教学的一项主要任务。教育主管部门历来把培养学生良好的学习习惯作为当代小学语文教学的重要任务之一。多年的教育实践也充分证明了这一点：学习习惯不仅直接影响学生当前的学习，而且对其今后的学习乃至工作都会产生重大影响。因此，语文教师不仅要把培养学生良好的学习习惯作为自己的职责和义务，更要有机地渗透到日常的教学工作中，对学生不仅要"教"，而且要"导"；不仅要教语文知识，而且要教学习语文的基本方法。

小学阶段，形成良好的语文学习习惯是多方面、多层次的，因此，教师要有意识地在教学中渗透学习习惯教育。例如，在生字教学时，教师应该有意识地培养学生勤用工具书的习惯；在课文预习时，教师可规定学生必须用字典查找几个字，或在课堂上尽量选择典型的字词，当堂让学生查字典，重在义项的选择；在课外阅读时，务必要求学生遇到不懂的字词时翻阅字典，久而久之，学生便会逐渐养成查字典的习惯。

（三）要在日常联系中强化

培养学生养成良好的学习习惯是一项高收益，却又颇艰巨的工程，要在日常教学工作中的每一个环节，学生学习生活中的每一个细节中，坚持不懈地进行训练，使良好的学习习惯成为一种学生主动的、自觉的行为。教师在初始阶段训练学生的学习习惯时，要将训练的内容、训练的程序讲解得详尽周到，必要时还可制订出具体的学习规范，如读书规范、写字规范等，用切实可行的规范严格要求学生，强化训练，并加强指导、检查，及时反馈，促进其良好学习习惯的形成。

（四）要整体发展、相互促进

对于学生而言，好习惯多了，就是好孩子；对于成年人而言，好习惯多了，就是好人生。一个人在日常生活中粗心大意，丢三落四，要在学习中养成认真细心的习惯是很难的。因此，培养学生良好的语文学习习惯，不仅要与良好的生活习惯、卫生习惯等结合起来，还要与家庭、社会结合起来，形成合力，相互促进，共同发展，整体提高。

▶▶第四节　学生主体的语文学习意志

▶一　性格特征

性格是指个人对现实的态度和相应行为方面比较稳定的心理特征。它直接调节与反映学生的活动方式。性格是非智力因素中的最高心理成分。有的学生容易激动，有的学生沉静寡言；有的学生思维敏捷，有的学生反应迟缓；等等。这些不同的性格在语文教学中往往表现出不同的学习态度和特点。

（一）活动型性格特征——多血质

多血质性格特征的学生在语文学习中的主要表现为：

(1)对课外内容的感悟会在面部和动作中明显地反映出来。

(2)学习新课能很快产生学习兴趣,但也会很快厌倦,觉得枯燥无味。

(3)课堂上回答问题总比别的学生快,但不一定准确。

(4)希望做难度大的语文作业,但又不耐心、细致。

(5)教师布置的课内外作业,总希望尽快做完。

(6)踊跃参加语文课的各种活动,但表现散漫,有始无终等。

(二)兴奋型性格特征——胆汁质

胆汁质性格特征的学生在语文学习中的主要表现为:

(1)语文学习带有强烈的情绪色彩,情绪高时,学习热情高涨;反之,则厌恶学习。

(2)完成语文作业匆忙,考试急于完成。

(3)学习效率高,有废寝忘食的精神。

(4)喜欢与同学争辩,总想抢先发表自己的意见,力图压倒对方。

(5)对学习内容的接受和理解很快。

(6)不求甚解,答题总是未想好而先举手。

(三)安静型性格特征——黏液质

黏液质性格特征的学生在语文学习中的主要表现为:

(1)语文课上安心静坐,遵守纪律。

(2)接受较慢,总希望老师多重复几遍。

(3)对语文学习认真,要求严格,始终如一。

(4)对作业总是平静而沉着地去做,希望做不太难的作业。

(5)课堂上回答问题时语言缓慢而平静,没有感情上的渲染。

(6)喜欢安静的学习环境等。

(四)抑制型性格特征——抑郁质

抑郁质性格特征的学生在语文学习中的主要表现为:

(1)课堂上表现出烦闷的心情。

(2)不愿与别人讨论问题。

(3)上课怕老师提问。

(4)喜欢复习过去学过的语文知识。

(5)考得不好会感到很大的痛苦,甚至痛哭流涕。

(6)对新知识接受很慢,但是懂后又很难忘记,对过去背过的课文,总比别的同学记得更清楚等。

二、意志对语文学习的影响

意志是指一个人自觉地确定目的,根据目的来支配、调节自己的行动,克服各种困难,从而实现目的的心理过程。一般表现为两个方面:第一是为达到学习目的而产生的推动作用。

例如,在十分疲倦的情况下坚持记日记或完成语文作业。第二是抑制不符合学习目的的干扰,并予以排除,例如,在预习课文的时候,屋外传来爱看的动画片的声音,能克制自己,集中注意力完成预习作业。成语"铁杵磨成针""悬梁刺股"等典故都是意志学习的经典。语文学习不仅是高级的智力活动,也是高级的意志活动。语文学习需要各种复杂的意志行动,去克服来自外部和自身的各种困难和干扰。实践证明,一个学生学习成绩的好坏,不完全取决于智力水平,还与意志水平直接相关。不少学生语文成绩不佳,是由于对学习缺乏持之以恒的精神和克服困难的意志。

综上所述,非智力因素是学生主体学好语文的心理保障。

第二十一章
面向学生主体的语文服务设计

◎ **导读提要** ◎

　　语文服务设计是面向学生主体的助学方案。它借鉴服务设计的理念和思维,借助服务设计的方式和手段,关注学生的语文学习体验和学习过程。语文教学设计帮助学生"跳一跳摘果子",如果学生"跳一跳"还不能"摘到果子",语文服务设计就搭建梯子,帮助学生"站在梯子上摘果子"。语文服务设计就是帮助学生"摘果子"的"梯子",是教师(服务者)编制的学生(用户)助学方案。

◎ **课程思政提要** ◎

　　1.提供中华优秀传统文化的相关资料,改善语文服务环境,培养学生对中华优秀传统文化的热爱。

　　2.设计"语文'美味儿'单元助学案",提升学生的文化自信和审美创造核心素养。

　　3.设计"语文'言味儿'单元助学案",提升学生的语言运用和文化自信核心素养。

　　4.设计"语文'知味儿'单元助学案",提升学生的思维能力和文化自信核心素养。

▶▶ 第一节　服务设计简介

▶ 什么是服务

　　服务是指为他人做事并使他人从中受益的一种有偿或无偿的活动。它不以实物形式而是以提供劳动的形式来满足他人的某种特殊需要。

　　服务在古代是"侍候、服侍"的意思,随着时代发展,服务被不断赋予新意。服务已经成为整个社会不可或缺的人际关系的基础。社会学意义上的服务是指为他人、集体利益而工作,如为人民服务。经济学意义上的服务,是指以等价交换的形式,为满足企业、公共团体或其他社会公众的需要而提供的劳务活动,通常与有形的产品联系在一起。

1960年,美国市场营销协会最先给服务下定义,即服务是用于出售或者是同产品连在一起进行出售的活动、利益或满足感。这一定义在此后的很多年里一直被人们广泛采用。1974年,斯坦通指出,服务是一种特殊的无形活动,它向顾客或工业用户提供所需的满足感,与其他产品销售和其他服务并无必然联系。1983年,莱特南提出,服务是与某个中介人或机器设备相互作用并为消费者提供满足的一种或一系列活动。1990年,格鲁诺斯给出这样的定义,即服务是由无形的方式,在顾客与服务职员、有形资源等产品或服务系统之间发生的,可以解决顾客问题的一种或一系列行为。

综上所述,服务是一种有目的的活动。这种有目的的活动可以是有偿的,也可以是无偿的。

二 服务设计的缘起

服务设计是为解决用户的问题所提供的一系列活动而作的预先规划。服务设计在20世纪80年代才开始作为一门独立的学科出现。服务设计不只是设计服务,更是设计与服务相关的整个商业系统,为企业打开后产品时代商业世界的新思维,帮助企业洞悉创新,突破增长极限。服务设计在不同行业、不同领域的探索,可以给准备迎接这个全新时代的人们提供参考。

20世纪80年代,美国学者索斯泰克在《如何设计服务》中首次提出了管理与营销层面的服务设计概念。1984年,索斯泰克在《哈佛商业评论》上发表《设计可递交服务》,引入服务蓝图,作为服务设计最重要的工具之一,通过系统流程管理,提高服务效率和利润率。1991年,服务设计从管理学领域正式进入设计学领域。英国的比尔·荷林斯夫妇出版《全设计》。同时,科隆国际设计学院的迈克尔·厄尔霍夫与吉伯特·玛格开始将服务设计引入设计教育。现在,服务设计在国外已经成为一门独立的学科,有了对应的博士学位和硕士学位。

三 服务设计相关术语

(一)用户与用户体验

用户,就是使用某款产品或者接受某项服务的人。用户体验,就是使用产品或接受服务时的情绪过程,喜欢或不喜欢,愉快或不愉快,都是情绪过程,都是用户体验。小学低段学生喜欢绘本教材,高中生喜欢思辨性教材,这就是不同用户的用户体验。如果把学生视为用户,把教师视为服务提供者,就可以把教师在课堂上的示范讲解和案例分析看作"为用户提供语文学习服务"。学生回答教师的课堂提问,得到教师肯定,学生(用户)就会获得愉快的体验;如果教师的问题太难,学生在教材中找不到答案,不能顺利完成课堂练习,学生(用户)就会经历沮丧的体验。

用户体验是服务设计的核心,也是语文教育改革应该关注的重点。在语文课堂教学中,教师可以通过改善教学方式、教学环境和教学内容等路径,例如,设计良好的课堂提问,难易适中的课堂练习等,改善学生的用户体验,激发学生的语文学习兴趣和课堂参与性、积极性。

(二)痛点与爽点

痛点,就是让用户感到痛苦的地方。是指用户使用某一款产品或经历某一项服务时,感到困难或沮丧的部分。痛点的表现多种多样,有可能表现为找不到产品的某项功能导致无法继续使用产品,或者一项任务难度太大无法完成,又或者一个指令代价过高无法承受等。这些情况都阻碍了用户顺利地使用某一款产品或服务,导致用户产生负面情绪。因此,寻找到用户的痛点,其实是在寻找可能出现问题的情况,可以帮助定位问题。找到用户痛点,就可以找到潜在的问题,进而找到解决问题的方案。在语文教学中,用户痛点可以对应到教师备课时课文学习的难点,还可以表现为部分学生完成语文练习时的障碍。

爽点,就是令用户感到愉悦舒爽的地方。如果在特定场景下得到情绪的正向满足,用户将乐于积极主动地重复该项任务。这将强化用户在这个场景下的行为。因此,找到令用户感到愉悦舒爽的点,将发现对用户行为进行有效引导的机会。在语文教学中,爽点可以对应到学生完成学习任务时的成就感。

(三)用户画像

用户画像是指典型用户模型。通过绘制用户画像可以更好地理解用户的特征和行为,从而更准确地判断他们面临的问题和真正的痛点。更重要的是,用户画像把抽象的用户变成了一个个具体的人。当我们纠结于设计某项活动或任务时,尤其是在做一些感性判断的时候,用户画像会提醒我们谁是产品背后的人,他们的日常生活如何,所面对的挑战是什么,继而有助于更深入地挖掘用户真实的痛点与爽点。用户画像可以对应到语文教学术语中的"同质分层,异质分组"。

在语文教学中,用户画像可以对应到学情分析。例如,以学生的多元智力特征来划分学生群体,这是语文教学中的用户画像。以整本书阅读指导为例。语文教师需要分析学生的课外阅读量和阅读分享能力特征,以此完成用户画像分析,发现学生整本书阅读的痛点和爽点,从而针对性地设计出帮助学生(用户)完成整本书阅读任务的语文服务产品(教案或者学历案)。再以指导学生建设课外阅读书架为例。用户画像分析可以首先将学生分解为"有课外阅读书架"和"没有课外阅读书架"两个群体;随后,根据学生的阅读兴趣特征进一步细分,分为建设历史书架、文学书架、地理旅游书架等不同的群体。

(四)用户体验地图

用户体验地图是指从用户的角度用图示的方法梳理的用户需求。它既是一张图,又是一种梳理用户需求的工具,按照一定顺序,可视化地还原用户场景、用户行为、用户过程。用户体验地图包含的内容是用户完成某一件事情或目标时,所经历的过程、场景,是用户真实发生的行为中体现的用户需求,而不是产品走向与推测。

在语文服务设计中,用户体验地图可以对应到语文学习需要分析,相当于用图示方法分析学生的学习需要。例如,课文《背影》的学习目标是"习得肖像描写"的作文技能,其用户体验地图如图21-1所示。

教学目标：习得"肖像描写"作文技能（学生完成"肖像描写"短文习作）

学习需要1：学生必须先知道什么（学生记住肖像描写的概念）

学习需要2：课文里的肖像描写范例讲解（教师分析课文肖像描写手法）

学习需要3：课文里肖像描写范例感知（朗读课文肖像描写片段）

学习起点行为：朗读课文 ——→ 终点目标：完成肖像描写作文

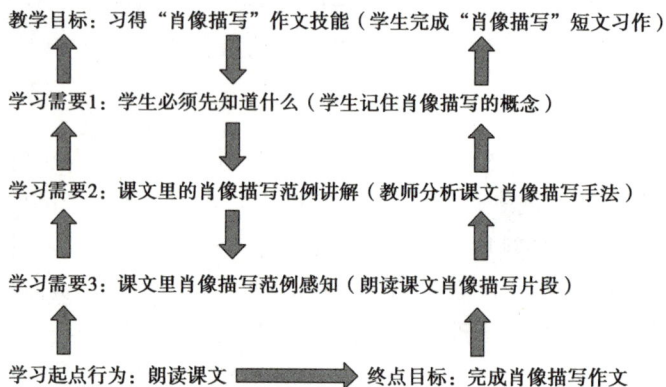

图21-1 课文《背影》"肖像描写"用户体验地图

(五)服务设计产品

服务设计产品指具体的可操作的服务实施方案，包含具体的服务蓝图和服务过程，强调愉悦的服务环境和便捷的交互过程。以语文服务设计为例，语文服务设计产品相当于教师设计的语文服务方案。这份语文服务方案强调服务蓝图（学习目标）的具体描述，注重服务过程，根据用户（学生）的体验地图创设良好的服务环境（充分利用课堂教学的潜在课程因素），用可视化的语文服务设计产品将教学目标进一步具体化。例如单元学历案，就可以被视为教学服务设计产品。

▶▶ 第二节 语文服务设计述要

▶ 一 语文服务设计定义

语文服务设计是以学生体验为核心的语文助学思维和助学方案，旨在借鉴服务设计的理念和思维，借助服务设计的方式和手段，探索服务设计在语文课程实施中的应用。

我们先看两张照片，如图21-2、图21-3所示，红色皮划艇上布满了黑色的抓绳，白色的皮划艇船身干干净净，哪一艘皮划艇具备救助落水者的功能？当然是红色有抓绳的皮划艇具备救生功能。语文服务设计犹如皮划艇上为学生用户设计的可以自救的抓绳。服务设计是一种以用户为中心的设计方法，旨在提高用户体验和服务质量。它将服务视为一个整体，包括服务过程、服务环境和服务体验等方面。服务设计的目标是通过研究设计工具和方法为用户提供更好的服务体验，同时也提高服务提供者的效率和效益。

传统的语文教学更注重教师教什么，怎么教；语文服务设计则更关注学生怎么学，怎么样才能学得好。借鉴服务设计的理念和方法，语文服务设计把教师视为服务提供者，把学生视为用户,以学生为中心,关注学生(用户)的语文学习体验,同时也关注教师(服务者)的教学体验;关注语文学习过程(服务过程)和学习环境(服务环境),关注学生(用户)语文课程知识的实践应用。探讨语文服务设计,可以弥补以往语文教学只关注教师怎样教而忽略学生怎样学的不足。

图21-2 没有自救抓绳的皮划艇

图21-3 有自救抓绳的皮划艇

图21-2中的皮划艇的船身干净漂亮,图21-3中的皮划艇的船身布满了自救抓绳。没有自救抓绳的皮划艇犹如语文教学设计,它关注水上划船这一终极目标;有自救抓绳的皮划艇犹如语文服务设计,不仅关注水上划船这一终极目标,还关注学生划船落水后自救的机会。语文服务设计就如同具备救生功能的皮划艇一样,站在用户体验的立场设计服务产品。语文教学设计关注帮助学生"跳一跳摘果子"。如果学生"跳一跳",还不能"摘到果子",语文服务设计就设计"梯子"递给学生,帮助学生站到"梯子"上,"摘到果子"。

二、语文服务设计相关概念辨析

(一)语文服务设计中的用户(对接学生)

语文服务设计中的用户,是语文教学中的学生。借鉴服务设计的思维和方式,"用户"这一术语可以破解"学生是语文学习的主体,教师是语文教学的主导"这一难题。在语文服务设计的视域下,教师不再是教学的主导,教师是用户(学生)语文学习的服务者,为用户提供语文学习的助学服务(各种帮助)。

(二)语文服务设计中的服务者(对接语文教师)

语文服务设计中的服务者是教师。借鉴服务设计的思维和方式,服务者(语文教师)在课堂教学中应该为用户(学生)提供良好的用户体验。也就是说,语文服务设计视域下,服务者(语文教师)在备课时,要根据用户画像(学生学习需要分析)考虑哪些用户(学生)需要服务者提供"自救的抓绳"。服务者应该充分了解用户的认知需求和智力特征,为不同的用户提供优质的服务。

(三)语文服务设计中的服务环境(对接语文教学媒体与资源)

语文服务设计中的服务环境是指语文教学过程中的教学媒体与教学资源(硬件与软件需求)。井蛙不可语海,夏虫不可语冰。海南的用户(学生)学习课文《济南的冬天》时,服务者(语文教师)可以借助影像媒体展示济南的雪景,创设与课文相似的服务环境,以帮助用户获得良好的学习体验。山区的用户(学生)学习《荷花淀》时,也是同理。服务者(教师)改善服务环境(补充媒体和资源)后,获得"井蛙乐观海,夏虫喜语冰"的教学效果。

(四)语文服务设计中的服务过程(对接语文教学过程与方法)

语文服务设计中的服务过程,可以对接语文教学过程。二者的区别在于教学过程更加关注语文教师的教学行为推进过程,往往忽略学生的学习感受与体验;服务过程则以用户(学生)为核心,服务者更加关注用户(学生)的学习感受与体验,帮助用户寻求语文学习的兴趣和成就感,同时帮助用户调整语文学习的挫败感。

(五)语文服务设计中的服务产品(对接语文单元服务方案)

语文服务设计产品包含语文服务蓝图和服务过程。服务者(教师)依据语文服务蓝图提供语文学习服务。语文服务设计蓝图可以对接语文单元助学服务方案,语文服务过程可以对接语文课堂教学过程,不同的是,服务者(教师)更加关注用户(学生)的学习体验,随时为用户(学生)递梯子(提供学习支持与学习帮助),帮助用户克服痛点、找到爽点,提升语文学习的成就感。

▶▶ 第三节　语文服务设计流程

语文服务设计流程包含两个步骤:第一步,绘制语文服务设计蓝图;第二步,实施语文服务(过程)。绘制语文服务设计蓝图,包含确定服务用户、确定服务任务、确定服务方案三个步骤。实施语文服务(过程),包含推进服务过程(落实任务)和评估服务体验两个环节。

◢ 绘制语文服务设计蓝图

绘制服务设计蓝图,其实就是编写服务设计方案,这一流程包含确定服务用户、确定服务任务、绘制服务蓝图三个环节。具体到语文服务设计中,绘制服务设计蓝图表现为编制语文服务方案。

(一)确定服务用户

语文服务设计中的确定服务用户,可以对接为语文教学中的学情分析。

(1)用户画像。相当于语文备课时分析学情,根据学生的学习特征把学生分成不同的学习小组,例如我们熟知的合作学习分组原则,"同质分层,异质分组",用户画像的目的,就是找出用户的"质"。在语文服务设计中,用户的"质"表现在方方面面,例如,用户的学业背景、学习兴趣、学习动机、学习习惯、原有的认知结构、智力特征、非智力因素等情况,都需要借助用户画像来展开分析。

(2)用户洞察。语文服务设计中的用户洞察,相当于语文备课时的学习需要分析。表现为服务者归纳用户的特点与需求,发现用户的痛点与爽点。山区的用户学习"大漠孤烟直,长河落日圆"会有痛点,平原地区的用户学习"飞流直下三千尺"也会有痛点。服务者需要洞悉用户在学习课文时的具体需求,分析教材,找出教材中的重点与难点,对接用户在语文学习中的痛点、爽点,从而针对痛点、爽点提供语文服务。

(二)确定服务任务

确定服务任务可以对接为分析语文教材的知识点,准备教学媒体和补充资源。服务者以语文教材的重点、难点和兴奋点为基础,为用户设计不同顺序的学习任务(课堂活动)。例如,学习课文《春》,用户的学习目标是"用拟人的修辞手法造句";服务者需要提供的服务任务就是"示范讲解拟人在文章中的作用";山区的用户不能理解"大漠孤烟直,长河落日圆"的意象和意义,就需要服务者提供视频或图片服务,还需要提供示范讲解诗句的意境与意味的服务。

确定服务任务也分为两个步骤:改善服务环境,提升服务体验。

(1)改善服务环境。相当于语文备课时准备教学媒体和教学资源。在语文服务设计视域下,创设服务环境可以理解为"搭梯子、搬凳子"。服务者提供展示"黄果树瀑布的视频"的服务,为平原地区的用户搭一架"梯子",用户看完视频(犹如站在"梯子"上)后,可以顺利理解"飞流直下三千尺,疑是银河落九天"的意境以及其中夸张的修辞手法。

(2)提升服务体验。相当于在语文教学中分解学习任务,降低学习难度,帮助用户(学生)获得语文学习的成就感,提升用户的服务体验。使用先行组织者可以提升用户体验;使用课堂提问分解学习任务,降低学习难度,也可以提升用户的服务体验。在语文教学中,常常采用同伴分享学习资源与学习经验的方式,其实也是提升服务体验的过程。

确定服务任务这一环节,强调改善服务环境,提升服务体验。换句话说:服务者"搭梯子、搬凳子";用户"站上梯子摘果子,坐上板凳吃果子"。

(三)绘制语文服务设计蓝图

绘制语文服务设计蓝图,其实就是编制语文服务方案。语文服务设计蓝图不是语文教师的教案。当下正在推广的单元学历案,可以视为教学中的服务设计蓝图。绘制语文服务设计蓝图,需要经历两个环节:梳理用户体验地图,编制语文服务方案。

(1)梳理用户体验地图。按照一定顺序可视化地还原用户场景、用户行为、用户过程。在绘制语文服务设计蓝图时,服务者应该用图示记录和还原用户的需求,即用户在学习课文的重点、难点时,服务者需要提供哪些服务才能提升用户的服务体验,用户需要"梯子"还是需要"凳子",利用图示记录下来(可视化还原),就可以绘制完成用户体验地图,如图21-4所示。

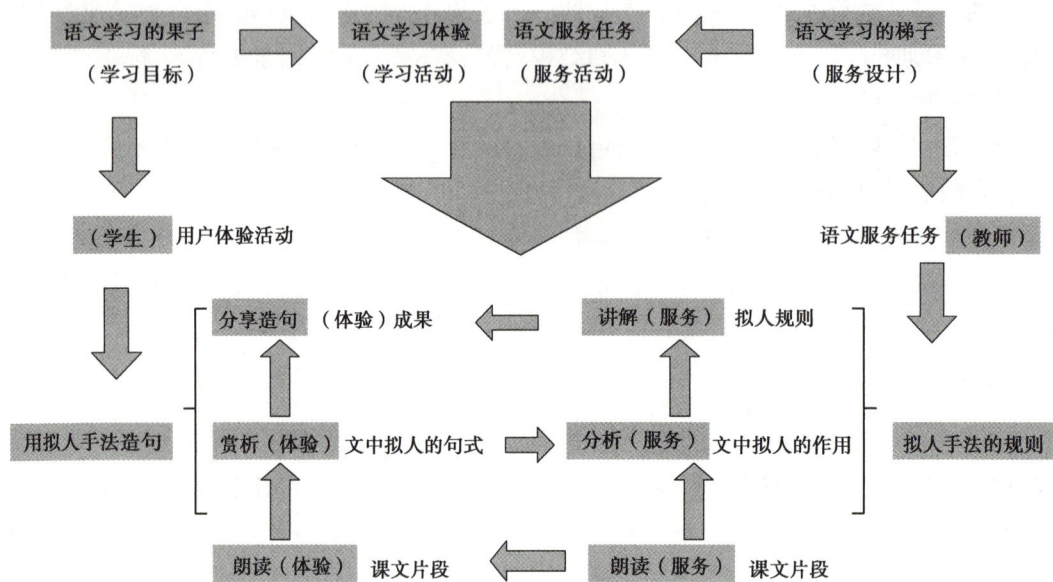

图 21-4　课文《春》的用户体验地图

(2)编制语文服务方案。包含基本信息和服务任务两个部分。基本信息包含课文信息、用户信息、服务者信息等内容。服务任务包含用户活动、服务环境、服务过程等内容。

语文服务设计蓝图框架,如表21-1所示。

表21-1　语文服务设计蓝图框架

一、语文服务基本信息			
教材版本		用户单位(学校)	
单元名称		课时分配	
用户班级		服务者(教师)	
二、语文服务任务			
1.分解单元核心素养 (确定目标)	语言应用	文化自信	审美创造	思维能力
2.制订单元服务任务				
3.分配单元课时				
三、语文服务过程			
4.用户活动	服务任务	优化服务环境	
		提升服务体验	

二、实施语文服务

实施语文服务,包含服务过程和服务评估两个环节。服务过程对接语文教学过程,服务评估对接语文课堂练习。

(一)语文服务过程

语文服务过程对接语文教学过程,强调服务者提供教学媒体与教学资源改善服务环境,提升用户的服务体验。

(二)语文服务评估

语文服务评估对接语文课堂练习,服务者提供评估工具以检验用户是否达成学习目标。

▶▶ 第四节　语文服务设计产品

语文服务设计产品,包含语文服务蓝图和语文服务过程两个部分。语文服务蓝图是具体的语文服务方案,语文服务过程是具体的语文服务任务实施过程。本节介绍基于"语文味儿"的三个特征,介绍语文服务设计产品——语文服务方案。

▶ 一、单元"言味儿"语文服务方案(语文服务设计产品)

单元"言味儿"语文服务方案主要对接语言应用核心素养,同时涵盖文化自信与思维能力核心素养。在设计"言味儿"语文服务方案时,服务者(教师)应该首先分解单元目标,创设真实情境的单元任务,再根据任务开展相应活动。服务者(教师)根据用户(学生)实际体验情况,分时分段提供语文服务环境设计、语文服务过程设计、语文服务评价设计,如表21-2所示。

表21-2　单元"言味儿"语文服务方案(语文服务设计产品)

教　材	人教版小学语文	年级/册次	六年级上册
单元名称	第一单元	课文名称	《北京的春节》
服务者	教师(姓名)	用　户	六年级学生

一、分解单元目标

1.1 语言运用目标:有感情地朗读课文,背诵古诗。能介绍一种风俗或写自己参加风俗活动的一次经历。

1.2 文化自信目标:体会课文不同的语言风俗,感受丰富的民俗文化。

1.3 思维能力目标:能辨析课文内容的主次,分清课文的详略安排及其效果,说明详写主要内容的好处。结合课文与实际,创造性地思考问题。

续表

二、创设真实情境的单元任务	
2.1 基于创造水平的情境任务:"打卡重庆秀语文"——能介绍一种风俗或写自己参加风俗活动的一次经历。	
2.2 基于评价水平的情境任务:能从外地游客的角度,试着用课文里的词语、句式评价重庆的风俗活动。	
2.3 基于应用水平的情境任务:能从重庆本地人的角度解答外地游客提出的各种问题。	

三、开展单元导读	三、服务环境设计 ("递梯子""摘果子")
3.1 用户通读单元课文:《北京的春节》《腊八粥》《古诗三首》《藏戏》。	"果子1":用户通读了解课文。
3.2 师生进行单元导读:明确本单元的学习任务即"分清内容的主次,体会作者是如何详写主要部分的。习作时注意抓住重点,写出特点。体会课文不同的语言风俗,感受丰富的民俗文化"。	"梯子1":服务者展示单元目标。 "果子2":用户明确本单元语文要素、人文要素及写作要求。 "梯子2":服务者引导用户浏览课文、课后练习、园地等内容。
3.3 用户梳理本单元核心素养知识点并绘制成图: 第一课:了解课文的表达顺序,把握详略安排及其效果,学习作者抓住有特色的民俗活动进行细致描写的方法。 第二课:分清详略并体会其效果。 第三课:感受传统文化内涵。 第四课:能说出藏戏的主要特色,了解作者是从哪几个方面介绍藏戏的。	"果子3":用户绘制知识点导图。 "梯子3":服务者引导用户详细了解每一课将要学习的知识点。

四、实施单元任务	四、服务过程设计 ("递梯子""摘果子")
4.1 应用水平单元任务实施 活动:答疑解惑展重庆 4.2 评价水平单元任务实施 活动:评评道道赏重庆 4.3 创造水平单元任务实施 活动:打卡重庆秀语文	"果子1":用户能解答外地游客提出的问题。 "梯子1":服务者提供《重庆掌故》一书。 "果子2":用户用课文里的词语、句式评价重庆的风俗活动。 "梯子2":服务者引导用户梳理课文中关于描写民风民俗以及评价民风民俗的词句。 "果子3":用户能介绍一种风俗或写自己参加风俗活动的一次经历。 "梯子3":服务者引导用户借助学习单厘清课文脉络,分清主次。

续表

五、单元评价内容	五、服务评价设计 ("递梯子""摘果子")
5.1 会写34个字,会写38个词语。 5.2 能辨析课文内容的主次,分清课文的详略安排及其效果,说明详写主要内容的好处。 5.3 体会课文不同的语言风俗,感受丰富的民俗文化。	"果子1":用户会写34个字,会写38个词语。 "梯子1":服务者提供看拼音写词语题单,听写。 "果子2":用户能辨析课文内容的主次,分清课文的详略安排及其效果,解释说明详写主要内容的好处。 "梯子2":服务者引导用户解答课后练习题。 "果子3":用户体会课文中不同的语言风俗,感受丰富的民俗文化。 "梯子3":服务者提供相关阅读资料与阅读题单,用户阅读并答题。

◤ 单元"美味儿"语文服务方案(语文服务设计产品)

单元"美味儿"语文服务方案主要对接审美创造核心素养,同时涵盖文化自信核心素养。在设计单元"美味儿"语文服务方案时,服务者(教师)应帮助用户(学生)在发现美、表现美、欣赏美、创造美四个方面得到相应的体验,如表21-3所示。

表21-3　单元"美味儿"语文服务方案(语文服务设计产品)

教　材	人教版小学语文	年级/册次	六年级上册
单元名称	第一单元	课文名称	《腊八粥》
服务者	教师(姓名)	用　户	六年级学生

一、落实核心素养与设计课时目标

核心素养:审美创造、文化自信

课时目标:

1.1 能找出细腻描写腊八粥的句子,与同学交流感受。

1.2 朗读课文,欣赏课文语言风趣、俏皮的美。

1.3 结合自身生活经验,向他人分享浓郁而美好的生活画卷。

续表

二、制订课时任务	
2.1 理清课文脉络,梳理等粥的四个画面。	
2.2 细读课文,了解课文详略安排。	
2.3 赏读课文,欣赏课文中风趣、俏皮的语言。	
三、实施课时任务	**三、服务环境设计**
	("递梯子""摘果子")
3.1 我与作者"等粥":梳理"等粥"的过程包括"盼粥""分粥""看粥""猜粥"几个过程。	"果子1":用户有滋有味地朗读课文,欣赏课文语言风趣、俏皮的美。 "梯子1":服务者播放煮腊八粥的视频。
3.2 我与作者"喝粥":品尝腊八粥的甜蜜,感受家庭生活的温情。	"果子2":用户感受家庭生活的温情。 "梯子2":服务者引导用户讲一讲在日常生活中与家人一起发生的温馨小故事。
四、随堂检测内容	**四、随堂检测服务设计**
	("递梯子""摘果子")
4.1 发现美:能找出细腻描写腊八粥的句子。	"果子":本堂课结束时,对于本课的语言,用户能发现美、表现美、欣赏美、创造美。
4.2 表现美:有滋有味地朗读课文。	"梯子":服务者引导用户共同朗读、互相聆听、分享生活、互相评价。
4.3 欣赏美:能欣赏课文语言风趣、俏皮的美。	
4.4 创造美:结合自身生活经验,向他人分享浓郁而美好的生活画卷。	

三 单元"知味儿"语文服务方案(语文服务设计产品)

单元"知味儿"语文服务方案主要对接思维能力核心素养,同时涵盖文化自信核心素养,所以在设计单元"知味儿"语文服务方案时,服务者(教师)应帮助用户(学生)得到互相"递梯子",并共同"摘果子"的美好体验,如表21-4所示。

表21-4　单元"知味儿"语文服务方案(语文服务设计产品)

教　材	人教版小学语文	年级/册次	六年级下册
单元名称	第一单元	课文名称	《藏戏》
服务者	教师(姓名)	用　户	六年级学生

一、落实核心素养与设计课时目标

核心素养:思维能力、文化自信

课时目标:

1.1 默读课文,能说出藏戏的主要特色。

1.2 了解作者是从哪几个方面介绍藏戏的。

1.3 感受传统戏曲的魅力并思考创新。

二、制订课时任务

2.1 理清课文脉络,了解藏戏特色。

2.2 适当拓展延伸,思考创新藏戏。

三、实施课时任务	三、服务环境设计
3.1 初识藏戏:用户自读课文,勾画出介绍藏戏特色的具体语句,并用自己的语言概括。	("递梯子""摘果子") "果子1":用户自读课文识藏戏。 "梯子1":服务者出示学习提示。
3.2 欣赏藏戏:用户从藏戏的不同方面互相谈谈对藏戏的欣赏。	"果子2":用户从多个方面欣赏藏戏。 "梯子2":同桌互相聆听并提出建议。
3.3 创新藏戏:随着时代的发展,藏戏面临一些困境,用户思考如何创新可以为藏戏带来新的生机。	"果子3":用户深入思考如何创新藏戏。 "梯子3":小组成员结合现实特点讨论创新藏戏的方案。
四、随堂检测内容	**四、随堂检测服务设计** ("递梯子""摘果子")
4.1 用自己的语言概括藏戏的特点。	"果子1":用户概括藏戏的特点。 "梯子1":用户互相提供填空题。
4.2 结合课文与实际,说一说创新藏戏的好方法。	"果子2":用户说一说创新藏戏的好方法。 "梯子2":用户互相提示和补充。

四、语文单元学习学生自评工具(语文服务设计产品)

　　语文单元学习学生自评工具是服务者(教师)搜集、分析用户(学生)体验的工具,其中,"语文单元知识点自测清单"关注用户(学生)认知水平层级的提升情况与单元知识点的吸收情况,"语文单元认知能力自测清单"关注用户(学生)认知能力层级的提升情况与文本知识的掌握情况,"改善语文服务环境清单"则关注用户(学生)的知识延伸与拓展的情况,如表21-5—表21-7所示。

表21-5　语文单元知识点自测清单（语文服务设计产品）

认知水平＼单元知识点	文本知识	语法知识	修辞知识	文化常识	文学常识
创造迁移	☆ ☆ ☆ ☆ ☆	☆ ☆ ☆ ☆ ☆	☆ ☆ ☆ ☆ ☆	☆ ☆ ☆ ☆ ☆	☆ ☆ ☆ ☆ ☆
欣赏评价	☆ ☆ ☆ ☆ ☆	☆ ☆ ☆ ☆ ☆	☆ ☆ ☆ ☆ ☆	☆ ☆ ☆ ☆ ☆	☆ ☆ ☆ ☆ ☆
概括拓展	☆ ☆ ☆ ☆ ☆	☆ ☆ ☆ ☆ ☆	☆ ☆ ☆ ☆ ☆	☆ ☆ ☆ ☆ ☆	☆ ☆ ☆ ☆ ☆
模仿应用	☆ ☆ ☆ ☆ ☆	☆ ☆ ☆ ☆ ☆	☆ ☆ ☆ ☆ ☆	☆ ☆ ☆ ☆ ☆	☆ ☆ ☆ ☆ ☆
理解	☆ ☆ ☆ ☆ ☆	☆ ☆ ☆ ☆ ☆	☆ ☆ ☆ ☆ ☆	☆ ☆ ☆ ☆ ☆	☆ ☆ ☆ ☆ ☆
积累	☆ ☆ ☆ ☆ ☆	☆ ☆ ☆ ☆ ☆	☆ ☆ ☆ ☆ ☆	☆ ☆ ☆ ☆ ☆	☆ ☆ ☆ ☆ ☆
说明：根据课文内容，汇总具体的单元知识点。					

表21-6　语文单元认知能力自测清单（语文服务设计产品）

认知能力层级	第一篇课文中的文本知识点	第二篇课文中的文本知识点	第三篇课文中的文本知识点	……
阅读创造能力	是□ 否□	是□ 否□	是□ 否□	
阅读欣赏能力	是□ 否□	是□ 否□	是□ 否□	
阅读概括能力	是□ 否□	是□ 否□	是□ 否□	
阅读分享能力	是□ 否□	是□ 否□	是□ 否□	
阅读理解能力	是□ 否□	是□ 否□	是□ 否□	
阅读积累能力	是□ 否□	是□ 否□	是□ 否□	
说明：根据课文内容，汇总文本知识点。				

表21-7　改善语文服务环境清单（语文服务设计产品）

首先服务者推荐一篇相关的参考资料；在服务者的引导下，用户再推荐一篇相关的参考资料。参考资料应该是与本篇课文相关的文章、书，或是与用户生活经验相关的资料，即"本本关联、文本关联、本我关联"。用户在推荐资料的过程中，会进行筛选与分析，进而分享资料，从而使阅读评价能力得到提升。

1.服务者推荐学习资料：

2.用户推荐学习资料：

综上所述，语文服务设计是借鉴服务设计思维和手段的一种语文助学手段与实施方案。面向学生主体的语文服务设计关注用户（学生）怎样学，以及用户（学生）怎样学得好。如果用户（学生）"跳一跳"，依旧"摘不到果子"，语文服务者（教师）就会递给用户（学生）一个"梯子"（提供学习支持），帮助用户（学生）"摘到果子"。语文服务设计的目的是提升用户（学生）的服务体验：改善服务环境，创造出适合用户（学生）学习的氛围，激发用户（学生）的语文学习兴趣和积极性。

　　语文服务设计产品，就是具体可操作的语文服务方案。语文服务设计产品包含服务设计蓝图和服务过程。本章所探讨的语文服务方案，不仅仅是名词术语的转换或对接，而是以学生学习体验为中心的课程观念的转换。语文服务设计视域下，教师的教学转换为以学生学习体验为核心的服务行为，可以避免教学实践中教师权威和教师中心的偏颇。

第二十二章 教师主体

◎ **导读提要** ◎

> 语文教师是授课主体。语文教师备课要深挖教材的教育因素和有效安排教学事宜。语文课堂教学要少讲多练、授之以渔，重视随堂检测；课外指导，要重视真实任务情境中的三观引导，重视指导学生在校园活动与专题探访活动以及社会活动中提升政治鉴别力。

◎ **课程思政提要** ◎

1. 教师要加强自身的思政素养，提高自己的思想政治水平。

2. 教师要深入学习马克思主义理论、习近平新时代中国特色社会主义思想、党的二十大精神等，树立正确的世界观、人生观和价值观。

3. 教师还要关注社会热点问题，不断提高自己的政治敏锐性和鉴别力。

▶▶ 第一节　语文教师备课工作

▶ 语文备课的基本要求

（一）深挖教材教育因素

语文教材的主体部分即课文，是精髓的文章或文学作品。课文承载着人类崇高的理想，凝聚着人类的智慧。课文是作者精心创造的成果，从谋篇构思到行文用语，处处都留有作者智能运作的轨迹，可用之作为训练学生语文能力的范例。语文创造性备课应该充分重视课文的范例作用，深入挖掘课文在学生心理发展方面的教育因素，诸如审美因素、人文精神因素、知识因素、智力因素、语文技能因素等，在这当中尤其要深入挖掘课文蕴含的创造性的智能教育因素。

　　这就要求教师在备课时,同作者的角色换位,通过语言文字,经历作者写作创造的智能操作过程,从而还原作者创造的思路,对文中的创造因素获得深刻的认知。事实上,只要循着作者智能操作的轨迹,还原作者的思路,是不难发现创造性智能教育因素的。例如,杨朔的《茶花赋》开篇说,"画点零山碎水,一人一物""调尽五颜六色""又怎么画得出祖国的面貌",造成"有要寄托之情而找不到所托之物"的悬念;然后思路发散,层层推进,陪衬铺垫,开拓深意于一连串的联想之中,赋予了茶花以春深似海、旭日东升、欣欣向荣的意蕴;最后使朴实深沉的爱国之情终于得到寄托,结尾自然地解脱了开篇的悬念——"画一大朵含露乍开的童子面茶花,岂不正可以象征着祖国的面貌"。全文构思布局独特巧妙,真可谓言语创造的艺术品。从中,我们不难见到作者创造性思维多端性、灵活性、独创性的智慧火花,教师备课时应该捕捉住作者的创造智慧,并以之作为点燃学生智慧的火把。

　　(二)变序处理教材内容

　　处理教材应考虑引导学生深入认识和把握文章的思路,让学生接近作者写作的构思,准确领悟文章。创造性备课,应根据教材的特点、学生的认识水平和教学的其他条件,选择最佳角度,对教材灵活处理,以形成富有探索性、创造性和吸引力的教学思路。处理教材可用顺序处理法、重点处理法、比较处理法、变序处理法等。其中,变序处理法是最富有创意的方法。所谓变序处理法,即不按原文的序安排教学的序,而是抓住题旨或"文眼",直奔主题,"牵一动十"。这种方法以优化教学思路为策略,旨在提高教学效果和效率。传统的教学多按文章的序从头到尾逐句逐段进行分析,犹如辨识一个人,从头发到脚底一一端详。这种方法不仅容易让学生失兴,而且容易肢解课文,把课文的灵气和神韵消磨掉。而变序处理法打破传统的序,从文章的最佳入口处切入,抓住提起全文网络的纲,这就有可能使学生清晰地窥探到作者写作的思路,深刻领悟全文;再加之变"序"抓"纲",更容易诱发学生探索的兴趣,促进学生积极思考和发现。

　　(三)灵活设计教学流程

　　在传统的教学设计中,教学过程千篇一律,程式化倾向比较严重。创造性备课应当破除程式化倾向,根据教学的目的、内容、条件,机智巧妙地安排教学活动,确定教学程序,从而引导学生积极的心理流向,进入最佳的探究思考的学习状态。灵活设计教学流程要根据以学生为学习主体的教学观和多向交流的信息观,把学生置于教学流程的主体地位,让学生动脑、动口、动手,形成教师与学生、学生与教师、学生与学生的多边交流的信息场,激发学生的参与意识和创造精神。灵活设计教学流程要体现学生学习的心理流程和教材思路,使教学流程合乎学生的认识规律,并能清晰地展示课文谋篇布局的思路,做到学生思路、教材思路、教师教学思路的统一。

　　(四)优化组合教学方法

　　教学方法是实现教学目的、传达教学内容的手段。创造性备课应当精心选择教学方法并对其优化组合。语文教学方法是一个体系,要深入细致研究各种方法的特征和使用限制,全面分析和掌握教学的现状,在此基础上作出最佳选择,使方法符合语文教学目标和教学内容的需要,符合学生的心理特点,符合教师本人的个性特长。与此同时,要依据这些方法各异的教学功能及使用效应,将它们优化组合起来,使它们形成互补互助的系统,充分发挥教学方法的整体功能。

二 有效备课的基本要素

(一)设计课堂教学目标

设计教学目标是研究教学内容的重要环节,主要是指对学习材料和学习结果的分析与确定。这是备课程序的起始环节,它要求教师明确指出每一次教学结束时学生学习结果的类型。设计教学目标要分为四个步骤,分别是分解单元核心素养、确定教学目标的维度、分析使能目标和陈述教学目标。更多内容参见第二章《语文课程目标》相关内容。

(二)分析学生起点行为

起点行为是学生在教学开始前必须掌握的知识技能,是有效备课的第二个要素。分析起点行为的目的是把握学生学习的现有状态,了解他们在某一单元或课题教学开始之前已有的知识、技能和态度水平,从而正确地预估"应该是什么"和"实际是什么"之间的差距。因为只有通过对"应该是什么"和"实际是什么"两者差距的分析,再加之对学生学习需要适切性、可能性的排序,才能落实真正的任务结构,也才能使教学任务得以准确定位。

课堂学习起点行为是学生在教学开始前必须掌握的知识技能,而且通常指那些与新课学习有关的、必不可少的知识技能。它勾勒了教学活动展开的基本框架,影响着教学设计过程的另外几个组成要素。有时它主要包括学习新课前所必须具备的旧知能,有时又可能包括教学目标中要求学生掌握的"新知能"。起点行为是针对教学对象的年龄特征和身心发展水平所作的考查,它与学习需要分析不同,学习需要分析是对教学目标所包含的从属技能进行的考察。

(三)设计先行组织者

参见第七章《语文教学设计》相关内容。

(四)安排教学事件

参照加涅的九大教学事件理论安排教学事件。课堂启动环节:交代学习目标、引起学习注意、回忆相关旧知。课堂展开环节:呈现教学内容、引发行为表现、提供学习指导、给予信息反馈。课堂结束环节:强化系统保持、迁移概括应用。

课堂启动环节最重要的教学事件是"交代学习目标"。课堂展开环节容易忽略的教学事件是"引发行为表现"和"给予信息反馈"。课堂结束环节容易忽略的教学事件是学生的"强化保持"和"迁移"。

(五)编写教案

参见第七章《语文教学设计》相关内容。

▶▶ 第二节 语文教师教学工作

上课的根本要求是达到教与学的和谐统一,力求获得最佳的教学效果。按照现代教学论的观点,教与学是对立的统一,学生是学习、发展、创造的主体,教师则是引导学生学习、发展、创造的主导。上课的关键是要采取有效的教学策略和方法,将"主体"与"主导"有机统一起来,实现"教师主导"与"学生主体"的最佳结合,使二者产生共振。

◢ 一 语文课堂教学

(一)少讲多练

以听说读写训练为中心,把培养学生的语文能力贯穿课堂教学的始终。以训练为中心和主线,组织学生在课堂上进行听、说、读、写练习,尤其是要让学生自读自写,通过有指导的自学训练来发展语文创造能力。

(二)授之以渔

语文教师上课要加强学法指导,使学生能用科学的学习方法驾驭学习,学会学习,有所创造。教法与学法是相联系的,有许多教法具有学法的特征,如发现法、质疑法、讨论法、语感法、自学法、联想法、发散法等。语文教师要把学法教给学生,并加以训练,使学生真正掌握打开语文创造性学习大门的钥匙,达到创造性学习的境界。

(三)随堂检测

新课程倡导课堂评价,然而,语文教学却常常表现为下课前总结课文的中心思想或者写作手法,忽略了学生学习收获的评价考查。

随堂检测,强调当堂核查学生课堂所习得的语文知识程度。语文教师应当在应用水平或者创造水平设计语文练习,检测语文知识的应用能力。仿写练习,是应用水平的检测方式;改写和扩写练习,是创造水平的检测方式。

◢ 二 语文课堂外指导

参见第十五章《梳理与探究指导》相关内容。

第二十三章 语文教育共同体

◎导读提要◎

> 语文教育共同体既是一种组织形态，也是一种理念与精神，由共同愿景、共同体主体、共同体资源、共同体路径、共同体效果评估五个要素构成。语文课堂共同体是面向课堂情境的语文教学组织形态。语文课堂共同体有三种主体互动模式，分别指向语文单元不同位置的课文教学。语文社团共同体是面向语文课堂外真实情境的语文活动形态，它有三种活动模式，分别指向不同的语文课程核心素养。

◎课程思政提要◎

1. 在课堂情境中挖掘革命文化元素，在合作互动、对话协商中实现共同分享、共同成长。
2. 在小组互动过程中传承中华优秀传统文化，提升审美意识，陶冶健康情操。
3. 在文化探访活动中访问校史馆、博物馆、革命遗址等，增强民族自豪感。
4. 在经典诵读活动中增强文化自信。

▶▶ 第一节　语文教育共同体概述

▶ 一 语文教育共同体界定

（一）语文教育共同体提出的背景

《普通高中语文课程标准（2017年版2020年修订）》（以下简称新课标）明确提出，"建设各类语文学习共同体（如文学社团、新闻社、读书会等）""引导学生自主创建各类社团，开展各类语文学习活动"。新课标在学与教的维度上强调，创建各种语文学习共同体、开展语文社团活动对语文学习具有重要意义。新课标在其他板块也多次提及建设语文学习共同体，如"建设跨媒介学习共同体""努力建构教学共同体""建构学习与评价的共同体""中小学、高校和研究机构联合的学习共同体"等,但是并没有明确语文学习共同体的内涵,更没有说明如何开展语文共同体活动。随着"学习共同体"理论和实践研究的深入,世界各国都在学校教育领域兴起一股"学习共同体"的改革浪潮。新课标认为建立各种语文学习共同体,开展丰富的社团活动十分重要。树立语文教育共同体理念,明确语文教育共同体的内涵,研究语文教育共同体的活动模式,是符合语文教学改革趋势的一种实践探索,既尊重了学生在学习中的主体地位,又满足了通过语文教育共同体活动提升学生语文学科核心素养这一实际需求。

(二)语文教育共同体的定义

语文教育共同体是从自然形成走向主动构建的教育形态,主要包括共同愿景、共同体主体、共同体资源、共同体路径以及共同体效果评估五大要素,通过不同主体参与,更新资源与拓展路径,为语文学习搭建起多样化的学习平台,最终开发评价工具进行效果评估。共同体各要素分工合作,共同指向共同愿景,即提升学生语文学科核心素养。在班级教育活动中,以共同愿景、价值和情感为指向,以学习任务为目标,主体之间对话交流、互动协商、资源共享,最终实现共同成长、共同进步。

语文教育共同体既是一种组织,也是一种理念与精神;既可以指某一个具体的语文社团,也可以指在学习共同体的理念下进行互动的几个语文社团,外延比较广泛,没有明确的界限,具有开放性。

语文教育共同体是指在同一所学校里,具有相同兴趣爱好的学生,以提升语文学科核心素养为共同愿景,自发形成的,在教师、家长、专家等主体的支持下,共享学习资源,定期组织开展言语实践活动,并且进行反思评估,从而实现共同成长的实体组织与精神追求。

二、语文教育共同体要素

语文教育共同体的构成要素并不是孤立的、封闭的,而是由多个要素共同构成的整体性系统,各要素之间相互关联、相互影响。完整的语文教育共同体应包含共同愿景、主体、资源、路径以及效果评估五大要素,各要素紧密关联、互助运转、深度互动,共同保障语文课堂教学活动与学习活动的运行。

(一)共同愿景要素

共同愿景是语文教育共同体中每个学习者内心的共同目标和愿景,根植于每个学习者心中,具有一定的感召力和吸引力,使学习者内心构筑起为整个共同体持续努力的驱动力。共同愿景具有凝聚力,学习者在倾听和对话的过程中被共同的热望与期待凝聚在一起,思想上产生共鸣,行为上合作互助,在学习过程中分享表达、自我反思。语文教育共同体的共同愿景旨在提高学生语文学科核心素养,主要体现在语言、思维、审美、文化素养的整体发展,基于语文学科工具性与人文性的基本特点,培养学生运用语言文字处理信息、学习知识、发展思维的能力,在学习语言文字的过程中提升审美、感悟文化、陶冶情操。

（二）主体要素

语文教育共同体主体一般是指参与语文教学的个体、群体，在共同体中处于中心、主体的地位。主体不只是单一的学生个体或教师个体，而是包含了小组、班级等多种主体形态。在语文课堂学习情境中，学习者各有所长，在言语实践过程中合作互动、对话协商，最终实现共同分享、共同成长。

（三）资源要素

语文教育共同体资源主要包括素材性课程资源和条件性课程资源。素材性课程资源是语文课程的直接来源，主要表现在知识、技能、方法、情感等方面；条件性课程资源决定语文课程的范围与水平，主要包括人力资源、物质资源、场地资源、多媒体资源等内容。课堂教学中的人力资源主要包括语文教师、学生、家庭成员以及校外专家等，涵盖学校、家庭、社区乃至整个社会中有助于课堂教育教学活动开展的人力资源；物质资源包括教材、教辅资料、音频影视资料、多媒体设备、互联网技术等，这些资源的开发与利用需要运用智慧不断挖掘。语文课程资源不只是简单的课本知识，也包含在学习语文知识的过程中，以学生的本质力量去发展自我和超越自我的生成性知识。因此，语文教育共同体理念鼓励学生在积极探寻生命的意义和价值的过程中，关注共同体中的教育性、生命体验性、文化性与生成性。

（四）路径要素

语文教育共同体路径是对共同体学习方式的统一呈现，是研讨、补充、生成语文课程资源的具体方法，特定的共同体路径与共同愿景、资源相适应，当共同愿景、资源发生变化时，路径也应发生相应的转变。课堂学习方式与语文教师的教学方式密切相关，语文教师不但要对学生在课堂互动中的学习方式进行课前设计、课中指导以及课后反馈，还要不断更新和变革自己的课堂教学方式，促进共同体学习路径的多样性与丰富性，实现教与学双方的共同成长。

（五）效果评估要素

效果评估是检验语文教育共同体运行效果的关键。为了有效检验共同愿景的达成效果，共同体主体参与感、体验感、归属感的生成效果，以及学习资源的利用效果，需要评估语文教育共同体整体运行效果，确保其整体运行效果符合学科育人价值的体现。效果评估遵循以评价促发展的原则，以质性描述来反映量化指标，注重学生自我反思。多元化的效果评估应促进评价目标、主体、内容、方式、工具的多样化。

▶▶ 第二节　语文课堂共同体

语文课堂共同体是以课堂教学为核心的活动形态。在语文课堂共同体中，主体之间在互动交往中表现出以"交互主体"为中心的和谐一致性，强调各主体之间的相互尊重与认同。学生作为核心参与者，是整个课堂共同体运行的核心，他们围绕共同愿景规划、监督和反思语文学习过程与结果，主体之间倾听对话、真诚互助、共同分享，在言语实践过程中建构语言、丰富审美、积淀文化,进而提升语文学科核心素养。语文教师在课堂共同体中既是提供语文教育的专家,也是领导者;既是语文课堂共同体中的学习者,又是重要参与者。教师主体必须牢记终身学习的理念,不断反思自身的语文教学,在教授语文教材的基础之上具备一定的课程开发能力,为促进学习者的成长不懈努力。学生主体在课堂共同体中以小组、班集体的形式呈现,小组或班集体都是由若干个独特的、鲜活的生命个体组成的,各异质主体之间对话、互动,有助于共同体资源的融合,实现有意义交往,促进精神层面上的信任与合作。

语文课堂共同体主体

(一)班级主体

班级主体是班级全体成员基于共同目标在班级准则与角色分工中,通过不同的学习活动加强对话协商、合作共享,运用各种课程资源与学习支架共同发现问题、解决问题,建构知识意义的学习生态系统。班级主体主要包括重要参与者、支持性参与者两种主体角色。

1.重要参与者

班级主体中的重要参与者是指参与语文课堂教学的所有成员,包括语文教师和学生群体。

语文教师,在语文课堂共同体中充当主要负责人的角色,是课堂教学目标与过程的设计者,掌握着课堂共同体的内部运作方式与发展方向。语文教师肩负着班级主体的管理职责,为语文课堂营造适宜学习的活动氛围,提供学习平台、优质师资、教学媒介以及与校外力量建立联系等支持,拓宽语文课堂学习的资源与路径,从物质上、精神上竭力构建语文课堂共同体,实现语文课堂共同体的有序运行。

学生群体,是学习的主体。语文课堂教学围绕学生主体展开。学生主体之间可以通过相互倾听与对话,相互切磋与激荡,积极参与课堂学习,在课堂中获得归属感、自我认同感以及移情能力,在轻松愉悦的语文学习活动中实现语文素养的综合提升。

2.支持性参与者

班级主体中的支持性参与者是为重要参与者提供支持与帮助的主体,是语文课堂教学活动能够顺利开展的助推器,助推学生语文学科核心素养的提升。支持性参与者通常包括家长、专家学者、学校领导以及与语文课堂共同体发生联系的其他人员,他们的态度影响着语文课堂共同体能否成功建立,他们的支持将给予语文课堂共同体充分的动力保障。

(二)小组主体

小组主体由学生个体构成,组员人数应保持在5~8人。小组规模必须能够使知识、经验、观点的种类以及个人发言的机会最大化。组员人数太少会导致互动的多样性减弱,组员人数太多,个体的贡献度又会有所减弱,参与讨论的组员数量将影响每个参与者获得学习成果的程度。组员的座位安排可以采用环形或半环形的分布方式,确保课堂共同体的个体主体之间相互可视并保持眼神交流。在小组主体互助模式中,应加强对组长、组员角色定位与分工的思考。

1.组长

小组组长是传达语文教师指令,协调和组织小组互助学习的主要负责人。对组长角色的正确定位是确保小组互助学习有效运行的前提。

组长要发挥沟通师生关系的纽带作用,应积极主动与语文教师沟通联系,定期汇报总结小组学习情况。组长要发挥监督管理作用,督促小组成员按时完成语文学习任务,带领全体组员开展课堂互助学习。组长要发挥领导作用,检查组员自主学习效果,分配小组学习任务,充当组间交流桥梁。组长要发挥关爱组员的作用,充分了解组员的性格、特长、爱好等特征,根据不同组员的个体特性分配学习任务。组长要发挥评价作用,定期组织小组会议开展组内互评,进行阶段性学习总结,倾听小组成员的自我评价,帮助组员纠正语文学习的不足,明确组员后续努力的方向。

2.组员

组员是小组主体互助模式的重要参与者。在小组主体互助模式中,要鼓励学生个体之间尊重差异、相互倾听、共情理解和合作交往。小组成员在相互倾听的过程中,容易产生认知与情感上的共鸣。真诚地倾听组员发表的观点是尊重每一位组员的表现,也是促进深度学习的重要保障。各个小组的组员是性格、气质、思维、能力、兴趣等各方面都不相同的人,在小组互助中能够相互学习、取长补短,在相互倾听发言的过程中能够让思想与情感融合,实现经验的分享和交流。

小组成员角色的分配不是固定的,可以实行轮流制,让组员承担不同的角色,在不同角色的体验过程中促进自身的全面发展。小组互助学习过程中的知识建构最大程度上集合了成员之间的独特优势,不同于个人单独的内在知识意义的建构,每位组员在不同角色和位置上可以获得全新的体验与收获,在相互对话、交流、学习的过程中实现共同进步。

(三)个体主体

个体主体指语文教师个体主体和学生个体主体。在课堂共同体的个体创新模式中,主要关注学生个体在课堂互动中对学习材料的评价与超越。

1.语文教师个体主体

语文教师个体主体居于组织教学和监控教学的地位。教师呈现创新愿景和创新任务,监控学生个体主体的课堂活动。

2.学生个体主体

学生个体主体是语文课堂共同体个体主体创新模式的中心,他们根据课堂愿景自主选择学习材料,分享观点,相互探究,使学习材料呈现出更多的意义。

◤ 二 语文课堂共同体主体互动模式

语文课堂共同体的主体互动模式以语文学科核心素养为共同愿景,综合了共同愿景、主体、资源、路径、效果评估等要素,确立了以学习者为中心的观念,以学习任务为核心,从学习主体角度出发,将学习主体划分为班级主体、小组主体、个体主体三种形态,依据三种主体形态的主体互动特征,分别形成班级主体互动模式、小组主体互助模式、个体主体创新模式三种互动模式。从大单元教学理念中以核心素养为本,提倡大任务的角度出发,语文课堂共同体主体互动模式为语文教学提供主体互动的资源与路径,依据学习任务创设学习情境,专注于对学生能力、品格与观念的培养,改变只关注知识、技能、习题、分数的教学,依据语文学科核心素养厘清单元逻辑与主题,结合具体教材内容将相关知识和内容结构化,在课堂互动中丰富言语实践,增强情感体验。

(一)班级主体互动模式

班级主体互动模式主要解决班级层面的主体互动问题,包括主体与主体互动、主体与资源互动、主体互动路径三方面,以班集体内部个体、群体之间互动交流与展示为主要目的,以语文教材为主要学习资源,通过梳理与探究的方式实现主体与资源之间的文化性实践,以成果展示的方式留给学生自我表达的机会,培养学生在班集体内的归属感。立足单元主题与任务统筹单元教学设计,能够改变单篇教学中知识碎片化的特点,有效实现教学设计与核心素养的对接与融合,可以依据课标要求、语文教材、具体学情等因素确定单元教学任务,在班级主体互动过程中注重对学生关键能力、必备品格和价值观念的培养。班级主体互动模式主要集中以单元内的第一篇课文内容为载体进行研讨,以教师个体主导为主,由教师选择学习材料,升华学习主题,语文教师与班级全体成员之间在真实的任务情境中协商对话,积极培养学生的语言建构与运用、文化传承与理解素养,进而促进核心素养的综合提升。核心素养达成效果的评价并不局限于对知识点的简单理解与记忆,而应根据学生"在什么情境下运用哪些语文知识完成了什么语文学习任务"来进行更高阶的认知水平的衡量。离开真实任务与情境就无法对学生核心素养的掌握情况进行有效评估。

(二)小组主体互助模式

小组主体互助模式旨在实现小组内部互帮互助、协同发展,以小组内、小组外交流互助为主要目的,以学生自主选择补充的课外资源为拓展资源,通过分工合作实现资源的有效整合,在表达与交流的学习活动中实现主体异质互补,在小组合作、表达共享中提升学习成就感。小组主体互助模式在单元教学设计中,主要以单元内第二篇课文为载体进行互助合作性学习,以学习小组主导为主,通过引导学生进行自主想象、言语思辨等学习活动,在语言建构与素养运用的基础之上,发展思维与提升素养,进而实现语文素养的综合提升。这种模式通过生生之间合作交流、资源共享,在丰富语文学习资源的同时,也极大地提升学生自主学习与发现学习的能力。通过小组内部、小组外部的互助学习,学习主体之间不断实现经验总结与逻辑转换,教师在发起对话、理答、推动对话方面不断引导学生发展思维,完成真实任务的学习,提升课堂学习效果。

(三)个体主体创新模式

个体主体创新模式旨在让个体学以致用、融会贯通、充分展现个体特色,在阅读与鉴赏、表达与交流等言语实践过程中,结合原有认知与生活经验,创造性生成新的学习成果与情感体验,促进个体创新与个性发展,提升语文学习的自我效能感。个体主体创新模式在单元教学设计中,主要以单元第三篇课文为载体开展自导性学习,以学生个体为主导,学生在自主学习过程中独立思考、推理以及解决问题,在与文本对话过程中促进认知性实践,在与自我对话过程中促进伦理性实践,创新展现语文知识、技能以及情感变化的学习成果方式,在语言建构与素养运用的基础之上,丰富审美体验,在创新过程中实现语文素养的综合提升。语文教师也应与时俱进,创新教学理念与教学手段,丰富教学成果。指向语文学科核心素养的高中语文课堂共同体的主体互动模式,是落实立德树人根本任务、实施素质教育的有效途径。它对于改善课堂主体互动质量、互动路径、互动体验提出了新的建议与要求,对语文教学具有重要的现实指导意义。它作为一个全新的探索,仍有许多问题值得深入探究。高中语文课堂共同体的主体互动模式,如图23-1所示。

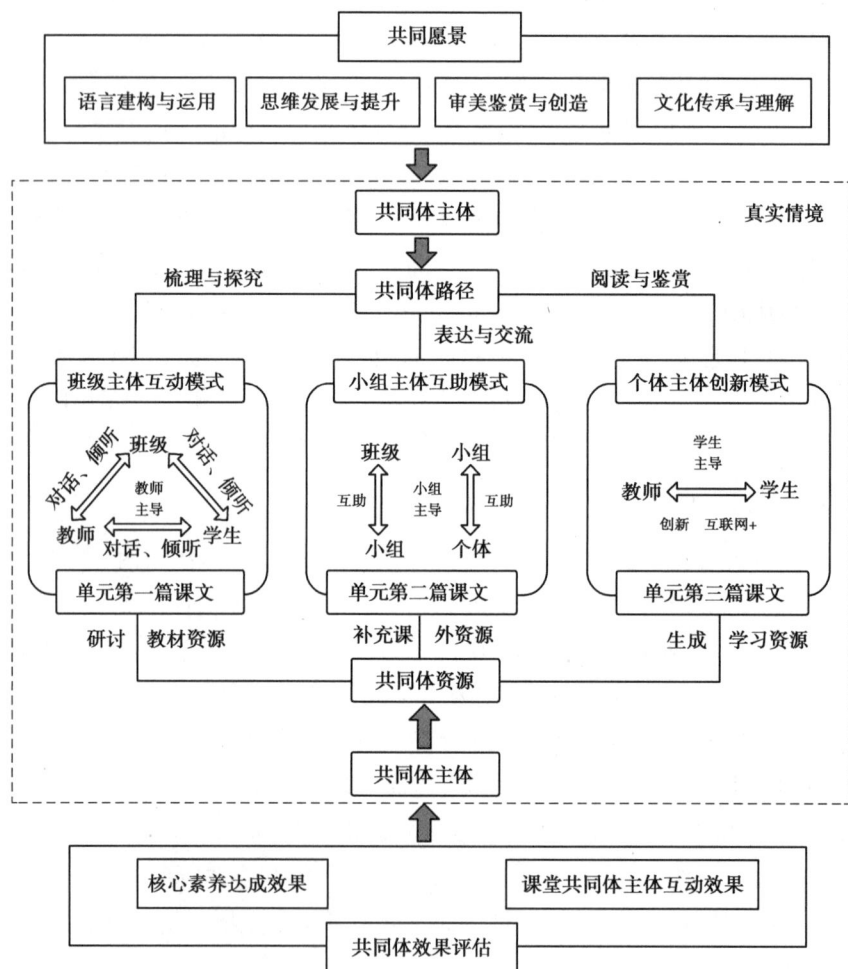

图23-1 语文课堂共同体主体互动模式结构图

三　语文课堂共同体的课堂结构

(一)教师主导的班级主体互动模式的课堂结构

班级主体互动模式,是以教师为中心的课堂互动模式。其学习材料聚焦单元第一篇课文,以教师的示范讲解为主,学生通过探究、讨论、模仿练习获得单元语文知识。其课堂结构如下:教师呈现愿景与学习材料—示范讲解与提出问题—探究问题与模仿练习—反馈与总结。

班级主体互动模式,由语文教师发起和调控。学生个体主体与班级主体互动,通常以课堂发言、课堂练习和课堂讨论的方式展开,主要表现为教师在语文课堂情境中示范讲解、学生角色扮演或发表观点时与全体班级成员产生的互动。以学生个体主体和班级主体互动接触为主的活动繁多,通常包括作文展示、辩论赛、研讨会等,学生在探究性学习环境中充分发表见解,展示自我风采,分享成果,收获进步,不断更新自我认知与学习体验。

(二)学生主导的小组主体互助模式的课堂结构

小组主体互助模式,表现为小组内的个体探究与同伴互助,以及小组之间的分享与互助。其课堂结构如下:教师呈现课堂愿景与任务—学生思考与互助—同伴探究与互助—课堂分享与互助—课堂总结与反馈。

(三)教师监控的个体主体创新模式的课堂结构

个体主体创新模式,以学生为中心,关注单元语文知识的迁移应用,注重审美体验的迁移创造。其课堂结构呈现出学生主体、教师监控的鲜明特色,表现为:教师呈现课堂愿景与任务—学生分享审美体验与感悟—学生进行课堂总结。个体主体创新模式,要求学生做好充分的课前准备与积极的课堂分享。在课堂推进过程中,教师密切观察课堂学生活动,监控课堂活动的方向,以学生的课堂分享推进课堂教学。

第三节　语文社团共同体

一　语文社团共同体的构成要素

语文社团共同体由共同愿景、活动主体、活动资源、活动路径、效果评估五个要素构成,如图23-2所示。

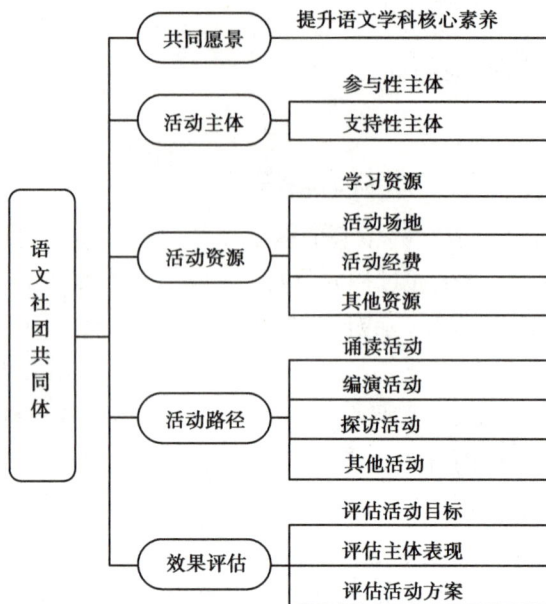

图23-2　语文社团共同体的构成要素

（一）共同愿景要素

共同愿景是语文社团共同体中每个主体的共同目标。各主体围绕共同愿景凝聚在一起，形成了强大的凝聚力。共同体的主体在情感上互相信任和依赖，在行为上充分互动和交流，从而实现共同成长。语文社团共同体以提升学生语文学科核心素养为共同愿景。语文学科核心素养包括语言建构与运用、思维发展与提升、审美鉴赏与创造、文化传承与理解四个维度，并且与语文课程目标关系密切，如表23-1所示。语文社团共同体的活动目标是共同愿景的具体表现，随着一个个具体的活动目标的实现，最终实现共同愿景。通过组织、开展多种语文社团共同体活动，帮助学生提升语文学科核心素养。

表23-1　语文学科核心素养与语文课程目标的关系

核心素养	课程目标
语言建构与运用	语言积累与建构；语言表达与交流；语言梳理与整合。
思维发展与提升	增强形象思维；发展逻辑思维；提升思维品质。
审美鉴赏与创造	增进对祖国语言文字的美感体验；鉴赏文学作品；实现美的表达与创造。
文化传承与理解	传承中华优秀传统文化；理解多元文化；关注、参与当代文化。

（二）活动主体要素

语文社团共同体的活动主体是指共同体中的各种人，如学生、指导教师、家长等。由于各主体在社团共同体中扮演不同的角色，可将其分为参与性主体和支持性主体。语文社团共同体的活动主体构成，如图23-3所示。

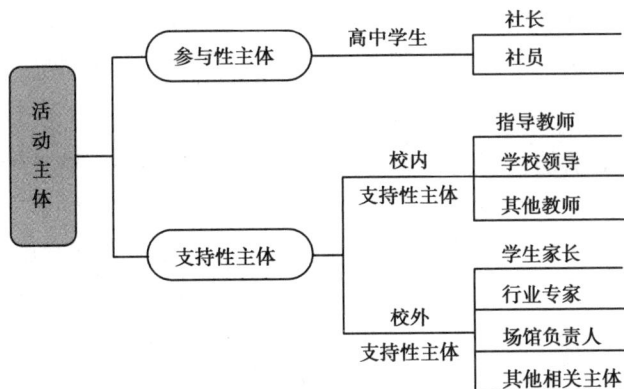

图23-3　语文社团共同体的活动主体

参与性主体是学生,他们参与社团活动的策划、宣传、组织、开展等所有过程。学生在语文社团共同体中充分互动,共享学习资源,共同开展有声有色的活动,具有使命感和责任感,从而提升语文学科核心素养,实现自身成长,获得成就感。

支持性主体是指为参与性主体提供支持和帮助,使活动能够顺利开展,从而帮助学生提升语文学科核心素养的主体,包括校内和校外的支持性主体。校内的支持性主体主要有社团共同体的指导教师、学校领导等。指导教师要尊重、信任、理解、欣赏、启发、鼓励学生的发展,帮助学生优化活动方案,为学生提供专业指导,监测活动实施和评估活动效果,等等。学校领导提供物质资源和经费支持,学校相关部门应该主动关注并积极参与社团活动,给予充足的精神支持。校外的支持性主体包括学生家长、社区工作人员、专家和一些机构的负责人等。家长主要是在学生参加社团活动方面给予理解和尊重。专家、机构负责人等给社团活动提供专业指导、经费支持和场地支持。

(三)活动资源要素

语文社团共同体的活动资源主要包括活动中的学习资源、活动场地、活动经费等。学习资源有纸质文本资源、网络媒体资源和本土文化资源。纸质文本资源包括语文教材、学校图书馆的文献资料等,根据活动主题进行选择并加以利用。人文纪录片、公众号推文、短视频等网络媒体资源也是语文社团共同体的重要学习资源。此外,还可以挖掘学校的校史馆、当地的博物馆、革命遗址等本土文化资源。活动的开展离不开场地,首先是学校内的各种场地,如学校的图书馆、多功能报告厅、活动室等;还可以选择校外的活动场地,如爱国主义教育基地、纪念馆等。活动经费主要由学生家长、指导教师、学校领导等支持性主体提供。凡是一切能用的、有用的资源,都可以广泛开发、挖掘和利用。

(四)活动路径要素

为了实现语文社团共同体的共同愿景,需要一定的路径。语文社团共同体的路径就是提升学生语文学科核心素养的各种活动,如诵读经典、编演课本剧、实地考察等。在特殊时期,尤其要借助信息共享这一平台实现社团活动远程化。从教室里走出来,向无比广阔的信息化世界迈进,拓宽社团活动的空间。语文社团共同体有三种主要的活动路径:经典诵读、课本剧编演、文化探访。不同的活动侧重提升的语文学科核心素养不同,例如,经典诵读侧重提升语言建构与运用素养,课本剧编演侧重提升审美鉴赏与创造素养。学生可以通过各种活动路径提升语文学科核心素养,在活动中创生新的学习资源,为下一次活动的开展提供活动资源。

(五)效果评估要素

效果评估主要是对活动目标达成情况、主体在活动中的表现、活动方案执行程度等各方面进行评估,在评估中反思,以评估促发展,最终实现共同愿景。效果评估的主体主要是学生,他们通过核对清单、反思日志等评估自己的收获;还可以通过问卷调查、观察记录表等评估工具及时反思、总结活动的全过程,包括活动资源的选择是否恰当、活动方案设计是否合理等,并在此基础上不断改进活动设计。通过效果评估,学生能够更加清晰地认识自己,提高参与活动的动力和兴趣。指导教师主要是给予整体上的评价和指导,其他支持性主体也要对社团活动的成效进行整体上的评估。

综上,语文社团共同体构成要素关系紧密,协作运转,才能最终实现共同愿景。语文社团共同体各要素之间的关系,如图23-4所示。

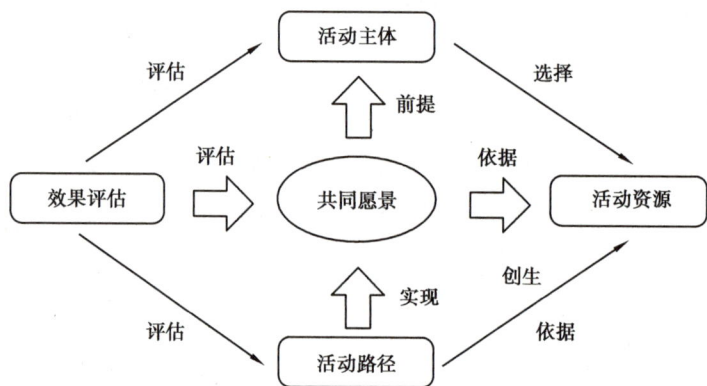

图23-4 语文社团共同体构成要素之间的关系

二、语文社团共同体主体

(一)经典诵读活动的主体

经典诵读活动中,不同的主体扮演不同的角色。学生是诵读者,语文教师、播音员、学生等是指导者,学生、家长、学校领导等是聆听者。他们在经典诵读活动中合作互动,共同完成活动。

1.诵读者:学生

在经典诵读活动中,主要是学生进行诵读。他们根据活动目标和主题,选择适合的诵读文本,在深入理解文本后,设计诵读脚本,在教师的指导下,逐渐掌握诵读技巧,通过反复练习,提升诵读能力,最后展示诵读成果。学生通过诵读经典,提高自己的语言建构与运用素养,同时传承和弘扬优秀的中华文化。

2.指导者:语文教师、播音员、学生等

诵读活动中离不开指导,语文教师、播音员等都是活动中的指导者。语文教师一般与学生的互动较多,在发现学生有困惑时,可以及时地进行指导。播音员等专业朗诵者,可以通过开展线下讲座的方式,向学生介绍发音、语调、情感变化、态势语言等方面的诵读知识,进行科普和示范。专家可以通过线上会议、录制视频等方式进行远程指导。在指导者的科学指导下,学生对诵读材料的理解变得更加深刻,能更准确地理解文本的内涵主旨,诵读效果更好。此外,学生之间也可以互相帮助,对彼此的诵读表现进行指导,共同进步。

3.聆听者:学生、家长、学校领导等

聆听者通过聆听诵读,了解和感受经典作品的内涵和精神,同时也能提高自己的表达能力和文化素养。更重要的是,聆听者要在听的过程中发现读音、节奏等方面的问题,并在听后给出建议。学生、家长是最常见的聆听者,他们聆听学生平时的诵读练习,也会在诵读比赛中,和学校领导、指导教师一起成为评委,共同聆听学生的诵读。学生还可以把自己的诵读成果以音频或者视频的形式上传到网络平台,让广大的网友也成为诵读活动中的聆听者。

(二)课本剧编演活动的主体

在课本剧编演活动中,不同的主体扮演不同的角色。学生是编演者,指导教师、话剧社演员、表演专业的大学生等是指导者,学生家长、学校领导等是观看者。各主体充分互动,共同完成一次精彩的课本剧表演。

1.编演者:学生

在课本剧编演活动中,主要是高中学生进行编演,高中生已经具备一定的活动组织能力,他们根据活动目标和主题,选择适合编演的文本,在深入理解文本后,改编剧本,分工合作,排练剧本,在教师等支持性主体的指导下,逐渐熟悉剧目,通过反复排演,最后展示编演成果。学生通过参与整个编演活动,不仅能提高自己的审美素养和语言表达能力,而且还能培养自己的合作精神。

2.指导者:指导教师、话剧社演员、学生等

指导教师、学校话剧社演员、社区相关人员都可以扮演指导者的角色。指导教师主要是指导学生选取和改编剧本,还要协助学生解决在排练过程中遇到的问题。学校话剧社的演员、社区里表演经验丰富的人员也可以指导学生表演课本剧。还可以加强与当地高等院校的互动交流,邀请表演专业的教师来学校开展讲座,从理论方面指导学生的表演,或邀请表演专业的大学生来指导编演活动。在排练过程中,学生也可以互相指出不足,共同改进。

3.观看者:学生、家长、学校领导等

观看者不只是简单地观看就好,而是要在观看的过程中发现问题,并在观看后提出建议。可以邀请同伴、家长观看平时的排练过程,家长、学校领导、指导教师在正式的诵读比赛中一起成为评委,观看学生的表演,并对学生的表演进行评估。学生还可以把编演成果以视频的形式上传到网络平台,让广大的网友也成为编演活动中的观看者。

(三)文化探访活动的主体

在文化探访活动中,不同的主体扮演不同的角色。学生是探访者,教师是指导者,场馆负责人、讲解员等是支持者。各主体通过互动交流,共同完成文化探访活动。

1.探访者:高中学生

在文化探访活动中,高中学生根据活动目标,选择感兴趣的历史文化等进行探访,了解相

关的文化信息。学生在探访活动中,可以通过采访当地的革命英雄后代或者优秀共产党员,了解革命英雄的故事,学习他们的伟大精神;还可以通过参观、体验等方式,深入了解当地的文化特色和历史文化底蕴,增强文化认知和体验。学生通过多种方式记录探访过程,搜集、整理和分析相关资料,撰写调查报告或者家乡风物志等,实现思维发展与提升。

2.指导者:教师、家长

语文教师是文化探访活动的指导者,指导学生如何拟写访谈提纲、如何撰写调查报告等。高中语文社团共同体的文化探访活动,虽然是语文学习相关的活动,但是它具有综合性,是跨学科的活动,会涉及历史、地理等其他学科的知识,需要相关专业教师的指导,因此,历史、地理等学科的教师也是文化探访活动的指导者。

3.支持者:场馆负责人、讲解员、家长

文化探访活动一般是走出校园、走进社会,活动的场所选择在一些机构、场馆,因此就需要相关人员的支持,如图书馆的馆长、名人故居的负责人、博物馆的讲解员等,他们不仅提供活动场所的支持,更重要的是,他们在探访活动中讲解历史故事、介绍文化习俗等,从而支持文化探访活动的有效开展。

■三、语文社团共同体的活动模式

《普通高中语文课程标准(2017年版2020年修订)》十分重视社团活动,多次提及要开展诗歌诵读、表演、实地探访考察等活动。关于社团活动的文献研究也聚焦于经典诵读、课本剧编演、校外探访活动。基于语文学科核心素养的不同方面,语文社团共同体有三种活动模式,分别是经典诵读活动模式、课本剧编演活动模式、文化探访活动模式。

(一)经典诵读活动模式

经典诵读活动模式是指学生围绕活动主题,通过诵读经典篇目或者仿写、创作诗歌等形式,在指导教师、播音员等主体的支持下完成经典诵读比赛,侧重提升语言建构与运用素养的相对稳定的活动程序。经典诵读活动模式的活动程序:首先,共商诵读活动的主题,学生根据活动主题自主选择诵读文本;其次,学生独立或者生生合作进行诵读文本的交流分析,在此基础上设计诵读脚本,进行诵读练习;再次,学生与指导教师或者专家充分互动,根据他们的指导和建议,反复练习,不断提升诵读能力;最后,通过诵读比赛等方式展示诵读成果,利用多种方式评估诵读效果,并反思在诵读活动中的收获。

(二)课本剧编演活动模式

课本剧编演活动模式是指学生围绕活动主题,通过研读课文、改编剧本、编排剧目等,在指导教师、话剧社演员等主体的支持下完成剧目演出,侧重提升审美鉴赏与创造素养的相对稳定的活动程序。课本剧编演活动模式的活动程序:首先,共商活动主题,选择恰当的课文,可以是教材中的戏剧作品,也可以是情节丰富的小说等;其次,研读分析课文,补充细节,改编剧本;再次,在支持性主体的支持下,排演剧目,可采用多种形式展示编演成果;最后,评估活动效果,反思活动收获。

(三)文化探访活动模式

　　文化探访活动模式是指学生围绕共同愿景,确立探访主题,选择探访资源,在指导教师和家长、校外场馆负责人等主体的支持下,挖掘、整理、探索相关知识,侧重提升思维素养和文化素养的相对稳定的活动程序。探访活动模式的活动程序:首先,明确探访主题和任务;其次,共商科学的探访路线;再次,开展探访活动,如访问当地百姓、拍摄优美风景、参观革命文物、聆听先贤故事等;最后,整理素材,展示探访成果。文化探访活动最终形成的影集或短视频,又成为语文社团共同体的活动资源。

　　语文社团共同体的活动模式基于共同愿景,由活动主体选择恰当的活动资源,通过不同活动路径,分工合作,遵守契约,最后进行效果评估,并通过判断活动是否促进语文学科核心素养的提升来调整活动的路径和资源。高中语文社团共同体的活动模式的具体运作流程,如图23-5所示。

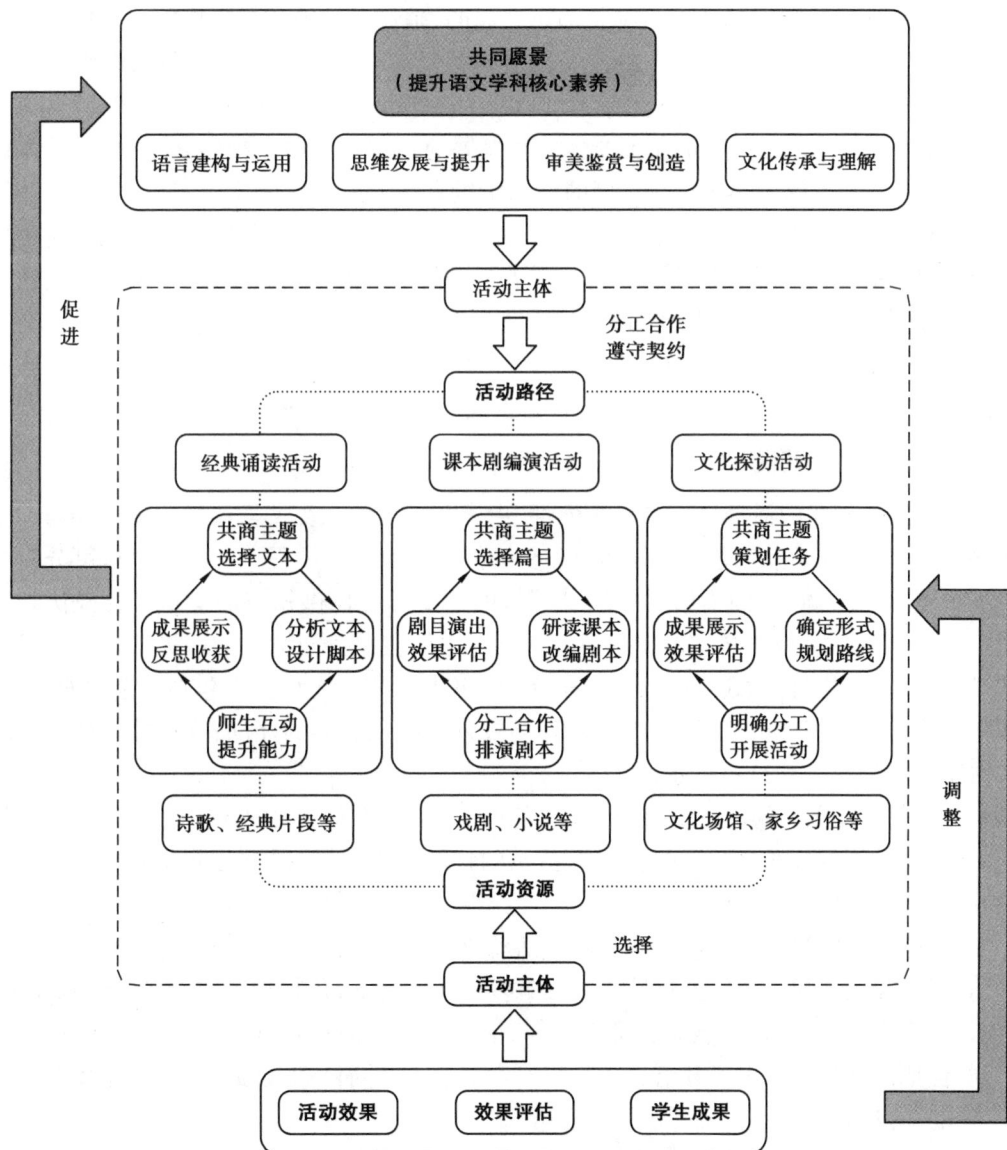

图23-5　语文社团共同体的活动模式运作流程

四、语文社团共同体活动模式的特征

语文社团共同体的活动模式既是具体、有序的活动开展流程,也是一种具有社团共同体思维的活动设计方法。语文社团共同体的活动模式是指为了实现"提升语文学科核心素养"的愿景,在学习共同体理论、建构主义学习理论、活动理论等指导下建立起来的,相对稳定的语文社团共同体的活动程序及方法,具有活动目标生成性、活动主体多元性、活动资源开放性、活动过程有序性、活动评估有效性的特征。

(一)活动目标生成性

高中语文社团共同体的活动目标是动态发展的,是在活动中不断生成的。目标生成性表现在两个方面。一方面,高中学生的成长发展目标具有生成性。高中阶段的学生自主性更强,"每个学生都是极具个性的,学生学习的内驱力逐渐复杂,感兴趣的事物也不一样。"[1]因此每个学生的成长目标不一样,是在不断生成和发展的。在高中语文社团共同体中,主体目标的实现依托共同体的整体氛围,在不同的活动阶段自然形成不同的学习目标。例如,在开展探访活动时,活动初期的目标可能只是学习调查技术,随着活动的展开,学生可能会萌生学习撰写调查报告的想法。学生的成长目标会随着活动的展开不断变化。另一方面,语文社团共同体的目标不是一成不变的,是在讨论中、活动中生成的,随着学生的成长发生变化。高中语文社团共同体的共同愿景是以每个学生的成长为基础的,因此,不管是学生个体或整体的目标都是自然生成的。当前期的目标达成后,会生成更高水平的目标。

(二)活动主体多元性

语文社团共同体的活动主体具有多元性,由参与性主体和支持性主体构成。参与性主体主要是学生,学生在活动中扮演不同角色,参与各种活动的全过程。支持性主体可分为校内和校外的支持性主体,他们为语文社团共同体的活动开展提供相应的支持。杜威认为同情心,特别是社会同情,是共同体形成的情感基础。主体在保持同情心的前提下,围绕"提升语文学科核心素养"共同愿景进行持续的、充分的交流与协作。主体互动包括三个层面:参与性主体与校内支持性主体的互动;参与性主体与校外支持性主体的互动;支持性主体之间的互动。主体互动关系如图23-6所示。

参与性主体在平等的前提下进行互动,充分参与社团共同体的所有事务。每个学生都是独一无二的,他们的成长环境、家庭氛围、擅长的领域都不一样,通过充分交流、资源共享,实现共同成长。在语文社团共同体里,学生与支持性主体以平等对话为前提进行互动。支持性主体应该尊重、信任学生,监测活动内容,对活动成果进行评估和反馈,在互动中相互影响,走向共同成长,实现共同愿景。支持性主体具有多元化的特征,包括教师、学校领导、家长、专家等,他们每个人的教育背景、从事行业不一样,能提供的支持不同,在具体的活动中扮演的角色不同,但他们有帮助学生提升语文学科核心素养这一共同目标,因此,支持性主体之间也需要保持充分的互动。

多元主体在保持同情心的前提下,互相尊重,平等对话,资源共享,帮助学生提升语文学科核心素养,最终实现共同成长,促进语文社团共同体健康发展。

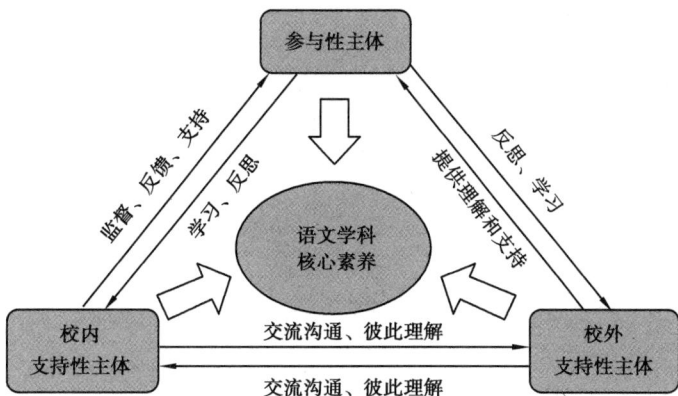

图23-6　语文社团共同体的主体互动关系

(三)活动资源开放性

语文社团共同体的活动资源具有开放性。首先,活动资源不局限于教室与学校,走出校园,走向社会,充分利用本土的课程资源,如当地的博物馆、革命纪念馆等,这些丰富的社会资源可以使社团活动的内容更加丰富多彩;其次,活动资源不局限于语文教材,可以利用网络平台,打破时间和空间的限制,搜集到更多的活动资源;最后,语文社团共同体的资源不局限于语文学科知识,而是多学科的交融。语文社团共同体的活动不可避免地会与其他学科产生交融,尤其是与历史、地理、政治学科的交集更是普遍存在。例如,在学习"家乡文化生活"单元时,既要学写调查报告,也要实地考察故乡特色建筑与遗存,就会涉及相关历史知识。语文社团共同体活动有助于促进学生对其他科目相关知识的了解与积累,活动资源打破了学科壁垒,具有开放性。

(四)活动过程有序性

高中语文社团共同体的活动过程是有序的,遵循一定的活动流程。在活动的不同阶段,活动任务不同,各主体所承担的职责不一样。首先,依据语文课程标准和语文教材分析活动的目标;其次,各主体根据活动目标共同商定活动主题,根据活动主题选择恰当的活动资源;再次,各主体互动交流,策划活动内容,分工合作,开展活动;最后,采用多种方式展示活动成果,评估活动效果。只有活动有序开展,活动效果才会更加突出,才更有利于实现共同愿景。

(五)活动评估有效性

语文社团共同体活动模式的评估具备有效性。首先,要针对活动效果进行多维度评估,包括语文学科核心素养的提升效果、主体在活动中的表现、活动方案的设计与实施三方面的评估。其次,活动评估的主体要多元化,确保评估结果更加客观。除了指导教师参与评估,学生也要参与评估,学生家长、学校领导、校外专家等支持性主体也是重要的评估主体。再次,要开发有效的评估工具,包括自评、互评、他评工具,如核对清单、观察量表、成长档案袋、问卷调查等,多角度搜集学生成长的素材。最后,活动评估要在有效的时间内进行,活动结束后要及时进行评估和反馈,发现问题,记录问题,商讨解决方案,从而在下次活动中规避问题。

参考文献

[1] 崔允漷,王少非,杨澄宇,等.新课程关键词[M].北京:教育科学出版社,2023.

[2] 陈静静,等.跟随佐藤学做教育:学习共同体的愿景与行动[M].上海:华东师范大学出版社,2015.

[3] 陈静静.学习共同体:走向深度学习[M].上海:华东师范大学出版社,2020.

[4] 董蓓菲.英美语文课程与教学概论[M].上海:华东师范大学出版社,2023.

[5] 黄蔚.服务设计驱动的革命:引发用户追随的秘密[M].北京:机械工业出版社,2019.

[6] 黄蔚.服务设计:用极致体验赢得用户追随[M].北京:机械工业出版社,2022.

[7] 汲安庆.中学语文名师教例评析[M].上海:华东师范大学出版社,2018.

[8] 李家成.班级日常生活重建中的学生发展[M].福州:福建教育出版社,2015.

[9] 李学书.大概念单元作业设计:原理、模式和技术[M].上海:华东师范大学出版社,2024.

[10] 林荣凑.中小学语文表现性评价:学理、技术与案例[M].杭州:浙江工商大学出版社,2023.

[11] 刘珊,丁熊.服务设计流程与方法[M].北京:中国建筑工业出版社,2023.

[12] 刘徽.大概念教学:素养导向的单元整体设计[M].北京:教育科学出版社,2022.

[13] 钱伯斯.打造儿童阅读环境[M].许慧贞,译.北京:北京联合出版公司,2016.

[14] 沈华.回归言语形式的文言文教学[M].杭州:浙江工商大学出版社,2021.

[15] 盛群力,等.教学设计[M].北京:高等教育出版社,2006.

[16] 盛群力,等.21世纪教育目标新分类[M].杭州:浙江教育出版社,2008.

[17] 盛群力,刘徽.现代教学设计论:2020年版[M].杭州:浙江大学出版社,2020.

[18] 王春易.大单元教学设计20讲[M].北京:中国人民大学出版社,2024.

[19] 王宁,巢宗祺.普通高中语文课程标准(2017年版)解读[M].北京:高等教育出版社,2018.

[20] 王崧舟.美其所美:王崧舟讲语文课怎么上[M].上海:上海教育出版社,2019.

[21] 王崧舟.王崧舟观课十讲[M].上海:上海教育出版社,2022.

[22] 王荣生.文言文教学教什么[M].上海:华东师范大学出版社,2014.

[23] 王荣生.语文课程与教学内容:2021版[M].北京:中国人民大学出版社,2021.

[24] 王烨晖,辛涛,边玉芳.课程评价的理论、方法与实践[M].北京:北京师范大学出版社,2020.

[25] 吴康宁.教育社会学[M].北京:人民教育出版社,2019.

[26] 解慧明.大概念大单元教学[M].北京:中国人民大学出版社,2022.

[27] 徐林祥,郑昀.语文美育学[M].南宁:广西教育出版社,2018.

[28] 薛晓嫘.新课程语文阅读学业成就评价[M].重庆:重庆大学出版社,2008.

[29] 雅各布斯,帕瓦,范恩.合作学习:实用技能、基本原则及常见问题[M].林晶晶,马兰,译.宁波:宁波出版社,2018.

[30] 张秋玲,等.新版语文课程标准解析与教学指导.初中语文[M].北京:北京师范大学出版社,2022.

[31] 郑国民,李宇明.义务教育语文课程标准(2022年版)解读[M].北京:高等教育出版社,2022.

[32] 周小蓬,周颖.中学语文课程与教学论[M].北京:北京大学出版社,2020.

[33] 祝新华.促进学习的语文评估:基本理念与策略[M].北京:人民教育出版社,2014.

[34] 钟启泉,崔允漷.核心素养与教学改革[M].上海:华东师范大学出版社,2018.

[35] 钟启泉,崔允漷.核心素养研究[M].上海:华东师范大学出版社,2018.

[36] LINDBORG J. Service Design Solutions: Design Is Not a Result, It's a Process![M]. 8th ed. [S.l.]: CreateSpace Independent Publishing Platform, 2015.

[37] STICKDORN M, SCHNEIDER J. This Is Service Design Thinking: Basics, Tools, Cases[M]. [S.l.]: Wiley, 2012.

[38] STICKDORN M, HORMESS M, LAWRENCE A, et al. This Is Service Design Doing: Applying Service Design Thinking in the Real World[M]. [S.l.]: O'Reilly Media, 2018.